格差は心を壊す
比較という呪縛

リチャード・ウィルキンソン
&
ケイト・ピケット
川島睦保〔訳〕

The Inner Level:
How More Equal Societies Reduce Stress,
Restore Sanity and Improve Everyone's Well-being

Richard Wilkinson and **Kate Pickett**

東洋経済新報社

THE INNER LEVEL
by Richard Wilkinson and Kate Pickett

Original English language edition first published by
Penguin Books Ltd, London

Japanese translation published by arrangement with Penguin Books Ltd.
through The English Agency (Japan) Ltd.

目次

第2部　社会階級にまつわる神話を壊そう

第6章　生まれつきの能力差が格差を生むという誤解――253

第7章　上流の文化はすべて一流であるという誤解――307

（訳注）著者たちの前著『平等社会（*SPIRIT LEVEL*）』を読む男性と、
その本に火をつけて読書の邪魔をしようとしている富裕層の男性。

プロローグ——格差の大きな国で起こること

不平等が私たちの心を蝕む

富裕層と貧困層の所得格差が大きな社会では、格差の小さな社会よりも、人々はさまざまな健康や社会の問題に苦しむ可能性がある。

私たちは２００９年に刊行した『平等社会』でこのことを指摘した。[1] その本で提示したデータによれば、不平等は人々の心に重大な悪影響を及ぼすが、その多くは社会的なストレスが原因だった。

本書では、そうした精神的な影響や社会的なストレスとはどのようなものであるかを分析している。たとえば、不平等が私たちの心をどのように蝕んでいくのか。精神的な不安はどのようにして高まるのか。人々はそれにどのように反応するのか。その結果、精神疾患や情緒不安の症状はどうなるのか……などである。一言でいえば、不平等な社会での生活は、私たちのものの考え方や感じ方、さらには人間関係にどのような影響を与えるのかを分析している。

本書で提起した構図の大部分は、私たち自身の成果というより、世界中の研究者の膨大な研究の成果に依拠している。それらから得られた多くの発見は、なぜ不平等が高まれば社会が機能不全に陥るかを明らかにするだけでなく、社会的な交流を活発にして人々の健康や幸せを高めるためにはどのような改革が必要かを理解するうえで、大いに役立つはずだ。

前著の『平等社会』は、本書の出発点と呼べるものだ。まだ目を通していない読者のために、その結論を簡単に紹介しておこう。第一に、所得格差が大きな社会では人々が健康を害しがちである。平均寿命が短くなる一方で、幼児死亡、精神疾患、違法な薬物使用、肥満などの比率が高まる傾向がある。不平等はさらに社会問題を悪化させる。たとえば不平等が高まれば（殺人率の比較から分かるように）暴力犯罪が増え、刑務所への収監率が上昇する。住民の間では不信感が強まり、地域の連帯が弱まる。不平等の拡大によって子供の将来性も損なわれる。子供の幸福や健康、学力が低下を余儀なくされ、その一方で未成年出産が増加をたどる。社会階層間の移動も停滞する。

先進国間の所得格差の比較や米国50州のデータ分析をしても、不平等と社会問題の間に同様の関係を見ることができる。両方の調査とも、不平等と社会問題の間には強い相関関係があることを確認できている。

不平等と社会問題との関係は明白であり論理的な矛盾もない。具体例として米国を取り上げてみよう。他の先進国と比較すると、米国は富裕層と貧困層の所得格差が最も大きい。殺人率、刑務所の収監者数の割合、精神疾患の割合、未成年出産率が最も高く、平均寿命、子供の福利、算数や読み書きの能力は、最低か、あるいは最悪の部類に入る。私たちが調査した期間では、英国とポルトガルが米国に次ぐ格差の大きな国だが、その両国とも上記のパフォーマンスは最悪である。逆にスカンジナビア諸国や日本のような格差の小さな国ではパフォーマンスが上々である。図表1は先進国に関する私たちの研究の成果を簡潔に要約したものだ。

３００を超える学術論文の成果

こうした相関パターンの発見は、私たちの研究に限られるものではない。多くの国のさまざまな学術研究においても確認されている。所得格差が大きな国ほど暴力犯罪が広がり健康状態が悪化することを最初に発見したのは、１９７０年代の査読付き学術専門誌に発表された論文だった。それ以降、同様の趣旨の研究論文が発表され続けている。

現在では、世界各地の不平等と健康、殺人率の関係を調査した論文の数はゆうに３００点を

図表1　不平等が大きい国ほど健康社会問題が悪化する*

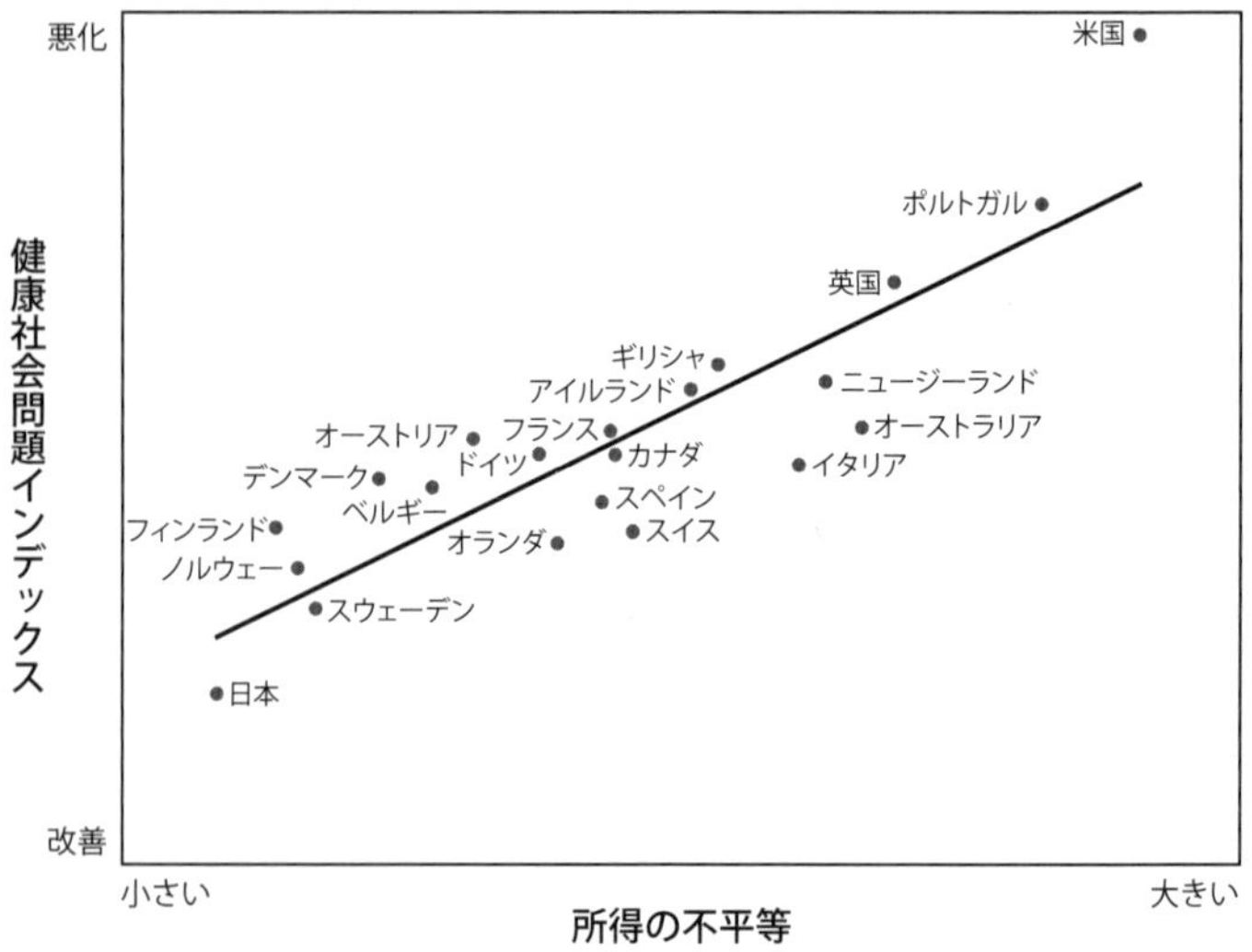

超えている。研究の対象は先進国だけでなく開発途上国にも及んでいる。研究の内容も多彩だ。ある時点での横断的な比較もあれば、特定の国に関して時系列的な変化を追跡したものもある。研究の多くは、平均所得や貧困だけでなく公共サービス支出などとの関係にも注目している。

論文の圧倒的多数は、不平等が高まるほど社会問題が悪化することを示している。[2] いまやそれが定説となり、所得格差と健康社会問題との相関関係は、不平等の拡大が人々の健康や幸福を損なうという因果関係として理解されるようになっている。[3]

相関関係から因果関係へと進展したことは、きわめて重要である。私たちはどうして確信を持ってそういえるのか。疫学の主たる関心は、疾病の原因を特定する統計的なデータである。両者が因果関係にあるかどうかを判断するための一連の基準の開発が進められてきた。

その判断基準には、原因は結果に先行しているかという自明の視点だけでなく、「投入―反応」の有意な関係が存在するか――不平等が強まればすぐに症状の悪化が生じるか――、その因果関係は生物学的に説得力があるか、それ以外の因果関係が存するか否か、研究結果は全体と整合性がとれているか、などの視点も含まれる。こうした判断基準を踏まえた数百に及ぶ研究から得られた知見によれば、所得の不平等拡大と様々な健康社会問題の悪化の間には確かな因果関係が存在するのである。[3]

こうした研究の成果はまた、科学哲学者のカール・ポパーが提起した、やや様相が異なる評価基準をも満たしている。ポパーは、理論の優劣を判断する重要な基準は、その予測が従来にないもので、かつ後世の研究によってその真偽が検証可能なものであるかどうかだと主張した。実際のところ経済的な不平等が社会的な問題を引き起こすという理論から、社会問題やその因果関係などに関する多くの検証可能な仮説が提起され、それらは後世の研究者によって繰

*健康社会問題インデックスは、平均寿命、信頼、精神障害（薬物やアルコール中毒を含む）、肥満、幼児死亡率、児童の算数・読み書き能力、刑務所収監率、殺人犯罪率、未成年出産、社会階層間移動などをベースに算出されている。

り返し真偽が確認されてきた(3)(4)。

不平等は、万人に影響する大問題

『平等社会』は、かつて「万物の理論」だと賞賛されたことがある。これはもちろんお世辞だが、中身もそれなりにあった。その理論は特に社会階層に関する問題（すなわち社会的な地位が下がるほど顕著になる問題）にも適応できた。不健康、暴力犯罪、子供の虐待、投獄、精神疾患、薬物中毒、その他多くの問題が社会階層と関連していることは、いまや世間の常識だ。高所得者と低所得者、社会的身分の高い人と低い人、あるいは教育水準の高い人と低い人のいずれを比較しても、こうした問題は社会階層を一段階下るごとに深刻さを増していく。『平等社会』で示したことは、実に単純だ。これらの問題は表面上は全く異なっているが、すべて社会的な地位（所得、教育、あるいは職業などで序列化したもの*）に根ざしている。所得の不平等が拡大して社会階層間の格差が際だち、注目されるようになると、問題はさらに深刻化する。社会階層問題の根源には、序列上の地位や階層間の格差――つまり不平等――があるということだ。

私たちのさらに驚くべき発見は、不平等は一部の貧しい人々だけでなく、大多数の人々にも影響を及ぼすということだった。最も深刻な被害を受けるのは社会階層の底辺に近い人々だが、それ以外の人々も程度の差はあれ無関係ではいられない。たとえば教育水準の高い人がいるとしよう。立派な仕事につき賃金も高い。その人が平等な社会で同じ境遇の人々と生活していれば、彼あるいは彼女の平均寿命はさらに延びるだろう。暴力犯罪の犠牲になる確率も低いはずだ。彼らの子供の学校の成績はさらにアップし、未成年出産や危険な薬物中毒を経験する可能性は小さくなるだろう。不平等の拡大で貧困層が増加するか否かという点もさることながら、社会全体の所得格差の拡大ですべての人々が金儲けに奔走し平常心を失ってしまうことの方がさらに問題だ。

不平等の度合いに応じて健康障害や社会問題の発生率に大きな差が出てくるのは、不平等が社会の多くの人々に悪影響を及ぼすからだ。私たちは不平等な国では精神疾患や幼児死亡率が

＊「社会的な地位」という言葉は、ここでは日常生活で一般に受容されている意味で使っている。「社会的身分」とか、どの社会階層に所属しているかという意味と同じである。健康問題の不平等を研究してきた疫学者は長い時間、「社会的な地位」の計測には、所得、教育、職業、近隣住民などで、どの指標が最も優れているかを議論してきた。過去の英国政府の統計では、「一般的な社会的立場」の主観的な判断の一つとして職業による社会的階層の分類を行っていた。もちろん完全無欠な尺度など存在しないし、誰も理想的な尺度をすぐに思いつかない。本書の後半で明らかになるように、社会的地位に関する私たちの判断は、現在でも心理面での進化の歴史から影響を受けていると考えている。それはおそらく、人類以前の霊長類が社会序列制における支配と被支配の関係をどのように判断していたかという問題にまで遡るのであろう。

通常の2~3倍に達していることを発見した[1]。不平等な社会では未成年出産率、刑務所収監率、さらに別の分析では殺人率までが、通常の10倍にも達している[1]。

所得格差が広がるとストレス格差も大きくなる

多くの社会問題は、社会階層の上層部よりも下層部で悪化する傾向がある。それは各階層の特性を反映しているという説が、広く信じられている。有能で体力のある人は社会階層の階段を早く上れるが、反対に病弱な人は貧困と飢えへの転落が早まるという考え方だ。

しかし不平等の現実は、こうした通説に根底から疑問を投げかけている。適者が社会の階段を上昇し不適者が下降するという具合に、社会が人間を振り分けているのだとすれば、社会の底辺で生じる不健康問題の責任はその社会の振り分け方にある。人々が社会階層の階段を上下に移動したとしても、社会全体では特定の属性を持つ人々の総数が変わることはない。

たとえば毛髪の色が金髪か黒髪かによって、社会階層間の移動が生じるとしよう。その場合、もちろん髪の毛の色による社会の階層化が進むが、金髪の人や黒髪の人の割合が変化することはない。もし体が病弱か、性格が凶暴かという基準で人々の振り分けが進んだとしても、結果は同じである。

ところが不平等の度合いが変化すれば、各階層の社会問題の深刻さも変わってくる。所得格差の拡大はすべての階層で問題をこじらせるだけでなく、その影響は富裕層よりも貧困層で強く現れる。そのために階層ごとの深刻度を示す傾斜カーブは険しくなる。つまり、階層間で病気や暴力犯罪、とりわけ児童の算数・読み書き能力に格差が出てくるのは、社会の振り分けによる結果だけではない。何か別の要因が働いているに違いない。

　こうした問題は、社会的な地位格差から生じるストレスによって引き起こされ、そのストレスは社会階層が低くなるほど、あるいは社会的な地位の格差が拡大するほど大きくなる。これが私たちの見解である。つまり所得の格差が拡大するにつれてストレスの格差も顕著になっていく。

　所得や社会的地位は、その変動に伴って獲得したり失ったりするものが大きい。しかもその判別がきわめて容易だ。そのために、人間の価値を推し量る明確な指標――ほとんど尺度として――と見なされるようになった。人々がお互いを社会的地位によって判断するにつれて、どの社会階層でも階段を一つ下ることは従来に増して深刻な問題を引き起こしている。社会的地位の格差拡大に伴って社会問題がさらに悪化をたどるのは当然のことである。

世界と地球のために不平等をなくそう

　以上の点が、私たちが10年前にたどりついた結論である。２００７年に『平等社会』の原稿を執筆し、出版社に送ったのが２００８年だった。時はまさに世界的な金融危機の真っ最中であり、刊行は２００９年初めとなってしまった。２０１０年には、本に対する読者の批判や意見に応えたり、また内容の一部を刷新するために、新しい章が一つ追加された。

それ以降、世界の情勢は一変した。経済的な危機だけでなく、政治的な分断とポピュリズムの横行、イデオロギーの対立、戦争難民や経済移民の大量発生によって、動揺や混乱が今も続いている。こうした世界的な出来事に対して、不平等は少なからぬ悪影響を及ぼしている。地球温暖化への対応もますます喫緊の課題となっている。

同時に、心理学、経済学、環境学など多彩な学問領域の研究者たちが、不平等の悪影響について多くの新たな知見を提供してくれている。そのおかげで私たちは現在、不平等が私たちの価値観や自尊心にどのように影響しているか、私たちがお互いを、あるいは自身のメンタルヘルスについてどのように感じているか、かなり明解に理解できるようになった。

本書では不平等が私たちの頭や心の中にどのように入り込んでくるかを示すことで、健康障害や社会問題の拡大につながる因果関係のメカニズムに光を当てている。また、多くの新たな研究成果と事実を組み合わせることで、どのようにすれば人間や地球環境の持続的発展を重視する社会や経済、地域社会を創造できるかについてビジョンも提示している。私たちが調査した多くの社会では不平等が常態化しているが、それは必然的でも修復不可能でもない。過去十年間に生じた多くの危機的な困難にもかかわらず、世の中にはまだまだ改善の余地が多く残されている。

データと図表について

本書で紹介したグラフの大半は、所得の不平等と健康障害や社会問題との関連を示したものである。その分析は国の場合もあれば、米国の各州を対象にしたものもある。

前書『平等社会』で私たちが目指したのは、不平等の指標の同一化や分析対象国の固定化などによってデータの統一を図ることだった。本書では、私たち自身の新しい分析ばかりでなく、世界中の研究者によって作成された図表やデータも紹介している。研究者グループは、各自の研究課題に答えるために、所得の不平等について、最も適切な指標を公式データの中から選んでいる。たとえば、どの国や米国のどの州、あるいはどの期間を分析の対象にすべきか、健康障害や社会問題の症状をどう計測するか、データをどのように分析し図表化するかなどについてである。研究者たちは各自の方法論について、私たちが参考にした査読付きジャーナルや公的な報告書の中で詳細な解説を行っている。そうしたジャーナルや報告書については、すべて本書の巻末の参考文献で紹介している。その多くはインターネット上でも閲覧できる。そして研究者の承諾が得られた場合は、読者が理解しやすいように図表の一部に修正を加えている。本書の図表の出典はほとんどすべて査読付きジャーナルなど学術出版物であり、信頼のおけるものだ。私たち自身の新しい分析もすべて同僚専門家の査読を経たものである。

読者はすぐに分析の対象国やデータの対象期間、使用した指標などに差異があることに気づくはずだが、そこで最も強調したいのは、こうした食い違いにもかかわらず、私たちが本書で提示した主張は何の修正も加える必要がないという点である。

「なんてすばらしいパーティなんでしょう。
みんなビビりまくっているわ」

第1章 格差は私たちを不安にさせる

人々は自分が他人からどう思われているか不安を感じながら生きているはずだが、心のバランスがとれて人当たりの良い人ほどそれに気づいていない。彼らはそうした不安が自分自身や自分の行動を支配する重要な要因であることに対して、感情的に反発するに違いない。

しかし、それは思い違いだ。人間は失敗や名誉が傷つけられる事態に直面したとき、あるいは周囲の対応がこれまでの優しく敬意のこもったものから突然、冷淡や軽蔑へと変わったとき、驚き、恐怖、疎外感、無力感とともに、自分が無意識のうちに他人の心の中で生きてきたことを思い知らされる。

それはあたかも、地球の大地がどのようにして私たちを支えているかなど全く意識せず、その上を毎日平気で歩き回っているのに似ている。

チャールズ・クーレー『Human Nature and the Social Order』1902年刊、207頁より[5]

アドラー教授の教え――人間は劣等感の動物

米国テレビ番組の司会者兼プロデューサーであるオプラ・ウィンフリー。オプラが主宰する『オプラ・マガジン』誌の中で、彼女の〝スタイル・コーチ（衣装担当責任者）〟であるマーサ・ベックは自らの〝パーティ不安症〟について語っている。[6]ベックによれば、他人との交流で「憎むべき敵は、羞恥、恐怖、そして残酷な判断だ」。彼女は「数百万人とも言われるパーティに不向きの人々、つまりパーティでの会話を怖がる社会恐怖症者の一人」である。社会恐怖症とは「パーティなどで的外れな発言をして、自分自身が憧れる社交界の有名人はおろか、全く逆の間抜けな人間に見られてしまうのではないかと心配して、身をこわばらせてしまうこと」だ。彼女は「パーティをうまく乗り切るために、人々を魅了してやまない立派な武器――知的な聡明さ、すらりと伸びた両脚、交友関係の広さ、それに莫大な財産――が揃っていたらいいなと感じていた。パーティに着ていくドレスの選択から気の利いた立ち話まで、すべての身だしなみや立ち居振る舞いが、マイナス評価への不安を和らげてくれるのだ」という。

私たちは自分自身の臆病さ、自信のなさ、人見知りの性格を、精神的な弱さ、感情的な欠陥のように見なしている。こうした症状は自分自身でうまく対処すべきものだとも感じている。こうした内気な性格はできるだけ他人に見せないようにするため、自分以外に同じ悩みを持っている人にはなかなかお目にかかれない。しかしこれから見ていくように、各種の調査によれば、よほど自分に自信のある人以外は皆、内気の悩みを抱えている。

オーストリア出身のアルフレッド・アドラーは、20世紀初頭の精神分析学者である。フロイトの学説に異を唱えたことで知られている。彼は不安感こそが人間であることの基本であると考えた。「劣等感」の概念を発展させて「人間であることは劣等感を覚えることだ」と主張した。アドラーはまた、現在の統計が示唆するものを当時からすでに予想していた。つまり、人間の不安感への対応には二つの方法がある。一つは臆病や自信喪失に陥り社交嫌いになること、もう一つはうぬぼれ、尊大さ、ナルシシズム、上流気取りに走ることだ。アドラーはこうした優越意識は、隠れた劣等感に対する防衛反応だと見なした。

アドラーは、劣等感が強い人ほど防衛反応も大きくなると考えた。「人前では自分がいかに他人より優れているかひけらかそうとする人がいるが、その裏側には人に知られたくない劣等感がある」。「劣等感が強まれば強まるほど、相手を打ち負かしたい衝動が強まり、感情的な起伏も激しくなっていく[7]」。こうした各自の「内面に秘めておく努力」が成功してきたからこそ、人は誰もが不安感を抱えていることを十分理解できずに、自分の不安感を個人的な病気のせいだと勘違いしてしまう。

他人への配慮も度を越すと危険

ところで、アドラーが患者の心理から単純に見落としたもので、私たちは現代統計学のおかげによって発見できたものがある。それは、不安感や、それを心の内面に秘めておくための防衛症状が、特定の社会では他の社会よりも際だっていることだ。これは、何か強力な外的要因が存在し、社会全体の不安感を強めたり弱めたりしていることを示唆している。それが何であるかを、私たちはこれから探っていくことになる。

疫学者は病気の伝染経路や原因を研究するための訓練を受けている。彼らは、たとえば、大気汚染がぜんそくや気管支炎の病気をどのくらい悪化させるのか突き止めることができるかもしれない。同じように、人見知りや引きこもり、自信喪失が、私たちの感情や社会を取り巻く環境の何かによって引き起こされている——あるいは少なくとも悪化している——のではないかとの前提で、それらが発生する頻度を調べていけば、その原因を突き止めることができるかもしれない。

世の中には汚染物質や発ガン性物質が存在し、病気の発生を抑えるためにはそれらを除去しなければならないという考え方がある。私たち全員がそれを受け入れているわけではないが、感情や心理に影響する環境でその有害な部分の改善を図るという考えに違和感を覚える人も多いだろう。しかし、引きこもりを悪化させる原因が私たちの社会生活や社会福祉に重大な損害をもたらすのであれば、私たちが呼吸する大気と同じくらいに、政治的、社会的な注目をもっと集めてもよいはずだ。

　私たちは社会的な動物である。他人への配慮や、他人を傷つける恐れのある行為を避けようとする能力は、私たちの生きる術である。しかし周囲へのごく当たり前の思いやりであっても、それが日常生活で当たり前となり、その程度も度が過ぎると、思わぬ副作用をもたらす。そうした事態が重なれば、ささいなやり取りであっても過剰に反応してしまう。つまり外見的に見れば、人間関係に過敏になって自分の殻に閉じこもるようになる。

　私たちはまた、社会的な地位という虚飾によって自分自身の不安感をできるだけ覆い隠そうとする。そうした願望に似た事例を数限りなく見てきた。先進国の多くでは、自信喪失や不安感が蔓延し臨界点を超えてしまった結果、人々の幸福感や生活の満足感に重大な支障が生じている。これから議論するように、解決策は私たち全員が精神的にもっと強くなることではなく、そうした深刻な事態をもたらしている社会的な要因を突き止めて取り除くことである。

　内気や自意識過剰の原因には、内部から生じるものと外部から生じるものがある。その違いを理解するには、障害物競走の選手を想像するのが一番だ。ある選手は他の選手よりもどうして多くのハードルを倒してしまうのか。その理由を知るために、まず選手の年齢や身体能力、身長など個別の特徴を調べる必要がある。しかしある競技大会では他の大会と比べて多くのハードルが倒れる場合、まずハードルの高さに注目すべきである。人々の暗算能力を知る場合は、各自の計算の基礎能力や習熟度を調べる必要がある。しかしある問題の正答率が他の問題より高い場合は、問題の難易度に原因を求めようとするだろう。

社会的評価による精神的ストレス

本書は自己啓発本ではない。自信過剰や内気といった性格の違いがどこから生じるのかについてほとんど議論していない。本書の狙いは、私たちの自制心がどうして簡単に発動されるのか、その原因を突き止めることで、人々の幸福や健康の改善に貢献することである。

私たちの主要な関心事は社会の〝垂直的な不平等〟である。社会の頂点から底辺に至る物質的な格差と、それがもたらす社会階層や地位への影響だ。私たちは社会階層や地位によってますます他人を評価するようになり、その評価が相手の心の中に取り込まれてその人の自信や自己不信を増幅させている。

一方、社会の特定グループに共通する〝水平的な不平等〟は、性別、民族性、階級、障害の有無、宗教、言語、文化などによって引き起こされる。その原因が何であれ、グループ間での優劣は大きな社会的不公平として取り上げられている。

　私たちの目的は、こうしたグループ間の格差そのものよりも、不平等の中核をなす支配と従属のプロセスを明らかにすることにある。私たちはなぜそうしたプロセスに脆弱であるのかという点から議論を始めることにしたい。私たちは、社会的な苦痛の構造的原因を解明する前に、まずそれがどのように知覚されるのかについて理解を深めておく必要がある。

　今日、私たちが暮らす先進国社会では、自分が他人の目にどのように映り、どのように判断されているかに関する不安、つまり心理学者が〝社会的評価の脅威〟と呼ぶものが、生活の質や満足度に深刻な影響を与えている。その症状を具体的に挙げるとすれば、精神的ストレス、不安感、うつ病の増加、体調の悪化、不安をまぎらすアルコール飲料や薬物への依存、それに地域社会の衰退などだ。地域社会での交流が希薄になったために、自宅に引きこもり孤独を感じる人が増えるようになった。こうした精神的なストレスは、社会生活に生じる悪性腫瘍のようなものである。しかしこの問題が生活の質を議論するうえで注目されることはほとんどなかった。

　個人の精神的なひ弱さは、親からの遺伝や幼児期の体験、青年期の教育やしつけが影響しているとされている。私たちはそうした因果関係を個別の議論ではなく、全体の公衆衛生の問題として取り扱っている。公衆衛生は、下水処理法、大気浄化法、ごく最近では自動車排ガス規制にみられるように、これまで活発な政治的論争の対象となってきた。19世紀のドイツ人医師で病理学者であるルドルフ・フィルヒョーが述べているように、〝医学は社会科学であり、政治は広い意味で医学そのものだ〟。本書もこの伝統にならっている。

米国人の80％以上が臆病に悩んでいる

臆病は、人目に対する精神的な弱さの一般的な兆候である。臆病に関する調査で最も多く引用されるのが、スタンフォード・シャイネス・サーベイだ。調査の対象となった米国人の80％以上が、人生のある時点、つまり現在、過去、あるいは幼少期から現在までの全期間で、他人との接触に臆病だったと答えている。また3分の1以上が、これまでの人生の半分以上の期間でそうだったと答えている。[8] 約4分の1が自分を慢性的な臆病であると見なしている。

自分自身を臆病でないと回答した人は、全体の20％未満だった。このグループでさえ大半は人前で顔を赤らめたり、心臓がドキドキしたり、〝緊張や不安で胃がしくしくする〟などの症状を時々経験することがあると答えている。これらは通常なら臆病だと診断される症状だ。彼らが自分自身を臆病だと思わないのは、ごくまれにしか感じないからだ。回答者で臆病だと一度も感じたことがない人は、わずか7％に止まっていた。

２００１～２００４年に実施された「全米併存疾患調査――思春期世代の調査」では、10代の米国人（13～18歳）1万人以上が調査対象になっている。同世代で全く初対面の人と出会ったときの反応を聞いたところ、ほぼ半数が尻込みしたと答えている。両親たちは自分の子供の60％以上が臆病な性格だと答えている[9]。

臆病とは、自意識が過剰であったり、人前でどぎまぎしたり、対人関係で不安を感じたりすることだ。他人と上手に交際する能力に欠けていると思い込んでいることもある。そのために精神的なストレスが高まり、思考プロセスでさまざまなトラブルが起きてしまうことがある。人と触れ合って楽しい時間を過ごすことが苦手になり、自分のことを冷静に見つめ素直に自己表現することができなくなる。ひどい場合には、仕事や社会生活にも大きな損害をもたらすことがある。臆病が激しい人は、社交恐怖、社交不安、社交不安障害と見なされ、医療現場ではそうした症状が極度に悪化した場合しか病気とは認定されない。〝社交不安障害〟と判断されるのは、社交への恐怖や不安が〝正常状態から著しくかけ離れている〟ときだけである。

社交不安障害に苦しむ人々

自信の喪失で社会生活に堪えられなくなり、他人との接触まで避けるようになる人は、ごく少数である。多くは、社交への恐怖心が高じて、人との会話の楽しみより、ストレスが勝ってしまうケースだ。次にみる4人の事例はすべて、エクスペリエンス・プロジェクトのウェブサイトから引用したものだ。このサイトは、精神的なトラブルに悩む人々が問題を共有するために設立したものだ。

パーティなどで、私は人と気楽に雑談することができず、いつも気まずい思いをしています。他人からあれこれと品定めされ、よそよそしい態度をとられるのが怖くて、会話についていくことができないからです。人の笑い声を聞くと、すぐに私のことをバカにしているのではないかと思ってしまいます（愚かなことですが）。でも、どうしてもそのように感じてしまうのです。そんなことが長く続いているうちに、私は独りぼっちの生活に慣れっこになったのです……。

すべての人から逃れたいと思うことが時々あります。誰かが私のことをあれこれ噂していると考えただけで、むしずが走るのです。

ウォルマートのレジで支払いをすることさえ、パニックに襲われます。会計は誰とも話す必要もない自動精算機で済ませることにしています。

私は誰に対しても極端な恥ずかしがり屋です。日常生活にも大きな支障をきたすようになって、人は私のことを自業自得だと思っているようです。私には友達が一人もいません。どこかに外出することもありません。買い物に出かけるときは必ずサングラスか帽子を身につけるようにしています。社交不安から身を守るお守りです。私は口ごもりがひどくて、大変な汗かきです。そして、他人の目には私が一種の変人であるかのように映っているのだろうと感じることがあります！　毎日がこのような状況で、生き地獄です。

こうした自らが招いた引きこもりの文章を読むと、苦痛の大きさや日常生活の困難さが手に取るように伝わってくる。高度の不安を抱える人々の多くは、自分自身が心の病を患っていると思っている。彼らは専門医にかかり精神安定剤（抗不安薬）やその他の向精神薬を処方される。１９８０年以降、社交不安は米国精神医学会の精神障害分類――診断と統計マニュアル（ＤＳＭ）による――に追加された。通常の臆病とは異なる社交不安の広がりについては、長い時間、綿密な調査が進められてきた。米国では過去30年に社交不安に苦しむ人が総人口の２％から12％へ増加している[10][11][12]。

心の病はなぜこんなに広がっているのか

先進国ではしばらくの間、心の病の比率が高水準でしかも増加する傾向にあった。優れた調査は、症状が深刻で日常生活に支障をきたす心の病だけを集計するように細心の注意が払われており、医療専門家や一般の人々の意識の変化などは対象外だ。しかも軽度の精神的、感情的な乱れを除外するために、症状の深刻さを測る厳格な基準が設けられている。

最も権威があり頻繁に引用される研究の一つは、全米併存疾患調査・追加版である。これは2001~2003年の米国における心の病の発生頻度を調査したものだ。精神障害の患者を特定する目的で作成された。質問事項は何度もその有効性について検証が重ねられ、それらを活用しながら、訓練を受けた調査員が1万人を対象に各自の自宅で1時間の面談を行った[13]。面談を受けた人の年齢は18~75歳である。彼らの46%が過去に精神障害の症状、生活に支障をきたす深刻な経験をしたことがあると答えている。

こうした統計の最大の弱点は、その大半が過去の記憶に依存していることだ。記憶を頼りにする回顧的な調査と長い時間をかけて同じ人に繰り返し面談する調査を比較した研究がある。それによると、回答者が若い頃の心の病について忘れたり、話すのをためらうケースがある。それらを踏まえると、最も頻繁に引用される統計でも——先に紹介した46%という数字も含めて——、問題の広がりを過小評価していることはほぼ間違いない。

時を経るごとに深刻化している

心の病の発生率が増加していることは、年齢の異なるグループを比較すれば分かる。過去を振り返った調査では、年間当たりの心の病の発生率は若年層が中高年を上回っている。これは単に中高年の記憶力が衰えているからではない。学生や子供の発症率を長期にわたり継続的に比較した研究では、心の病の発生率の増加と中高年の記憶力とは全く関係がないことが分かった。そうした長期研究の一つが１９５２～１９９３年の米国の調査だ。40年の間に学生のグループ、成人のグループともに不安感のレベルが大きく増大している。報告書の担当者は「１９８０年代の米国の平均的な子供は１９５０年代の精神病患者の子供よりも高い不安感を持っている」と結論づけている。[14]

英国ではキングス・カレッジ・ロンドンの研究者が、２００６年の10代の子供は20年前の同世代に比べ深刻な感情障害を抱えていることを明らかにしている。[15]心の病が拡大傾向にあるのは男子、女子とも同じだ。子供が両親と一緒に住んでいるか、一人親や義理の両親と住んでいるか、あるいは貧困地域で生活しているか。いずれの生活環境においても、心の病は拡大傾向が続いている。米国心理学会の２０１７年調査によると、80％の米国人が無力感、うつ、神経過敏、不安など複数のストレス症状を訴えている。ストレスの度合いを１（全く感じない、あるいはほとんど感じない）から10（かなり深刻）で自己診断してもらうと、回答者の20％が８、９あるいは10の高レベルだと答えている。[16]

不安やうつなどの症状は心の病で最も一般的だが、それ以外の気分障害、衝動制御障害、物質依存障害などでも増加傾向がみられる。心の病のすべてが増大していることは、その背景に何か共通の原因があると考えざるをえない。不安感も当然、そうした原因の一つであることは間違いない。

物質的には豊かなのに、精神的には不安

臆病や社交不安がどこまで高じると心の病を引き起こすのか。それを判断するのは難しい。心の病は、若干の例外はあるが、原因よりも症状によって分類されるのが一般的だ。原因が同じ社会不安であったとしても、症状は人によって大きく異なる。外出するとパニックに陥るのであれば、広場恐怖症と診断されるかもしれない。気分の落ち込みが激しければ、うつ病と見なされるかもしれない。お酒の力に頼って気分をリラックスさせようとして、アルコール依存症になったとしよう。これも心の病として診断される。自分が他人にどのように映っているか心配で、いつも好印象を与えるように振る舞っていれば、おそらく（その他の要因もいくつか重なった場合は）自己愛性パーソナリティ障害と見なされるかもしれない。

心臓疾患の危険性が運動不足、偏食、喫煙、ストレス、糖尿病、肥満、高血圧などで高まるように、心の病もさまざまな要因が影響する。しかし複数の要因が原因になって一つの疾患を引き起こすだけでなく、一つの要因が多くの異なる疾患を引き起こす場合もある。〝広範囲の〟要因群が〝多発性疾患を引き起こす〟ことを聞いたことがあるだろう。たとえば喫煙に関連する疾患のリストには、肺気腫、慢性気管支炎、ぜんそく、肺ガンなど少なくとも10ヵ所に及ぶ部位のガン、脳卒中、糖尿病、心臓疾患など多くの病気が含まれている。

社交不安の障害を持つ人の約3分の2は、躁うつ性障害や摂食障害、薬物依存など他の障害

が併存している。臆病、不安の高まりなど心の病はお互いに関連なく発症すると考えられているが、併存障害の現実はそれが間違っていることへの警鐘だ。世間の評判を気にしすぎて、他人と一緒にいるとストレスを感じ、落ち着きがなくなることはよくある。それに激しい自尊心の喪失が重なった場合、私たちの社会的存在そのものが大きく傷つけられる。どのようにして他人とうまくやっていくか。自分自身をどう位置づけるか。そうした心の対応を困難にしてしまう状況ほど、精神的に危険なものはない。

　経済成長は私たちに空前の物質的な豊かさと安らぎをもたらしてくれたが、逆に精神的な不安は減少に向かうどころか高まる傾向にある。これは一見、矛盾しているようにみえる。暮らし向きが良くなれば、私たちは過去の世代や生活水準が低い国の人々と比べて悩みは少なくなるはずだ。しかし世界保健機関（ＷＨＯ）の調査によると、先進国では開発途上国よりも心の病の発症率が大幅に高いことが分かった[13]。今世紀初めに実施されたＷＨＯの調査では、精神障害の生涯有病率は米国で55％、ニュージーランドで49％、ドイツ33％、オランダ43％、その一方でナイジェリアは20％、中国18％となっている。

他人との比較がますます気になる

　生活水準の改善にもかかわらず精神的な不安が増加しているのであれば、原因究明の対象を物質的問題から社会生活へシフトさせるべきだ。臆病や社交不安のような自意識の異常な高まりが、全体的な不安の増大をもたらす重要な要因になっているのかもしれない。しかし私たちの自己アピールでは物質的な豊かさが依然、重要な役割を演じることが多い。不安の原因として除外することはできない。

ただ体と心のバランスは大きく変化している。両方を一緒に議論できなくなった。私たちは数世紀前には想像もできなかった豊かさに到達した一方で、他人との優劣、つまり自分の世間体や社会的地位を強く意識するようになった。生活水準についての私たちの関心は、前に述べたように自尊心や他者との比較と密接に絡むようになった。たとえば多くの研究結果では、給料に関する私たちの幸福感や満足度は、その給料で欲しいものが十分購入できるかどうかではなく、他人と比べて高いか低いかで左右されることを示している。[17][18] ここで主張したいのは、昔の人々は他人とあまり比較しなかったということではなく、私たちの自意識にとって他人との比較がますます重要になっているということだ。

他人が私たちをどう見ているかを心配することは、社会的地位の自己判断や自信のなさと強く関係している。社会的な不安は、社会的地位に影響を与える多くの要素と絡み合っている。試験、職種、給料、昇進に対する不安から子供の素行についての悩みまで、すべてと関わっている。

ヘビや毒グモよりパーティが苦手

メディアが精神的な不安や心の病の広がりに関する調査結果を報道する場合、決まって大げさな見出しをつけ人々の警戒心をあおる。「蔓延する不安[19]」、「いらつく米国[20]」、「英国に襲来する不安の伝染病[21]」などだ。コメンテーターの解説では「米国は世界の超不安大国となってしまった[22]」、「機能障害を引き起こす危機的な心の病、全米で劇的に広がる！[23]」などのタイトルが躍る。心の病に関する調査の結論も、メディアの見出しに勝るとも劣らず衝撃的だ。「１９８０年に社会不安に絡む精神障害を患っていた人は米国人の４％だったが、今日では半数が苦しんでいる[24]」。「英国では８２０万人が不安の伝染病に罹患している[21]」。「精神障害で身体の自由が利かなくなり追加補償所得を受給し社会保障障害保険に加入している人は１９８７～２００７年の間に２・５倍に増えた。子供では同期間に35倍も増えている[25]」。

人前に出ることの恐怖

人との交流で強いストレスを感じ、日常生活に支障が出ている人がいる。そうかと思えば、通常レベルのストレスしか感じない人もいる。実際に両者を明確に区別するのは難しい。前に紹介した社交不安に関するインターネット・サイトで、普通の生活ができない体験談を交換しているのは、女性、男性、若者、両親、軍人、それに人との交際や人前でのパフォーマンスが苦手な人たちである。この世の中で社交不安と無縁な場所など存在しない。

本章の冒頭で、マーサ・ベックの〝パーティ不安症〟について触れた。彼女の記事は、多くの読者が読んだはずだ。[7] 作家で冒険家のベア・グリルスは野外のサバイバル術や不屈の精神、それに不測の事態への対応能力では右に出る人はいないが、日常生活においてはマーサ・ベックとほとんど変わらない。気候変動に関するテレビ番組でバラク・オバマ前米国大統領と同席したとき、グリルスは自分が最も恐れたのはヘビや毒グモでなくカクテル・パーティだったと述べている。

人前に出れば、こうした不安が高まる。『ガーディアン』紙の土曜版には〝準備の心得〟というコラムがある。それを読むと著名人がどのように身だしなみを整えているかが分かる。彼らは通常、準備に数時間を費やし、時には前日から取りかかることもある。ヘアースタイル、ツメの手入れ、メーキャップ、衣装に万全の注意を払っているにもかかわらず、あれこれ不安に襲われる。気持ちを落ちつけるために、少量の飲酒も準備の一つに組み込まれている。これは男女問わず共通している。ある人物の場合、もし気分が乗らなければ出演をキャンセルすることもあるという。

なぜ来客の前に掃除をするのか

しかし普通の人にとっては、人前に出る場合でなくても、もっと何とかしなくてはならないと感じるときがある。自宅に来客を迎える場合だ。多くの人（来客準備のためにお手伝いさんを雇えるのはごく一部）はゲストが到着する前に、特別に掃除機をかけ部屋の片づけをするはずだ。自分の生活の実態は友人にも見られたくない。もちろん友人が私たちの性格をよく知っているので、わざわざ隠し立てする必要のない場合もある。彼らが現実を見たとしても、それで私たちの評価が変わるわけがないと思っているからだ。しかしそれ以外の人に対しては、特に姻戚や親類の場合には見栄を張る。

多くの人はゲストが到着する前に部屋をきちんと片づけておくが、しかもそれを悟らせずにやっておこうとする。ゲストが到着したときにいま掃除を終えたばかりだと漏らす人間は誰もいない。たとえそれが事実だったとしても決して言わない。そうしたいきあたりばったりの行動が一般的であるので、ゲストが到着する前に掃除や整理整頓を手際よく行う方法を伝授するウェブサイトもある。最小の時間で最大の効果をあげる知恵が紹介されている。

ある調査では、一般の人々がゲストを迎えるために清掃や片づけをする時間は平均28分だ。[26]いかに多くの人が家庭内の整理整頓に恥ずかしい思いをしているかは、調査回答者の4分の1がゲストに家の中を見られたくないと答えていることからも分かる。急いで片づけようとするあまり、洗濯機や回転式乾燥機、洗濯カゴの中にものを隠したことがあると答えた人がいた。汚れたお皿をオーブンの中に仕舞い込んだことがあると答えた人は15％にも達した。[26]

人々はこうした一時しのぎの行動を「ゲストが家の中で快適に過ごせるように、前もってきちんと片づけておくことは当たり前だ」と取りつくろおうとする。しかし本当は自分自身のずぼらな性格を隠したいためであり、そうしたホンネは同一人物の次の発言から透けて見える。「私がいかに怠け者であるか誰にも知られたくない。そんなのは全く自慢にならない。でももう一人別の私がいて、他人がどう思うか気にせずに、日頃の取り散らかした状態をあっけらかんと見せることができたらどれだけいいのになと思う」。彼女はそうすれば「すごく解放された気持ちになれる」とも補足した。[27]

私たちの〝不都合な真実〟

社会的な外見を気にする風潮が蔓延している。たとえば、私たちの大半は他人からどう見られているかを心配し、周囲から受け入れられるかどうかは、自分の〝不都合な真実〟を隠し通せるかどうかにかかっていると考えている。〝不都合な真実〟とは、他人の目に映る自分の不格好な姿だ。たとえば、無知や無学に見えたり、若々しさに欠けたり、あるいは失業中の人間や低賃金労働者、初期段階のアルコール依存症者、ユーモアのセンスのない人間、気の利いた短いスピーチもろくにできない人間などに見えることだ。つまり〝不都合な真実〟とは、私たちの評価を引き下げるものすべてだ。

普通の人にとってそうした感覚はたいした問題ではない。しかし小さなストレスでも積み重なれば、別の困難に遭遇したときの抵抗力が大きく後退する。その結果、神経が過敏になり、アルコール依存に走ったり、他人の発言に過剰反応したり、〝怒りっぽい〟性格だと見られるようになる。神経質になればますます引っ込み思案になる。失敗を気にしすぎてうつになったケースもある。人と楽しい付き合いのできない人は、軽度とはいえ人間に対する被害妄想に陥ることがある。こうした困難が積み重なれば、病気のふりをして職場を欠勤するケースが増え始める。気晴らしを求めて過剰な飲食に走り、喫煙がますます止められなくなる。このような行動自体が他人に見られては困るものであり、人との接触をさらに避けようとする原因になる。こうして社会的な孤立が深まっていく。

友情の価値は年間約１２００万円

社交不安が高じて孤立することはとても危険である。過去30〜40年間に行われた多くの研究によれば、親しい友人や仲間、良好な人間関係、積極的な社会参加は、健康にとってきわめて有益である。社交不安は友達との付き合いを減らし、地域との絆を弱め、社会的な孤立を深めていく。その結果、健康への直接的な被害だけでなく、その他の病気を誘発させる原因になり寿命を縮めてしまう。友情が、いかに健康にすばらしい恩恵をもたらすか。

その証拠を最も手際よくまとめているのが、１５０件に及ぶ査読付き研究のデータを統合した2010年の調査レポートである。それには30万人以上の個人データが収録されている。[28] レポートの結論は、多くの友人仲間を持ち、良好な人間関係を継続し、社会へ参画することは有益であるばかりか、禁煙と同じくらいに健康や長寿にとって不可欠の条件である。研究によれば、病気を長期間患えば友達が少なくなり、友達が少なくなれば健康状態はさらに悪化する。

友情は健康の〝ビタミンF〟

友情と健康に関する研究は、観察結果に基づくものが多い。研究者は最初に健康な人々に友人関係の具体的な内容について質問をして、その後の経過を長期的にフォローする。もちろん友人関係以外は似通ったもの同士を比較しなければならず、そのために教育や所得、階層などはできるだけ同じ条件にしている。

その一方で、実験的な研究も行われてきた。たとえば、ボランティアの腕に水ぶくれの傷を作ってその回復状況を調べたものがある。人間関係が良好でない人ほど傷の治りが遅い。[29] 別の事例では、風邪のウイルスが含まれた鼻薬を複数のボランティアに投与してみた。同じような感染環境におかれた場合、友達が少ない人は風邪を引く可能性が4倍も高いことが判明した。もちろん、それまでのワクチンの接種状況など多くの要因を考慮したうえでの結果である。[30]

人々のデータから最も明確に見て取れるのは、健康や病気の原因はバランスを欠いた食事である。たとえば、栄養不足になるとビタミン不足の症状が際だってくる。新鮮な果物や野菜が不足する長期の航海では、壊血症が発病する可能性が高まる。しかし、栄養が十分に行き届いている人々には、特定の栄養素が健康維持に不可欠だとは明確に言えない。友情についても同じだ。

多くの研究は比較分析を基本にしている。大量のサンプルを無作為抽出して比較すれば、友情や人間関係が健康の維持にいかに重要かの証拠を得ることができる。それぞれのサンプルには人間関係が良好な人もいれば、かなり険悪な人も多く含まれている。これは奇妙な逆説かもしれないが、人口が密集する現代の都市社会では友人付き合いや良好な人間関係が不足している。人々は寄り添っているように見えるが、実は孤立した生活を送っている。

健康面における重要性を理解して、ドイツ人は社会的な絆を〝ビタミンB〟と呼ぶことが多い。この場合のBとはドイツ語のBeziehungenを指し、英語では関係（relationship）を意味する。英語を話す人は友情（Friendship）が健康に重要であることを忘れないように、友情は健康のビタミンFだと覚えておく方がよいだろう。

人類は根っからの社会的動物

健康における友情の効用は、ストレスを軽減し、心の安らぎを与えてくれることだ。それによって、人間は〝孤独に陥る〟ことも少なくなる。そもそも人との付き合いに前向きか、それとも後ろ向きか。それを分けるのはストレスや不安の強弱だ。その差が社交的な人と苦手な人

図表1・1　人はストレスを感じるほど死亡率が高まる

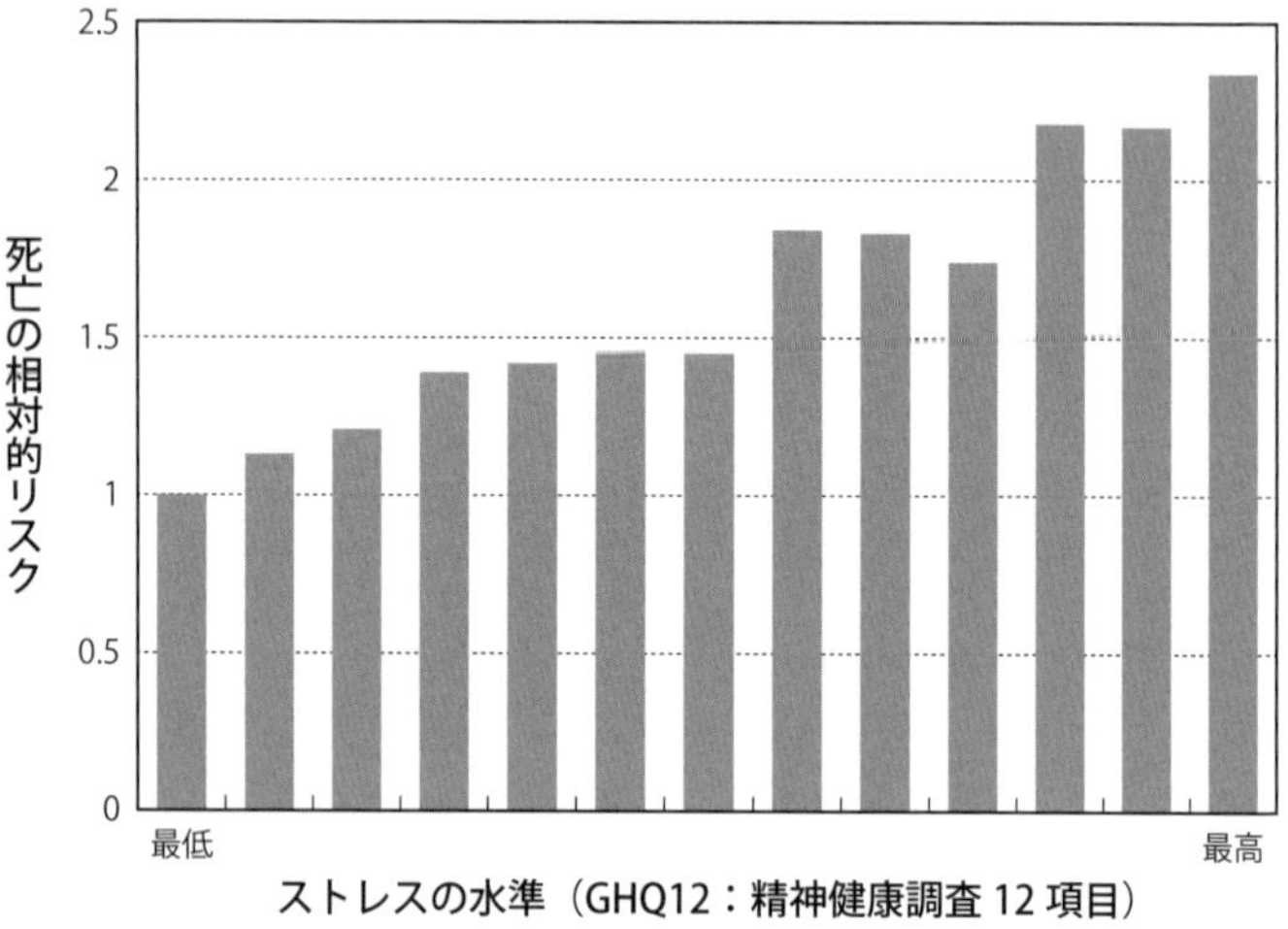

データ数は7万5936人（イングランドで生活する35歳以上の成人）で、うち8365人の死亡者を含む。各自のストレスの水準は、不安、うつ、社会的機能不全、自信喪失の基準を用いている。[31]

との健康上の差になって表れている。それほど臆病や自意識過剰でない人でも、時には人と会うのがつらくて、外出を控えて自宅に引きこもりたいときがある。社交不安を強く感じる人ほど、他人との接触を負担に感じることが多い。それがストレスに発展すれば、いつも人との接触を避けたいと思うようになる。

ストレスが長く続けば、健康への弊害も大きくなる。それは免疫や循環器系に多くの生理学上の悪影響をもたらす。長期化すれば老化が加速する。進行性疾患や死など老化がもたらすリスクにさらされやすくなる。図表1・1では、きわめて軽度のストレスであっても数ヵ月、数年も続けば、死亡率が上昇し寿命が短くなることが示されている。[31]

確かに友達の数は、その人が人との付き合いでどのくらいストレスを感じているかの指標になる。しかし、それだけが友達付き合いと健康とを関連づける唯一のものだと考えるのは間違いだ。

人付き合いの根幹には、当該の人物が他者から好まれているか嫌われているか、評価されているか見くだされているかという問題がある。自分を評価してくれる友達をたくさん持っていれば、気持ちが良いし自信も湧いてくる。逆に、友達から仲間外れにされ嫌われていると感じれば、その反対になる。それは双方向の関係だ。つまり、友達の多寡は、あなたが人付き合いを快適に感じているか、負担に感じているか、その心の状態を映し出している。その一方で、多くの友達を持つことは自己効力感（訳者注＝自分にある目的を達成する能力があるという認知を意味する）や自信を高めてくれる。[32][33] いずれにせよ、他者から疎外されていると感じているかぎり、人間が自信を持つことはほとんどありえない。

人生の楽しみという点では、友達とおしゃべりして冗談を言って過ごすことに勝るものはない。友達を作り楽しい交際を続けることができれば、健康にもプラスに働くし幸せにもなれる。これは当たり前のことだ。著書『Happiness: Lessons from a New Science』の中で、経済学者のリチャード・レイヤードは、結婚、友情、社会参加、ボランティア活動が人間に大きな幸福感をもたらすことを証明している。[34] 欧州25ヵ国の約5万人のデータを使った２０１４

年の研究でも、社会的なふれ合いや他人を信頼することができるという感情が幸福感の重要な構成要素であることが示されている。[35] 人類は一般の理解以上に、根っからの社会的動物なのである。

友人との親密な交流から得られる幸福感も見落とされがちだ。お金と人間的なふれ合いのいずれかで、どちらが多い方が良いか選べと言われたとしよう。データによれば、人間的なふれ合いから得られる幸福感は、年間８万５０００ポンド（１４０円換算で約１２００万円）の金銭的価値がある。[36] 〝友情が生み出す幸福感〟が市場で売り出された場合、それを簡単に入手できる人はわずかだ。

社会的地位が私たちの優劣を示す基準に

現代の先進国で社交不安が高まっていることは、大いなるなぞである。

友情や良好な人間関係は健康や幸福感にとって不可欠だが、時に他者との接触を億劫に感じることがあるのはどうしてか。この難問を解くことができれば、人見知りの激しい人だけでなく比較的症状が軽い多くの人々ももっと幸せになれるはずだ。

幸運なことに、問題の根源やその解決への重要な手がかりが次第に明らかになっている。多くの研究において、富裕層と貧困層の所得格差が大きな社会ほど社会生活が弱体化し、格差が小さな社会ほど連帯が強まることが、繰り返し示されている。格差のない社会ほど、地域のグループやボランティアの活動、市民団体への参加率が上昇する傾向がある。[37] 人々の間では相互の信頼感や扶助の精神が高まり、暴力犯罪率（＝殺人率）は一貫して低下している。[38][39][40] 平等な社会ではお互いが仲良く暮らしていくことができる。

フランス革命以前から、不平等は分断的で社会を蝕むという考えが広く受け入れられてきた。[41] 今では各国の不平等を比較するデータ――富裕層と貧困層の所得格差の指標――が豊富に入手できるようになり、こうした直感が全く正しく、しかも想像していた以上に深刻なことが明らかになっている。個人的な直感というよりは――現在では数百の研究結果が示すように――客観的に証明済みの真実となっている。[2][3] 次章の図表2・7では、所得の不平等と地域の組織やグループへの参加の関連性について国際比較を行っている。前書の『平等社会』でも不平等と信頼感について同様の分析を行っている。

平等な社会ではどうして社会の連帯が強まるのか。その問いかけへの最も適切な答えは、お互いに安心できるからだろう。平等な社会で個人的な価値観に大きな差がないとなれば、人の交流が盛んになる。そもそも人は似たような境遇の中から友達を選ぶ傾向がある。これらは間違いではないが、日常の生活はそれほど単純ではない。社交不安の症状が悪化するのは、生活水準の高い人と比較される場合に限らない。人間は同じ境遇の人との付き合いにおいても悪い印象を持たれたらどうしようかあれこれ思い悩む。

これらが意味するのは（そして証拠によって裏付けられた説明でもあるが）、社会の階層化が進めば進むほど、人々は生まれによって序列化されるという意識が強まり、自尊心が大きく傷つけられることだ。第６章や図表６・７で議論するように、不平等が拡大する社会では社会的な流動性が低下するが、こうした意識はますます強まっていく。不平等な社会では、個人的な熟練や能力とは無関係に、社会的地位が人間の優劣を示す指標として重視される。その結果、〝社会的評価の脅威〟や社会的地位への不安がさらに増大する。人々は他人との比較に神経をとがらせ、時に自尊心が大きく傷つく。

現状に不安を感じ他人との比較に過敏になる対象は、社会的地位だけに限らない。その対象はすべての個人的な特性にまで広がり、一つ一つにプラスあるいはマイナスの評価が下されるようになる。身体的な魅力や知性、余暇の過ごし方、皮膚の色、芸術的な趣味、消費の傾向などすべてが、序列や評価の点で大きな社会的意味を持つようになる。他人と比較することの起源が動物の序列制における力の相対比較にあるとすれば、人類は比較が一元的でなく多元化しつつある。

ここからの数ページでは、人々の自尊心や、自分が生まれつき他者よりも優れている、あるいは劣っているという感覚が、社会の構造的変化によってどのような影響を受けるのか、その実例を簡潔に示すことにする。この問題は、さまざまな社会的不安を経験している人だけでなく、私たちすべてにとっても重要である。私たちは、本章の冒頭で紹介したチャールズ・クーレーの引用文からも明らかなように、他人が自分をどう見ているかによって影響を受けるからである。

かつて人間社会の規範は「平等」だった

不平等によって私たちの価値に大きなばらつきが生じ、他人が自分をどう評価しているかで思い悩むようになった。人間社会で不平等が広がり始めたのは、農業が始まる比較的新しい時代だ。社会が完全に階層化されたのは、さらに最近のことである。チグリス・ユーフラテス川流域の人口密度の高い農業社会では、今から約5500年前に階級社会が出現した。世界のその他の地域では、さらに時代を下らなければならない[42][43]。

農業が発展する以前の人類は狩猟採集生活をしながら、きわめて平等性の高い社会集団を形成していた。狩りや採集で得たものを食べながら小グループで暮らす生活は、ほとんど動物と変わりなかった。しかし初期の人類社会には、多くの動物種に見られるような、最強の個体が食べ物を最初に口にし、オスの支配者がメスとの交尾を独占する階層構造は存在していなかった。

第5章で議論するように、私たちが〝解剖学上の現代人〟（頭脳は現代の私たちと同じサイズ）として生きてきた期間の90％以上は、平等が人間社会の規範だった。文化人類学の証拠が示すところでは、初期の人間社会の平等は〝反支配戦略〞と呼ばれるもので維持されていた。自分たちの自治を守るために、横柄に振る舞う人間が出てくれば、全員が組織的に彼を無視したり、嘲り、排斥して、身のほどをわきまえさせた[44]。

比較的新しい時代の狩猟採集社会が研究対象の現代文化人類学によれば、平等な社会にどっぷり浸かっていても、人々は個人的な熟練や知識、能力まで否定されなかった。能力の高い人は尊敬され評価されたが、他人を支配する権力まで与えられなかった。序列的な地位や個人的な価値に応じて、人々が金持ちになったり貧乏になったり、あるいは快適に暮らしたり困窮した生活を送る社会制度は、まだ存在していなかった。

社会階層による分断は深まり続ける

どのような階級社会でも、他人をどう判断し、どのようにかかわっていくかは、次のような考えや仮定を暗黙の前提にしている。人間の価値は人によって異なり、社会は価値のある人間から価値のない人間へ、有能な人間から無能な人間へ、尊敬される人間から尊敬されない人間へと階層化されている、というものだ。社会階層の序列が低くなるほど、人間は無能の烙印を押されたという意識が強まる。成功者か失敗者か、面白い人間か退屈な人間か、賢いかバカか、教育があるかないか。自分は他人の目にどう映っているか。社会の階層化が進むほどこうした不安感が強くかき立てられる。

他人が私たちをどう判断するかは、序列に対する私たち自身の期待や不安、そして緊張を通じて形成されていく。第7章で議論するように、美意識の高い趣味や話し方、テーブルマナー、芸術に対する造詣など個人的な好みや行動が、その人の社会階層を知る目印となる。それらがあたかも人間の〝素性〟を浮き彫りにするかのようだ。多くの人が思い悩む風采や容貌、体重についても、同じことがいえる。そうした見た目が、仕事や結婚に影響を及ぼす、つまり見てくれの良い人ほど出世の階段を早く上れる可能性が高まるからだ。[45][46]

プライバシーの享受で分断が深まる

しかし社会階層の受け止め方は時代とともに変化している。

イングランドのダービーシャーにあるハードン・ホール史跡は12世紀のものだ。その史跡の宣伝文句は〝中世荘園領主の要塞化された邸宅としては、現存する中で最も優れたもの〟である。メイン・ホールに案内された見学者は、次のような説明を受けるはずだ。邸宅を所有する貴族の一族だけでなく彼らの召使い全員が、この大広間で寝食（寝る場合は通常、床でゴロ寝）をともにしていた。その集団の規模はおそらく50人程度であり、メンバー間の親密度は現代人には想像もつかないものであっただろう。

しばらくそうした状態が続いたとしても、社会階層が異なる人間同士の共同生活や直接的な接触は、時代を経るごとに次第に嫌われるようになった。数世紀後にはハードン・ホールでは大広間に壁が設けられ、いくつかの部屋ができた。それで貴族たちは、従来に比べて多くのプライバシーを享受できるようになった。こうして支配者と被支配者の間で社会的な分断が強まっていった。

社会階層による分断は19世紀にかけてさらに深まっていった。上位の中産階級は住み込みの召使いを抱えていたが、彼らとの接触は最小限に止められた。召使いは夜間、邸宅の最上階の窮屈な屋根裏部屋で眠り、昼間は地階や1階の台所や食器部屋で働いた。召使いが主人の家族と出会わずに屋根裏部屋から地階へ移動できるように、召使い専用の狭い階段が備わっていた。異なる階級の人間の間の接触を最小限に抑えるためだった。それと同じ理由で、大邸宅には正面玄関の他に、召使い専用、出入り商人専用の勝手口が用意されていた。こうした社会的な差別の背景には、上流階級の人間には生まれつき優れた行儀作法や上品さが備わっており、下層階級に〝共通の〟特性、つまり無骨で粗野な人間とは交わるべきでないというイデオロギーがあった。

地域共同体がなくなり、人目が気になる

他人が私たちをどう見ているか。私たちが人の目を気にするようになった背景には、地域社

会が失われてしまった現実がある。地域社会では人々がお互いを知り尽くしており、他人の視線をわざわざ気にする必要などなかった。

それに代わって、私たちはほとんど初対面の人たちと日常生活を送らなければならなくなっている。その結果、お互いを理解する方法も変化した。それまでは長い時間をかけてお互いがどういう人物であるか理解し、いったん評価が定まるとその後はほとんど変える必要がなかった。ところが現代では人物評価は流動的だ。絶えず見直しが行われている。見知らぬ人間ばかりで構成される社会では、外見や第一印象が重要になってくる。

その一方で、地域以外の人とめったに接触することがない閉鎖的な社会では、世評をあまり気にしない文化が生まれた。自己のアイデンティティについて人目を気にしなくなり、社会的な地位にも執着がなくなる。それは部外者にもすぐに分かった。

私たちの一人（リチャード）が30年前にフランスの片田舎を訪れたことがある。そこの農家を見れば、一目瞭然だ。彼らの生活には、気取りや虚飾がほとんどなく、いたって自然で実用的だった。人目を気にしなくなれば、何か見てくれの良いものでも買って部屋に飾っておこうという気持ちも起きない。都会では狭苦しい場所で生活しているにもかかわらず、来客用に立派な応接間を持ちたいと思う人が多い。それとは好対照だ。

これは、近代的な交通手段がなく、住む場所も昔から変わらない安定した共同体で一生を過ごせば、欲望や邪念から解放されると言っているのではない。むしろ、人生の成功の機会が狭まるかもしれない。それだけでなく、自分自身が新しく生まれ変わり、過去の汚名をそそぐこともできないかもしれない。出会った農夫の一人に「小さな村で顔見知りとずっと一緒に暮らす気分はどうか」と聞いたところ、彼は一瞬考え込んだ後、「人の欠点が目につくようになるだけだ」と顔をしかめたという。

現代社会のように地理的な移動が活発になると、私たちのアイデンティティは否応なく変化を迫られる。他人との長い交流によってアイデンティティが形成され、定着し、そして将来へ受け継がれていくことはなくなった。むしろ今現在、周囲が私たちをどう見ているかが重要になり、しかもそのイメージはその先もくるくると変わる。私たちのアイデンティティは、ごく一部の親友や家族を除き、絶えず見直しを迫られる。私たちの自己認識は地域社会のアンカーを失い、一時的な気まぐれで激しく振れる。その結果、私たちは人と出会うたびに好印象を得たいという強迫にかられるようになった。初対面の人は私たちのことを何も知らない。その人に良い印象を持たれるか、それとも悪い印象を持たれるか。それは私たち次第ということになった。

社会的地位は信用できる基準なのか

人々は社会的地位の優劣をどのように理解したり経験しているのだろうか。その体験は、人々（あるいはその祖先）の生まれたときの階級や身分がどう変化したかによって異なってくる。これは、社会学の用語で言えば〝帰属〟階級と〝実現〟階級の違いだ。

流動性が低い社会では、階級は生まれながらの偶然の産物だと見られている。社会的な階級や身分が劣っていても、個人的な責任は問われない。出自についても個人的な非難を受けることはない。しかし個人の実力や努力で社会的な階段を上り下りできる社会では、社会的地位は個人的な能力や努力が強く反映された結果だと見られる。社会的地位が低ければ個人の怠慢によるものだと見なされる。

現代の市場民主主義は基本的に〝実力主義〟であり、社会的地位は個人の実力の反映だとする考え方がある。社会的な地位に格差があっても不公平ではない。社会的な地位の低さは、個人的な不適格性と怠慢によるものだ、という。そうした考えによって、個人の能力や知性を社会的地位で判断する傾向が助長され、社会的地位の低い人はますます惨めな気持ちにさせられる。社会的地位は他人をどう判断するかに活用されるだけではなく、自分の知性や能力に対する信念を強めたり弱めたりもする。

社会的地位が個人的な価値を反映しているという考えは、学生時代に刷り込まれ、より強固なものになっていく。学校では、他人との優劣を明確にするために個人の能力を点数化する試験を数多く受けさせられる。その過程で一生涯の心の傷を受けた子供や、逆に優越感を強く持った子供が生まれる。高校卒業後に大学に進学できたかどうか。卒業した大学は有名校か。

取得した学位は博士号か、学士号か。これらはすべて時と場所に応じて、個人的な価値判断の指標と見なされる。成人してからも、さまざまな種類の面接や評価などを通じて、露骨な社会的選別が続けられる。会社を辞めてほっとすることの一つは、昇進競争で一喜一憂し、人事評価で序列化されなくなることだ。しかし心の中でお互いの社会的な地位を評価し合うプロセスは、依然として続く。

地位格差の根底にある所得格差

社会における所得や資産の格差は、地位や階級の違いから生まれた単なる派生物というだけに止まらない。現在では所得や資産の格差が土台や骨格となって、その上に社会的な地位の目印となるものが組み立てられている。所得格差が広がれば、社会的なピラミッドの高さが高くなり、傾きも急峻になっていく。フランスの社会学者ピエール・ブルデューは、自身の著書『Distinction』の中で、私たちが自分の地位を他人にアピールするために、車や衣服、住宅から、個人的な〝趣味〟をアピールする書籍やレストラン、音楽に至るまで、いかに多くカネを使っているかを示している[47]。

こうした風潮は、所得格差の拡大が実際に地位格差を生み出しているばかりでなく、さらなる拡大の誘因になっている。金持ちは世間から優秀だと見られ、金持ち自身も自分は他人より立派であると思うようになる（第5章で私たちは心理学をさらに発展させて、この関連性の背景を議論する）。不平等の拡大によって、おカネは社会的な地位を手に入れるためだけでなく、私たちの〝価値〟をアピールする手段としてもますます重要になっている。

権力はなぜ重要なのか

前著『平等社会』の中で、所得格差によって階層や地位の影響力が強まると説いた[1]。社会的地位と深く関連する問題、つまり健康の悪化、暴力、学校成績の悪化などは、社会階層を一段ずつ下りるごとに深刻化していく。それは、所得格差が広がることでも悪化していく。所得の不均衡が広がれば、社会的地位を示す生活様式の格差も拡大する。下層の階級に属する人々ほどそうした現状をいまいましく思い、その感情を露骨に表すようになる。

どの社会でも社会的地位の根底にあるのは物質的な格差だ。序列とは基本的に資源を手にする順序のことである。現代におけるマネーの重要性や封建社会の土地所有制、あるいは動物社会の最強のボスが最初に獲物を手にする掟を議論するときでも、これは当てはまる。権力が重要なのは、それが生活の必需品や快楽、快適さを優先的に獲得できる特権であるからだ。社会的地位を表す〝飾り衣装〟を本質と取り違えることはよくあるが、財産を築いたり失ったりすれば実際の社会的地位にも影響が及ぶ。

社会的地位とは家柄のことだと思われていた19世紀でさえ、暴飲やギャンブルで財産を失った貴族は、当人が生きている間はまだ〝落ちぶれた上流階級〟と見なされたが、次世代になると正真正銘の貧乏人に成り下がってしまった。

反対に、貧乏人が巨額の財産を成した場合、当人は〝成金〟と見下されるが、その子供や孫が上流階級の気品を少しでも身につけることができれば、仲間の一員として受け入れられた。社会的な〝成り上がり者〟が新しい階級の一員として受け入れられるプロセスを発見し分析する作業は決して簡単ではないが、印象を述べると、少なくとも先進国ではそのプロセスが過去1世紀の間に加速している。

金持ちと貧乏人の社会的な乖離が拡大して、社会的階層のピラミッドの高さが上へせり上がっているか。それとも両者の乖離が縮小して、階層ピラミッドが低くなり横に幅広になってきているか。それを決定づけるのは所得や資産の格差だが、その関係は過去よりも現在の方がより明確になっている。

再び〝顕示的消費〟の時代へ

私たちは何を基準に評価されているのか。私たちが自分に対する他人の評価を変えたいと思うとき、どうするだろうか。現代の先進国の市場社会では、マネーが重要な役割を果たしていることは言うまでもない。一目でその人の社会的な地位が分かるもの、つまり住宅、車、休暇の過ごし方、衣服のブランド、電気製品などだが、いずれも値段の張るものばかりだ。高価に見えるものほど評価を高めるのに効果的だ。

人々は社会的地位を高く見せかけるために、どのような購買行動をとっているのだろうか。１８９９年に〝顕示的消費〟という概念を初めて提唱して人々の注意を喚起したのは、米国の経済学者、社会学者であるソースティン・ヴェブレンである。[48] 現在までの研究によれば、人々は金持ちになれば、新しい地位に見合って、しかも他人の目にも触れる財やサービスの支出を増加させることが明らかになっている。暮らし向きが良くなれば、家具よりも高額の携帯電話、血統書付きのペット犬、腕時計、宝石、車など人目につきやすいものを購入しようとする。社会的な高い地位を目指している場合には、世間的に地味なものは好まれない。[49]

ヴェブレンが生きたのは〝金ぴか時代〟だった。お金持ちと貧乏人の所得や富の格差が大きく広がり、アンドリュー・カーネギーやジョン・Ｄ・ロックフェラーのような人物が巨万の富を築いていた。ヴェブレンが亡くなったのは１９２９年だが、それは所得格差の縮小という長い時代の始まりだった。格差の縮小は１９７０年代末まで続いた。しかしそれ以降、所得格差は一貫して拡大し、現在ではヴェブレンの時代の水準へ完全に逆戻りしてしまった。こうした所得の不平等の長期的な変遷は図表９・１で確認できる。

戦間期に実現した所得平等化への歩みはすべて頓挫してしまった。多くの銀行家や企業のＣＥＯ（最高経営責任者）は給料やボーナスが急拡大し、新たな〝王朝〟を築くことが可能になった。彼らの子供や孫たちは不労所得で一生を過ごせることだろう。ヴェブレンの時代に金持ちと貧乏人の格差の急拡大が顕示的消費へつながったように、１９７０年代末以降の不平等の拡大は社会的地位を巡る競争や自己アピールの消費行動を激化させている。

貧乏人は低所得で消費を控えざるをえないが、社会階層が低いことの惨めさから逃れたい欲求は強まる一方だ。そうした理由からか、２０１１年夏にイングランドの複数箇所で同時発生した暴動では、特にブランドネーム入りの衣類や高いステイタスの象徴である電気製品が若者の強奪の対象となった[50]。

私たちは社会的階層の呪縛から逃れることはできない。しかしその影響は、所得格差や社会的地位を示唆する多様な製品の流行によって変化する。貧富の格差や高級ブランドによって、人々は所得格差や地位格差の現実を突きつけられる。人の目に付きやすい財産ほど、その人の内面的な価値を表していると見られがちだ。不平等の拡大が社会的地位の存在を際だたせるにつれて、私たちは社会的地位でお互いを判断するようになる。社会的評価への関心が高まるにつれて、自尊心や自信の喪失、社会的地位への不安が深刻な問題になってくる。

現在、多くの巨大多国籍企業のＣＥＯには、同じ企業で働く正規雇用者の最低賃金の実に３００～４００倍もの報酬が支払われている。社会的地位が賃金の多寡で決まる社会において、無価値な人間であることを知らせる効果的な方法は、同一企業で働く特定人物の０・25％の給料しか支払わないことだ。ある評論家が、貧乏人が自尊心に欠けているのは貧困の結果よりも原因であるかのように指摘したことがあるが、その発言はかえって所得と社会的地位の密接な関連性を際だたせることになった。

環境に配慮した平等社会を構想する

私たちは、人類がこれまで長い間、階層的社会の中で生きてきたと思いがちだ。それゆえに、平等な社会で生活するとはどういうことか、階級や地位による分断から解き放たれるとはどういうことか、じっくり立ち止まって考えたことがない。私たちは、自信を取り戻し社会生活でもリラックスできるためには、社会的地位や教育水準をもっと改善させて金銭的に豊かになり、人の羨む充実した生活を送る必要があると思い込んでいる。

しかし人間関係やストレスの改善にとって、平等社会で暮らすことが決定的に重要だということを示す興味深い指標がある。最新のいくつかの研究では、〝現代化〟の心理的な影響について分析が進められている。〝現代化〟とは、伝統的な農村文化から先進的な都市社会への移行のことだ。

たとえば、頻繁にストレスにさらされる人は血圧が上昇することはよく知られている[51][52]。その結果、先進国では年をとるにつれて血圧が上昇する。しかし定住的な農業の経験のない部族社会では、階層的な社会とは無縁であり、血圧が年齢とともに上昇する傾向は見られない[53][54][55]。32ヵ国の1万人の血圧を計測したインターサルトの研究によると、先進国の調査対象者の血圧の平均値は60歳代が20歳代に比べて12～25ポイント（心臓収縮血圧、mmHg）も上回っていた。加齢に伴う血圧の上昇が見られなかった例外が2つあった。

一つはアマゾンの熱帯雨林で狩猟生活を送るシングー族とヤノマミ族だ[54]。ダイエットや塩分摂取、肥満などの血圧への影響を考慮した比較を行っても、結果は変わらなかった。こうした部族は一日中、ほとんど裸で生活しており、居住する小屋の中にプライベートな空間が存在しない。文字通り裸の付き合いやきわめて近い距離感は、現代人にとって決して居心地がよいものではない。想像するに、こうした部族の多くが他人の目が届かない個人的な空間を強く望む場合は、小屋の中に壁を作ったりスクリーンを張ってプライバシーを確保するはずだ。前出のハードン・ホールの領主が行ったような、寝泊まりする共同空間から自らを切り離すことはしないはずだ。こうしたアマゾンの部族の生活様式は先進国で暮らす人間には驚くばかりだが、個人的な人間関係に生じた変化の大きさを最もよく示している。

もう一つは、閉ざされた環境で生活するイタリア修道女の血圧の変化を記録した研究だ。それによると、修道女の食事の内容は周辺地域の人々と全く変わらないが、20年間の観測期間中、彼女らはいくら年齢を重ねても血圧が上昇しなかった。研究の報告者は、その理由を「静寂、瞑想、それに（外部）世界からの隔絶」というストレスとは無縁の閉ざされた禁欲的な生活に求めている[56]。

そうした通常とは異なる社会生活で、人間の心理がどのように変化するかを推測するのは難しい。おそらく採集狩猟生活に従事していた私たちの祖先は、自分の弱点や欠点を隠し通すことができれば周囲から評価されるとは感じなかったはずだ。確かなことは、現代人はプライバシーを正当な権利だと考えるが、祖先には全くなじみがなかったことだ。こうした問題を提起した狙いは、歴史の一端を知るためではない。私たちは社会的評価の脅威に直面しており、その危険性を理解したうえで、それがいかにして現代人の社会的、精神的な問題を引き起こしているか、どうすれば制御できるかについて考えて欲しいからだ。

プライバシーの領域が広がるにつれて、他人がその隠された部分を知ったらどう思うかという潜在的な不安が増大している。しかし問題はそれだけではない。正直という言葉はいつも〝公明正大に〟、〝公然と〟、〝公衆の面前で〟という文言と密接に絡んでいる。これから分かるように、人目を避けるプライバシーは不信や妄想の源泉にもなっている。

次章以降の構成について

次章以降では、前半は問題の分析を行い、後半ではその解決法を議論している。第２章では、お金持ちと貧乏人の所得格差が大きな国では、人々が社会的地位への不安に陥りやすいことを指摘している。不平等な社会では、個人の所得水準にかかわりなく、人々は自分が他人からどのように見られ評価されているかについて不安が高まる。こうした不安がストレス・ホルモンの量に特に強い影響を及ぼすことを示す研究の概略を紹介する。不平等の拡大は必然的に、社会階層の頂点に立つ人は他人から重視され、底辺に近い人は軽視される社会風潮を助長する。その結果、私たちは社会的地位でお互いを判断するケースが増え、他人からどの階層の人間と見られているのかについて、不安感をますます募らせるようになる。

不平等が〝社会的評価の脅威〟を高めることについて、二つの対照的な反応が生じる。社交不安が極限に達すると、社会生活とは自尊心を守る戦いであると感じる人が出てくる。自信喪失や臆病の症状が激しくなれば、人は社会生活から遠ざかり何度もうつ状態に陥る。第2章では、具体的な事例を挙げて、不平等な社会ほどこうした症状が広く認められることを示している。優越感、劣等感といった心の病でよく見られる症状が、所得格差の大きな社会で広まっていることも紹介している。

もう一つは、全く正反対の反応だ。第3章では、社会から引きこもるのではなく、自信喪失を隠すために、外見だけでも自分を実体以上によく見せかけることで、社会的地位や他者の目への不安から逃れようとする症状を紹介している。個人の能力や実績についても、かつての控えめな態度が、自己賛美や自己誇示、自己昇進に置き換わってしまう。この2番目の選択で重要なことは、勇ましい表情を作って全力を尽くし、内面の不安を決して他人に察知されないようにすることである。しかし中には、面の皮が厚くて、他人の評価など意にも介さない強烈な自尊心の持ち主も出てくる。彼らは自分が生まれつき優秀であると心の底から信じることで、心の平静を保とうとする。第3章では不平等の拡大とともに自己賛美や自己誇示の動きが広まることを紹介している。

前に紹介したアルフレッド・アドラーは20世紀初めに統計データが乏しい中で、こうした社交不安を理解するうえで大きな貢献をした。自尊心の喪失に打ちひしがれているか、いないか。自尊心の喪失を自己賛美のベールで覆い隠しているか、いないか。

いずれにせよ社交不安が強まれば、気持ちを楽にしたり、自信を取り戻したり、自意識過剰からくる自制心をやわらげるために、さまざまな手段に訴えようとする。人々はお酒や薬物、あるいは向精神性処方薬などの力で不安を抑えようとする。消費行動も社交不安の緩和に役立つことが多い。社会的評価を過剰に意識するようになると、人々は外見重視へと向かう。見た目をできるだけ良くしようとして多くの買い物に走る。こうした消費行動は、自信を高めるその他の行動とともに第4章で議論する。

第5章では、社交不安の進化論的な起源と、人間心理における社交不安の重要な役割について分析する。心の傷つきやすさや、良好な人間関係がどの程度幸せをもたらしてくれてきたのかについて焦点を合わせる。他人が私たちをどのように判断しているか。それを無視することは重大な過ちであることも示されている。人々が私たちにどう反応しているかをモニターすることは、私たちの幸福にとって不可欠である。他人は、救済や協力、援助の源泉であるだけでなく、人生の浮き沈みを競い合う恐るべき敵やライバルになる可能性もあるからだ。

第6章では、私たちが分析している社会階層、つまり生まれつきの能力で人間を序列化し、最も有能な人材を頂点に、最も出来の悪い人材を底辺に配置することを、実力主義と考えることがなぜ間違っているかを議論している。人間には遺伝学上、知性や能力に大きな差があり、それが社会階層の最終的な立ち位置を決めると考えるのは、全くの誤りである。脳撮像技術や人間頭脳の順応性に関する研究の進化によって、個人の能力の重要な差は社会階層の違いに起因しており、その反対ではないことが明らかになっている。

社会的地位に関する文化的な目印は、所得や資産の格差に現実世界の〝衣装〟を着せたものだ。第7章では、そうした文化的な目印が、どのように発展し、階級格差の〝見える化〟に貢献してきたかを議論している。階級間の文化的な格差は、資格審査テストとして利用されているようだ。ある人物が特定の集団への参加資格を満たしているかどうか、もし満たしていなければメンバーから排除するためのテストである。

偽りの幸福の源泉——物質主義を改める

こうした問題を議論する目的は、現状を変革する方法を学ぶためだ。社交不安や自信喪失はとても深刻で非生産的なものだが、所得、階層、ガバナンスについて本格的な平等主義を根付かせることができれば大きく改善することができる。最後の2章では、どうすればそうした平等な社会へ移行できるかを議論している。しかし第8章で見るように、環境の持続可能性という喫緊課題への配慮を欠けば、社会運営のあり方について抜本的な改革を提案することは不可能となる。悩ましい問題は、不平等の改善による社会の変革と環境的に持続可能な生活様式への移行を同時に進めなければならないことだ。

だが幸運なことに、不平等拡大と持続可能性とはトレードオフの関係にある。不平等の是正が、地球環境が許容する範囲内で生活するための前提条件であることを明らかにする。しかし問題の核心は、耐乏生活による生活の質の切り下げではなく、偽りの幸福の源泉とも言うべき物質主義を私たちの社会と完全に合致した生活様式に置き換えることだ。私たちは平等で持続可能な社会を実現し、すべての人々の生活の質を改善できると確信している。第９章ではこうした平等で持続可能な社会は、少しばかりの所得の再分配と、平等主義を社会全般に浸透させ構造化することで実現できることを示す。

第1部

格差はこうして私たちの心を蝕む

「お客さん！　抗うつ薬のお試しはどうですか。
あなたの一日が少しばかり明るくなりますよ……
無料の抗うつ薬だ。奥さん！」

第2章 格差は私たちの自信を打ち砕く

他の人たちも同じように感じているのかしら？　それとも私はどこか悪いところでもあるのかしら？……私は他人に対して本当の自分を隠しているような気がしてならないの。

インターネットのチャット・サイト「私をそっとしておいて」の投稿より（2012年）

不平等な社会の不安の伝染

私たちは、社会的地位や、他人が自分をどう見ているかについて不安を感じている。本書で想定しているように、所得の不平等はそうした劣等感を本当に増大させているのだろうか。それを検証するために社会学者のリチャード・レイティとクリストファー・ウィーランは、不平等社会における社会的地位への不安に着目した。彼らが使用したのは、２００７年「生活の質に関する欧州調査」に参加した31ヵ国（ＥＵ加盟27ヵ国とノルウェー、クロアチア、マケドニア（現・北マケドニア）、トルコの４ヵ国）の３万５６３４人の成人データである。[57]

調査の回答者は「私は職業や所得のせいで周囲から見下されている」というステートメントにどれだけ賛成するか、それとも反対するかを尋ねられる。この文章は、各国の人々が社会的地位やそれを巡る競争を多少なりとも気にかけているかどうかを知るうえで、適切な示唆を与えてくれるように見える。

研究者によれば、上記の文章に賛成あるいは強く賛成すると答えた人の割合が国によって大きく異なる。すべての国において、所得階層が下がるにつれて地位への劣等感が増大した。また予想されたことだが、所得階層の上位に属する人々は底辺の人々に比べ地位への劣等感が小さかった。

しかし不平等な国では、地位への劣等感がすべての階層で大きくなっていた。私たちの想定通り、所得格差が拡大すればすべての階層で社会的評価への不安が増大していた。不平等の拡大によってすべての人々が、社会的地位や自分が他人からどう見られているかについて不安を強く感じるようになるのである。

図表2・1　不平等な社会ほど社会的地位への不安が高まる[57]

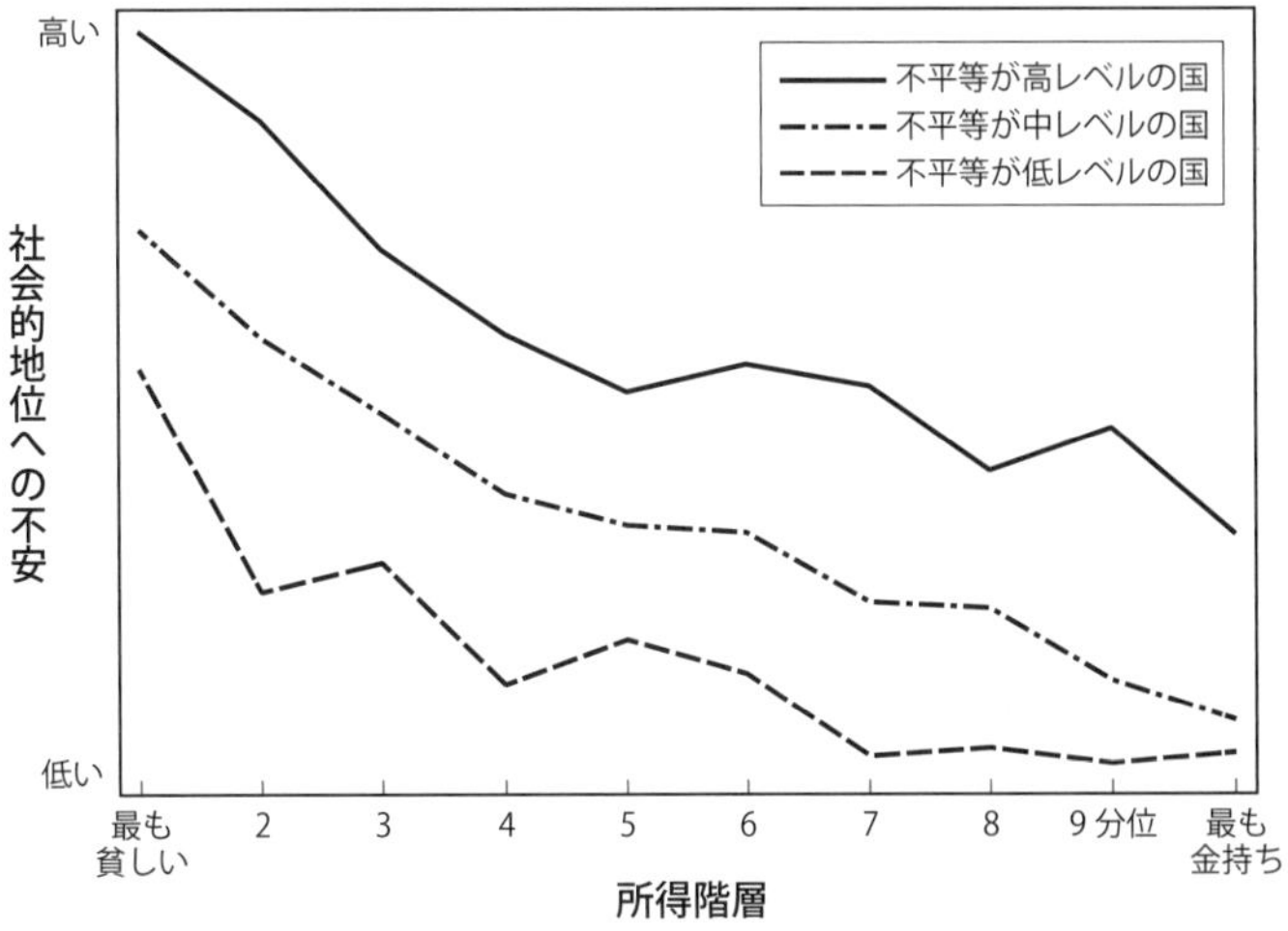

図表2・1を見て欲しい。一番上の折れ線グラフは、不平等が大きな国の人々の地位に対する不安を示している。横軸の左端は最も貧しい10％の人々、右端は最も裕福な10％の人々である。真ん中の折れ線グラフは不平等が中レベルの国、一番下の折れ線は不平等が最も小さな国の状況である。最富裕層、最貧困層のいずれに属していても、不平等が大きな国ほど社会的地位への不安が高まる傾向がある。

この研究の対象となった国では、ルーマニア、ポーランド、リトアニア、ラトビア、ポルトガル、マケドニアなど不平等が大きな国では社会的地位への不安が最も大きく、チェコ共和国、デンマーク、ノルウェー、スウェーデン、スロベニア、マルタなど不平等が小さな国では不安が最も小さかった。他の西欧諸国の大半は不平等が中間レベルのグループに属する。

なぜ不平等はすべての国で、地位への不安を高めるのか。おそらくその最も説得力のある説明は、社会階層の頂点に立つ人はとても重要な人間で底辺の人は役立たずの人間だとの感覚が強まり、金銭の多寡が人の価値基準として重視されるにつれて、私たち全員が自らの社会階層に劣等感を抱くようになるからだ、というものだ。

社会的評価の脅威でストレス・ホルモンが高まる

社会的地位への不安の強弱は重要である。社会的な評価への不安はストレスの強い原因である。ストレスのかかる仕事や作業をしなければならないとき、どのくらいストレス・ホルモンが分泌されるかについて昔から多くの研究がなされてきた。緊張を強いられる行動の前と後で、血液あるいは唾液のコルチゾール（ストレス・ホルモンの一種）の量を測定するのが一般的だ。研究によって人々にストレスを感じさせる行動は異なっていた。ボランティアに数学の問題を解かせ、その得点を人前で公表させてストレスを付加するケースもあった。別のケースでは、不愉快な過去の経験を書かされ、それについての質疑応答やそのビデオ撮影、あるいは大騒音に堪える実験まであった。

数多くの行動がストレス因子として採用された結果、カリフォルニア大学の心理学者であるサリー・ディッカーソンとマーガレット・ケメニーは、データ分析を通じてどのような行動が最も確実にコルチゾールを高めるのかを突き止めることができた。[58] 彼らは２０８件に及ぶ研究結果を分析し、ストレス・ホルモンを急激に高めるのは「社会的評価の脅威（自尊心や社会的地位への脅威）を含む行動であり、他人が自分の行動に対してマイナス評価を下す可能性があるからだ」ということを発見した。社会的評価の脅威が含まれる行動では、そうでない場合に比べ、コルチゾールの増加が３倍に高まっていた。

ディッカーソンとケメニーによれば、そこで問われているのは私たちの社会的（身体的ではなく）な自己保存、つまり社会的な価値、名声、地位であり、それらの大部分は他人がどう私たちを判断しているかにかかっている。

図表２・１で見たように、不平等が深刻な国ほどすべての所得階層で社会的地位への不安が高まっているが、これは国民のストレスが著しく増加していることを示している。

１００万人の英国の生徒が病んでいる

２０１０年に私たちは『ブリティッシュ・ジャーナル・オブ・サイカイアトリー』誌に論文を発表し、データが利用可能な先進国では、所得格差の拡大が心の病の高い発生率と関連していることを紹介した。[59] 不平等な社会では平等な社会に比べ心の病を持つ人が３倍も多い。たとえば日本やドイツでは過去にどのような種類であれ心の病を経験した人は10人当たりで１人未

図表2・2　不平等な国ほど心の病が増える[59]

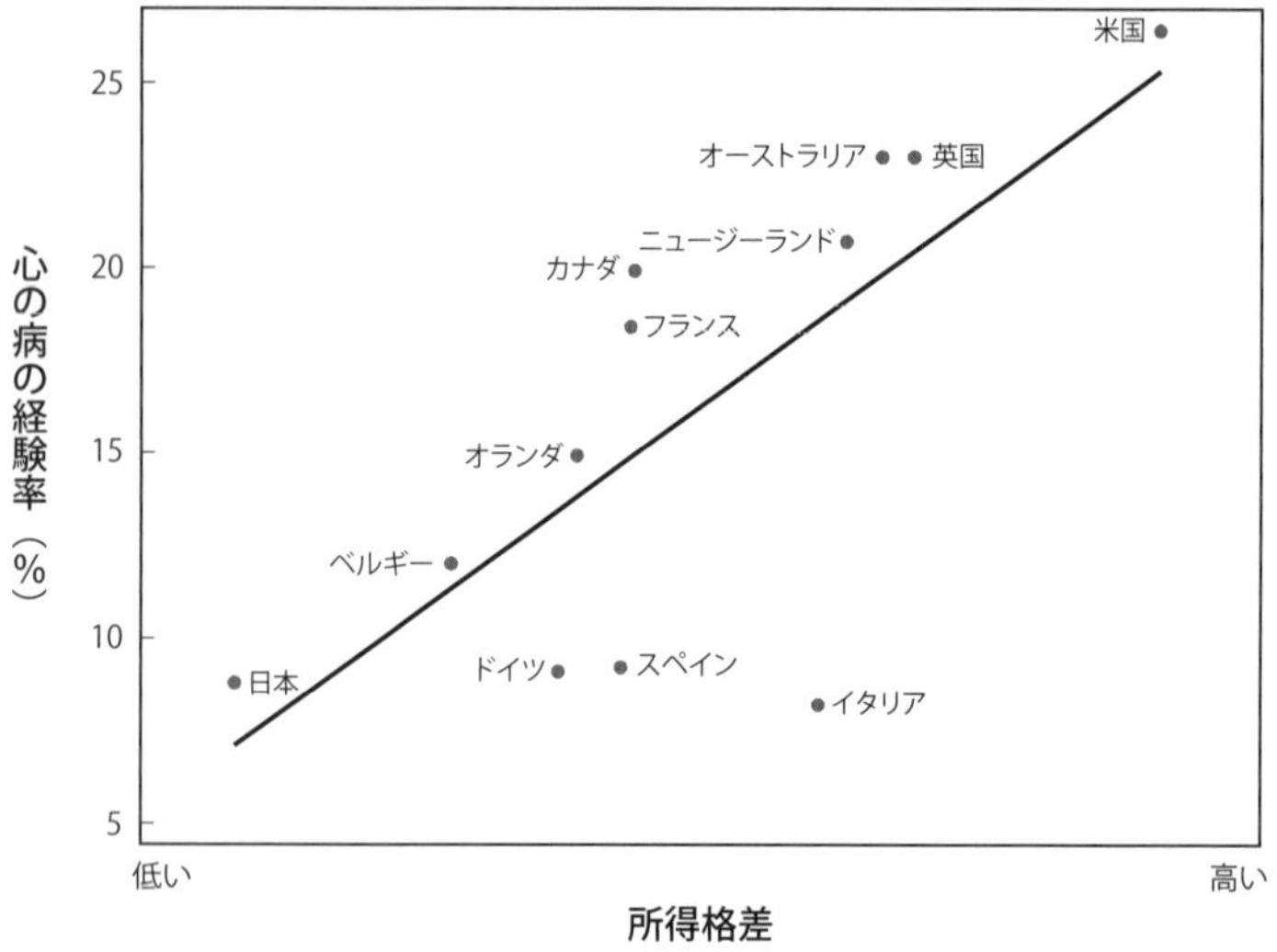

満だったが、オーストラリアや英国では5人当たり1人以上、米国では4人当たり1人以上となっている。このデータについては図表2・2を参照して欲しい。

ちょっとしたことでも病気とする風潮が問題？

2017年の最新研究では、27におよぶ個別研究のデータが統合されている。それによると、所得格差の大きな社会ほど心の病の発生率が高くなっている。[60] しかし雑誌で論文が発表された直後には、ある精神科医のコンサルタントから感情的な反発が寄せられた。[61] 彼の苦情は結論に対してではなく、論文の図表で示されていた心の病の〝高い〟発生率に対してだった。彼は不平等と心の病の関連性についてどうこう言っているのではなかった。彼の不満は次の点だった。

どうしてそうした突飛な数字を額面通りに受け止めたのか。１００万人の英国の生徒が精神的に病んでいる、米国の大人の25％以上が心の病を患っているというのは、医者としても市民の常識としても〝ばかげて〟いる。それは単に日常生活の〝医療化〟、すなわちちょっとした悩みや痛み、情緒不安でもすぐに病気と見なして治療の対象としてしまう社会風潮を反映しているにすぎないのではないか、ということだった。

結局どちらの言い分が正しいのか

私たちが利用したデータは、世界保健機関（ＷＨＯ）の世界メンタルヘルス調査とメンタルイルネス疫学調査の二つだ[62][63][64][65]。この二つの調査に共通する心の病は、うつ病と不安症である。ＷＨＯの最新の推計では、うつ病患者だけで世界に３・５億人もいる。うつ病が悪化すれば自力での生活が困難になり日々の仕事もできなくなる。世界中で機能障害の大きな原因になっている。特に女性が罹患しやすい。女性の病気としては先進国、発展途上国を問わずナンバー・ワンであり、二番手、三番手のＨＩＶ／ＡＩＤＳ、結核を大きく引き離している。身体的な疾患と異なり、うつ病は若年齢からかかることが多い。最悪のケースでは自殺に至る。毎年、１００万人が自らの命を絶っている。18～30歳の死亡の一番の原因が自殺であり、米国人の中年層の死亡率上昇に大きく寄与している[66][67]。

結局、どちらの言い分が正しいのか。心の病の深刻さを示唆するＷＨＯの調査か。感情のちょっとした異変にも病気のレッテルを貼ってしまう現代の風潮に怒る精神科医か。こう言い換えても良いかもしれない。世界中の人々が看過できない心の重病に苦しんでいるのか。それとも、人間の通常の感情や反応を病気としてしまう、つまり悲しみや不安までも病気と称して医療の対象にしているだけなのか。

前出の怒れる精神科医が入念に調査された科学的データの結果を信じることができなかったのは、心の病の発生率が想像を超えていたからである。確かにデータの数字は衝撃的だ。しかし自分の家族や友人、知人のことを思い浮かべると、うつ病や不安症、自傷行為、摂食障害、中毒、躁うつ病などの噂が絶えない。これらはすべて調査結果と辻褄が合う。これから見ていくように、不平等が心の病に影響を及ぼす経路は、自分の苦しみを他人に知られたくない気持ちや、その責任は自分にあるのだとする思い込みと深く結びついている。そうした背景もあり、心の病の広がりは実態よりも控えめにしか観察されないのではないだろうか。

国民全体の心の病をどう調べるか

不平等がうつ病や不安症とどのように関連しているかを検討する前に、私たちが依拠する統計数字が心の病を国際比較するのに適切であることを確認しておきたい。健康管理制度や保管データによって心の病の入院状況や外来患者の治療比率を比較できるが、そうしたインフラやデータが整備されている国はそれほど多くない。国や文化によって医療サービスの整備具合や、心の病に対する世間の受け止め方にも大きなバラツキがある。統計データも当然、影響を受けている可能性がある。同様の理由から、調査の回答者に対して単純に、これまで心の病で治療を受けたか、あるいは医者から心の病だと診断されたことがあるか、と聞くわけにもいかない。

もし特定の「個人」が心の病を患っているか調べたければ、精神科医を紹介して綿密な（かつ時間と費用を十分かけて）診察を受けてもらえばよい。精神科医は心の病の進行具合に応じて、診断結果を下せばそれで終了だ。しかし特定の「個人」ではなく「国民」全体のうつ病の進行やその長期トレンドを調べて、国際比較を行うのであれば、次のような手法が必要になる。国際基準の資格を持った精神科医の診察よりも迅速で安上がり、それでいて正確で信頼のおけるやり方だ。

研究者たちが利用したのは、心の病に関する大規模調査のために１９７０年代末に米国で開発された〝診察用の面談計画表〟である。それは事前に周到に準備された質問表であり、心の病の各種の症状に関する質問が網羅されている。回答者がすべての質問に答えた後は、その回答が点数化されて、一つ以上の病の症状があるかどうかが判断される。こうしたインタビューが長時間を要するにもかかわらず大規模な調査で活用されているのは、聞き手が医療の専門家である必要がなく、最低限の訓練さえ受けていれば安上がりに実施できる点にある。

こうした簡易なインタビュー診断が最優秀の精神科医の診断にどのくらい迫ることができるかについては、数多くの研究が行われてきた。それらの結果を踏まえて、質問の内容も長い時間をかけて改良されてきた。学術的な精神医学の文献に目を通したところでは、心の病の〝臨床〟の水準は少し過大評価されているきらいがあり、インタビュー診断でも十分な信頼性を持って時系列比較や異なる社会間の比較を行うことができるとの心証を得た。

この調査手法への批判は最初の〝入り口〟に関するものが多かった。心の健康状態は連続したつながりであり、多くの人々を〝病気〟だと認定しすぎる危険性があるのではないかというのだ[68]。同じうつ症状でも重症、中程度、軽症があり、その持続の期間も長期、短期とさまざまだ。何をもって正常と病気との線引きをするのか、という批判だ。

心の病は貧しい人だけに限らない

こうした認定と線引きに関する疑問は、どちらかといえば些末な問題だ。調査に信頼がおけて内容も正確だという専門家の合意を踏まえれば、心の病に苦しむ英国成人の比率が23%か20%か、うつ病が重度か中程度かの判断はどこで線引きをすべきか、は本質的な問題でない。問われるべきは次の質問だ。ある社会ではどうして他よりも心の病、特にうつ病や不安症が

図表2・3　うつ病にも社会的格差がある[69]

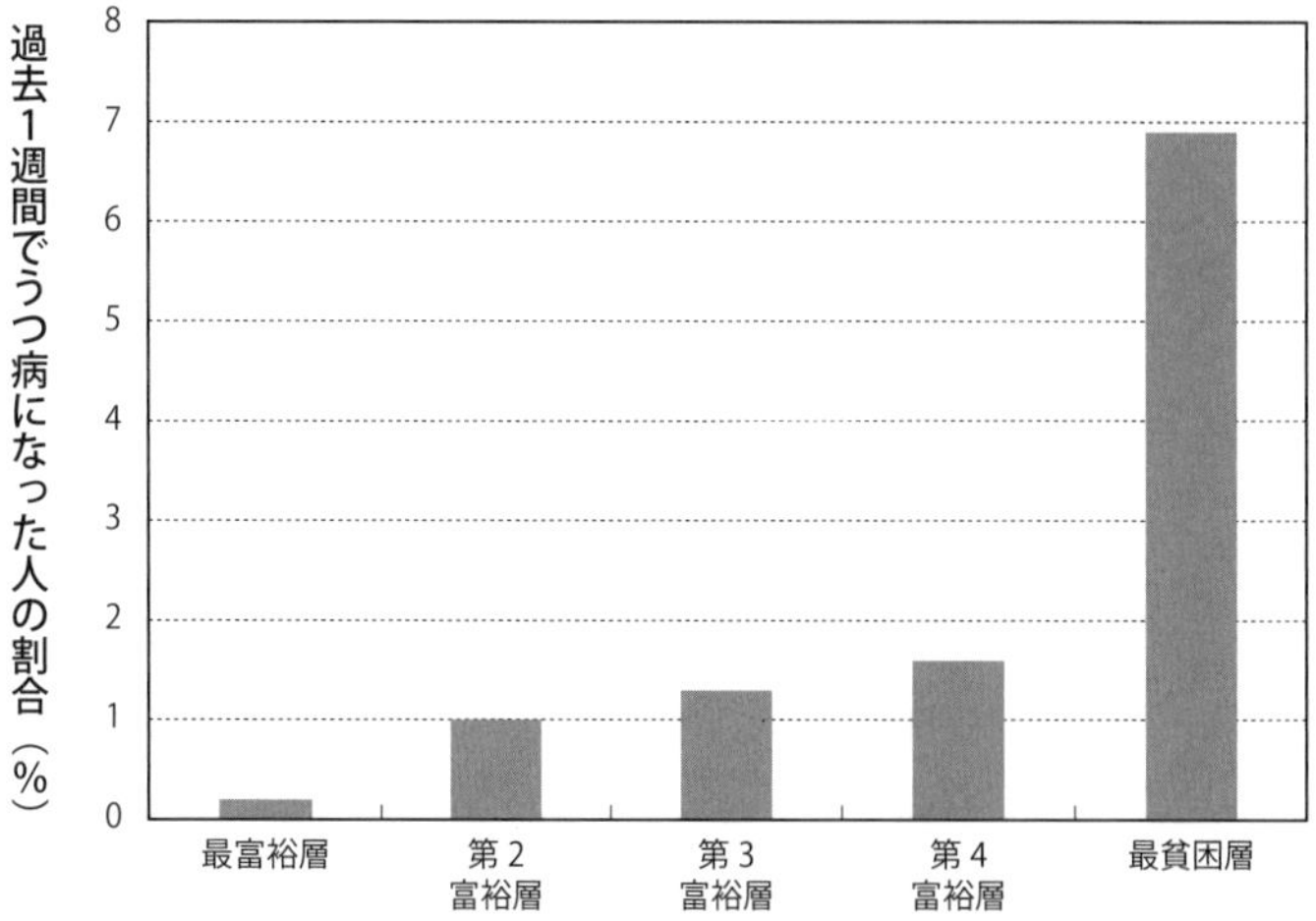

深刻なのか。こうした病の症状はどうして時間とともに変化するのか。いくつかの国で毎年、4人に1人が悲嘆や不幸、疲労困憊、自殺願望、心的外傷、罪悪感、孤独、不安、神経過敏、自信喪失などの精神障害に苦しんでいるとすれば、それを生み出す環境や社会とは何か。ある人が気持ちの落ち込みのせいで家族と別れ、仕事も辞め、友人や社会との付き合いも困難になったとすれば、それはなぜか。

　こうした質問に答える場合、ある一つのパターンに注目すべきだ。心の病と社会階層の関連を調べれば、解答への手がかりが得られるかもしれない。その他多くの健康問題や社会問題と同じように、社会階層の底辺に位置する人々ほど心の病に冒されやすい。つまり、心の病は社会階層の問題ということだ。

2番目に裕福な人もうつ病と無縁ではない

２００７年にイングランドで実施された心の病に関する総合調査によると、家計所得の最下位20％に属する人々は最上位20％の人々よりも〝一般的な精神的障害〟に陥る可能性が高く、この傾向は特に男性の場合に顕著に現れる。[69] 最下位の所得階層の男性は最上位の階層の男性と比較して、心の病を抱える（年齢を考慮した後の）確率は3倍も高い。

最も極端な開きがあるのはうつ病だ。最下位階層の男性は最上位階層の男性に比べてうつ病にかかる確率は35倍も高い（図表2・3）。その他の健康や社会の問題と同じように、心の病は最も貧しい人々だけに限られるものではない。2番目に裕福な階層の男性でも最上位層の男性に比べてうつ病にかかる確率はかなり高い。

自分の身分や地位をわきまえる能力

私たちの日常の行動や社会状況の変化を生み出すうえで進化や経験が果たす役割について、心理学者は研究を進めている。行動的反応の一部システムについては、人間だけでなく動物にも認めることができる。そうした反応システムの中で、心の病の理解に重要なヒントを与えてくれるのが、支配行動システム（ＤＢＳ）だ。[70] 支配と従属の関係は、序列制を持つすべての動

図表2・4　人間行動の4象限分析

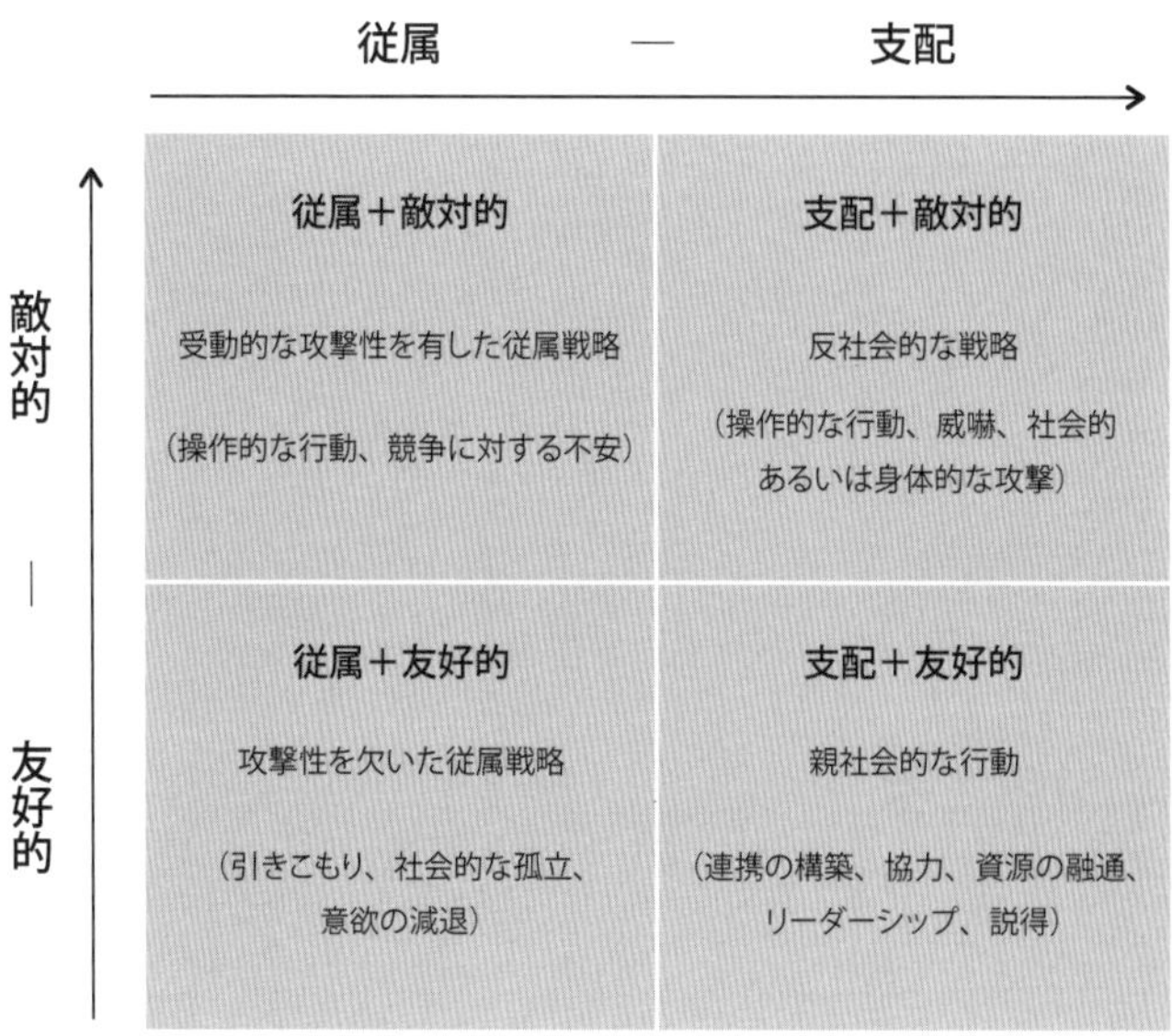

物が社会生活を送るうえで重要なカギとなる。そのため、脳は序列を理解できるように発達し、自分の立ち位置にふさわしい行動がとれるようになっている。

いつ支配者となり、いつ従属者となるべきか

カリフォルニア大学バークレー校の心理学者、シェリー・ジョンソンと彼女の同僚によると、DBSは「生物学的な基本システムとして概念化されたもので、支配欲求、支配と従属の行動、権力従属認識への感応度などを理解するうえで役立つ」[70]。DBSは私たちが格上や格下の人間にどう対応すべきかについて影響を与え、自分自身の

立場を判断する手助けにもなる。

DBSは社会生活に不可欠であり、勝ち目のない争いや敗北を回避しながら目的にかなった最適な生き方を教えてくれる。競争が激しくなり無謀な攻撃に打って出た場合、失敗すればその被害は個人だけでなくグループ全体に及ぶ。それを避けるために、自分の身分や地位をわきまえる能力を発達させ、いつ支配者となり、いつ従属者になるべきかのタイミングを上手に判断できるようになった。

DBSには長い進化の歴史がある。それを形作ったのは、周囲の環境や私たちの経験である。私たちは子供の時代に、権力を持つ、持たないとはどういうことかを経験しながら、一つの小さな実践的モデルを作り上げていく。それによって、私たちの権力に対する考え方や感情、行動が方向づけられる。たとえば、私たちは次のようなことを学ぶはずだ。もし他の子供が気に入らないと、その子には自分のお気に入りのおもちゃを使わせないようにする。それが何度も重なると仲たがいが生じ、嫌われた子供は最後には遊び相手が誰もいなくなってしまう。もしおもちゃを分け合って楽しく遊ぶことができれば、相手の子供も時々はおもちゃを貸してくれるはずだ。こうして私たちは過去の成功や失敗から学んでいく。

そうした中から、支配への強い動機を持った人間や、支配を避けようとする人間が生まれてくる。強い支配動機を持った人間はそうでない人よりも行動が積極的だ。彼らは自らの権威を誇示し、自分の能力や意見に過剰な自信を持っている。他人との連携を画策し、あるいは権威や権力のある人間に取り入って、自分の権力の増大を図ろうとするかもしれない。

心理学者はこうした複雑な議論を図表2・4のモデルを使いながら分かりやすく解説してくれる。私たちの行動はすべて、支配から従属への一連の流れの中のどこかに位置付けることができる。さらに付け加えるなら、私たちは自らの目的を実現するためなら社会的（友好的）に行動することもできるし、非社会的（敵対的）に行動することもできる。

支配行動システム（ＤＢＳ）は計測できる

現代社会では食料や住居がほぼ充足しており、私たちはそれらを探し求めて放浪する必要はなくなった（もちろん性行為のパートナー探しについては例外）。しかし文化、政治、経済の分野を問わず、名声、賞賛、注目、尊敬、権力については、いまでも相変わらず悪戦苦闘している。権力を手にすると、*私たちの気持ちが前向きになり、自信に満ち、思考のスピードが速まり、一段と活動的になる。その結果、他人への配慮を欠くこともしばしば起きる。[70] その一方で、権力を失うと、気弱になり行動も臆病になる。警戒心が増し、他人から嫌われ、拒絶されることを恐れる。

＊ＤＢＳの研究者は、攻撃的、強要的、親社会的など資源の獲得に至る経緯にかかわりなく、物質的あるいは社会的な資源を支配する能力が権力だと定義している。

ＤＢＳは感情、特にプライドや恥ずかしさを感じる自意識と深くかかわっている。人前で立派なことをやり遂げたとき、尊敬と注目を集めたときに、私たちは誇りを感じる。他人からバカにされたときに、劣等感を感じたときに、自信を傷つけられたときに、恥ずかしいと感じる。面目を失い、辱めを受ければ、暴力に訴える。そうすることで屈辱から自分を守ろうとしている。

ＤＢＳのさまざまな側面――支配動機、支配的行動、権力、誇り、恥など――に関しては、計測が可能だ。計測によって、ＤＢＳが心の病や不平等にどのようにかかわっているかを分析することができる。就学前の幼児は、他の子供とどのように接しているか、もめ事において攻撃的か服従的かなどで点数を付けることにより計測が可能になる。

さらに唾液や血液に含まれるテストステロン（男性ホルモンの一種）の計測値は、支配動機や支配行動に関するその他の計測値と相関性が高い。たとえば、刑務所に収監されている約７００人の男性を調べた研究によれば、暴力犯罪の前歴がある囚人は経済犯罪の囚人に比べてテストステロンの数値が高い[71]。

テストステロンの数値と支配の関係は、次の研究でも裏付けられている。心理学実験では、テストステロン値の低い人ほど一時的にせよ高い地位の役職に就いた場合、ストレスの兆候が現れる。ドーパミン、セロトニン、コルチゾールなどのホルモンは、感情的な報奨システムやストレス反応と密接に関連しているが、同時に権力や恥辱を喚起する社会的な挫折――あらゆる対立場面での敗北——とも関係が深い。

支配と従属は心の病とどう関係するか

ＤＢＳはどのような経路で心の病とかかわっているのだろうか。心の病に関する研究は、実験、観察、生物学的調査、自己報告などあらゆる側面から実施されており、論文の数は数百に達している。それらをレビューした著名な論文の中で、シェリー・ジョンソンと二人の共同研究者は、多くの心の病や人格障害はＤＢＳと関連があることを発見した。[70] 彼らの報告によると、

> 広範な研究によれば、外面化障害、躁病傾向、自己愛癖は支配の動機や行動の高まりと関連がある。躁病や自己愛癖は権力の自己認識の高まりと関連があるようだ。不安症やうつ病は従属や服従だけでなく、従属を回避したいという願望とも関連している。

外面化障害には、破滅的行動が特徴の障害も含まれる。躁病は興奮や気持ちが異常に高ぶった状態のことで、精神病的な気分障害やうつ病、統合失調症、躁うつ病の一種である。

この論文が２０１２年に執筆されたとき、研究者たちはＤＢＳを含む支配従属問題の背景に

ある社会階層ピラミッドの大きさは、どの社会でも全く同じだと仮定していた。しかし現在では、研究者たちが注目した社会階層の形状は、不平等な国ほど似通っていることが明らかになっている。

本章の後半や次章で見ていくように、うつ病や精神病の症状、統合失調症、自己愛癖は、社会の不平等化が進むほど共通に見られる現象となった。世の中には一般的に多く観察されていても、それほど深刻でない問題はいくつもある。精神障害はその一部にすぎないかもしれないが、実際には国全体の不平等の拡大によって多くの人々が苦しむというきわめて重大なコストが発生していることを示す証拠がある。精神障害の各種症状はＤＢＳと関連が深く、不平等が拡大すれば支配従属関係を顕在化させ、それがさらにＤＢＳを強めるという現実は、避けて通ることができない。

公共支出の問題ではない

平等な社会で心の病がそれほど深刻にならないのは、不平等がもたらす心理的な悪影響ではなく、病気の予防や治療のための公共的な支出やサービスが充実しているからだという指摘がある。[72] ある研究では、欧州30ヵ国の３万５０００人以上のデータを使ってこの検証を行った。それによれば、公共支出の差が原因であるとの結論は得られなかったが、その一方で研究者たちは〝社会心理的な仮説〟と呼ぶものを発見した。[72] つまり、平等な国ほど心の健康管理が進んでいるという仮説だ。国民は社会的地位についてそれほど劣等感を持っておらず、また積極的に社会ネットワークに参加し、相互依存、信頼、協力の恩恵にあずかっている、というのである。似たようなもので、公共支出の低さが不平等と暴力犯罪の相関を高めているかどうかを調べた研究があるが、同様に否定的な結論に達している[73]。

このように不平等が心の健康を害するのは、それが私たちの感じ方や人間関係に悪い影響を及ぼすからであって、国が心の健康管理に費やしているお金の問題ではない。それゆえに、不平等と関連する支配従属の関係を継続して検討していく必要がある。最初に、本章の後半では不平等から社会的地位への劣等感、そしてうつ病、一般的な不安症へと向かう「服従と従属」の伝達経路を集中的に議論する。次章では、不平等が〝支配〟行動を強めた場合に何が起きるかを議論する。

自発的な従属や服従によりうつ病に

自発的な従属や服従こそがうつ病へ至る経路だ、と考える研究者が増えている。服従は敗北の前兆だ。私たちの進化の過程では、それはいかにして身体的傷害や死という事態を避けるかから始まった。服従は強者との戦いを終わらせ、将来の争いを防ぐのに役立つ。争いや攻撃によって身体に危害が及ばない場合でも、服従は依然、意味がある。それによって、進行中の紛争を避け、他者からの援助を得ることができるからだ。

従属へのストレスが身体的傷害への恐怖を反映していることは、フィブリノーゲンと呼ばれる血中の血液凝固因子の研究でも明らかになっている。フィブリノーゲンはストレスに反応して増加するため、傷害が発生した場合に血液の凝固を早め被害の拡大を抑えてくれる。英国政府で働く中年の男女３３００人を対象とした研究では、男女とも役職の階段が下がるごとにフィブリノーゲンの量が増えていることが判明した。[74] 序列の低いヒヒが目上のヒヒの攻撃を恐れるように、役職の低い役人もある種の攻撃に備えているように見える。

うつ病と服従隷属との関連性を説く理論によると、服従や敗北の状況から逃れられないとうつ病に陥る。この理論を支持する研究が増加している。20を超える調査研究では、うつ病の人ほど劣等感や屈辱感を訴えるケースが多い。[70] 23の研究では、テストステロンを低下させる薬を人に投与する実験を行った。偽薬を投与されたグループでは全く発症しなかったのに対して、本物の薬では10％の人にうつ病的な症状が現れた。テストステロンの低下とうつ病やそれに似た症状との間に関連があることが判明した。また心理学実験による研究では、うつ病でない人に抗うつ薬を投与した場合、一緒に生活した人によれば、従順な性格が後退し、初対面の人にも妥協することがなくなったという。

支配動機の強い人と不安症

不安症とうつ病は重なる部分が多い。不安症はまた無力感、管理欠如、隷属、社会的挫折などとも深くかかわっている。虐待の経験や、幼児の頃、安定的な愛情を得られなかった人は、他人と比べられることに敏感になり、村八分やいじめを避けようとして、社会的な不安に陥りやすくなる。不安症に陥った人間は、いつも序列が気になり、人前で恥をかくことを恐れ、自分の能力不足に苦しむ。うつ病の場合と同じように、不安症も恥や隷属の感情と結びついている。不安を抱える人は他人に比べて自分を卑下する傾向がある。

ある研究によれば、不安症は社会的な権力への脅威を経験した支配動機の強い人に共通して見られるという。人との争いを避けるように動機付けされているうつ病とは、少し状況が異なっている。しかし全体としては、従属を避けたい気持ちは、他人を従えようとする人よりも、不安症の人の方が強いようだ。心理学者は怒った表情を敵意や支配の社会的シグナルと考えるが、それに強く反応するのは社会的な不安症を抱えた人だ。[75]

こうした膨大な研究結果は、ＤＢＳと過剰な自意識（うつ病や不安症だけでなく社会的脅威に対する過敏症や自尊心の低さなどを含む）の関係だけでなく、不平等すなわち私たちが他人からどう評価されているかという不安と心の病との関係も明確に示している。私たちには、必ずしも意識しているわけではないが、本能的に備わった戦略がある。それは支配か、従属か、あるいはその両者を適当に組み合わせた戦略のいずれかである。それらを採用することで、さまざまな状況に対応しようとしている。

競争での敗北や仲間外れからのうつ病

ポール・ギルバートはダービー大学の心理学者で、臨床心理学や調査心理学の草分け的存在だ。彼は心理学的な行動パターン、その発展の基礎、心の病との関連性について広範な研究を行ってきた。彼は著書『The Compassionate Mind』[76]の中で、人間は幼少期や子供時代に愛情を必要としている、と述べている。

私たちの進化の長い歴史を振り返ると、母親は子供を外敵から守り、食べ物ややすらぎを与えてくれた。心が乱れ不安に陥ったときは、気持ちを落ち着かせてくれた。

幼児や児童がそうした母親の保護を受けられなくなったとき、彼らは大きな泣き声をあげて抗議し、保護や援助を求めようとする。しかし周囲は誰も構ってくれず母親も戻ってこなければ、こうした抗議行動は直ちに危険へと転化する。子供の泣き声は外敵の攻撃を招くからだ。子供は静かにしているかぎり安全だ。ギルバートは絶望とは「抗議行動が成功しなかった時の一種の〝虚脱〟戦略であり、ポジティブな感情や信頼の気持ち、探索や調査、追求の欲求は、身の安全のためにどこかでトーンダウンされなくてはならない」と述べている。

日常生活においては、敗北や挫折、支配、いじめ、仲間外れなど〝虚脱〟状態を引き起こす様々な出来事や状況が存在する。最初は防御的な要素もあるが、次第に何も（あるいは全く）感じなくなり、後ろ向きだけでなく前向きな感情までも失われていく。そうした一時的な対応が不要になった後でも、そうした状況から抜け出せなくなる人が出てくる。孤立無援だと感じているために、一人であれこれ思い悩む悪循環にはまり込む。どうしてそんな失敗にいつまでも苦しんでいるのかと悩み続けた末にうつ病の深みへ落ち込んでいく。

現代社会では、競争での敗北や仲間外れからうつ病に至る経緯は、一種の伝染病と見られている。前述のＷＨＯの報告によると、うつ病は世界的にみて身体障害の主要な原因になっている[77]。学校、職場、自宅などで、いじめられ、貶められ、辱めを受けることがある。仕事が嫌いになっても、お金は稼がなくてはならない。その結果、毎日、ストレスを感じ、逃げ場を失ってしまうことも多い。うつ病の根底にあるのは、この服従と隷属を強制される八方塞がりの人生だ。以下では、〝私をそっとしておいて〟というインターネットのチャット・サイトに掲載されたコメントを紹介する。

> 私は自分が常習的な引きこもりだとは思わない……少し恥ずかしがり屋なだけだ。これまでの人生で犯した失敗はすべて私の責任だ。もし不当な扱いを受けたとすれば、それは私が自ら招いたものだ。（２００９年掲載）
>
> 他人が何を考えているか、気になって仕方がない。私が引きこもりになったのは、他人が私を良く思わないだろうと思っているからだけでなく、そうした意見を私が気にしすぎ

るからだ。（2008年掲載）

私が考える本物の人間とは、控えめでも退屈でもなく、またごく些細なことに思い悩むことのない人間だ。私は周囲からいつもそう見て欲しいと思っている。しかし、臆病な性格のために私の人生は崩壊寸前だ。私は人が大好きだが、どう接したら私の友達になってもらえるのか、その手がかりがつかめない。（2009年掲載）

子供に広がる自傷行為――自尊心の驚くべき低下

心理学者は、〝劣等感回避努力の基準〟と呼ばれる従属の感応度を測る尺度を開発してきた。[78] それは、人から嫌われることや他人と〝うまくやっていけない〟という批判に対する恐怖心を測るものさしだ。研究者は、ある特定の人々には彼らが「不安定な努力」と呼ぶ症状があることを発見した。それは、人から嫌われたり無視されたり、敗者になることへの恐怖心と言い換えてもよい。他人の承認を求め、劣等感や羞恥心、あるいは服従的な行動に過敏になる症状とも関連している。ストレスの増加、うつ病、不安症、自傷行為を悪化させる原因にもなっている。[79]

自傷行為は自尊心がいかに低下しているかを示す最もショッキングな事例である。こうした自己制御の欠如は明らかに健康問題というべきであろう。ここに信じがたい数字がある。イングランドで児童を対象に実施した健康行動に関する調査によれば、15歳の子供の22％がこれまでに一回以上自傷行為を経験し、彼らの43％が月に1回の頻度だったと答えている。[24,80] オーストラリアの研究では電話インタビューをベースにしているが、その研究データによると12人に1人（200万人）がある時期に自らを傷つけた経験がある。[81] 電話インタビューへの回答率が38％と低かったことからすると、この数字は現実を過小評価している可能性がある。両親が18歳未満の子供に対する聞き取りを許可しないケースがあったからだ。米国やカナダでは学齢期の子供の13～24％が自傷の経験があると常時報じられている。[82] 7歳児を含む年齢の低い子供たちが、自らを切りつけたり、ひっかき傷をつけたり、火傷をしたりしている。あるいは髪の毛を引き抜き、打撲傷をつけ、わざと骨折したりしているのだ。

　精神的な苦悩で生きているのに堪えられなくなった結果、身体的な痛みで精神的な苦痛を和らげることで、（ごく短い間にせよ）自制心を取り戻すことができる。普通の人にはこうした感覚は想像できないが、多くの若者が日常的に述べていることだ。自傷行為は、自己批判や恥の感覚が強い人に共通している。幼少時の虐待や心的外傷、育児放棄の経験が、一定の役割を果たしていることは言うまでもない。しかし最近の自傷行為の伝染病的な広がりは、私たちの社会で何かが変化し、問題をさらに悪化させていることを示唆している。[83]

社会や文化が内包する危険性

〝社会的に望ましい目標や自己のイメージ〟に到達できない人は、その屈辱感が自分自身への怒りや自傷行為へと転化していくのかもしれない。社会的な苦痛を緩和するための自傷行為は、身体的な苦痛と社会的な苦痛の密接な関係を反映している。人間の脳をスキャンした結果によれば、他人から排除された精神的な痛みは、脳の同じ領域の刺激を通じて身体的な痛みとしても認識される[84]。両者の関係はとても緊密で、アセトアミノフェン／パラセタモールのような一般的な鎮痛薬（タイレノールやパナドールとして市販されている）には身体的な痛みだけでなく仲間外れの経験からくる精神的な混乱や不安を鎮める効果もある[85]。

図表2・3のうつ病のグラフを振り返って見て欲しい。富裕層から貧困層へ向けて右肩上がりになっている。これは、ストレスから逃れるための行動の自由度を少なからず反映している。つぎに図表2・1を見て欲しい。社会の不平等が拡大するにつれて、国民全体への脅威が一様に高まっている。現代のうつ病や不安症の広がりを理解するためには、人間の心の弱さと社会や文化が内包する危険な特性とを関連づけて考える必要がある。

うつ病や不安症は人間の発達や進化の過程で生じたものである。その症状や反応は現代人にとってすでにプログラム化されたもので、いまさらぬぐいさることはできない。なぜ私たちは他人の自分に対する評価に敏感なのか。なぜ私たちは序列や地位と親和性があるのか。なぜ個人的な経験の一部、つまり幼児期の愛情の欠乏、育児放棄、思春期のいじめ、周囲から評価されていないという感情が、特定の人々に服従や従属の行為を引き起こすのか。DBSはこうした疑問を解明するのに有用である。

序列が高くなるとストレスが減っていく

競争が激しく不平等が広がり物質主義がはびこる社会では、社会階層の重要性が高まる。人々は自分と他人とを比較するようになる。人前でうまく振る舞えているか、成功者にふさわしい外見や特徴を備えているか。こうしたことが、社会的地位を上昇させるうえで重要な意味を持ってくる。

ハーバード大学での調査で分かったこと

DBSは、私たちが進化の過程でどのようにして社会的地位に過敏になってきたかを理解する一助となる。この視点から、次のような仮説を立てることができる。社会的地位が高く、自律した生活を送り、周囲からも尊敬されていると感じている場合は、うつ病や不安症に苦しむことが少ない。逆に、社会的地位が低く生活も不安定で、他人の顔色をうかがいながら生活している状況ならうつ病や不安症に陥りやすくなる、という仮説だ。

人は指導的立場に昇進し、社会的な要請や責任が増せばストレスが高まる。こうした認識が一般的だ。しかし地位の上昇につれて指導者としても成長することができれば、ストレスは実際には低下に向かうはずだ。

ハーバード大学には企業経営者教育プログラムがあり、そこに参加している人々を研究している学者たちがいる。彼らは経営者（他人を管理している人）とそうでない人の比較を行った。[86] 彼らによれば、年齢、性別、教育、所得、一時的な心理的状況の違いを調整した後では、経営者は一般的にストレス・ホルモンのコルチゾールの数値が低くなり、不安感の水準もそうでない人に比べて低位に止まっている。経営者に限定して、彼ら同士の人間関係やリーダーシップの感覚、ストレスについても調べている。経営者は地位が高くなるほど（管理対象の人間の数や直接報告者の数が増えて権限が拡大する）、コルチゾールの数値が低下し不安感も和らぐ。経営者としての地位が高まれば管理能力が増し、コルチゾールや不安の低下につながっていくと予想される。社会的な序列や権力、権限が増すにつれてストレスは反対に小さくなっていく。

スターリング大学の心理学者であるアレックス・ウッドと彼の同僚は、社会的な地位の重要性について別の考察も行っている。[87] 彼らによれば、社会的な地位が心の健康にとって重要な役割を果たすのであるなら、地位の尺度や指標である所得も心の健康とも関連しているはずだ。所得の多寡は、主に社会階層のどこにあなたを位置づけるかという点で重要な指標である。

彼らは英国の3万人という大規模なサンプルと統計モデルを活用して、所得の絶対水準と所得の序列を比較してみた。年齢、性別、教育、結婚状況、自宅所有の有無などの諸要因を調整した後でも、精神的な苦痛の代理変数としては所得の絶対水準より序列の方が優れていた。彼らはまたある時点での個人の所得の序列は、当初の精神状態がどうであれ、翌年の精神的な苦痛の変化と関連があることを発見した。自殺を考え試みた人についても、同じことが言えた。所得分布のどこにランクされるかは、どのくらいお金を稼いだかよりも重要だった[88]。同様のことは、米国の研究でも確認された。うつ症状悪化の長期的な先行指標になるのは、所得の絶対的な水準よりも社会的な序列だった[89]。

大人も子供も序列が問題だ

社会的な序列化の悪影響は、悩みやうつ症状、自殺願望に止まらない。所得の序列は、身体に様々な傷跡を残す。ウッドらの研究によれば、コレステロールや血圧、体脂肪、血糖値など健康診断の検査数値の変化を予測する点では、絶対所得よりも相対所得の方が勝っていた[90]。

世界8ヵ国の思春期の青年約4万8000人を対象に心理的（神経過敏かどうか）、身体的（頭痛の有無）な症状を調べたデータがあり、それを用いた研究も行われている。その目的は、子供の発症に強い影響を与えているのは次のどれかを検証することだった。一つは家族の絶対所得であり、もう一つは家族の所得が同じ学校や同じ地域の子供の家族に比べて高いか低いかという相対所得だった。繰り返しになるが、お金持ち、貧乏人を問わず、所得の絶対水準よりも他の家族と比較した相対所得の方が、子供の症状との関連性が強かった[91]。

こうした発見は、英国の11歳児が対象の研究でも確認されている。それによれば、当然のことながら、家族の相対所得が上昇するにしたがって子供の自尊心や生活満足度は上昇した。さらに自分の家族が友達の家族より貧しいと感じている子供は、実際の所得が同じだったとしても、幸せを感じる度合いが低下する傾向があった[92]。

これまで見てきたように、指導的な立場にある人ほどストレスを感じなくなる。精神的、身体的な健康に強い影響を及ぼすのは、実際の所得より社会階層の方だ。個人の所得が意味を持つのはそれによって社会序列が決まるからだが、所得の不平等の問題を軽視してよいということではない。所得の序列に変動があってもなくても、所得格差は拡大もすれば縮小もする。所得格差が小さくなれば、その違いはほとんど意識されなくなる。社会的地位も全員が同じに見え、実際にもそう実感するだろう。しかし所得格差が大きく広がれば無視できなくなる。他人との相対的な優劣、さらには社会的地位の格差も歴然とする。所得格差の程度によって、所得の序列、社会的な立場や地位が重要になったり、そうでなくなったりする。

所得不平等の拡大でうつ病も広がる

本章の冒頭で、所得の不平等と、社会的地位への不安や心の病の間に強い関連があることを紹介した。不平等によって社会的評価への不安が高まり、ＤＢＳを刺激する。そのメカニズムをしっかり理解した後は、不平等の拡大が心の病へどのような影響をもたらすのか、その解明に取りかかる番である。現在、いくつかの関連研究がある。シェリー・ジョンソンと彼女の同僚はＤＢＳと関連する精神障害を発見したが、その一部は不平等な社会ほど広く見受けられるという。

米州開発銀行の研究者が分析に用いたのは、２００７年のギャラップ世論調査に回答した93ヵ国８万人以上のデータである。[93] この調査の限界はうつ病について自己診断をベースにしている点だが、調査結果はとても示唆に富む。まず全回答者の約15%が調査の前日にうつ症状を経験したと答えている。しかしもっと重要なことは、国によってその比率に大きなバラツキがあることだ。うつ症状の経験比率と強い相関関係にあるのは、平均所得の高低ではなく所得の不平等だった。

不平等の現実を強く感じているように見えるのは、都市の住民であって農村の住民ではない。特定のグループに注目した研究もある。先進国、中進国、発展途上国を含む合計23ヵ国の大学生１万７３４８人を対象にした調査では、家族の資産の違いなどを調整した後でみると、うつ病の比率は所得の不平等拡大とリンクしていることが分かった。[94]

ＷＨＯは２００２～２００３年に65ヵ国25万１１５８人を対象に調査を行ったが、そのデー

図表2・5　米国45州の所得の不平等とうつ病の広がり[96]

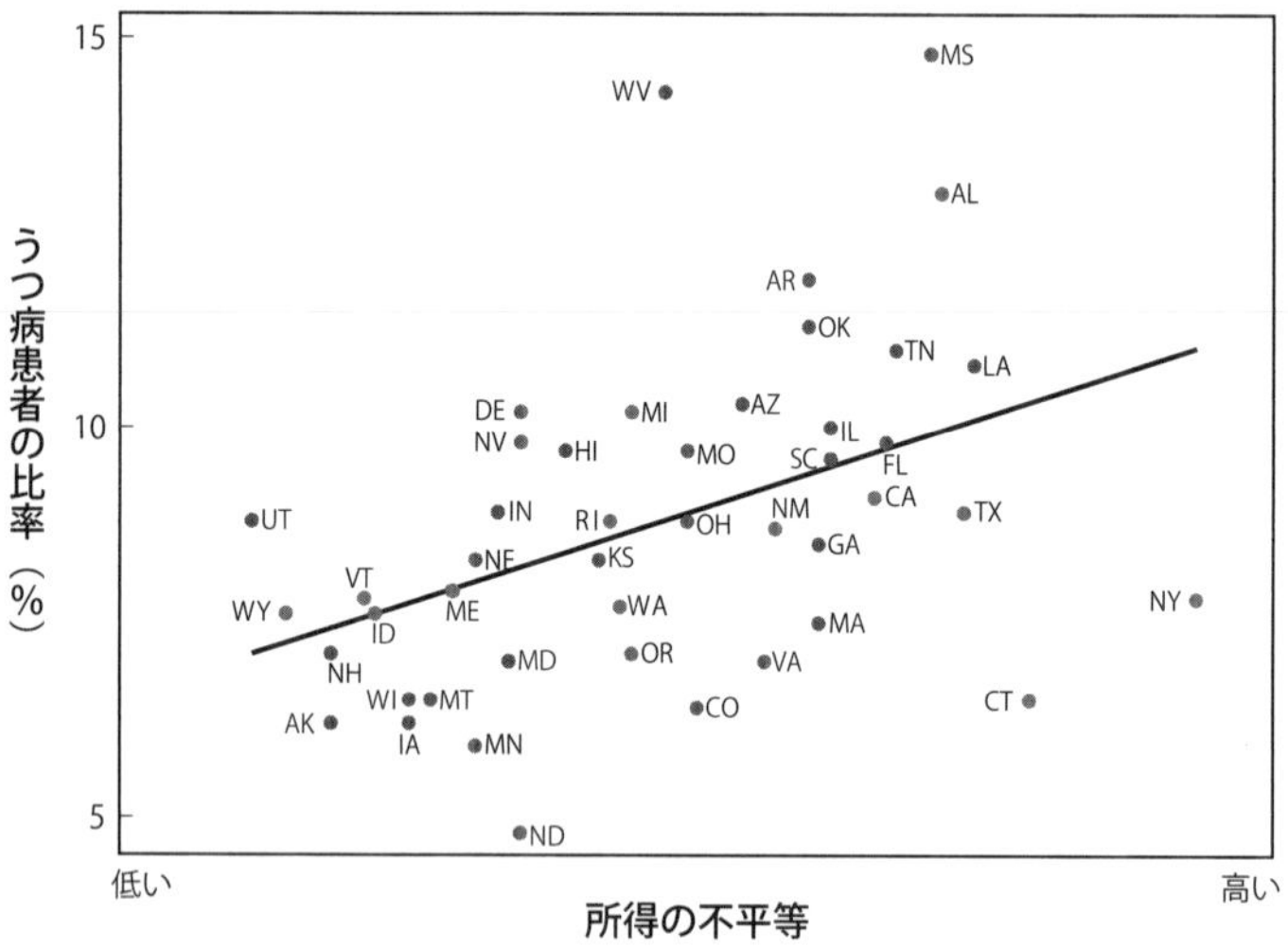

タに基づく2008年の研究では、所得の不平等とうつ病との関連が見られたのは先進国であり、中進国や発展途上国では発見できなかった[95]。米国の45州で実施された研究では[96]、所得の不平等とうつ病の発症率との間にきれいな相関関係が見られた（図表2・5参照）。

これは、エイミー・ファンと彼女の同僚による別の研究[97]や中高年層のうつ病の研究[98]によっても確認されている。さらに別の研究によれば、社会的地位の格差が拡大したと見られる欧州諸国でもうつ病が拡大していた[99]。

図表2・5にはうつ病の広がりが示されているが、それを調べるために使用された質問には躁うつ病のほとんどの症状が網羅されていた。2013年に心の病の定義が

図表2・6　所得の不平等と統合失調症の発病率（1975〜2001年）[101]

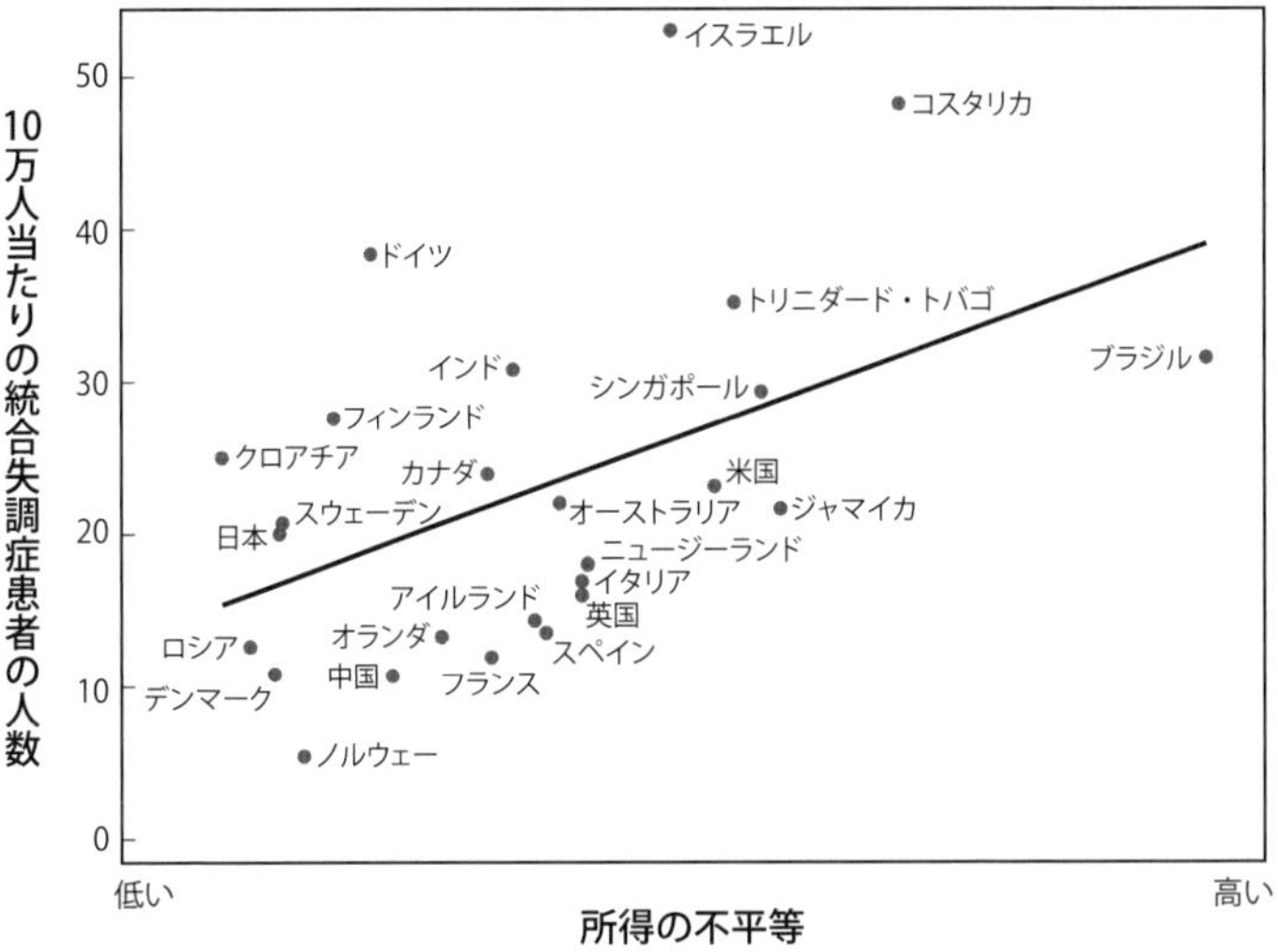

正式に改正されたが、それ以前、躁うつ病はうつ病の一種とされていた。過去に躁うつ病は〝躁病〟とも呼ばれ、その特徴は気分が劇的に変化することとされてきた。数日から数ヵ月という幅はあるが、ごく短期間のうちにうつ症状から楽天的な気分、極端な場合はユーフォリア（多幸感）へ、あるいはその逆へとめまぐるしく変化する。

ジョンソンとカーバーの論文によると、躁状態に陥った場合、人間は征服動機の多くの兆候や自分自身の支配力や権威に対する高い自信を示す[100]。彼らにはまた、自分自身に対する傲りや誇りといった症状も見られた。他の研究者によると、こうした特徴は明らかに他人との比較で得られる優越意識、つまり過剰な自尊心と誇大妄想からくるものだ。その一方で躁うつ病は自傷行為、薬物乱用、自殺とも結びついていた。ＤＢＳの理解がさらに進めば、躁うつ病はうつ症状と躁症状の両方からの解明が進むことになるだろう。

いくつかの研究によれば、統合失調症は所得格差の大きな地域で広く一般的に見られる。その最も規模の大きな研究では、26ヵ国から統合失調症に関連する１０７のデータが集計されている。それによると、不平等な国ほど統合失調症の発病率が高いことが判明した。[101] 研究者たちはその理由として、不平等な社会ほど社会的な絆が失われ、社会階層間の区別が厳しくなることを指摘している。

不平等な国の人ほど「外部要因思考」が強まる

もう一つの大規模な国際研究では、ＷＨＯが収集した精神病症状のデータを分析している。そのデータは50ヵ国の代表的なサンプル（合計約25万人）に対して実施した診察面談で得られたものだ。[102] 精神病の症状は、どこからともなく人の声が聞こえるとか、他人が自分に異常な関心を持っている、自分を貶める陰謀を企んでいる、自分の考えが誰か見知らぬ人によって支配されているといった妄想である。政府の抑圧が強まれば迫害や拘束の恐怖が高まるため、民主的な政府が継続した年数も考慮の対象にしている。

その研究によると50ヵ国で不平等が拡大するにつれて、精神病症状が広まっていることが確認された。最富裕層１％が占める所得の割合が高い国ほど、幻覚症状、妄想的な気分、思想統制の錯覚に落ちる人やそうした症状を経験した人の数が増えていた。

別人や外部の力によって自分の思考が支配されていると感じる人はおそらく、心理学における〝外部要因思考〟から〝内部要因思考〟に至る一連の流れの極端な例と理解することができる。人生にはいろいろなことが起きるし、成功するときもあれば失敗するときもある。それらが、幸運や運命、あるいは他人のおかげによるものと考えるのか（外部要因）、それとも自分自身の行動や選択、努力の結果だと考えるのか（内部要因）、それは人によってさまざまだ。

心理学者は50年以上の長期間にわたり、人間が外部要因思考と内部要因思考の間でどれだけ振れるのかを研究してきた。その計測法は、回答者に「不幸は自らの行動の結果である」vs「不幸の多くは不運も少なからず影響している」といった23組の矛盾する文章を読ませて、その反応を見るやり方である。調査は、１９６０～２００２年の米国の子供（９～14歳）と大学生が対象だった。[103] ジーン・トウェンギ教授は、そうした外部要因思考vs内部要因思考の計測からできるかぎりのデータを収集し、子供41、大学生97のサンプルを分析した。

それによると、若年層がどれだけ自分の人生は自分で決めることができると感じているかについて、長期的に大幅な下落が見られた。また彼女によると「外部の影響が拡大することには、おしなべて否定的であった」。外部要因思考の強い人は不安な状態に陥りやすく、うつ病にかかる可能性が高い。学校時代の成績がそれほど良くなかったうえに、外部要因思考が強まれば、皮肉な性格や不信感、あるいは精神異常の症状が次第に目に付くようになるという。

米国では１９６０年代後半以降、所得格差が拡大した。それはトウェンギの研究期間が終了した後も続いた。このことは、所得格差の拡大がこうした外部要因思考の強まりを促進したのではないかという考えとも整合性がとれている。外部要因思考と不平等の関連性を調査した研究はわずか一点しかなかった。その研究では43ヵ国のデータを分析しているが、それによると、予想通りというべきか、不平等な国の人々ほど自分の人生は自分で決めることができないと感じていた[104]。所得階層を一つ下るごとに外部要因思考が強まり、最富裕層は自分の人生は自分で決めているという感覚が最も強く、最貧困層では最も弱いことが分かった。

不平等の拡大で思いやりがなくなる

現実的に言えば、不平等はどのような病名であっても大きな苦難を引き起こす。不平等が拡大すれば、社会に対する恐怖感や社会的地位への不安が高まる。その恐怖や不安が恥ずかしさの感覚を呼び、引きこもりや服従、従属の本能を強めていく。社会的な階層ピラミッドの背丈が高く、その傾斜も厳しく、社会に対する不信が強まれば、心理的な負担が増していく。社会的地位を巡る競争や不信感が強まれば、人々は互いによそよそしくなり、思いやりの気持ちも少なくなる。すきがあれば他人を引きずり下ろそうとさえする。

研究によって継続的に確認できていることは、一部の個人だけでなく社会全体が、程度の差はあれ、こうした一連の流れで損害を受けていることだ。他人に負けないようにもがき続ければ、自らを傷つけるだけでなく、他人への思いやりも後退してしまう。不平等拡大の重大な結末は、社会の団結まで傷つけてしまうことだ。

不平等の拡大で社会的な団結も低下する

ケント大学のロバート・ドゥ・ブリーズ教授と彼の同僚たちは、インターネットの性格調査に参加したボランティアの多数の実例を引きながら、不平等が地位を巡る競争を激しくし、社会全体の結束を弱めるという仮説の検証を行っている[105]。他人に対する態度や行動を評価する基準には、他人のあら探しをしたがる、お高くとまっている、礼儀を知らない、怒りっぽいといった否定的なものもあれば、親切である、思いやりがある、すぐ信用できるといった前向きのものも含まれていた。彼らは、人々が後者の〝好意的な〟基準でどのくらい他人を評価したかを計測した。

特に研究者は、不平等な社会の人ほど他人に対して厳しい見方をしているのではないかという点を調べてみた。年齢、教育水準、都市化の進行度、平均所得、少数民族の比率などの違いを調整した後でも、調査の結果は事前の予想通りだった。他人に対する好感度では、米国の不平等の大きな州が小さな州を大幅に下回っていた。

同様の結果は、オックスフォード大学の心理学者、マリー・パスコフの研究でも得られている。彼女によれば、欧州では不平等な国ほど、金持ちも低所得者も、近隣の住民、高齢者、移

図表2・7　欧州では不平等な国ほど社会活動への参加率が低下する
（所得格差はジニ係数に依拠）[37]

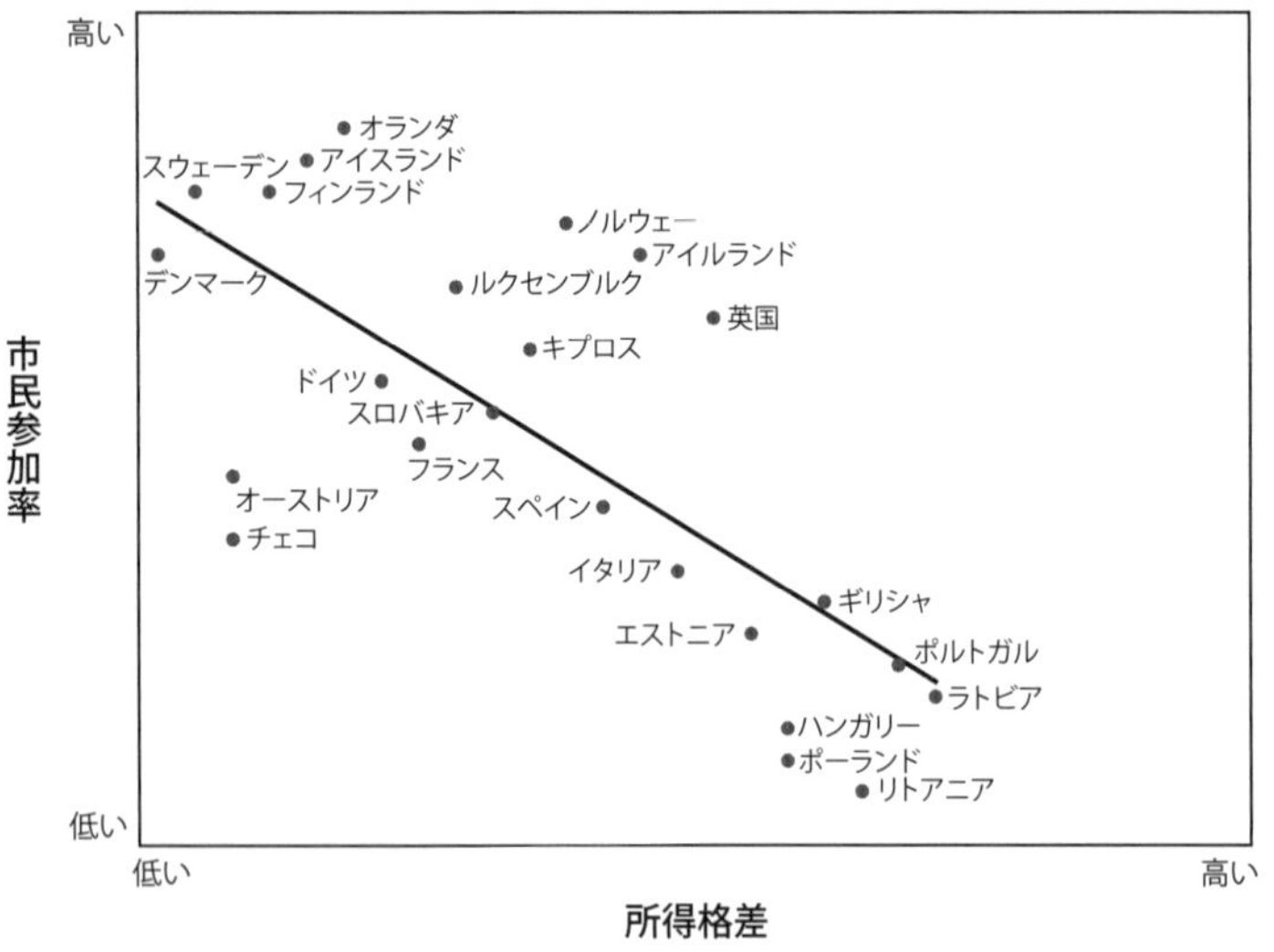

民、病人、障がい者に手助けをすることに消極的だ[39]。パスコフと彼女の同僚たちはまた、不平等の大きな国では出世のために懸命に努力するよりも、不平等によって前途に大きな困難を感じた結果、やる気をなくしているようにみえるとも報告している[106]。

さらに欧州24ヵ国のデータを使った別の研究によると、市民の社会活動への参加率（娯楽、政治、宗教、専門集団を問わずさまざまなグループやクラブ、組織への参加）は不平等な国では極端に低く（図表2・7を参照）、相互の信頼感も低下している[107]。不平等が深刻になるほど社会的な団結が低下することは明らかだ。

なぜ社会生活への参加が低下するの

図表2・8　健康状態の悪い州では、トランプの地滑り的大勝利のような有権者の大移動が生じた[108]

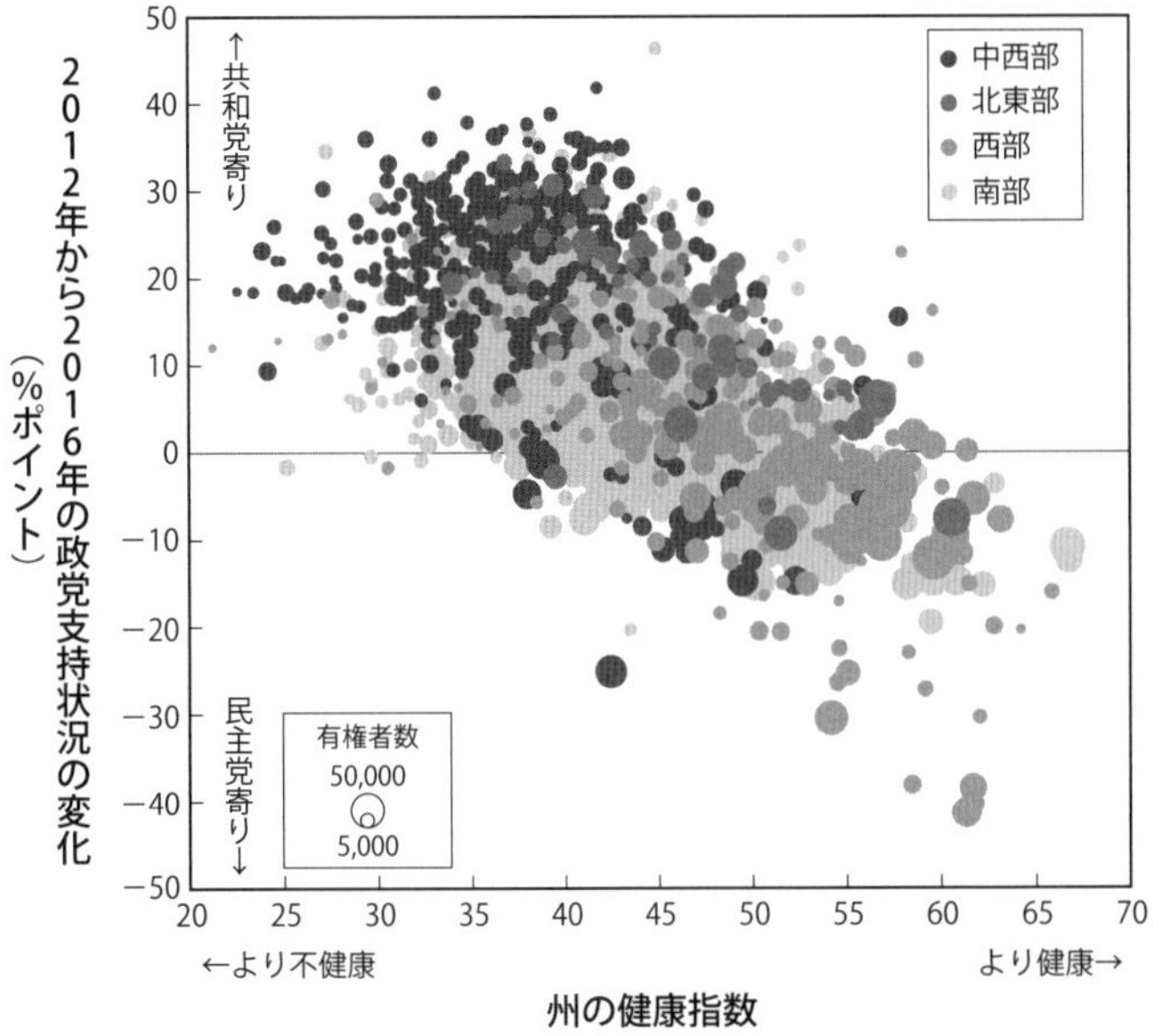

か。その最も大きな理由は、社会的評価への恐怖心である。人々は社会生活でストレスを感じるにつれて、それから遠ざかろうとする。不平等がさらに進めば市民相互の距離がさらに広がり、社会はバラバラの状態になる。人々はさらに引きこもり、近隣住民との接触も減ってしまう。外見をますます気にするようになる。周囲に悪い印象を与えると知りながらも、〝自分の殻に閉じこもって〟しまう。特定の個人が何らかの理由でのけ者にされ、いじめられていると感じている場合、それは多くの人々の精神や身体だけでなく政治的プロセスにも悪影響を及ぼして

いる。

2016年の米国大統領選挙でドナルド・トランプの地滑り的勝利をもたらした原因は何か。それを探るツイッター上の試みに触発されたのか、『エコノミスト』誌は誌面で図表2・8のデータを公表した。それによると、肥満、糖尿病、過度の飲酒、運動不足、短い平均寿命——これらはすべて所得格差によって悪化する——を合体させた計数が、トランプの最大の勝因だった（図の左上）。欧州の経済専門のシンクタンクであるブリューゲルの経済専門家も、ドナルド・トランプは所得格差の大きな州で圧倒的な勝利を得たことを確認している。[109]

第3章 格差で私たちは誇大妄想狂になる

私は日和見主義者です。私は実際に人を好きになることがない。私が生きるのは自分のためだ。私の行動はすべて〝この出来事や人物、物が将来の私にどれだけ役に立つか〟が基準になっている。

私が望むのは人から尊敬されることだが、そのための才能や美貌、技量が欠けている。私に残された手段はウソ、ペテン、痛み、苦悩だけだ。

インターネットのフォーラム「私はナルシシスト」の投稿より（2012年）

「お爺ちゃん、自撮りやソーシャル・メディアが発明される前は、
どうやって自己アピールをやっていたの？」

実態より自分を良く見せようとする人々

数年前、各国の所得格差や健康状態を比較した最新の学術研究を調べていると、興味深い事実に出会った。私たちが調べていたのは、先進国や発展途上国に関する９つの最新研究だった。これらの中で、死亡率や平均寿命など客観的なデータを用いた７つの研究では、不平等な社会ほど健康状態が悪化することが確認された。[1] 残りの２つの研究では異なる結論が得られていたが、それらは所得格差と〝自己評価した健康〟との関係に着目していた。〝自己評価した健康〟は、最高から最低までの基準で各自が自分の健康状態を自己評価するアンケートに基づいていた。

この研究は直ちに私たちの好奇心を刺激した。もし死亡や病気に関する客観的な指数が所得格差と関係しているとすれば、どうして自己評価という健康の主観的な指数は同様の相関を示さないのか。その後、地理学者のアンナ・バーフォード博士とダニー・ドーリング教授によって、直感に反することだが、平均寿命が短い国ほど自己評価された健康の平均水準が実際より高めに出ることが発見された。[110]

たとえば日本は米国より平等な国と見なされているが、自分の健康が良好だと答えたのは米国人の80％に対し日本人は54％に止まっている。しかし日本の２００５年の平均寿命は82歳と、世界で最も長命な社会だ（日本を上回っているのは小国のモナコだけ）。一方の米国は先進国では平均寿命が77歳と最も短いグループに属している。不平等な国ほど人々は自分の健康について実際より良好に見せかけようとし、平等な国では自分の健康状態にいたって慎重で、些細な異変でも外部に隠し立てすることがないことがうかがえる。

確かに病気や死亡という現実のリスクと直結していないかぎり、人々が自身の健康をどのように診断し記述するかについては、文化的な違いがある。しかし私たちの発見によれば、自己評価した健康と所得格差の間には一つの関係が存在する。ただしそれは私たちが期待しているものとは正反対のものだった。

社会の不平等が増せば、地位を巡る競争が激しくなる。競争に勝つためには気が強くて独立独行であることが重要だとするデータもある。自分が最高あるいは申し分ないほどに健康であると評価することが、競争の激しい社会で自己の好イメージを維持するのに大事な役割を担っているのかもしれない。

しかし平等な社会では、人々は控えめで、自分の健康に百点満点を付ける人はおそらくいないだろう。こうした傾向は健康だけに限らない。日本では米国に比べアンケート調査で人生に満足しているとか、幸せだと答える人ははるかに少ない。米国では幸せかと聞かれれば、ともかくそうだと答えることが期待されている。[(34)(11)] 平等な社会で育てば外部に対して〝最高〟や〝優秀〟であるとアピールすることは必要でなくなるのではないか。

格差で自己誇示バイアスが左右される

２０１１年に、この直感はオーストラリアの心理学者であるスティーブ・ローナンとその同僚による研究によって裏付けられた[112]。彼らが分析したのは、心理学で言う〝自己誇示バイアス〟や〝錯覚に基づく優越感〟——他人よりも自分が勝っている資質を強調あるいは誇張する傾向——だった。たとえば、すべての人が自分の車の運転技術は平均より上だと信じていると聞かされると、私たちは思わず苦笑してしまう。こうした現象を指している。

それは〝レイク・ウォビゴン効果〟としても知られている。米国のコメディアンであるギャリソン・キーラーの空想の町にちなんで命名されたものだ。その町では〝すべての子供が平均値を上回っていた〟。これは有名な現象で、多くの分野の自己評価でも折に触れ指摘されてきた。たとえば、ある大学の教員の約70％が自分を教育能力では上位25％に入ると評価し[113]、米国の学生の25％が人付き合いの良い人間のベスト1％に入るとしていた[114]。

〝自己誇示バイアス〟は世界中で観察できるが、特性や能力を誇示する度合いは文化によって異なる。米国人の90％以上が自分の車の運転技量は平均以上だと答えるが、スウェーデン人の場合は70％に満たない[115]。

図表3・1　所得格差と自己誇示バイアスとの相関関係[112]

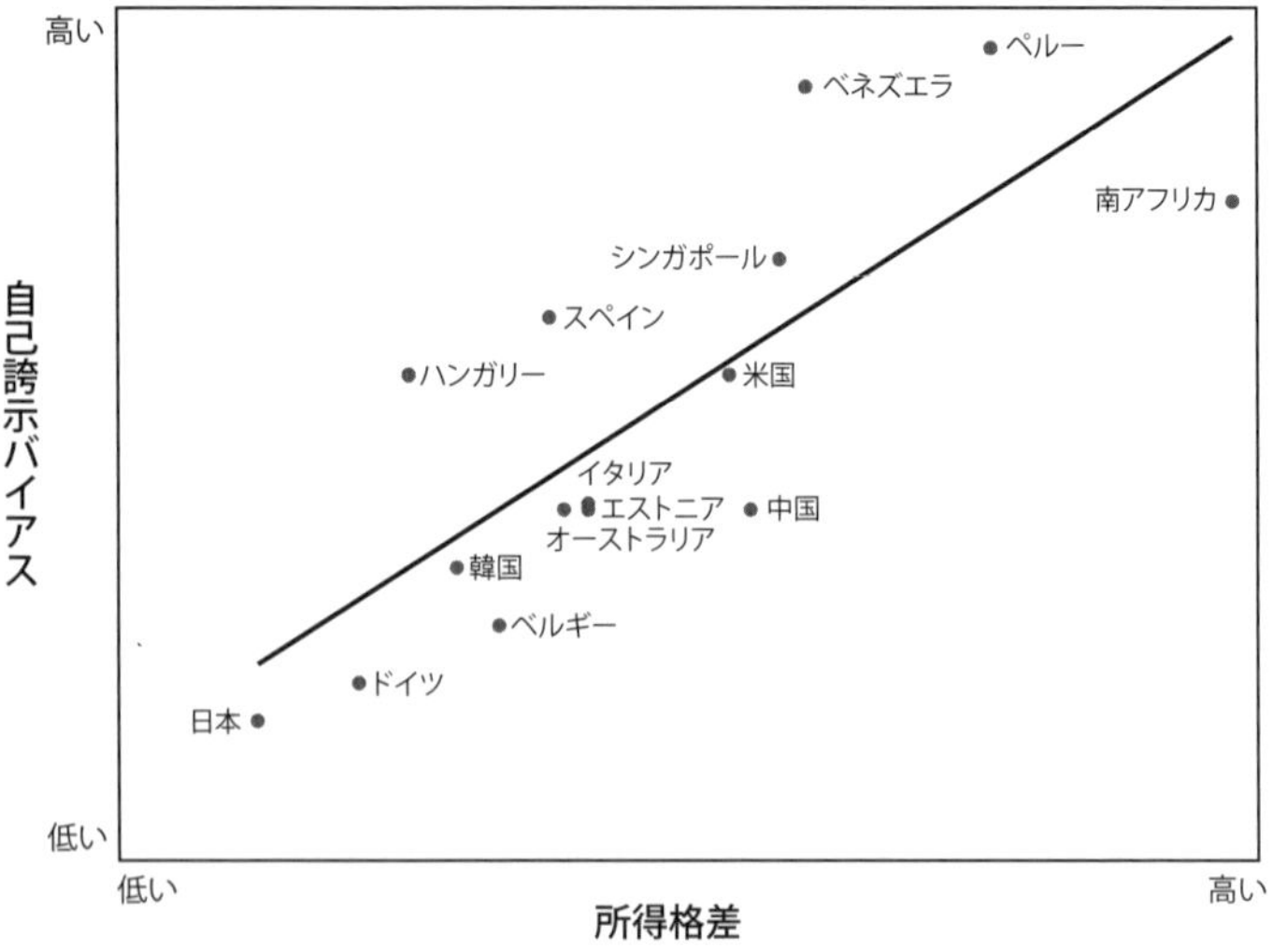

個人主義vs集団主義で説明できるのか

そうした違いは、個人主義vs集団主義の概念によって説明される場合が多い。ある文化では個人の自主性、独立心、自己主張が重視されるのに対して、別の文化では家族、共同体、職場などグループの課題や人間関係が優先されるという考えだ。西洋文化は東洋文化に比べて、個人主義的で自己誇示バイアスが強いとされている。

不平等の影響に関する私たちの議論を検証するために、ローナン博士は18人からなる強力な国際研究者チームと共同作業を行い、自己誇示バイアスと不平等がいかに関連しているかのテストを行った。[112] 彼は、次のように推測した。「不平等な社会では、他人を打ち負かさなければならないという強い動機が働く。こうした願望の表現の一つが、自己誇示バイアスが激しくなることかもしれない。経済的に平等な社会では、他人に優越していることの利点は減少し、何であれ自分を平均より上だと見なす傾向も弱まるはずだ」。15ヵ国を対象とした研究でローナンと彼の同僚は、自己誇示バイアスと所得格差の間には強い相関関係があることを明らかにした。彼らによればこれらの国では、個人主義vs集団主義の指標よりも、所得格差の方が自己誇示バイアスとの相関がはるかに強かった（図表3・1参照）。

心理学の研究によれば、この図表は不平等な国では自己誇示バイアスが強くなり、死亡率が高い国では自己評価の健康状態が良くなるパラドックスを示している。これは社会的評価の脅威が増大したことへの反応である。社会的評価の脅威に直面したときに人々は自己誇示バイアスを強める傾向があるが、それを示す有力な証拠がある[116][117][118]。

典型的な心理学の実験では、まず、自分に対して好感を持つ仲間の学生の割合が高いか、低いかを告げられる。その後で、どれだけケチか、嫉妬深いか、だらしないか、威張り散らしているか、などさまざまな特性について、仲間と比べた場合、自分をどのように評価しているかが尋ねられる。他の実験と同じように、好感を持たれていないと誘導された人ほど他人に比べて自分を高く評価する傾向があった。学術論文によれば、これは通常、防衛機制の一形態と見られている。これは犬が怒ったときに毛を逆立てる状況や他の動物が脅威に遭遇したときに自らを大きく見せかけようとする行動と類似している。

前章（図表2・1）で見たように、社会的地位への不安は不平等の広がりとともに拡大する。不平等な社会ほど自己誇示が強まるという事実は、不平等が社会的評価への不安を高めていることをも裏付けている。その結果、私たちは自分自身を実態より大きく見せかけようとしてしまう。

裏付けのある自尊心と裏付けのない自尊心

こうした自己誇示に関する議論は、何事も自信満々の米国人とまじめくさった日本人を対比させ文化的な違いを面白がっているだけなのか、それとも不平等の危険で油断のならない特性、つまり不平等が個人の幸福や社会的な団結に有害な影響を及ぼすことを示唆しているのか。人々が自分を前向きに評価し、自分の能力を信じ、確固たる自尊心を持つことは、決して悪いことではない。

現代の一般的な心理学では、自尊心に高い価値がおかれている。自尊心は心の健康や幸福の大前提であり、学校の成績向上や人生の成功にとって不可欠であると考えられている。自尊心によって自分の潜在力を十分に発揮できる自信がわいてくる。自分を特別だと信じることができれば、本当に特別な存在になれるという。しかし、それは本当だろうか。

私たちが自尊心という言葉で意味しているものと、実際の計測で得られる自尊心とはおそらく別物のようだ。心理学者は長く、不安の上昇が自尊心を高めるという逆説的な傾向があると考えてきた。自分を特別な人間だと考えた10代の米国人の若者は、１９５０年代には全体のわずか12％にすぎなかった。その数値が１９８０年代になると80％に上昇した[119]。それと足並みを揃えるかのように、10代の不安のレベルも劇的に高まった。

自尊心の標準的な尺度は、長い間、ローゼンバーグ・スケールだった。それは「私は自分を価値のある人間だと感じる」、「私は自分を失敗者だと考える傾向がある」、「私は自分自身をもっと尊敬できたら良いと思う」、「私は自分自身に対して前向きな評価をしている」など10の文章について合意、不合意を問うものだ。しかしそれでは、実際の実行力や能力といった評価に基づく〝裏付けのある自尊心〟と、防衛的、防御的な自己誇示——大丈夫でなくても大丈夫と言ってしまう——、つまり〝裏付けのない自尊心〟と呼ばれるものとを区別することができなかった。そのために、不安の上昇につれて自尊心も高まっているように見えるという完全なパラドックスと遭遇してしまった。

格差は防衛的な自尊心を高める

もう一つ、別のナゾもある。実際に社会的な地位が低くて差別や偏見を経験する機会が多いと、自尊心もさぞ傷つくのではないかと思われがちだ。しかし、こうした人々の中には自尊心の強い人がたくさんいる。長年、多くの研究が示してきたところでは、アフリカ系米国人の男性は白人の男性に比べ自尊心の強い人の割合が多い（女性も同じことが言えるが、男性ほど違いが際だっていない）。

『ワシントン・ポスト』紙とカイザー・ファミリー・ファンデーションが２０１１年に行った調査によると、自尊心の強い人は白人男性では59％だったが、黒人男性では72％にも達していた。[120] しかし同じ調査で、失業、収入悪化による家計の逼迫、健康の悪化、ＨＩＶやＡＩＤＳへの感染、暴力犯罪や差別の被害、子供に満足な教育を受けさせられるかといった点で、黒人男性は白人男性よりもはるかに大きな不安を感じていることが判明した。これは、自尊心の数字と明らかに矛盾している。

このナゾを解く手がかりは、尊敬について尋ねた質問の答えにあった。[120] 他人から尊敬されることがとても大切だと述べたのは、白人男性の55％に対し黒人男性は72％にも達した。その一方で黒人男性は折に触れ、他人から失礼な取り扱いをされ、レストランやショップでひどいサービスを受け、日常でも無視されたり見過ごされたりしたと感じたことがあると述べている。アフリカ系米国人の28％が、米国で黒人であることは辛いことだと思っている。

もちろん、社会的地位の低さや無礼、差別、偏見を経験すれば、どのようなグループであっても自らの自尊心をできるかぎり維持し、あらゆる手を尽くして自己不信のワナに陥らないようにする。これは当然であり、おそらく心理学的にも意味のあることだ。不平等の拡大によって、社会的地位を競う競争が激しくなり、自分たちが他人からどのように見られているのかという不安も高まる。その結果、人々には自尊心を守る必要性が高まっていく。不平等の拡大はこうした防御的な意味での自尊心を高めることが予想されるが、それは本物の自尊心とは言えない。

度を越した自尊心としての自己愛

私たちが目的とする意味でその用語を使うのであれば、〝自尊心〟という粗雑な基準は捨て去り、本当の自信や自己評価と、防衛的、自己愛的な装いとをきちんと区別できる基準を見つけ出す必要がある。私たちに必要なのは、自らの実力に対し独断的だがかなり正確な見方をしている人に対して高い評価が下せるような基準である。自己愛を測りたいなら、別の基準を探せばよい。

自分に対して自信や自尊心を持つことは、それが現実離れしておらず、他人との共感や良好な人間関係を伴うかぎり好ましいことだ。しかし自尊心によって、他人の気持ちが理解できなくなり、自分の欠点を認めるどころか逆に否定ばかりする。あるいは批判に対して激しく反発する。いつも自分のことや自らの出世、人前での外見や体裁しか頭にない。ここまでくると自尊心はかえって危険となる。

度を越した自尊心は病的で不健全である。それは自己愛にほかならない。自己愛の特徴としては、人の注意を引こうとする行動、自らの批判への激しい反発、うぬぼれ、才能や業績の誇示などが挙げられる。

自己愛の水準を計測する尺度

自己愛パーソナリティ目録（NPI）は1980年代に、カリフォルニア大学バークレー校の心理学者たちによって開発された。人々は対になった文章を提示され、どちらが最も正確に自分を表現しているか選択するよう求められる。このテストが自己愛を測定するものであるとは告げられることはない。たとえば、次のような二者択一を要請される。

A：私は他の多くの人と同じ普通の人間だ。
あるいは
B：私は自分が特別な人間だと思っている。

つぎは

A：私は人の中に交じっているのが好きだ。
あるいは

Ｂ：私は世間の注目の的になっているのが好きだ。

対の文章には、いずれも該当しないという奇妙な選択肢もある。たとえば「鏡に映った自分の姿を見るのが好きだ」と「鏡に映った自分の姿を見ることに特に関心がない」の二者択一があるとしよう。多くの人々が、この二つとも自分が鏡を見ているときの感じと全く違うと思うことは十分考えられる。毎日がツキまくっていて、身につけている物もおしゃれで、照明の効果も抜群だったとしよう。鏡にそうした自分の姿が映っているのならいつまでも見ていたいはずだ。しかしそれ以外の場合は、あまり鏡をのぞき込みたくないのではないか。

別の文章でも、私たちは「世界を治めていたら、世の中はずいぶん（控えめに見ても、少しくらいは）良くなるだろう」と同意し、その一方で「世界を治めるという発想にぎょっとする」という文章にも躊躇なく賛成できるかもしれない。

明らかに、上記の二つのタイプの自尊心は識別に苦労する。しかしこうした屁理屈はさておくとしても、自己愛を専門とする多くの研究者は、今でも自己愛パーソナリティ目録を活用している。それは自己愛的な態度、価値観、行動に対する有効な判断基準であり、不安定な自尊心を発見する手段であることが証明されている。精神医学上の障害ではなく人格的な特徴の段階的な変化を測ることもできる（自己愛パーソナリティ障害は、精神科医が診断するように、自己本位、尊大、共感の欠如のような一つの集合体に対する病理学上の長期的な診断結果である)。

誰でも時には軽度の自己愛に陥ってしまうことがある。自己愛パーソナリティ目録は、第2章で触れた問診計画表のように、そうした自己愛の水準を計測するのに便利なツールである。それによって私たちは、ある特定の社会や文化が他と比べて自己愛の程度が高いか低いか、自己愛の水準が時間とともに変化しているか、変化しているとすればそれはどうしてか、などを分析することができる。

米国で急増した過剰な自己愛

ジーン・トウェンギとキース・キャンベルは自尊心や自己愛を専門に研究している心理学者である。第1章で、トウェンギの業績の一部に言及しながら、不安のレベルが著しく上昇していることを紹介したが、彼らの２００９年の著書『The Narcissism Epidemic: Living in the Age of Entitlement』では、米国で自己愛が伝播する困った状況を詳しく解説している[119]。

大義のための闘いから、自分が一番の闘いへ

そこでは常軌を逸した自尊心の事例が数多く紹介されている。ウェディング・ケーキを自分

図表3・2　大学生の自己愛の変化は米国の所得格差の広がりと連動しているように見える(123)

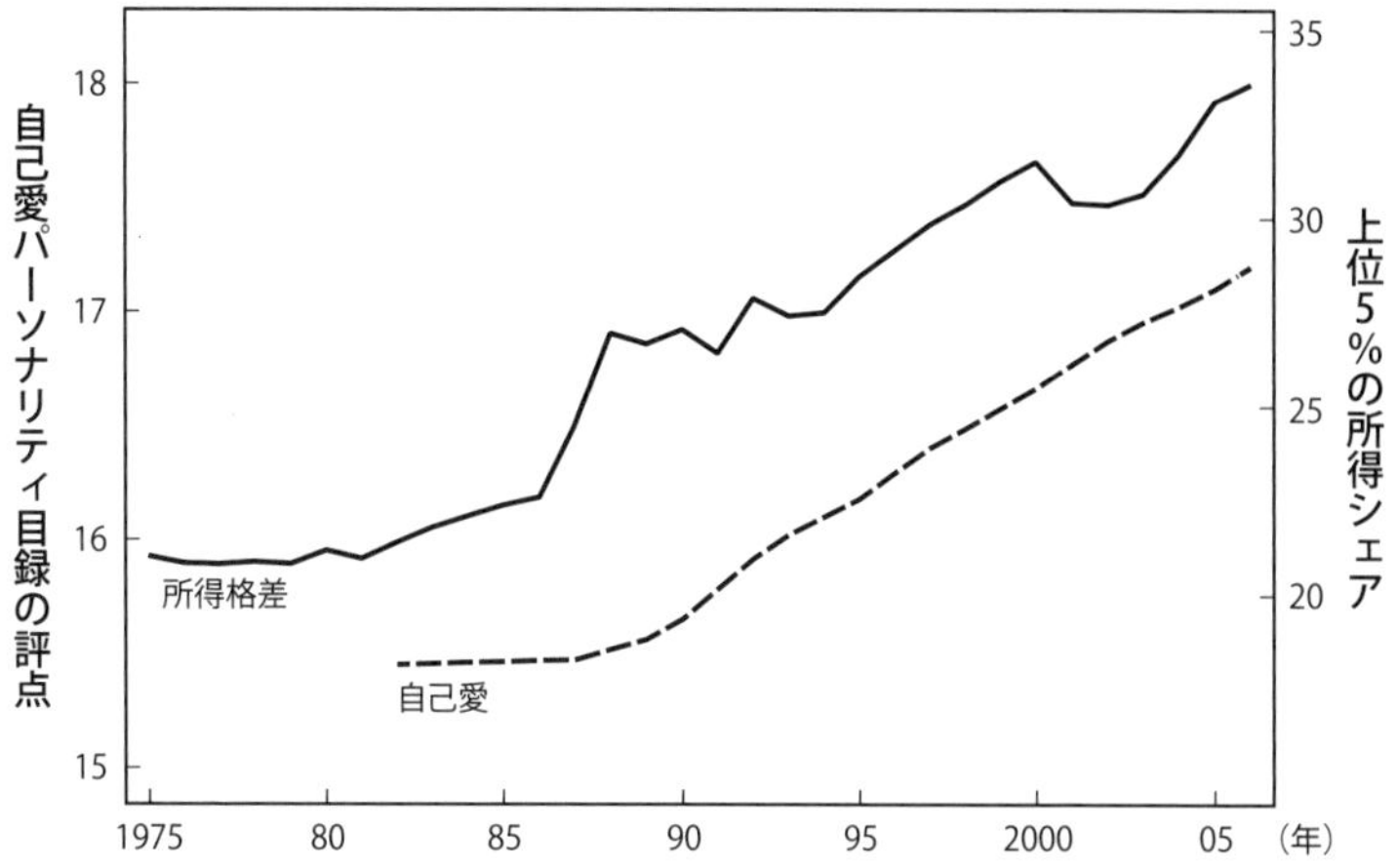

の姿そっくりにしてしまった花嫁や、「一日、セレブな気分」と名付けられた会社のサービスなどである。その会社に依頼すれば、お客は偽のパパラッチ・カメラマンを雇って、自分の写真を撮ってもらい、名前を叫んでもらうことができる。虚栄心や人間関係の苦労、反社会的な行動を取り扱った章では、自己愛が米国文化のすみずみに蔓延していることが示されている。著者が述べているように「１９６０年代の大義のための闘いは、１９８０年代までに自分のことを一番に考える闘いへと変わってしまった」。

　１９８２～２００６年の間に、米国人の被調査母体に対して自己愛人格尺度を適用した研究が85件もあったが、トウェンギとキャンベル、それに彼らの同僚たちは、そうした研究を統合する作業を行った。[121] 彼らによれば、同期間に自己愛は急激に増加していた。自己愛の傾向を示した人が2006年には1982年比で30％も増えていた。

自己誇示と不平等の関係や、防衛的な自尊心が自己愛を拡大させている現実を踏まえて、私たちは自己愛が不平等の変化を反映したものであると推測した。トウェンギが自己愛の急拡大を発見した期間は、米国で所得格差が大幅に広がった時期と一致していた。図表3・2では、ワールド・トップ・インカムズ・データベースの所得不平等に関するデータを基に、両者の変遷を示している。[122]

私たちはなぜそこまで自己愛を強めるのか

不平等が社会的地位の重要性を高めることから、私たちは自己愛や自己誇示の広がりと不平等の拡大との間に強い相関があると予想した。人々の〝価値〟の差が際だってくると、社会的地位でお互いを品定めするようになる。自己愛を強めることは、自信喪失や劣等感に打ち勝って社会的に生き残るための究極の闘いだ。それはまた、社会的な不安や臆病、自己不信を生み出す環境への適応でもある。トウェンギとキャンベルによれば、米国社会では競争や出世欲が激しさを増し、それとともに「人々は必死になって社会階層の階段をよじ登らなければならず、そうしなければ貧困に陥るリスクが高まるだけだ」という認識が強まっている。[119]

貧しい暮らしの中で育つことと出世欲がどのように関連しているか。あるいは豊かな暮らしの中で育つことと自己愛がどのように関連しているか。こうしたテーマを取り扱った研究がある。不平等と自己愛のつながりは、そうした研究によっても確認されている。豊かさを感じること、お金持ちとして自らを認識すること、高い所得を稼いでいること、これらのすべてが自己愛に陥る可能性を高めている。

ボストン大学のシーン・マーティンと彼の同僚たちは、米国陸軍の現役兵士のデータを活用して、両親の所得と子供が成人した後の自己愛とが強く関連していることを発見した。[124] 裕福な家庭出身の兵士ほど「自分は特別な存在であり、それは周囲の皆からそう言われて育ってきたからだ」、「所属する部隊も自分がいなければ立派な働きができないだろう」と考える傾向が強いという。

不平等の拡大と社会的地位への渇望との関連を示すもう一つの根拠は、人々が望む所得水準が上昇していることを示す調査データだ。1980年代半ばから1990年代半ばまでの10年間を見ると、所得の不平等が急拡大するにつれて、人々が自分の夢の実現に必要だと考える所得水準は5万ドルから10・2万ドルへと倍増している。[125]

トウェンギと彼女の同僚たちは、〝ベビー・ブーマー（1946〜1961年生まれ）〟、〝ジェネレーションX（1962〜1981年生まれ）〟、〝ミレニアルズ（1982年以降生まれ）〟など異なる世代の人々が、同年齢の時にどのような生き方や人生の目標を持っていたのか、その比較を行った。それによると、若い世代ほどお金や容姿、名声への関心が強く、その一方で自己承認や友好関係、地域社会にはそれほど興味を示さない。時代の変遷とともに所得の不平等が拡大するに従って、知識や思想の修得より、お金を稼ぎたいということが大学進学の重要な動機となった。[126][127]

うつ病か、自己愛か

不平等の拡大によって社会的評価の脅威に直面した私たちは、板挟みの状態に追い込まれている。不安症やうつ病に陥るか、それとも自己誇示や自己愛を支えにして必死に出世の階段をよじ登るか。こうした二者択一を巡る葛藤がいかに激しいかは、統合失調症や躁うつ病に苦しむ人々がしばしば誇大妄想にとらわれることからも明らかだ。

こうした症状の人々の約半数は、自分は実際に有名人であり、政治や宗教の指導者、著名な多国籍企業のＣＥＯであると信じている。こうした妄想を抱くのは、自尊心の低下やうつ病への自己防衛かもしれない。しかし架空のアイデンティティを作り上げることで富や名声への願望と惨めな現実との矛盾を解決しようとすれば、最後には大きな代償を支払わざるをえなくなるのである。

ゼロサムゲームとしての美容整形

自己愛の特徴は、自己への執着の強さ、他人の注目や讃辞を絶えず必要とすること、人生の成功や容姿の美しさや恋人とのロマンスについて非現実的な空想をもっていること、などである。その結果、社会的地位への不安や出世欲が自己愛を増大させていくにつれて、私たちは自分の気質や個性、成功などを他人の目を通じてしか見られないようになる。そればかりか、自分の身体を他人と比較し、他人が自分をどう見ているか気になり、外見の見栄えと個人的な価値とを混同するようにもなる。

マッチョでなければならない

ジャーナリストのレオラ・タネンバウムは、女性が美容整形手術を受ける理由を、顔や身体の〝欠陥〟だと思われる部分を除去することで、限界はあるにしても理想の姿に少しでも近づくためだとしている[128]。美容整形手術の起源は、19世紀にユダヤ人がビジネスなどで差別を避けるために人種的な特徴を目立たなくしたことに遡る。

女性に対して一方的に順応を迫る現代の圧力も、ある意味で似ている。雑誌、広告、映画、ファッションショーなどに毎日登場する女性の写真や映像によって、女性は理想に向けて自らを高め周囲から評価されるようにならなければならないという強迫観念を植え付けられる。思春期に達した少女には、こうした圧力の効果がてきめんに現れる。ミレニアム・コホート・スタディーによれば、英国で情緒不安を抱える——両親の報告による——少女の割合は、11歳では

12%だが14歳になると18%に上昇する。自ら症状を報告した14歳の少女の中でうつ病に苦しんでいると答えた割合は24%にも達していた[129]。

男性も同様の脅威にさらされている。映画、テレビ番組、音楽ビデオ、男性雑誌などでは、肩幅があって、均整がとれて、筋骨たくましい姿が、男性の理想像とされている。女性は野外広告やテレビ画面に映し出される理想化された女性美のイメージによって、プレッシャーを受けてきた。それと全く同様に、男性も現在では下着や自動車の宣伝コマーシャルで、数段に切れ込んだ腹筋や大きく膨らんだ上腕二頭筋といった、筋骨たくましい男性の姿を絶えず見せつけられている。しかもそれらは実物よりもかなり誇張されたものだ。

マッチョに見えなければならないという男性へのプレッシャーは、一般のスーパーマーケットでボディビル用のサプリメントに多くの棚が割かれていること、男性の間での摂食障害の蔓延、男性用のワックス脱毛、シミ抜き、しわ取り注射による若返りなどの美容整形手術の人気などを見れば明らかだ。大衆紙が指摘しているように、着せかえ人形のバービーと同じくらいに、ケン（バービーの恋人）になるのも難しい[130]。

美容整形に見る心の病

２０１３年に美容整形手術を受けた米国人は約２００万人、しわ取り用のボトックス注射やしわのフィラー治療のような非侵襲性の美容整形手術を受けた米国人は約１４００万人もいた。[131] 最も人気が高いのは、豊胸手術、鼻の整形、まぶた手術、脂肪吸引手術、顔のしわ取りである。

中でも人気が急上昇しているのが、バストの引き上げ（２０００年以降70％増）、腹部の引き締め（同79％増）、ヒップの引き上げ（同80％増）、下半身の引き締め（同３４１７％増）、上腕のたるみ取り（同４５６５％増）である。一風変わった専門協会――米国審美整形手術協会――では、大陰唇形成手術（外陰部周辺の皮膚の折り重なった部分の整形）を人気が上昇している手術に追加している。[132] 同年の英国でも、５万件の美容整形手術が実施された。米国と同様に、胸、鼻、まぶた、顔が最も人気の整形部位だった。[133] 過剰な脂肪の吸引手術は、その一年だけで40％以上も増加した。

私たちはこうした統計をどのくらい憂慮すべきだろうか。手術のメスや毒素の入った注射を受け入れる人が増えていることは、おそらく人々の間で、人為的な整形に対する後ろめたさが後退し、自分の理想通りに他人から見てもらいたいという健全な願望を持つ人が増えていることの反映かもしれない。

しかし２０１２年に発表された研究によれば、現実は違っていた。[134] その研究はノルウェーの十代の少女を対象にしたもので、13年間かけて彼女らの外見への満足度、メンタルヘルス、美容整形手術の有無などに関するデータを収集した。うつ病や不安症の兆候、自傷歴、自殺願望、違法な薬物使用は、こうした若い女性が美容整形手術に走る前触れになっていた。調査の期間中に美容整形手術を受けた若い女性は受けなかった女性に比べて、うつ病や不安症の兆候、摂食障害、飲酒経験などの件数で上回っていた。

それに先行する米国の研究によれば、美容整形手術の患者は他の手術の患者に比べて、精神病の経験がある可能性が5倍も高かった。実際のところ、美容整形手術の患者の18％が、美容整形手術の相談中に精神病治療薬を使用していた[135]。美容整形手術の増加は、それが明らかに不安や心配、不幸といった感情の反映であることから、そのまま見過ごすことはできない。美容整形手術が社会的な優劣の競争であるとすれば、それは間違いなくゼロサムゲームだ。私たち全員が他人との比較で美男や美女になることはできないからだ。

自分は特別と思って何が悪いのか

自分自身を愛し自分に満足することは、重要なことか否か。この問題に戻ろう。自分に自信を持ち、前進し、立身出世する勇気を持つために、それは必要だったのではないか。

トウェンギとキャンベルの米国に関する調査への反応は、総じて好意的だった。しかし彼らによると、いくつかの〝辛辣な批判〟もあった。その中には「もしそうだとすれば、私たち全員が自分自身を嫌いになれというのか」というものがあった。それは、自己愛や前向き思考の崇拝にとらわれた人々から尋ねられたものだった。ある学生はメディアを通じてこう訴えた。

「私たちは皆特別な存在だ。そう思うことは決して悪いことではない。私たちの世代が体現しているのは虚栄心ではなく誇りだ」。自己中心的だと非難されて喜ぶ人は誰もいない。研究によれば、若い世代は両親の世代よりも自己愛が強いことは認めても、特権意識や自己愛が強すぎるとレッテルを貼られることを嫌う[136]。

　トゥエンギや彼女の共著者が指摘しているように、自己愛が強すぎると共感を欠き、それによって長期的にお互いに愛情に満ちた関係や友情を維持、発展させるのが難しくなる。また彼らによれば、自己愛と知能検査の間に相関関係はなく、自己愛の強い人はそうでない人に比べて身体的な魅力で勝っていることもない。自己愛が持続的な成功を導くこともない。自己愛の強い人は、大学を中退する可能性が高く、ビジネスではリスクに対してきわめて許容的だ。指導者として人気がなく、グループで仕事をするのが得意でない。実際のところ、自己愛の強い人はその他の人と比べて特に優秀ということもない。彼らの自らへの賞賛が具体的な資質や業績に基づいていることはなく、彼らの行動は日々の生活において家族や友人、同僚に迷惑や災いをもたらしている。自己愛は〝万人の万人に対する闘争〟や、不平等によって人々の協調性がすたれ出世競争の意識が強まったことの反映である。

格差でサイコパス的経営者が評価される

どの社会でも理想とする姿は同じだ。正直で勤勉で遵法精神に富んだ市民が、しっかり生計を立て、社会へ貢献し、自己実現を実感できることだ。私たちが学校や企業、政府などの公的な機関に期待するのは、道徳的、倫理的な行動、勤勉、他人との協力行為を奨励することだ。しかし不平等や出世競争の激化、その結果としての個人主義は、〝どん欲こそが善〟であり、リスク・テイクを高く評価し、他人を威圧する行動と指導力を混同するような文化を促しているように見える。

こうした社会環境では、虚言、ごまかし、欺瞞、自己中心、冷酷無情といった性格障害を持つ人物が企業の最高幹部に頻繁に登場したとしても、特別に驚きはしない。心理学者のポール・バビアクやロバート・ヘアはこの現象を〝スーツを着た蛇〟と呼んだ。生き馬の目を抜く現代の企業社会で、他人の犠牲のもとに、精神病的な性格を持った〝蛇たち〟がいかに繁殖しているか証拠を挙げながら立証した[137]。

不平等が拡大すれば、多くの人に精神病質者的な兆候が現れるだけでなく、むしろそうした性質が社会的に高く評価される。協調よりも競争が重視される環境が生み出される。企業の上級幹部は精神病質者的な人々で席巻されてしまう。こうした考えは心理学者だけでなく一般の人々の関心を集めた。

ジャーナリストのジョン・ロンソンは2011年に執筆した著書『The Psychopath Test』[138]の中で、ロバート・ヘアのサイコパシー・チェックリストを用いながら精神病質的な経営者を見つけ出す方法について述べている。精神病質の診断は、個別症状の有無ではなく、このチェックリストで高い点数を得たかどうかで決まる。精神病質と、犯罪歴や少年時代の問題行動とはほとんど関係ない。精神病質者的な行動が高く評価される社会では、そうした特性を持つ人物が短期間にせよ企業のトップに上り詰めることがありうる。

サンビーム・オスター社はトースターやワッフルメーカーのような家庭電化製品の米国メーカーだが、ロンソンはその元CEO、アル・ダンラップとのインタビューの様子を著書の中で詳細に紹介している。ダンラップは、事業の再建家、リストラの専門家として知られる人物だ。ウィキペディアによれば、彼はその冷酷な経営手法から〝チェーンソー・アル〟、〝ピンストライプのランボー〟として有名だ。ダンラップは最初少し尻込みしたものの、インタビューの中でロンソンからヘアの改訂版サイコパシー・チェックの診断を受けることに同意した。

彼はチェックリスト項目の多くが自分に当てはまることを認めたが、すべてプラスに評価した。彼は自分自身が〝めちゃくちゃ魅力的である〟と主張した。彼によれば、自尊心は大きければ大きいほどよい――「信じられるのは自分だけ」――、ごまかしは〝リーダーシップ〟の一種だとも語った。

インタビューの間中、アルは多くの精神病質の特性を前向きなリーダーシップであると再評価した。衝動性とは「迅速な分析の別名だよ。賛否の決定に1週間もかけるヤツがいる。私の場合？　10分で十分。もし賛成が反対を上回ったら、そのときは前進あるのみ！」。「バカげたこと」を感じなくてすむのは「深く考えないようにしている」おかげだ。良心の呵責を感じないことで気持ちが楽になれば、前に踏み出すことができる。デカいことも達成できる。[138]

昼食を一緒に取りながら、ダンラップはロンソンに従業員の解雇について面白おかしく語った。彼の妻は二人の顔を交互に見ながら笑っていた。ロンソンは「人のクビを切るのを楽しめる人物は、企業にとって天からの授かりものだ」と考えていた。

関係者に壊滅的なダメージを与える

もちろんサンビーム・オスター社に長く勤務した忠誠心の強い従業員にとって、ダンラップは天からの授かりものではなかった。大規模な工場閉鎖や大量解雇は、株主には人気があったが、それ以外の関係者には大きな苦しみをもたらした。地域の多くの中小企業は経営不振に陥った。サンビーム・オスター社の経営も長期的には、ダンラップの肥大化した自尊心や、狡猾で犯罪的ともいえる多能ぶりによって壊滅的な打撃を受けた。

彼は詐欺的な会計手法によって株主に、会社が大リストラの結果、高収益企業に変身したと信じ込ませることに成功したが、2001年に米国証券取引委員会から訴えられた。その結果、2002年にサンビーム・オスター社は破産に追い込まれた。綿密な捜査の結果、彼にはそうした法律違反や過激な経営手法で解雇された前歴があることが明らかになった。

ビジネス雑誌『ファスト・カンパニー』の編集者、ジョン・バーンは、ダンラップについて本を執筆したことがある。その中で彼は「アル・ダンラップのように、ごまかしが巧妙で、情け容赦なく、破壊的な」経営幹部に、これまで一度たりとも出会ったことがなかったと記している[139]。

ダンラップは腐ったリンゴ（周囲に悪影響を与える人）で、しかも例外的な人物と言って良いのだろうか。実際のところ企業の最上級幹部には中間管理職よりも多くの精神病質者がいるのではないか。こうした疑問に答えるために、英国の心理学者であるベリンダ・ボードとカタリナ・フリッツォンは、39人の企業上級幹部（すべて男性）とブロードモア・ハイ・セキュリティ・ホスピタルの768人のサンプル患者との比較を行った。ブロードモアの患者はすべて心の病か精神障害と法的に認定され、重大犯罪で有罪判決を受けているか、あるいは裁判所で証言無能力と判断された人々である[140]。

企業幹部が病院患者よりも勝っていたマイナス特性が、いくつかあった。たとえば、演技性

（外見的な愛嬌の良さ、不誠実、自己中心、ごまかし）、自己愛（仰々しさ、共感の欠如、搾取的、非依存性）、強制性（完璧主義、仕事への異常なのめり込み、厳格性、強情、独裁的傾向）などである。

個人だけでなく企業も精神病質的になる

第２章の図表２・４では、人々の行動を二つの軸、つまり一つは従属的か支配的か、もう一つは友好的か敵対的かという切り口で分類した。自己愛が強く精神病質的な人々は、４象限グラフでいうと上段右側に位置する。支配的な気質と敵対的な気質が併存している。ごまかしや冷酷な手法によって企業社会で出世するか、暴力犯罪や悪質な法律違反で刑務所に収監されるかである。

それを分けるのは人生のきまぐれだ。家庭や社会でたまたま出会った幸運のおかげで企業の出世コースを歩むことができた――〝スーツを着た蛇〟になれた――か、貧困生活や幼児期に体験した苦難のせいで他人に対して過剰に攻撃的になってしまい、最終的には社会の落伍者になり果てたか、のいずれかだ。

バビアクとヘアは、１９７０年代後半の米国で広がった企業社会の風土を、買収、Ｍ＆Ａ、リストラ、事業解体、間接部門のスリム化、迅速な変化、スピード、イノベーションだと記している。それによって失われたものは、団結や組織への忠誠を重視する意識、雇用主と雇用者、企業と社会との間で結ばれていた社会契約である。こうした企業社会の変質は、時代の政治的、経済的なイデオロギーによって引き起こされたものだ。

自由放任の個人主義や自由市場への信仰が強まったことで、所得格差が拡大し、社会全体で出世競争が激しくなった。実際のところ現代の企業は、経営者がしばしば称揚する自己愛が強くて、精神病質的な個人に酷似している。こうしたこともあってか、２００３年には、法律学者のジョエル・ベイカンの著書を原作とする「ザ・コーポレーション」というタイトルのドキュメンタリー長編映画が制作された[141]。

企業は社会的な機能を有する正統な機関から、法的な人格権、つまり（政治献金のような）自然人と同じ権利を保持する存在へ変質した。それをうけて、ベイカンは企業を一つの人格として検査し精神病質的だとの診断を下している。２００３年時点では、ブラック・ユーモアとして受け止められたようだが、２００７～２００８年の世界的な金融危機以降は、次々に関連する本が出版された。「インサイド・ジョブ」のような映画では、企業の無謀な行動や、社会的責任の感覚が欠如した犯罪者まがいの経営者によって、世界中で数百万の人々がいかに苦しい思いをしたかが描かれていた。

不平等が広がる世界で企業社会をどう変えるか

哲学者のサイモン・ブラックバーンは、自己愛に関する長文の論評「鏡よ鏡」の中で、不平等の拡大や上位1％の人々が巨額の給料やボーナスを得ていることに対し、次のように問いかけている。「彼らはいったいどうやって鏡の中の自分を眺め、街中を歩いているのだろう。彼らは何の礼節もわきまえていないだろう。これまで強奪を繰り返してきた人々、現在もそれを続けている人々と共感できる仲間など一人もいないのではないか[142]」。

　彼はさらに続けて、その答えは特権階級が「優秀な能力や判断、知性ゆえに、自分にその価値があると信じ込むようになったからだ。同じ企業で働く労働者の平均賃金の３００倍を下回る報酬は明らかに不公平であり、彼らの目を見張るような才能に対して適切に報いていない証左だと信じるようになったことだ」。

　ブラックバーンはさらに指摘する。1％の預金金利で得た資金を、融資先に16・5％の高金利で貸して、それで得た利益の大半を自分のポケットに入れることに、特別な才能など必要としないが、彼らはその点について全く意に介していない。

　不平等が広がる世界で、私たちの多くが共有する価値観をもう一度取り返すために、企業社会をどのように変革したらよいか。第9章で議論するように、あらゆる形態の経済民主主義を根付かせることが必要だ。株主価値を超えた新たな社会契約を見つけだし、それに高い優先順位をつける。従業員所有企業、協同組合、従業員の持ち株制度、労働組合の影響力拡大、従業員代表制度などはすべて、一部の経営トップが企業利益をすべて独り占めする文化の暴走を防ぐのに役に立つはずだ。

経済民主主義によってごまかしや尊大、過剰なリスク負担、過ちの隠蔽などがチェックできれば、逸脱行為、冷酷な自己愛、精神病質的な企業経営者への牽制となる。従業員に強い説明責任を持つ企業経営者は、前向きな統治戦略と温かい思いやりによって、しかるべき役職につくことができる。図表2・4の下段右側の象限に位置しながらも、彼らは協調や協力に関するスキルと専門性を活用して、説得や誠実さを通じた真のリーダーシップを発揮することができる。人々を脅迫するのではなく鼓舞することで、ビジネスの創造や成長を促すことができれば、企業経営者は本物の誇りを感じることができるはずだ。ビジネスは人や社会を搾取するのでなく、その発展に尽くすためのものだ。

金持ちの特権意識と非道徳性の調査

不平等によって自己愛が増加していることを示唆する証拠はあるが、大半の人々は自己愛と無縁だ。精神病質的な人が社会の上層部や底辺で精神的あるいは犯罪的な被害を引き起こしているが、割合としてはごく一部にすぎない。しかし自己愛や精神病質は氷山の一角だ。自分が他人より価値があるのは優越的才能によるものだと単純に信じている人々がいる。彼らこそが社会に甚大な損害をもたらしている。

階層の低い人ほど順社会的で道徳的

ポール・ピフはカリフォルニア大学バークレー校の社会心理学者だが、注目すべき一連の実験を行った。その実験では、社会階層、感情、それに社会集団と、心理学者が〝順社会的な〟行動と呼ぶものとの関係が主要な関心対象だった。〝順社会的な〟行動とは、分かち合い、ボランティア、協力、人助けのような他人や社会に恩恵をもたらす行動である。

最初の実験でピフと彼の同僚は、〝社会的な下層階級〟の人々――生活環境（教育水準の低さ、所得の低さ、社会的地位の低さ、争いが絶えない家族関係のような貧困に伴う諸問題）によって自己管理意識の低い人々――の順社会的な行動について調べた。[143] 彼らが知りたかったのは、この集団の人々が、社会的地位の低さにもかかわらず（あるいは、おそらくそれゆえ）、所得や教育の高い人々よりも、他人の悩みに寄り添い、お互いに手助けしようという意識が強いか、それとも弱いかということだった。

米国では所得に占める慈善活動への寄付の割合は、富裕層よりも貧困層の方が大きい（おそらく何とか暮らしていくためには社会的な団結や絆に頼らなければならないという自らの体験に基づいている）ことは、周知の事実である。[144]

年齢、民族、宗教の違いなどを考慮した後の実験で明らかになったのは、低い階層の人々ほどパートナーにより多くのお金を手渡し、相互の信頼が高く、家族の総所得からできるだけ多

図表3・3　車列や歩行者の前に乱暴に割り込む割合は車のステイタスによって異なる[145]

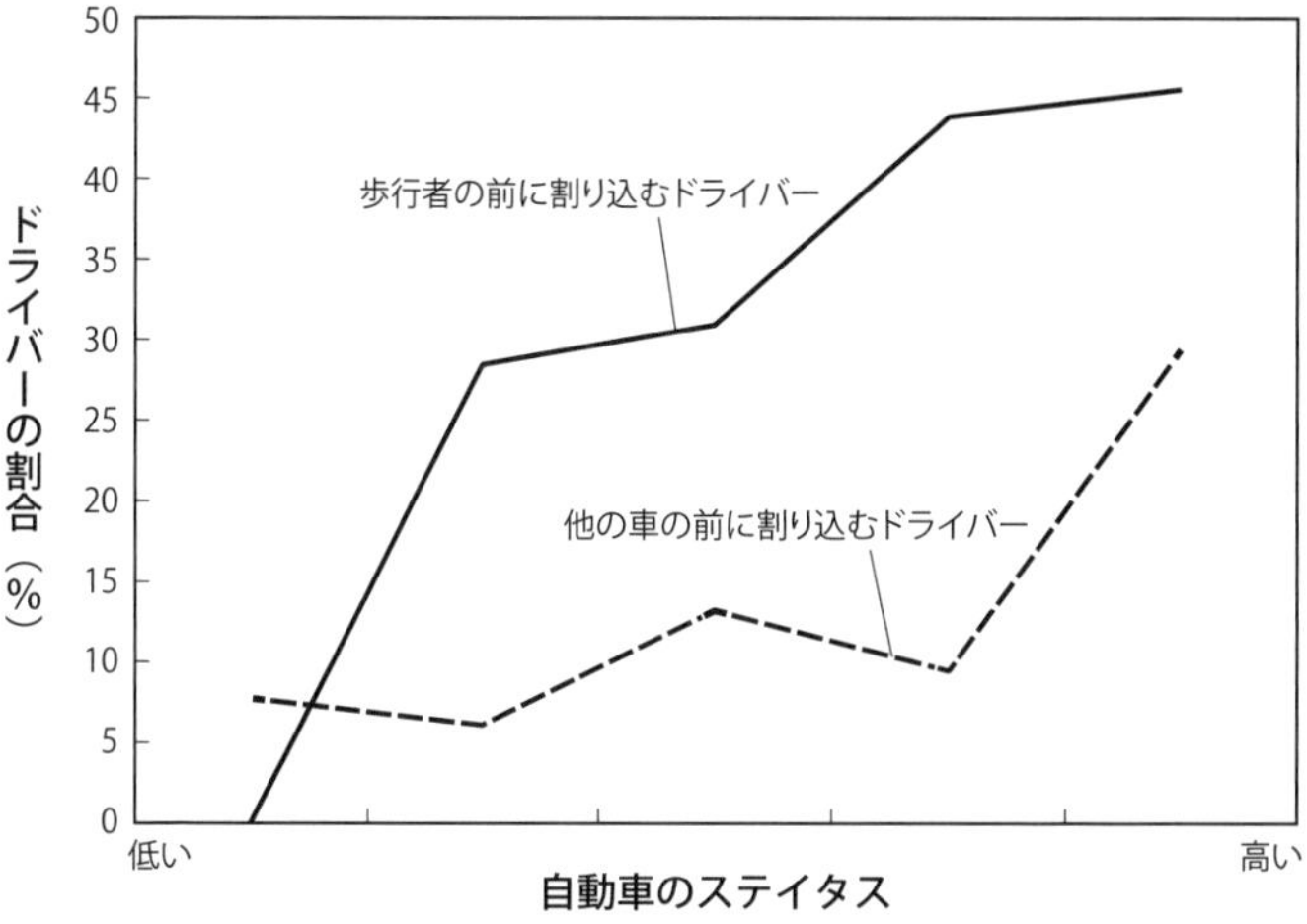

くのお金を慈善活動に寄付すべきだと思っていることだった。また、厳しい社会環境でパートナーが困難に陥ったと思われる場合、彼らは積極的にパートナーの助けになろうとしたことも分かった。

社会階層の低い人々は順社会的であるばかりでなく道徳的でもあった。二番目の実験でピフたちは再び、研究室の実験だけでなく、交差点や横断歩道の自動車ドライバーの反応を観察することも行った[145]。それによれば、社会的評価の高い（金額だけでなく、車種、車齢、外観などの点で）自動車のドライバーほど強引に他人の車の前に割り込む癖があり、また道路を横断する歩行者が目に入っても、車を積極的に止めようとしないことが分かった（図表3・3）。

ピフはまた上流階級と下層階級の特権意

識も調べている。[146] 上流階級の人々は下層階級の人々より、自己愛人格尺度にある特権意識の心理学的項目（サンプル質問は「正直に言って、私は他人より優れていると感じている」）で高い点数が出た。彼らはまた部屋に一人でいて誰も見ていないと思ったときには、鏡に映った自分の顔を見て時間を過ごすことが多いという。

対照実験においては、自分の所有物でもないのに自分のものにして利益を得ようとするという文章を読んだ後で、自分も同じことをするだろうと答える確率は、下層階級に比べ上流階級の人々の方が高かった。これはそう答えることで研究者が自分をどう思うかについて上流階級の人々はそれほど気にしないせいかもしれないが、就職志願者との面接において都合の悪いことを隠すかどうかという質問に対しても、上流階級の人々ほど他人に嘘をつく割合が高かった。彼らはまたサイコロゲームでもごまかしをする比率が高かった。あるいは、キャンディが近くの実験室にいる子供たちのものだと言われても、それを食べてしまう割合も高く出た。[146]

上流階級の自己愛を低下させる方法

ピフの調査によれば、私たちは人の善良な性質に働きかけることで、非倫理的、反社会的、自己愛的な行動特性を変えることができる。被験者が〝どん欲こそが善〟という命題について考える前段として平等主義の利点を3つ書き出さなければならない場合、上流階級と下層階級の間で非倫理的行動に対する考えにほとんど違いはなかった。研究によれば、社会階層によっ

図表3・4　平等主義の価値が上流階層の自己愛を低下させる[146]

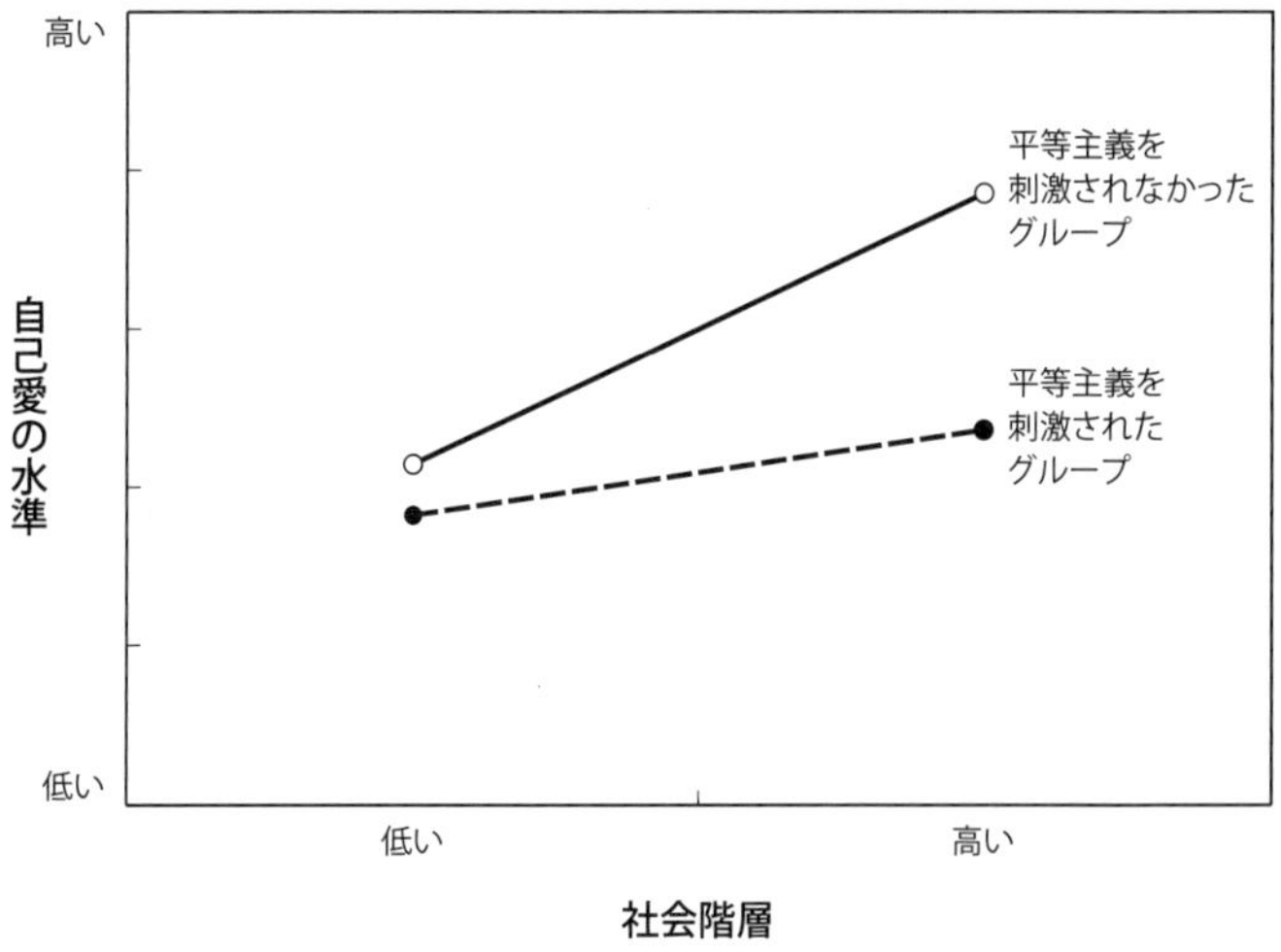

て違いが出てくるのは、非倫理的な行動をどこまでやれるかという量の問題より、義務を遵守するか否かといった姿勢の問題であった。

どの研究者も、上流階級の被験者に平等主義の価値を考えさせることで、その自己愛を低下させることができた。被験者は、自己愛人格尺度を完了する前に、2つのグループに分けられた。1つのグループ（〝平等主義者〟）は、他人を平等に扱うことの利点を3つ書き留めるよう求められた。2番目のグループ（〝対照グループ〟）は日常生活で行っている活動をそのまま3つ書き留めるよう求められただけだった。2番目の対照グループでは上流階級の人々に自己愛の増大が見られたが、平等主義の価値について考えるよう求められた最初のグループでは上流階級の人々の自己愛は大幅に低下した（図表３・４）。

社会的な地位の高い人ほど、他人への思いやりに欠けた行動をとるように見えるというピフの主張には、説得力のある解説が二つなされている。一つは、自分の地位を最大化するモチベーションを強く持っている人は、その性格や気質からして、同時に反社会性が強い可能性があるということだ。もう一つの解説は、私たちは一般的に社会階層の下の人間に対して尊大に振る舞う可能性があるというものだ。上流階級の人間がその他の人々と異なるのは、格下の人間の数が多いせいで尊大さが目につくのかもしれない。

格差が金持ちの身勝手な行動を促す

しかし正確な解説は、上流階級の持って生まれた特性というより、不平等の拡大によってお金持ちで社会的地位も高い人間が身勝手な行動をする風潮が生まれていることだ。ピフの観察や実験はすべて米国で行われた。現時点では、お金持ちになるほど反社会的な行動が強まる傾向は、不平等が小さな社会ではあまり目立っていない。研究者によれば、米国よりもはるかに平等な社会であるオランダ、ドイツ、日本では、お金持ちは貧しい人々と同じくらいに信頼がおけて、寛大であるとされている。[147] ２０１５年の研究の新たな発見によれば、米国のお金持ちは不平等が高い州ほど寛大さが失われていく傾向がある。[147]

全米対象の調査で、参加者に他人への寄付の機会を与えて、その行動を調べるものがある。

それを分析した研究者によれば、不平等な州のお金持ちは所得の低い人に比べて寄付に消極的であり、逆に不平等が大きくない州のお金持ちは積極的だった。研究者たちはまた、参加者の出身州の経済的格差を相対的に高い、あるいは低いという二つの場合に分けた実験も行った。それによると、不平等の高い州に住んでいると告げられたお金持ちは所得の低い人に比べケチになり、平等が進んだ州に住んでいると告げられたお金持ちはそれほどケチでないことが分かった。

自己愛の最も顕著な人物——トランプ大統領

不平等な社会の上流階級は信用できずケチであったとしても、指導者として優れていれば問題にならないだろう。本書の執筆に取りかかったとき、自己愛の最も顕著な人物が政治のトップに就くとはまったく想像できなかったが、ドナルド・トランプ大統領の指導者としての資質はいまや世界中の重大な懸念事項となっている。ソーシャル・メディアの意見表明だけで人柄を判断するのには慎重でなければならないが、トランプの頻繁なツイッターへの投稿は自己誇示、冷淡、自制心の弱さ、自己愛、精神病質の特性を示している。

以下は、彼が実際に投稿したものである。

――「私は物事をわきまえている。私の理解力はすばらしく、おそらく私を超えるものはいないだろう」

――「私は誰よりも税制を熟知している」

――「この地球上で私より再生可能エネルギーについて詳しい人間はいない」

――「私よりも銀行問題に精通している人はいない」

――「米国の歴史上、社会インフラについてドナルド・トランプ以上に詳しい人間は見あたらない」

――「軍事問題について質量ともに私を上回る人間はいない」

そしておそらく最も面白い（あるいは最も悲しむべき）つぶやきは

――「新しいローマ教皇はとても謙虚だ。それは私にそっくりだ」

自己愛者は、出会った当初は、全身からにじみ出る自信によってとても有能な指導者のように見える。しかし時間がたつにつれてその傲慢さや攻撃性が目につくようになり、彼らの支持は下降をたどる。[148][149]

本章の前半部分で紹介した現役の米軍兵士の研究では、裕福な家庭の出身者は自己愛のリスクが高いことが分かった。研究者によれば、このことはリーダーシップの能力を下げることにつながるという。[124] すでに多くの研究者が指摘しているように、もし所得格差が、現在のポピュリズムの台頭を支える社会的な分断を加速させているのだとすれば、人をうまく導くことができないほど特権意識や自己愛的な自信が強いリーダーか、自分を卑下し他人に同情的な自信の持てないリーダーを輩出することになろう。

共感を失えば「人は物になる」

自己愛や精神病質、特権意識に与える影響という点では、共感も不平等と同じくらいに重要である。お互いの気持ちを理解しそれに共鳴することは、社会生活や人間関係の土台である。それは人間だけの特性ではない。社会生活を営む動物も共感を示すことが確認されている。それは社会集団内部での良好な関係の維持に欠かせないからだ。私たちに最も近い動物の中で、サルと類人猿は相互に愛情を示し感情を共有することができる。仲間が興奮しているときは自分も興奮し、他のメンバーがおびえていたり悲しんでいると慰めたりもする。

失われつつある共感

霊長類学者のフランス・ドゥ・ヴァールは、動物園の堀に落ちた仲間を助け出すために鎖を投げ込んだり、自力で入手できなくなった仲間に水を与えるチンパンジーやボノボの例を紹介している。[150] 集団生活にとって協力が不可欠であるとすれば、共感は生きてゆくための重要な手段である。[151]

子供を含めて私たちの共感する気持ちは、怠慢や虐待によって損なわれてしまう。紛争解決の専門家であるマリー・クラークは、共感から生じる思いやりを人類の「特徴」と呼んでいる。[151] 精神科医のサイモン・バロン＝コーエンは共感の喪失を「人を物に変える」ものだと命名しているが、それによって私たちは単一思考となり、残虐性がますます強められていく。[152] バロン＝コーエンの著書『Zero Degrees of Empathy』には、多様な文化に対してほとんど共感せずに行動する個人や、まったく正当化しようのない残虐性の事例が紹介されている。

私たちは物事を一面的でなく多面的にとらえようとすれば、他の誰かが何を考え、どう感じているかを理解でき、それにふさわしい感情で接することもできる。バロン＝コーエンはそうした一連の対応を共感と定義している。不平等によって社会全体の共感が失われていく中で、階層間の格差や社会的な隔たりを埋めることができなくなっている。私たちは次第に、従来のような社会の一体感や社会で最も弱い人や声無き人を救済しなければならないという使命感を失いつつある。

プリンストン大学の精神科医スーザン・フィスクは、人々に自分があたかも万能であるかのように感じさせる心理学の実験では、同時に他人の感情や考えを理解する能力が低下することを指摘している。その理由は、強権的、独裁的な人物ほど他人の意向を無視しても何の痛痒も感じないからだ。[153]

彼女によれば「権力によって軽蔑が生まれ」、軽蔑は軽蔑する方、軽蔑される方の両方に害をもたらす。軽蔑は両者の間に断裂を生み、経験の共有化を阻害するからだ。彼女は軽蔑を、社会的地位の高い人のモラルハザードだと呼ぶ。それは軽蔑対象者への他意のない無関心から、彼らの人間性無視に至るまで多くの問題を引き起こしている。他人への嫉妬は、軽蔑の裏返しだ。それは嫉妬する方、嫉妬される方の両者に精神的なストレスを引き起こす。嫉妬する人は常に屈辱感や憤り、怒りを感じ、嫉妬される側は冷酷無情で、計算高く、威圧的だと見られるからだ。

温情主義が不平等を正当化する

不平等は私たちの個人的な経験だけでなく、集団的、社会的な共感の形成にも影響を及ぼしているのだろうか。これまで見てきたように、所得格差は社会的な分断を拡大し、社会的地位の恩恵を際だたせ、出世競争を激しくした。フィスクは著書『Envy Up, Scorn Down』のまさに冒頭の2つの文章で「社会全体に広がる地位への執着が嫉妬と軽蔑を生み、私たちの分断をもたらしている。所得格差は現在、歴史的な高水準に達し、社会の分裂をさらに悪化させている」[153]と述べている。しかしごく最近まで、所得格差の悪化が共感に影響を及ぼしている証拠は確認できなかった。この問題を考えるうえで、2012年に発表された2つの研究は少なからず参考になる。

最初の研究はミラノ大学の心理学者フェデリカ・デュラントと彼女の同僚によるもので、37ヵ国の人々が「他人」をどのように定型化しているかについての国際的研究だ。[154] 研究者の目的は、不平等が引き起こす広範な問題にもかかわらず、どうして人々はそれに表だって反対もせず現状に唯々諾々と従っているのかを理解することにあった。

彼らによれば、「他人」を二つの正反対の視点で理解すること、すなわち彼らは長所、短所の両方を持っていると認めることで、人々は不平等を正当化している。たとえば、すべての富裕層が利己的で卑劣であれば、彼らが超金持ちになることを許容している不平等を人々は認めないかもしれない。しかし富裕層は有能で経済の発展に貢献していると信じていれば、彼らの存在を受け入れることができる。

私たちは程度の差はあれ「他人」に関するステレオタイプを持っている。他人には自分とは違った強みや弱みがあると思い込んでいる。そうしたステレオタイプ化された特質には、社会的地位が高いか低いか、能力が優れているか劣っているか、競争的か協力的か、好意的で友好的か冷淡で敵対的か、などが含まれている。デュラントと同僚は、次のような仮説を立てた。他人に関する「矛盾した」ステレオタイプを持っていることは、たとえば女性は思いやりがあるが能力に欠けるとか、お金持ちは有能だが冷酷で計算高いといった温情主義的な見方は、不平等な国ほど一般的であるという仮説だ。

この仮説は、彼らの発見によって間違っていないことが裏付けられた。不平等な社会ほど、人々は他人に対して相反した感情を同時に抱く傾向がある。所得格差が増大するにつれて、そうした認識を正当化する必要性も高まっていく。たとえば、お金持ちは自己中心的だが社会にプラスの貢献をしているとか、貧困者は出世に失敗したかもしれないがお互いを思いやる心に富んでいるといった具合だ。そうしないと社会構造全体が不公正となり、容認できなくなってしまう。

　私たちはどの階層も程度の差はあれ存在価値があり、道義もわきまえていると見なすことで、不平等を合理的に説明しようとする。デュラントと同僚によれば「所得格差が広がれば広がるほど、どの社会階層もさらに賞賛される必要性が高まってくる」。不平等は人々の他人に対する認識方法をも変えるのだ。

　そうしたステレオタイプは果たして意味があるのだろうか。結局、その研究では、人々がどのように行動し、他人とどう付き合っているかよりも、他人についてどう考えているか（正確には、他人が周囲の人をどう見ているかについて、人々がどう考えているか）を単純に計測するに止まっている。もちろん、人々の共感を見るうえでより確実な方法は、人々が実際に他人に対してどのように行動しているかである。たとえば、素っ気ない態度よりも相手の気持ちになって行動しようとしているか、お互いに競い合うよりも一致団結しているか、などである。

平等な国ほど人助けに熱心

第2章では、社会学者のマリー・パスコフとキャロライン・デウィルデの研究を紹介した。その研究では、所得格差や連帯を分析するために欧州価値調査のデータを活用していた。[39]「連帯」は他人の幸福に役立ちたいという人々の意欲と定義され、共感の重要な側面とされていた。回答者は欧州26ヵ国の人々だ。質問は、どのような人の生活改善のためならすぐにでも貢献したいと思うか。選択肢は、(a)あなたの近隣や地域社会の人々、(b)地域社会の高齢者、(c)地域社会の病人や障がい者、(d)地域社会の移民、の4つである。分析では、各国の平均所得、生活保護支出や社会福祉制度、回答者の性別、年齢、結婚の有無、雇用状況、移民歴、宗教、教育や所得水準などの違いも調整されていた。

分析の結果、研究者は次の点を発見した。平等な国の人ほど他人のために役に立ちたいという傾向が強く見られたことだ。他人に尽くしたいという最も大きな理由は、社会一般の利益や私的利益というよりも、自分自身の道徳的義務感や思いやりである。人々は一般的に病人、障がい者、高齢者に対して積極的に手助けしようとするが、移民の支援には消極的だった。

しかし国別の比較では違いが際だっていた。スウェーデンでは85%の人々が高齢者への支援に前向きであるのに対して、英国では54%、エストニアでは33%に止まっていた。移民支援については、スウェーデンでは68%だが、英国では14%、リトアニアは4%と低水準だった。

不平等が社会的団結や人種差別、相互信頼に与える影響は周知の事実だ[1](155)。多くの個別研究でも、不平等の高まりが相互の信頼を侵食していることが明らかになっている。パスコフとデウィルデが明らかにしたのは、相互信頼や社会的団結の水準に応じて現実の連帯や人付き合いの良さが決まってくることだ。不平等な国の人々ほど、所得の水準にかかわらず、他人の支援にそれほど熱心でなかった。

共感を取り戻そう

本章で私たちは、以下の現実を証明する論拠を追求してきた。不平等のせいで、いかに人々が他人よりも自分を立派に見せざるをえなくなっているか。自己愛という現代の伝染病は、いかに不平等の拡大を反映しているか。ビジネスの分野では、いかに多くの精神病質を持つ人が企業社会の頂点に上り詰めているか。不平等な社会の人々は自分の地位についていかに多くの不安を抱いているか、などである。お金持ちが平等主義の価値について考えるよう迫られたとき、彼らの反社会性や特権意識が薄れ、道徳観が強まってくるのも見てきた。共感や他人を支援しようとする意欲が所得格差によって侵食される現実にも触れた。

これらが示唆するのは、社会的な不平等が大きくなれば、地位や自己昇進、利己主義の影響が増してくることだ。それはあたかも、競争が激しい不平等な世界で生きていくには、誇大妄想を抱き出世競争に邁進することが唯一の生き残る途であるかのように思い込ませてしまう。

しかし自己誇示や自己愛は大きな不安を覆い隠してくれる一方で、人々を幸福や充実した人間関係から遠ざける証拠も見つかった。社会的な階段を上下することに対して軽蔑や羨望を感じることは、人間の幸せに決してプラスにならない。あなたが軽蔑する立場でも軽蔑される立場であっても、あるいは他人を羨む立場であっても、他人から羨まれる立場であっても、それは同じことだ。

共感は人間の社会交流や幸福感の礎である。サイモン・バロン＝コーエンはそれを普遍的な溶媒と記述している。共感が世界を満たせば、人間関係、夫婦間のいざこざ、仕事や近所とのトラブル、政治の行き詰まり、国際紛争はすべて解決する。共感はコストがかからず、その広がりに異を唱えるものもいない。不平等によって侵食が進んでいるとはいえ、不平等の抑制によって共感を再び取り戻し、その恩恵を最大限に活用すれば、世の中を改善することができるという大きな希望を持つことができる。

第4章

格差は私たちを中毒に追いやる

毎晩、私はベッドに横たわったまま二度と声を発することもない。「明日は明日の風が吹くって」。いや……毎日が同じ日だ。それは永遠の繰り返し。私はクズみたいな人間。友達はとても幸せそうに見えるが、私はただ端で見ているだけ。そのおこぼれにもあずかっていない。私は自分だけの世界に閉じこもり、もしかしたら手にしていたかもしれない人生をただのぞき込んでいるだけ。

ウェブ投稿より（2014年）

再び私の胃が口を開いた。胃が空腹を訴えている。しかし私が飢えているのは食べ物で

「正直なところ、私は自分を金持ちとも貧乏人とも考えたことないわ。
私が思っているのは、もっと金持ちになるべきだということよ」

はない。

ふれ合いや抱擁、すてきな食事だ。でも、今夜も私が両方とも手にすることはなさそうだ。

いずれにせよ、胃袋を満たしに出かけることにするか。

インターネットのチャット・サイト「私は中毒者だ」の投稿より（2014年）

中毒は社会的な問題である

買い物中毒、アルコール中毒、仕事中毒、チョコレート中毒、セックス中毒、最新機器中毒。私たちは世の中のあらゆるものに対して中毒になるようだ。最新のテレビゲームやテレビの連続番組にはまっている人は多いし、ベーコン、睡眠、カップケーキに夢中になっている人もいる。俗語や慣用句のクラウドソーシングオンライン辞書サイトであるアーバン・ディクショナリーは、やや人を小ばかにしたように「ホリック（中毒）」という接尾辞は「アルコール中毒に言及される以外は、不適切に使用されている」と述べている。しかし、何かに過剰に関与し、夢中になって、それによって一時的にせよ自分自身や自分の人生が快適に感じられるようになることがある。こうした状況が「ホリック」だということに、多くの人々は賛同するはずだ。

これまで見てきたように、不平等な社会で自尊心や社会的地位を維持しようとすればストレスが高まる。他人との社会的な比較をする風潮の高まりの中で、自分の自信が打ち砕かれて挫折を感じる。その一方で、世間に対して出世競争で自分は成功していると見せかけようとする。いずれにせよ自負心の強くない人は、こうしたストレスの高まりによって、アルコール、薬物、気晴らしの飲食、〝買い物によるストレス解消〟など気持ちを楽にしてくれるものへの欲求が高まる。しかしそれらは、問題への対処法、過酷な不安の襲来から身を守る方法としては、決して上手な方法とはいえない。

薬物やアルコールの中毒患者の治療に携わる多くの専門家は、他の症状に対して中毒という言葉や呼び名が適用されることに反対している。本書ではラット・パーク（訳者注＝薬物の依存性を調査する一環として用意されたネズミの楽園のこと）の研究として名高い心理学者、ブルース・アレクサンダーによる定義を採用することにした。

彼の一連の研究によれば、社会階層の中で暮らすネズミは、孤立したネズミよりもオピオイド（鎮痛、陶酔作用がある合成麻酔薬）の摂取がはるかに少なかった。このように同じ薬物でも環境によって使用量が大きく変わる結果を踏まえて、アレクサンダーは薬物自体の特性や特質――固有の中毒性――は、いわゆる〝薬物中毒〟の原因の一部にすぎないと主張するようになった。彼は、中毒は個人的な問題と同じくらいに社会的な問題であり、この見解は本章で検討する現実によっても裏付けられることを証明した。

アレクサンダーは著書『The Globalization of Addiction: A Study in Poverty of the Spirit』で中毒の歴史を振り返り、中毒を「あらゆる種類の気晴らしへの過剰な関与によって、中毒症状に陥った人物や社会、あるいはその両方に害を及ぼすもの」と定義している[156]。

これはとても幅広い定義であり、人々が常習的な行動から抜け出せなくなり、自分自身だけでなく他人にも害を及ぼす行為をすべて包含している。これによって中毒を社会的な観点から分析し、人々はどうして様々な物事に対し中毒的な行為に走るようになったのかの問いかけを行うことができるようになった。

市場経済が生み出した精神的苦痛と中毒

アレクサンダーは、こうした広い意味で、中毒を現代性の副産物だと見る。彼は、市場経済こそが社会的な団結を破壊し、彼が〝精神の貧困〟と呼ぶ〝混乱〟を生み出した張本人だと指摘している。彼によれば、中毒とは人間が失業や疎外、孤立といった事態に適応する手段である。アレクサンダーが〝混乱〟という言葉で意味したのは、身の置き場がない、排除されている、良好な社会的関係から切り離されている、自分に満足できない、と感じることである。

現代の自由市場経済において混乱は、少数の個人に特有の病的症状ではなく、〝経済人〟という反社会的な概念によって普及した一般的な状況である、と彼は論じる。〝経済人〟は合理的な利己心に従って行動し、個人の目標を追求するのが本性であって、公益を省みる必要はない。アレクサンダーによれば、物質的な貧困は尊厳によって耐え忍ぶことができるが、精神の貧困や混乱は対応のしようがない。精神の貧困は物質的な豊かさでも忍ぶことができない。

　こうしたアレクサンダーの解釈は、中毒と健康に関する長期の心理学的考察に基づいている。健康な人々は、自律や目標の実現という個人的なニーズと、それに勝るとも劣らず重要な社会的な縁や絆の保持というニーズのバランスが上手にとれている。[157] アレクサンダーによれば、「自由市場社会では、激しい競争や所得の格差から自由になれないのと同様に、中毒からも自由になることができない」。

　個人の競争が強調されすぎた結果、社会的な団結が大きく損なわれ、（これまで見てきたように）不平等の拡大は、社会的地位への不安を増大させる。こうした状況下では、人々は社会心理的な統合に苦しみ、それがうまくできない場合は、さまざまな中毒性の薬物や行為に助けを求めようとする。こうした行動は程度の差こそあれ自滅的であり、中毒の誘因となる精神的な苦痛を悪化させるだけだ。

自分から逃避して体面を取り繕う不幸

自由市場社会では、他人との精神的な絆を維持することで、自分のアイデンティティの迅速な回復を図ることが難しくなっている。[158] さらにソーシャル・メディアやデジタル世界で絶え間ない社会的評価の脅威にさらされることによってそれがますます困難になっているとすれば、私たちが周囲から高く評価されていると感じる必要性もかつてないほど高まる。フロリダ州立大学の心理学者、ロイ・バウマイスターは、1991年に刊行した著書『Escaping the Self』で、私たちが自分自身の見せ方や、人前でプレゼンするときの見栄えを良くするための一連の行動を紹介している。[159]

私たちは聴衆から高い評価を得ようと必死だ。本を読み、講習を受けて、他人に好印象を与える方法を勉強している。まだ十分に着ることができる衣服もわざわざお払い箱にして、よりファッショナブルな新品に買い換えている。失敗やヘマをやらかしたときは、手前勝手な言い訳をして、他人に責任を押しつけようと必死になっている。自分をスリムに見せるためなら絶食もいとわない。対談やプレゼンを行う前には事前にリハーサルを行い、それが終了した後は、今後の改善点を見つけだすためにビデオを繰り返し見る。必要なら美容整形の手術も受ける。

自分との比較対象にするため、他人の情報収集を絶えず行う。自分の世間体や誇りを傷つけるような人間とは、殴り合いのケンカも辞さない。自己弁護に余念がない。何かのせいでバツの悪い思いをしたとき、思わず恥ずかしさで顔が赤くなり、その原因は何だったのか思い悩む。外見をよく見せかける、セックスを快適にする、仕事や遊び、ダイエットで成功する、利口なことを話す、などを特集したハウツー雑誌は必ず購入する。自尊心を維持することがフルタイムの仕事に見え始める！

社会的評価の脅威におびえながら生活することは、心身ともに疲れる。それは達成不可能なシーシュポスの重労働（果てしない無駄な仕事）だ。そのうえオンライン上にある自分のアイデンティティ情報を自分自身で四六時中、収集・整理しなければならないとなれば、さらに困難さが増してくる。バウマイスターは、自己からの逃避を促すものや人前で体面を取り繕う努力を、大きな不幸であり、他人の目による慢性的な重圧だと呼んでいる。ルネサンス以前には〝品行〟の基準や理想的なモデルがあり、人々はそれに従おうとした。現在は、見てくれや所持品といった表面的な理想ばかり気にしすぎている。

他人から軽んじられ、自分が役立たずで、無能力で、世間から見捨てられたと感じ始めると、多くの人は薬物やアルコール、テレビゲームやテレビなどの空想世界、気晴らしの飲食、ストレス解消のための買い物、大穴狙いのギャンブルなどにはまり込む。それらの中毒症状から抜け出せなくなってしまう。世の中には自分の理想を実現してくれそうな製品や、慢性的なストレスや不安を一時的に忘れさせてくれそうな行為や商品であふれている。私たちは四六時中、そうした誘惑にさらされているが、不安から完全に解放されることはない。

ベトナム戦争の兵士はなぜヘロインを使ったか

1980年代後半以降、〝人間を物で代用する〟という中毒症状や強制的行動が見られるようになった。その表現を最初に使ったのは精神療法学者のクレイグ・ナッケンだが、ジャーナリストのデイミアン・トンプソンが著書『The Fix』で大きく取り上げたことで有名になった。その本では、私たちの多くが携帯電話、砂糖をふんだんに使ったカップケーキ、テレビゲーム、フローズン・コーヒー・ドリンク、オンライン・ショッピングの虜になっていく姿が描かれている[160]。

本によれば、多くの米軍兵士がベトナム戦争で孤独、ストレス、恐怖を紛らわすためにヘロインを使用したが、戦争から解放され無事に本国へ帰還すると直ちに使用を中止した。トンプソンにとって、現代の消費者は、中毒的な行動という点で「ベトナム戦争へ徴兵された兵士と似ている。混乱し、恐怖におびえ、絶えず麻薬注射の誘惑にさらされている。その注射を打てば戦争の現実を少しは忘れさせてくれる。そうした誘惑に屈するのは、彼らが軟弱だからではない。人間だからだ」。

この類似比較で厄介なのは、私たちがすでに「本国」に帰還しているという点だ。もし彼が述べたような破滅的状況から逃れるためには、私たちをそうした悪循環に陥れている不平等な社会とは何かについて、しっかり理解しておかなければならない。

勇気を得るための、出かける前の一杯

〝プリローディング〟や〝プリドリンキング〟は言葉としてはきわめて新しいが、内容はすでに周知の流行を指している。その意味は、社会的なイベントに出かける前に大量のアルコールを飲むことだ。これは、若者の飲酒慣行を大きく変化させた。まずパブで一杯ひっかけた後でクラブへ繰り出す従来のパターンに代わって、若者はまず自宅で飲み始める。その晩のアルコール摂取総量の約3分の1を飲み尽くした後で、自宅を出る。飲酒慣行に関する研究によれば、こうした行動の背景にはお金の節約がある。パブやバーやクラブに繰り出す前に自宅で、スーパーマーケットで購入した割安のアルコールを飲むことで彼らは低コストで適度の酔いを得ることができる。もちろん酔っぱらって出かければ、その夜の後半のお金の使い方がルーズになることは、多くの若者が認めるところであるが……。

しかし、プリローディングにはもう一つ別の動機がある。それは社会的不安だ。多くの若者にとって、少しお酒をひっかけて外出した方が、しらふのまま飲み始めるのに比べ、社会的評価の脅威が緩和されるのだ。調査に参加した少女が語るように、[161]「私はクラブが苦手だった。出かける前に軽くひっかけると、出かける勇気が湧いてくる」、「私や友達にとってパブは、酔っぱらってハチャメチャになって出かけるところなの」だ。ニュージーランドで調査を行っ

た研究者によれば「日常的な引きこもりや極端な恥ずかしがり屋、あるいは夜の仕事は少しくらいアルコールが入っていないとやっていられないという感覚が、前もって少し酔っぱらっておこうという個人的動機になっている[162]」。

若い人々にとって、社会的な付き合いはいつも不安でいっぱいだ。彼らは自分自身のアイデンティティに自信を持てない一方で、気の合う仲間や恋愛の機会、セックスの相手を探し求めている。その結果、いつも他人の評価にさらされていると感じている。不平等が広がる現代社会では、こうした不安がさらに悪化しているのではないだろうか。

第2章では、不平等な国ほど社会的地位への不安が社会の各階層で拡大している状況を見た。不安症やうつ病、自己治療としてのアルコールや薬物の使用は、すべてが密接に絡み合っていることも分かった[163][164]。しかし私たちは、不安や所得格差が、プリローディング、飲み過ぎ、アルコール中毒、薬物使用、その他の中毒的な行動を増加させていると確信を持って言えるのだろうか。不平等な社会で暮らす人々は平等な国の人々よりも、ギャンブル、テレビゲーム、カップケーキの虜になっているのだろうか。

不安が高じて、甘いものが欲しくなる

私たちは前著で、先進国では中毒など多くの心の病が所得格差と強く関連していること、不

平等はまたヘロイン、コカイン、アンフェタミンのような薬物使用に関する合成指数とも関連していることを示した。米国を見ると最も不平等の大きな州で薬物中毒の比率が高く、薬物の過剰投与による死亡者数も多かった。[1] ニューヨーク市やその近隣の調査によれば、最も所得格差の大きな地域ではマリファナ摂取率が高く、[165] 薬物の過剰投与による死亡者数も多い。[166]

格差とアルコールの関連はまだ分かっていない

不平等と違法薬物の関連性は疑いを差し挟む余地がないが、アルコール依存との関連性は複雑だ。英国と米国では、少量のアルコールをたしなむ機会は社会階層が上がるほど増え、〝問題のある〟飲酒は階層が下るほど増加する。アルコールの摂取量に関する自己申告は信頼できないが、国ごとにアルコール量を比較する研究では、こうした問題点を反映してか、自己申告のアルコール消費よりもアルコール販売のデータを使うことが多い。それは、個人的な飲酒量を明らかにしたくないというプライバシーの問題だけでなく、摂取量自体を正確に測れないからだ。大型のワイングラス、ビールの半パイントのジョッキ、ダブルのジン・トニックに、いったいどれだけのアルコール量が含まれているか、それをいちいち計算して合算することは不可能だ。

それにもかかわらず所得格差は、ニューヨーク大都市圏における飲酒頻度[165]や先進国の十代の若者の飲酒比率[167]、欧州13ヵ国の一人当たりアルコール消費量[168]、そして（因果関係は複雑だが）

オーストラリアでのアルコールを原因とする死亡[169]などと関連している。

しかし、すべての研究から明確な結論が導かれているわけではない。たとえば欧州13ヵ国の調査では、不平等とアルコール消費の増大との関連性は確認されているが、アルコール依存による肝臓病との関連性は認められていない。米国の州調査では、不平等全般の指標よりも、人種関連の所得格差（少数人種の貧困層と白人とを比較したもの）が飲酒問題の深刻さと密接に関連していることを示す研究が一件あるだけだ[170]。

結論をいえば、所得格差が不健康なアルコール消費と関連している根拠はまだ明確になっていないが、次第に固まりつつある。薬物の使用や中毒に関する研究と併せて検討すれば、不平等が社会的不安を媒介にして大きな損害をもたらしているかどうかを解くもう一つのカギになるはずだ。

ギャンブル、テレビゲーム、カップケーキの中毒症状

ギャンブル、テレビゲーム、カップケーキの中毒症状に関しては、国際比較ができる良質なデータが存在しない。前著『平等社会』で指摘したように、不平等な国や州（米国）ほど肥満の比率が高くなる。肥満は衝動的な過食の代理変数と見なすことができ、実際に不平等な国ほど一人当たりのカロリー摂取量が増えている[171]。

現在では、観察ならびに詳細な実験結果から、不平等を原因とする不安の悪化は、飲食への

図表4・1　先進国では所得格差とギャンブル依存症の間に相関関係が見られる[123]

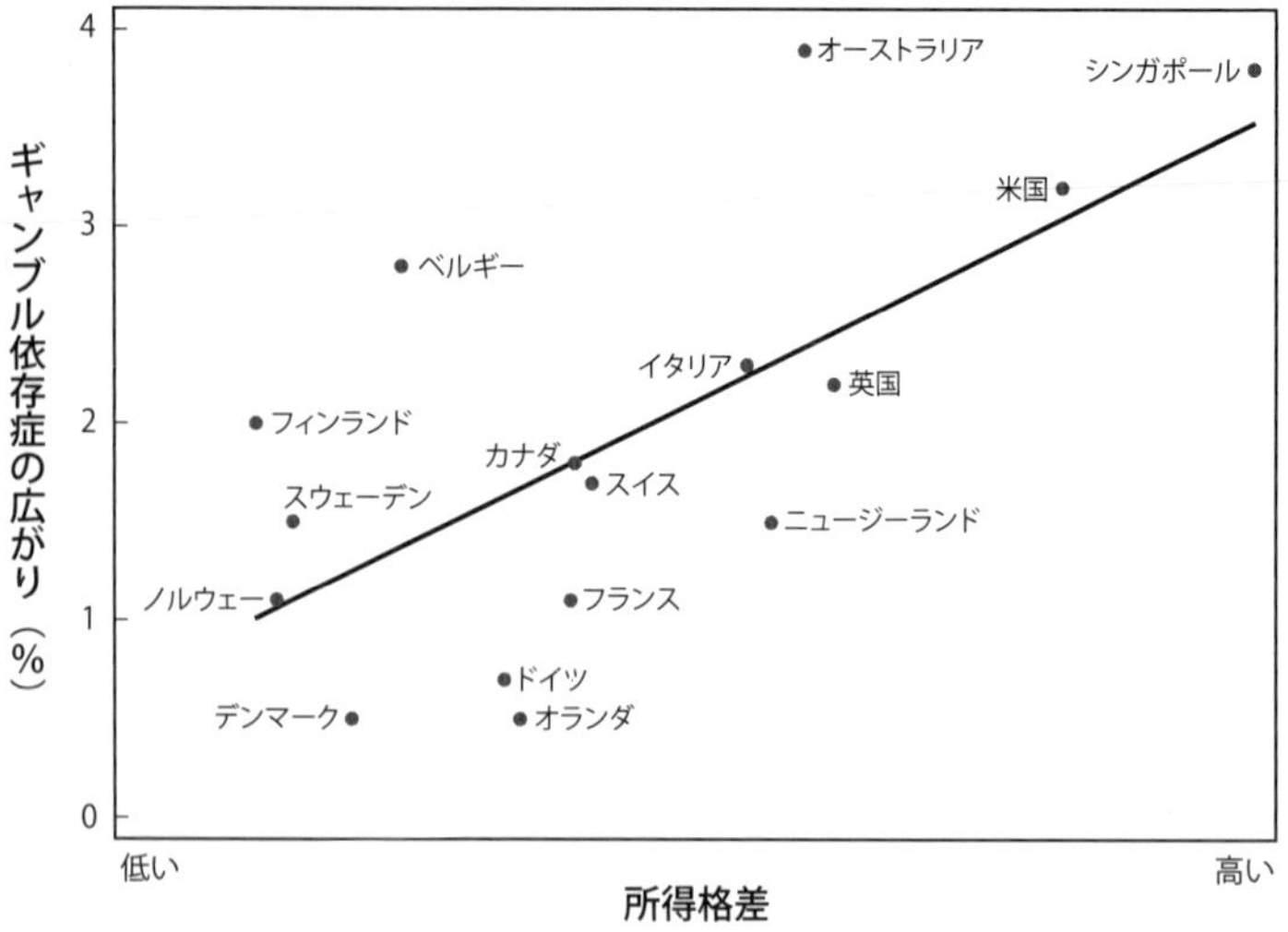

衝動ばかりか、砂糖や脂肪を多く含む不健康な食品への嗜好を高めるという証拠も大量に得られている[172][173]。気晴らしのための飲食がストレスへの本能的な反応であることは、動物実験でも明らかになっている。砂糖や脂肪はアヘン剤と同じように、脳の同じ領域に働きかけて鎮静効果をもたらしてくれる。

それ自体は問題ないが、中毒になりやすく問題含みという点では、ギャンブルやゲームは飲酒と同じである。どれだけの資金や時間がギャンブルやゲームに投じられているかを知るだけでは、十分な情報が得られない。私たちに必要な情報は、衝動的にギャンブルやゲームに向かう人がどのくらいいるかだ。

幸運なことに、2012年に一つの報告

書が公表された[174]。ギャンブル依存症に陥った人々の割合（人口の年齢構成を調整した後）が示されている。その計算は大変骨の折れる作業であることは言うまでもない。その推計結果と所得格差との間には、統計上きわめて有意で、重要な関連があることが判明した。図表4・1には、（2007―2009年の国連人材開発報告で指摘されたのと同様に）各国のギャンブル依存症の広がりと最富裕層20％／最貧困層20％比率との間に相関があることが示されている＊[123]。

各国の所得格差とテレビゲーム中毒者の関連を調べるためには、まずテレビゲーム中毒者の数を把握する必要がある。残念ながら、信頼に足る推計値はまだ存在しないようだ。問題の広がりを示すものとして、米国の2009年の調査が参考になる。それによると若者のゲーム・ファンの8％が病的なテレビゲーム症状に陥っていると推計している[175]。

別の最新の調査では、同じ状況がシンガポールでは9％、ドイツは12％、オーストラリアは8％となっている[176]。一方、ノルウェーでは1％未満である[177]。韓国や日本では現在、テレビゲー

＊米国は国全体としては、所得格差の水準と、それから予想されるギャンブル依存症の水準はバランスがとれているが、州レベルでは同様の相関関係は見いだせなかった。それはおそらくギャンブルの適法性について大きな地域差があるからだろう。1964年以前にギャンブルが合法化されていたのはネバダ州だけだった。現在でもユタ州やハワイ州では禁止されたままだ。多くの州では、自治権を有する先住民族の特別保護区で1987年以降カジノの設立が認められた。その結果、ギャンブルは一般的に不平等がそれほどひどくない中西部の北部地域や西部の州に集中することになった。

ム中毒を公衆衛生問題と位置づけているが、その広がりや深刻さは確認できていない。(178)

なぜ格差とタバコとの関連は見られないか

先進国において所得格差と成人のタバコ喫煙の間に関連性が見られないのは不思議である。おそらく喫煙は精神的な自己逃避や気分転換の効果がきわめて小さく、社会的な不平等から生まれる無力感、自信喪失、無気力感を和らげるのにほとんど役に立たないのかもしれない。一方、アルコールのような鎮静剤、コカインのような刺激剤、ギャンブルやゲームのような娯楽は、私たちに活力と自信を与えてくれるだけでなく、社会的な恐怖や無力感を一時的にせよ忘れさせてくれる効果がある。(179)

しかし各種の研究によれば、中低所得国の若者にとってタバコを喫煙することはステイタス・シンボルとなっており、所得格差は高い喫煙率と結びついている。(180) これから見ていくように、物の購入、特に社会的地位の象徴となる品物を買う行為は、社会的地位への不安や所得格差で激化する出世競争の激しさを反映したものだ。社会の不平等が高まるほど、自尊心の価値は増し、他人から見下されると悲惨な結果になる。

社会的地位のための買い物中毒

インターネット・サイトの「GirlsGoGames.co.uk」は、若い女の子を対象にしたゲームやアプリのダウンロード専用サイトである。キスゲーム、美人ゲーム、変装・ファッション変身ゲーム、カップケーキとドーナッツ専門ゲームなどがあり、ウェブサイト全体が〝買い物中毒(Shopaholic)〟ゲームに特化している。ニューヨーク、パリ、ロンドン、東京のどこにいても買い物マニアになって、ウェディング・ドレスやビーチウェア、クリスマスプレゼントを購入することができる。

「ショッパホリック・ウェディング・モデル」というゲームでは、最初の画面で参加者を、ようこそ「これから永遠に幸せになれる町」へという歓迎の言葉で迎え入れてくれる。そしてお世辞とはいえ「あなたは本当に買い物上手な方ですね」と持ち上げられる。そして、７００ドルと５００ドルの〝ボーナス〟が割り当てられ「花がメインのウェールズ式の結婚式」衣装一式の買い物へと向かう。

画面の下のコメント欄には、〝プリンセス・フェアリー・ケーキ〟や〝ギグルズ１２３〟といったユーザーネームの少女たちが、このゲームが大好きで夢中になっていることとか、お金が足りないと不満をこぼす書き込みがあった。年齢に言及している少女たちは十代手前か十代の前半だった。このゲームのアカウントに登録できる年齢制限は８歳以上だ。

「GirlsGoGames」は、スピル・ゲームズというオランダ企業によって所有されている。同社によると、「少女たちはゲームを通じて人間としての成長と自己表現の方法を体験することができる」。しかし、そのオンライン・プラットフォームには毎月３９００万人のユニーク・ビジターが訪問することから、広告主の主な関心がその宣伝媒体の価値にあることは言うまでもない。「私たちは子供から十代の少女、成人女性まで網羅している」。スピル・ゲームズは広告主にこうアピールしている。

英国の小説家ソフィー・キンセラのベストセラーに、買い物中毒の女性を主人公にしたシリーズがある。ヒロインらしからぬ、わがままで特権意識だけが強いレベッカ・ブルームウッドが、買い物依存症と借金問題でさまざまな不運に遭遇する人生を描いた作品だ。その中でキンセラは、買い物中毒を遠回しに皮肉っている。「GirlsGoGames」の少女たちもやがて成長すれば、同じような不幸に見舞われることは間違いない。

最新の流行品を買えないのは落伍者

政治評論家のニール・ローソンは著書『All Consuming』において、英国で数十年前から２００８年の世界金融危機まで続いた買い物文化を〝超・消費主義〟と述べている[181]。店舗の営業時間延長、クレジット利用の簡便化、輸入品の値下がり、オンライン取引の追い風を受けて、買い物――そして購入した商品――は、自分の価値を決める手法、あるいは多くの時間やお金を投じる対象としてますます重要性を高めつつある。私たちは、消費する、しかし満足を得られない、さらなる消費をするという悪循環に陥ってしまった。私たちは最後まで目的を達成することができず、目標のゴールポストは永遠に遠ざかり続ける。

2009年に刊行されたローソンの本は、こうした状況が大きく変わりそうな瞬間をタイミング良くとらえていた。繁華街の店舗は毎日閉鎖が続き、消費者の懐具合は厳しくなり、失業者が増えていった。すべてが変わってしまうように見えた。私たちは全く新しいタイプの経済に支えられた〝ニュー・ノーマル（新常態）〟を必要とした。

しかし世界金融危機の広がりや深刻な影響にもかかわらず、そうした変化は到来することがなく、ローソンが表明した希望はすぐに打ち砕かれた。「暴落はすべてを変える。新しい世界を何としても実現しなければならない。すべてを消耗する生活に別れを告げ、新常態とは永続する本物の幸せを見つけるために時間と空間を使うことだと定義する必要がある」と、彼は書いていた。

ローソンの本は、ジーン・トウェンギの自己愛の本（第3章を参照）と同様に、衝撃と驚きのエピソードで満ちあふれている。人々がハンドバッグの購入に投じる多額の資金。高級店で買い物したように見せかけるために、わざわざeBayでその店の中古の買い物袋を買うための資金。少年が身につけているブランド品の方が、少年の外見よりも重要であると思う少女。十分な保管場所がないのに品物を買いまくっているために、それらを収納するスペースをわざわざ確保するのに必要な資金。

しかし自己愛の場合と同様に、こうした驚くべき話の背景にある人間の感情や動機は聞くに堪えない。セレブが集まる名門倶楽部に参加し、自分がエリートであることを示すために、人々は物を買っている。貧しい人々にとって、最新の流行品を購入できないことは、自らに落伍者の烙印を押しているようなものだ。二流品を手にすることは、自分が二流の人間であることの証しだと見られる。

もちろん、優れた品物を手にするのは楽しいことだ。割安な価格で欲しい品物を手に入れたとき、量よりも質を優先して購入したとき、かねてから欲しくて仕方がなかった物を入手したとき、いずれにせよ良い買い物をした後の爽快感はすべての人に共通している。しかし、買い物のプレッシャーがどこから来るのか発見するのは必ずしも容易でない。

どこも悪いところがないにもかかわらず、自宅のリフォームに取りかかる人が増えている。〝改装〟への衝動は故障や不便さとは無縁であり、〝古くさく〟見えはしないかという体面と大いに関連している。何でもそうだが、リフォームの理由を見つけるのは簡単だ（たとえば台所の流しは掃除に骨が折れる等々）。

しかし実際のところは、新聞の日曜版やテレビ番組、あるいは最近リフォームした親戚の家のバスルームなどから、意識的、無意識的に得られるメッセージに触発されることが多い。最新鋭の住宅や設備を見せつけられれば、現在使っているものが古くさく、安っぽく感じられるのは仕方がない。

私たちは誰も、社会的な地位のために多くの品物を購入しているとか、世間体を保つために多くのお金を投じていることを認めようとはしない。しかし広告主たちは不平等によって増幅された社会的な地位や体面に対する不安心理に巧みにつけこんでくる。しかもエンドレスに。彼らは効果のあることをよく知っている。

お金の使い方でその人が分かる

私たちが購入した物が、私たち自身について何を語るのか。私たちは、そうしたテーマを取り上げた本やテレビ番組に目がない。それらの内容はきわめて多彩だ。たとえば、ジャーナリストのハリー・ワロップは2013年に出版した『Consumed』[182]で、〝英国の低所得者向けスーパーマーケットであるアズダの女性客〟と〝薪ストーブ愛好者〟の消費慣習を比較している。そうした愉快な社会評論から、文化人類学者のケイト・フォックスが書いた『Watching the English』[183]のような少し硬派なもの、ミア・ウォレスとクリント・スパナーの『Chav!: A User's Guide to Britain's New Ruling Class』[184]のようにあからさまに相手を見下したもの、あるいはフランク・トレントマンの『Empire of Things』[185]のような学者人生のすべてを捧げたものまで幅広い。

社会階層の指標としての「お金の使い方」

これらすべてによって明らかになったのは、お金の使い方によって、つまり毎日何を食べているか、何を着ているか、何を読み聞いているか、休みにはどこに出かけるか、自宅の庭には何を植えているかなどによって、私たちは他人からこういう人間だとレッテルを貼られているということだ。ハリー・ワロップによれば、社会階層の指標としてお金の稼ぎ方よりもお金の使い方がより重要になっており、それが一部の人にとっては「金銭問題だけでなく大きな社会不安の原因」になっている[182]。

もちろん、お金を使うにも分別が必要だ。多くの人々は、家計の負担になることを承知のうえで、子供を私立学校に通わせ民間の健康管理サービスに多額の出費を行っている。公立学校やNHS（英国の国民保険サービス制度）のような無料の公的サービスは、サービス内容が悪いうえに、それらを利用すること自体が世間的な評判が良くないと固く信じているからだ。

しかしお金をどのような方面に振り向けようと、社会的な地位を上げることはそれほど簡単ではない。フランスの社会学者ピエール・ブルデューが理論化したように、どのような時代や社会であっても何が上品な作法であるかを決めるのは〝文化的資本〟、つまり教育などの社会的資産の持ち主である[47]。下層階級の人間が頑張って自らの美学や趣味を主張しても、上流階級の人間から一蹴されるだけだ。もし中流階級あるいは下層階級の人間が上流階級の趣味や美学を勝手に流用すれば、それがいかにすばらしくてもダサいと見なされ社会的な名声どころではなくなる。

他人は自分の持ち物しか見ていない

グーグル検索でキーボードに「the rise and fall of the Ugg boot」と打ち込めば、オーストラリアのアグという有名なシープスキンブーツ（羊革靴）の栄枯盛衰に関する情報をいくらでも閲覧できる。１９３０年代に遡ると、アグは足元を快適に保ちたいと思う人々の間で根強い人気があった。ところが２０００年代の初めになると、映画スターのキャメロン・ディアスやモデルのケイト・モスのような一流著名人が着用するようになり、突然、大ブームとなった。その後、アグは安物の模造品が続々と登場したこともあって、世界のどこでも見られるようになった。

一般市民にも普及し始めると、著名人からは敬遠され、流行品としての魅力は急速に失われていった。三流のリアリティＴＶ番組に登場する素人出演者が着用するだけのものとなった。２０１２年になると売り上げは落ち込み、アグは（青系の明るい色合いの靴底や美しいクリスタルのボタンのついた白系統の）婚礼用商品の導入などによって懸命にブランド価値を維持しようと努めた。

このようにブランド品が、一部の有名人に限定され、庶民の憧れの的であった地位から転落する現象は、鼻持ちならない言い方だが、〝プロール・ドリフト（庶民化）〟と呼ばれている。もし自分の社会的な評価を下げたくなければ、雑誌や新聞の流行欄、ブログなどでブランドの流行り廃りをチェックしておく必要がある。世間の評判にこだわり続けるかぎり、そうした作業に終わりはなく、最新のブランドにお金を使い続けなければならない。

ブランドの盛衰が直線的であることはない。ブランドがその輝きを取り戻し、再び趣味的、流行的な買われ方をすることもある。しかし、もしあなたが社会階層を下っているのであれば、お金をいかにたくさん投じても、何を買ったとしても、人間としての価値を低く評価され、見下されることに大きな変化はなさそうだ。

先進国の消費社会では、毎日、買い物によって人がモノに置き換えられている。私たちの社会的な評判は他人の目を通じて形成される。私たちは、彼らが私たちの中身ではなく、私たちの持ち物が作り出している印象しか見ていないのを知っている。人々は買い物を限界まで、つまりクレジットカードの利用限度がぎりぎりに達するまで続けざるをえなくなる。

社会的評価への不安や出世競争を煽る状況が改善されるまで、衝動的な消費を駆り立てる不平等が改善されるまで、私たちの家計、健康、これから見ていくような地球環境への悪影響は変わることなく続く。

不相応な出費を促す極限の資本主義

社会的な評価を高めるためにお金で購入できるものは、物質的な品物だけではない。イースト・ロンドン大学のダニエル・ブリッグス教授は、休暇でイビサ島（地中海西部のバレアレス諸島の島、スペインの自治州）を訪れた英国の労働者階級の旅行者を調査したことがある。[186]ブリッグスが注目したのは、彼らの行動の特徴だ。過剰で向こう見ずな飲酒、薬物使用、セックス、暴力と、それによる彼ら自身やリゾート地への影響だった。さらに重要なのは、イビサ島に到着しても、彼らの行動が母国での文化や社会的な不安から脱し切れていないことだった。

何のためにリゾート地に行くのか

彼らが休暇をとるのは夢の実現や理想的な人物になった気分を味わうためだが、実際の彼らの行動は母国での週末の生活を延長したものに過ぎなかった。ブリッグスによれば、「彼らの行動は、心理的な意識付けがなされ、社会的に組み立てられ、何度もパッケージ化を経て、押しつけられてきたものだ。一時的にリゾート地に出かけたとしても、そうした商業主義の強力な圧力から簡単に逃れることはできない」という。

彼らにとって休暇とは日常を脱した空間や時間であり、太陽、海、砂、それに母国での毎日の仕事や人間関係からの解放を満喫することだ。短い期間かもしれないが、母国での低い身分から逃れることもできる。それはあたかも領主の悪政が続いた中世で、ほんの短い間だが社会階層の苛烈な支配が中断されるようなものだ。

ブリッグスが調査した若者にとって、快楽主義的、消費主義的なライススタイルは社会的な評価の目印だった。それらは彼らにとって少なからぬ値打ちがあり、同僚からは社会的なステイタスとして認められることを意味している。イビサ島で休暇を過ごせることは、生活にゆとりがあり、人生を大いにエンジョイできることを示している。しかし残念なことに、旅行シーズンが到来するたびにイビサ島で数多く発生しているのは、傷害、嫌がらせ、レイプ、殺人事件である。

しかし彼らの選択、行動、お金の使い方は、商業主義的な打算や押し付けによって支配されている。旅行業界やメディア、特にリアリティTV番組は、人生をエンジョイする唯一の方法はお金を使うことだという考えを創り出して、繰り返し発信している。何種類ものビキニ水着を持参して毎日着替え、高価な腕時計やジーンズを身につけていれば、もっと良いことがあるかもしれない。船上パーティ、サンセット・クルーズ、特別会員制クラブへの入会、ジェット・スキー体験、テキーラ試飲、プライベート・ビーチ・クラブへの入会などへ、さらにお金を投じれば、もっともっと人生をエンジョイできるかもしれない。

ブリッグスによれば、若者のグループは休暇が終わる前にお金が尽きてしまい、英国に帰る頃には再び借金が積み上がっている。そうした借金漬けの帰国にもかかわらず、彼らは翌年も再びたくさんのお金を持って島を訪れたいと思う。そういう意味では、彼らは「イビサ島を正しく利用できている」のである。

「正しく利用する」とは、排他性の強い独占権に対してお金を支払うという意味だ。たとえば、ＶＩＰ専用サン・ラウンジャー（屋外でくつろぐための寝いす）や超高級クラブのＶＩＰ専用エリアへの入場資格などである。しかし、いくらお金を支払ったとしても、もっと金額を積み増せば、さらにその上をいく特権的な空間や施設が絶えず待ち構えている。そこで問題になるのが、次の点だ。あなたはどの水準までのＶＩＰ特権なら受け入れることができるのか。もし翌年島へ戻ってきたら、今年のステイタスよりもさらに高いものを購入することができるのか。

ブリッグスはこれを〝極限の資本主義〟、つまり低賃金で、自己実現とはほど遠い労働生活を強いられている若者を引きずり込んで、極端な快楽主義や浪費の世界へと駆り立てる金儲け優先のマーケティング手法だと呼んでいる。

格差が広がると広告費も増加

慢性的なストレスや不安心理は本来、対人関係の中で解消されるべきものだ。しかし消費財

図表4・2　所得格差が広がるにつれて広告支出が増加する[123]

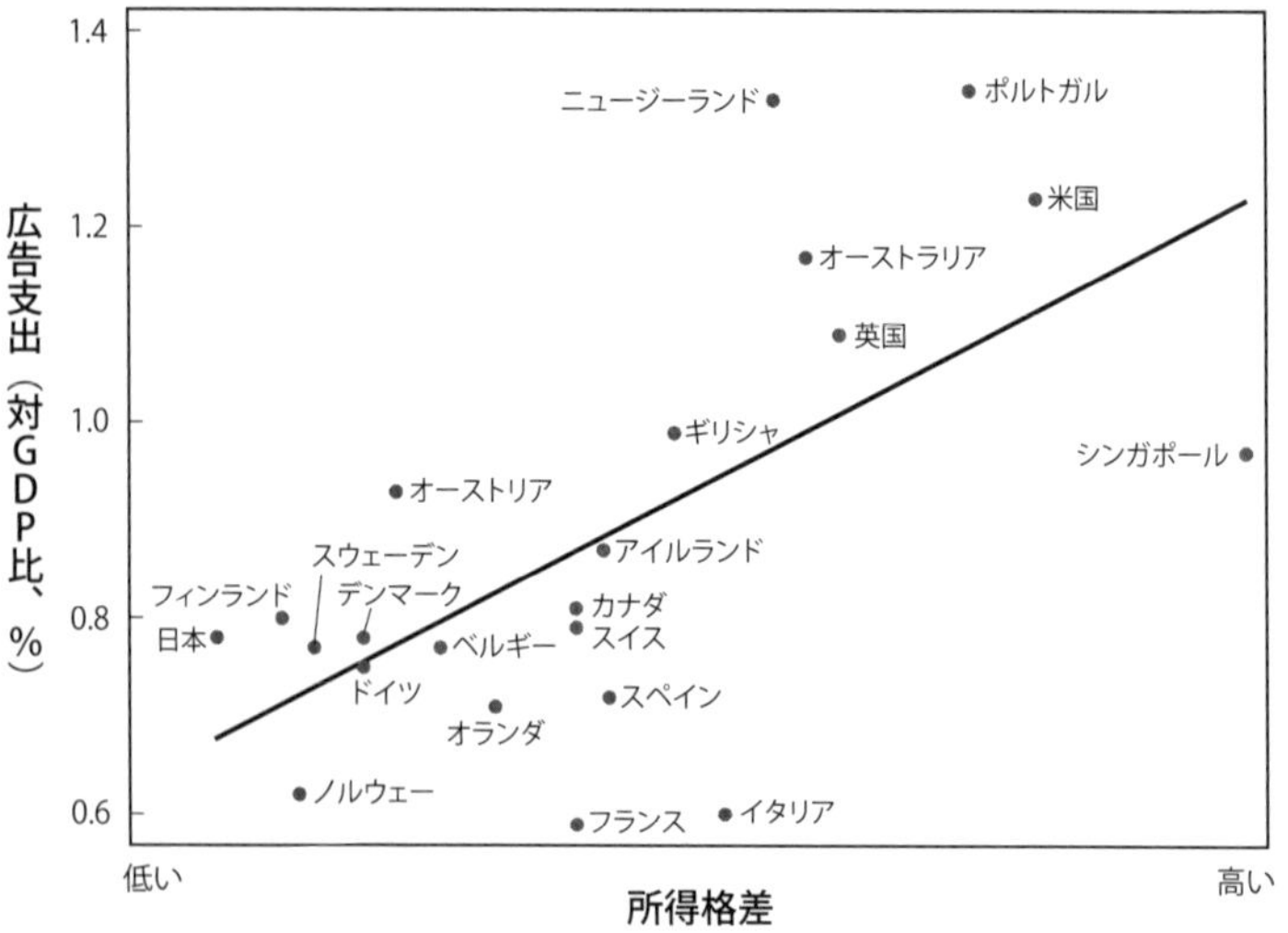

のデザイナーや供給業者は、一時的な対処法として、神経学的な報酬系に的を絞り、私たちを物との関係に誘導する巧みな手法を開発してきた。多くの学者や評論家が関心を寄せたのは、その点だった。私たちは食料、セックス、安らぎが絶対的に不足し、それらを追い求める中で生き残れるように進化してきた。しかし食料、セックス、安らぎが有り余る状況でいかに抑制を効かせるかについて、私たちはまったく不得手である。現代世界において大きな弱点を抱え込むことになってしまった。

心理学者のオリバー・ジェームズは、著書『Affluenza』でデンマークの新聞編集者の発言を引用している。

多国籍企業は、デンマークには贅沢

品の市場が存在しないことを知っている。新製品は数年たっても全く浸透しない。値段が高いうえに、デンマーク人は目立つことが嫌いだからだ。新製品を求めたがるのは、風変わりなプレイボーイだけだ。しかし値段が下がって中産階級の人々にも手が出せるようになると、18ヵ月以内に普及率は70％に達する。[187]

ジェームズによれば、贅沢品の消費はデンマーク人にとってステイタスの源泉になりえない。男女間の平等だけでなく、国民全体の所得の平準化が進む中で、デンマーク人は広告の影響を受けにくく、派手な車やそれ以外の高級品にもあまり関心を示さない。これは本当だろうか。平等化の進んだ社会では、広告主は実際に努力のかいがないのだろうか。

それは間違いないようだ。国内総生産（ＧＤＰ）に対する広告支出の比率と、前出の所得格差の指標との関係を見ると（図表４・２）、不平等の度合いが高まるにつれて広告支出が増えているのが分かる。

英国の子供の福利は最下位

多くの事実が示すところでは、物質主義やステイタス目的の消費は不平等社会の子供の福利にも深刻な影響を与えている。２００７年に英国民は、ユニセフ（国連児童基金）が発表した

図表4・3　不平等な先進国ほど子供の福利が悪化する[190]

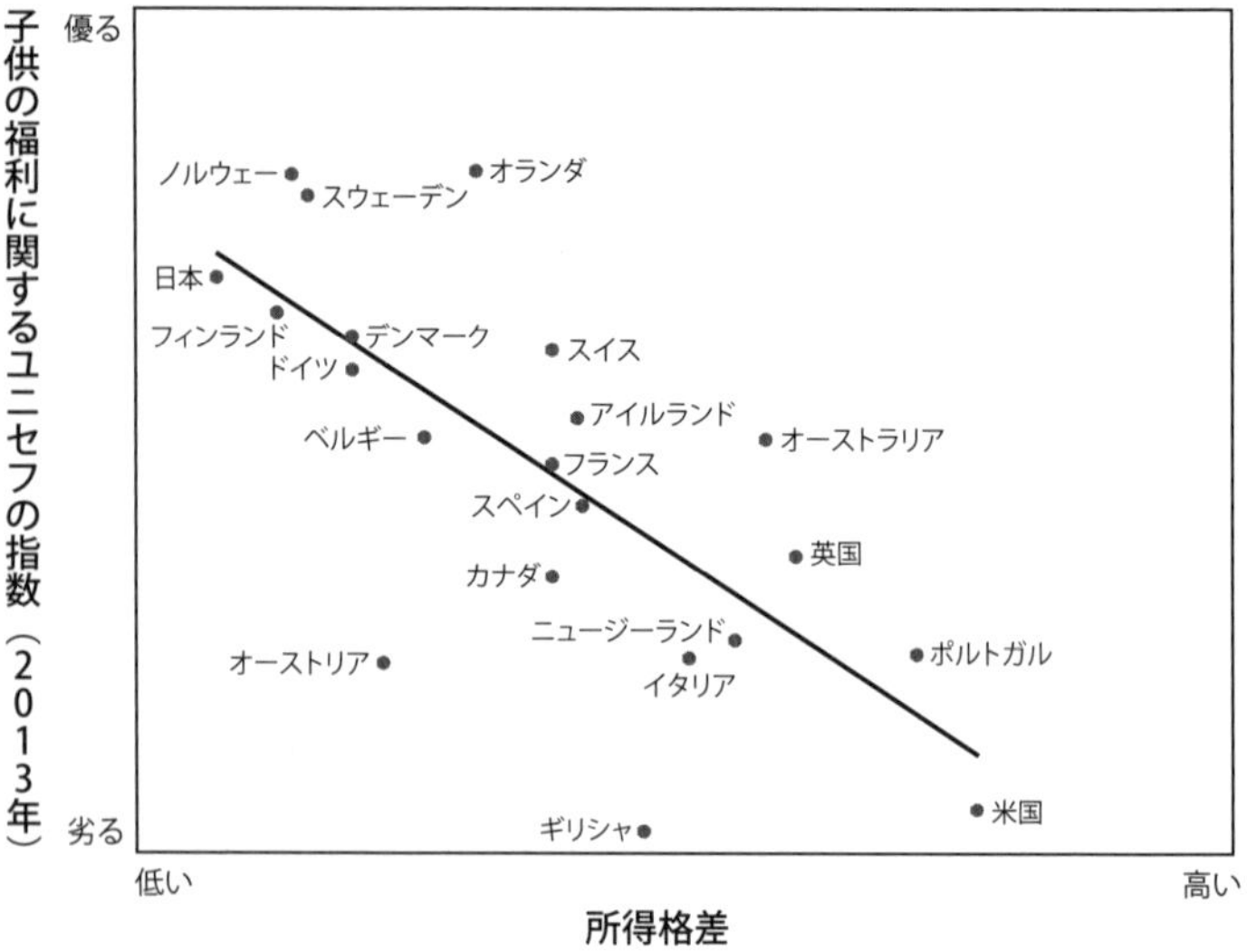

先進国の子供の福利に関する報告書で、自分の国が最下位にランクされているのを見て大きなショックを受けた[188]。

調査報告で示されたのは、子供の福利に関する指標（2007年、2013年の両報告とも）と所得格差との強い相関関係だった[189][190]（図表4・3）。2007年当時、政権与党だった労働党は、ユニセフの報告書は古い統計数字を使用していると批判し（こうした指摘は報告書に付きものである。データを収集、加工、分析するには時間がかかる。しかも指標に組み込まれているすべての国について、同じことが言えるからだ）、英国の子供の福利は改善に向かっていると反論した。

イングランドの子供コミッショナー

（責任者）は「報告書がきっかけとなって、私たちの目が統計の数字面ではなくて、その背後にある幸福で健康な子供の養育にどうして失敗しているのかという根本原因に立ち向かって欲しい」との希望を表明した。[191]

子供の生活に理解を深めて欲しいという呼びかけに呼応して、ユニセフＵＫは次の３ヵ国の家族生活について追加調査を依頼した。不平等が小さく子供の福利水準が高いスウェーデン、不平等が中程度で子供の福利水準が高いスペイン、それに不平等が大きく子供の福利水準が低い英国[192]の３国である。調査が目指したのは、学校支援団体との議論や家庭生活の詳細な観察情報などを活用しながら「子供の福利に関する統計数字を深く掘り下げ、子供の生々しい経験を発見すること」だった。

調査の一環として作成されたビデオを見ていると、勇気が湧く場面もあれば、反対に気が滅入る場面もあった。前者の場合は、画面に登場した両親や子供の考えや気持ちが、私たちが不平等の影響について論理化したものと一致していたときだ。彼らの語る話こそが、私たちが何年間も取り組んできた統計数字の背景にあるものだった。しかし英国の家族が直面する困難がスペインやスウェーデンと比べあまりに大きすぎることに気持ちが落ち込んだ。スウェーデンでは両親が、特別の買い物やおもちゃの製作や修理のためにせっせと貯金している子供の話をしていた。スペインでは、子供が大好きな本や教育用のおもちゃを特別の棚や箱に大事にしまっている姿が映し出されていた。英国では、両親がいつもの疲れ切った表情で登場し、家は収納箱や捨てられたおもちゃの山でごった返していた。ビデオのレポーターが、次のように解説していた。

> 英国の家庭は生活が苦しく、子供の相手をする十分な時間がない。幸せを感じるものは何かについて語るとき、多くの英国の子供たちは物に言及することはない。彼らはまた消費には我慢や節度が必要なことも理解している。しかし彼らの両親は、買い物の衝動に駆られ、良識に反した行動をとることが多い。
>
> 子供たちは中学校に入る前頃から不平等を強く意識するようになる。仲間内でのアイデンティティやグループ内の序列に消費財が果たす役割を知るようになる。……英国の大人たちは社会的な不安心理を覆い隠そうとして、申し合わせたようにステイタスをアピールする商品を購入しているが、スペインやスウェーデンではそうした行動はまったく見られない。

物質主義に染まる子供たち

この二番目の調査報告への反応は様々だった。あるメディアのコメンテーターは、この報告が両親たちを非難していると解釈した。前のユニセフの報告と同様に、その調査手法に関する批判もあった。今回は統計データの鮮度ではなく、調査対象の家族数があまりに少なすぎるというものだった（当然のことだが、マーケティングや広告の業界関係者は、同報告が求めた12歳以下の子供に対する広告の禁止に反対した。禁止の根拠が〝弱い〟というのが、その理由だった）。

しかし総合的に判断すると、定量的、定性的な調査ともに、所得格差が家族生活のストレスをいかに高めているか、物がいかに人間関係や家族で一緒に過ごす時間の代役を果たすようになっているかを示している。こうしたエピソードは統計数字を補強し、逆もまた真なりである。子供の両親が抱える困難は、精神の障害や労働時間の長期化、借金の増大、家庭内トラブルの頻発などの経路を通じて子供へと伝わっていく。

物質主義と子供の福利との関連は明白である。米国イリノイ州のノックス・カレッジで心理学を教えるティム・カッサー教授はアスピレーション・インデックス（野心指数）と呼ばれるものを開発した。そこでは、人々の価値観がさまざまな視点から細かく分類されている。一つの重要なポイントは、目標がどのくらい外生的、物質的か（金銭的な成功、イメージ、人気など）、それとも内生的（個人の成長、親密さ、共同体感情）か、である。

長年の研究の結果、カッサーは、物質主義が不安やうつ病、薬物乱用、共感の欠如、社会的支配指向性尺度における高得点、偏見の強さ、〝マキャベリ主義（権謀術数主義）〟、反社会的行動、競争的vs協同的な戦略などと関連していることを発見した。物質主義によって私たちは不幸になり、不幸は私たちを物質主義へと駆り立てる。[193]

国際的な比較では、階級制度よりも平等主義、支配よりも調和を大事にする国ほど、子供の福利が勝っていることが判明した。[194] ジーン・トウェンギとの共同研究では、１９７６年以降の数十年間で米国の子供たちはますます物質主義に染まり、その結果、お金に大きな価値を置き、高価な品物を所有するようになったことを明らかにした。[195]

物質主義は社会病である

先進国では２０００～２００９年の10年間に、アイルランドやスウェーデンでは不平等が拡大したが、イタリア、ベルギーでは反対に少し縮小し、デンマークやオランダ、日本では大きな変化が見られなかった。ほぼ同じ期間の所得格差の変化と子供の福利の変化の関係を見ると、不平等が増した国ほど福利が低下し、逆に平等が増した国では福利が上昇する傾向があることが分かった。この関連は重要であり、偶然としてかたづけるわけにいかない。[190]

２０１５年の報告書の中に、15ヵ国の５万５０００人の子供を対象にした調査がある。その子供の福利ランキングでも英国はやはり多くの国の後塵を拝しているが、その中で、ヨーク大学の社会政策が専門のジョナサン・ブラッドショー教授は、次のように語っている。

子供の福利は国民全体にとって重要である。私たちは国の景気の変動、天候の状態、スポーツ競技の成績表、金融状況、株式相場の動向に大きな注意を払っている。これらに関連した指標は毎日、メディアで多くの紙面や時間を割いて報じられている。これと同じように、私たちは子供の福利の動向についてもっと関心を持つべきだ。私たちはもっと多くの資金や人材を投じて、子供たちの生活実態を把握し、彼らの処遇に抜かりのないよう努めるべきである[196]。

思春期の子供をお金の浪費から分かち合いや節約へと誘導する教育的な内容を含む対照実験がある。そうした一連の研究によれば、物質主義は自尊心の低下、うつ病、孤独との関連性が深い。研究結果へのコメントの中で、ジャーナリストのジョージ・モンビオットは、次のように述べている。物質主義は「社会的な病だ。政府の政策、企業の経営戦略、地域社会や市民生活の崩壊、それに内側から私たちを苦しめるストレスや不安によって、押し寄せている[197]」。しかし〝物質主義〟は間違いなく、こうした社会病に対する誤った呼び名である。それは、私たちの持って生まれたどん欲さが表面に現れたものではなく、自尊心を他人へ伝えようとするゆがんだ手法である。不平等によって人々が社会的評価に過敏になることで、物質主義はますます加速される。

物よりも人間関係が大事――ほどほどが一番

社会的評価への不安から生じた過剰な物質主義や消費主義によって、私たちは福利の改善に役立ちそうもない目標を追い求め、その結果、先進国の多くの家計では債務が急増した。現在の高騰した不動産価格で住宅を購入するには面倒な住宅ローンを組まなければならないが、労働者の賃金は長期間、停滞したままだ。そうした中で、世間に後れをとらないための唯一の方法は借金だった。

２００８年の世界金融危機の前まで、家計の負債は所得格差の拡大と歩調を合わせて上昇していた（図表４・４は米国の事例を示している）。２００５～２００９年の間に、ドイツ、オーストリア、アイルランド以外のすべてのEU諸国で家計の負債が増加した。世界金融危機以降では、住宅ローン、クレジットカード、公共料金の支払いを滞納する家計の数が増える一方で、政府は生活保護や公的給付を削減した。[198]

家計の借金とメンタルヘルスなど健康問題との関係ははっきりしないが、多くの研究者や評論家は負債とストレス増加の悪循環やその健康被害、あるいはその逆の影響の解明に取り組んでいる。健康状態が良くない人ほど負債に苦しんでいる。病気によって、収入が得られなくなるだけでなく、資産を運用する能力まで低下するからだ。家計の負債はまた子供を直撃する。

図表4・4　米国では所得格差の拡大と家計負債の増加が同時に生じた（1963～2003年）[199]

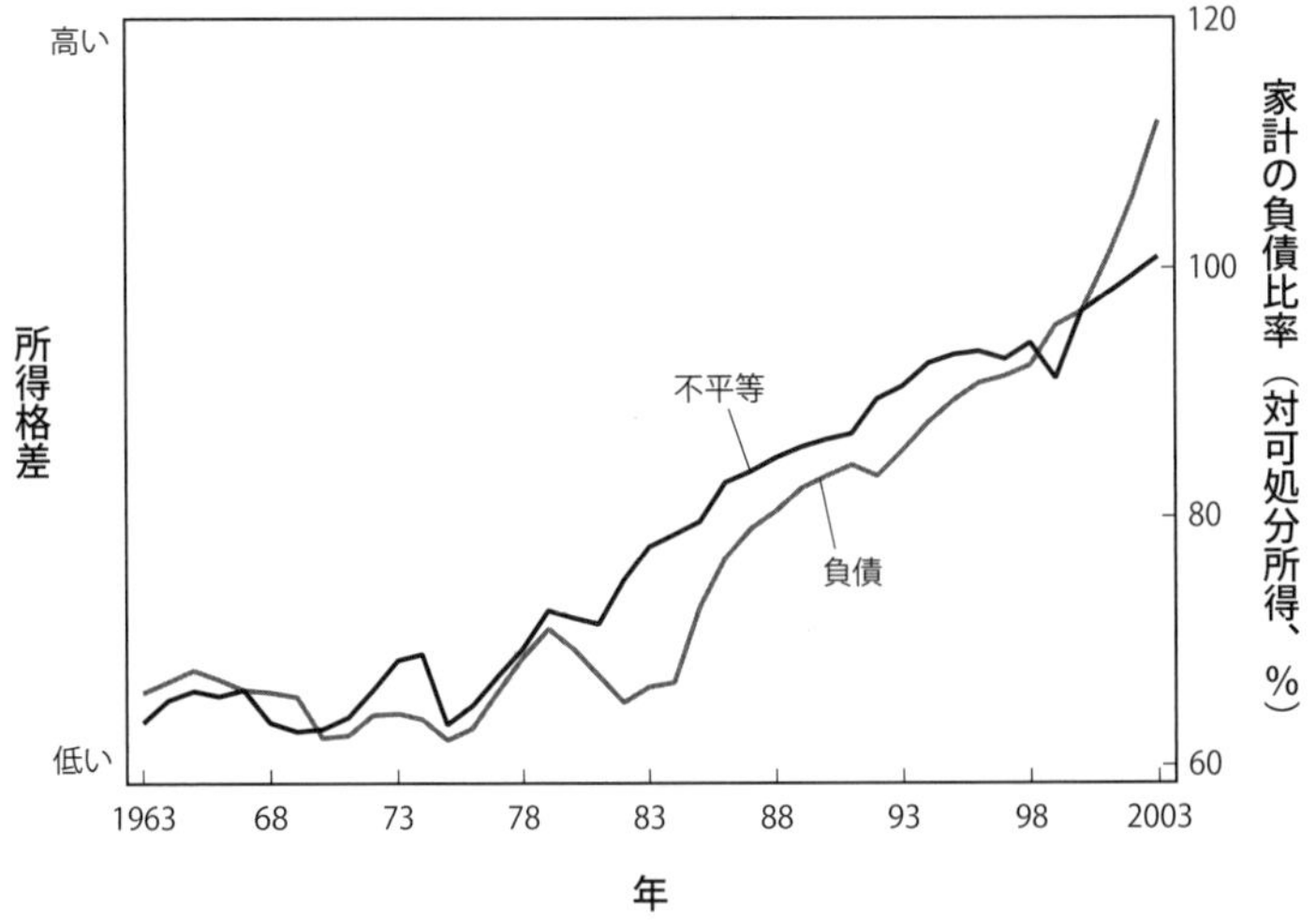

負債に苦しむ家庭では、幼児や十代の子供も両親のストレスに敏感になりメンタルヘルス障害にかかりやすくなる。

企業、特に多国籍企業の不埒な行動については多くの文献が残されている。企業の多くは、労働者には低賃金、経営幹部には法外な給料やボーナスを支払うことで、社会や地域に空洞化をもたらしている。そして彼らは、自らのブランド品を取り入れた新たな生活スタイルを消費者が受け入れれば、空洞化した部分を埋め合わせることができるというメッセージを盛んに宣伝している。ナオミ・クラインのベストセラー『No Logo』のような本によって、こうした企業戦略が多くの読者に露わになった[200]。

企業が私たちの願望や不安につけ入ろうとしていることは周知の事実だ。彼らの約束がいかに空疎であるかを明らかにした研究も数多く存在する。私たちは「お金で幸せは買えない」という古い諺を繰り返し使っているが、それでも人々はお金を使うことを止めようとしない。

いつの時代にも宗教や環境保護、その他の理由から、お金の追求や物質主義的な価値を否定する人々が存在する。しかし、彼らは少数派だ。国民全体の福利を改善するには、大多数の人々の生活スタイルを抜本的に変革し、従来とは違ったものに変える必要がある。

ボストン・カレッジの社会学教授ジュリエット・ショアは、彼女が〝プレニテュード〟と呼ぶ進歩的な生き方を提唱している。それは、物よりも人間関係を大切にする生き方だ[201]。ロバート・スキデルスキーとエドワード・スキデルスキーは経済学者と社会哲学者の親子だが、彼らは共著『How Much is Enough?: Money and The Good Life』で、同様の主張を行っている[202]。最近流行しているのが、スウェーデンのラゴム（lagom）という理想だ。〝ほどほどが一番〟という意味で、これも同じ考えだ[203]。

しかし別の持続可能な生活様式、つまり私たちを本当の意味で慈しんでくれる環境への転換や移行は、きわめて大きな困難を伴うかもしれない。人間の本性と相反する場合は、特にそうだ。私たちは社会的評価に過敏になり、状況次第では自らに害が及ぶまでそれを追求しようとする。

人間はどのようにしてそのような生き物へと進化を遂げてきたのだろうか。なぜ社会的なステイタスが重要視され、なぜ私たちは他人の評価をとても気にするようになったのか。次章ではこうした点を検証していく。

第 2 部

社会階級にまつわる神話を壊そう

本能的な暴力で評価すべき点があるとすれば、
それが同時に本能的な利他心を育てることだ。
FIRST AID
CHRIS MADDEN

第5章

人は根っから利己的にできているという誤解

ありのままの姿をさらすことの恥

所得のギャップが大きくなれば、人との付き合いにおいても不安感が高まっていく。これまで見てきたように、所得格差は次の3つの社会的な反応を引き起こす。

まず自尊心の低下や自信の喪失、うつ病によって、危険な状態に陥る人が出てくる。あるいは、社会的な評価を保つために、自己陶酔的になり、さまざまな自己誇示の行動を取ろうとする人も出てくる。しかし両方とも不安感の高まりが原因であるため、薬物やお酒の摂取で自己治療を図ろうとし、見栄えをよくするための消費中毒に陥ってしまうケースもある。社会生活が厳しい試練や対外的なパフォーマンスの場と化していくにつれて、人々は社会的な交わりを避けるようになる。地域社会も弱体化していく。決定的に重要なことは、富裕層と貧困層の所得格差が広がるにつれて、地域社会の衰弱が進むことだ。

他人が自分をどう見ているか。この根深い不安感の元はいったい何なのか。どうして私たちは他人の評価に過敏になるのか。神経の苛立ちによって、体の具合が悪くなり、正常な機能が損なわれてしまうのは、なぜか。こうした危険な症状がどうして生じるのかを理解することは、健康の維持管理の点でとても有益だ。それは、個人だけでなく、政策を通じて社会全体にも大きなメリットをもたらす。

現代の豊かな社会は特に社会的な不安に蝕まれているといわれるが、〝裸の王様〟の物語が示しているように、これは決して現代に限られた話ではない。

〝裸の王様〟は1873年に発表されたハンス・クリスチャン・アンデルセンの物語が最も有名だが、原話は中世にまで遡る。王様を含むすべての人々が愚か者に見られることを恐れるあまり、バカなことをしでかして物笑いになる筋書きだ。虚栄心や地位に関する警世の童話だ。小さな子供が真実をうっかり口にした後でさえ、王様は衣装をまとっているふりをして行進を続けた。バカに見られることの恥を避けようとして、さらなるバカを演じてしまったのである。

私たちは、社会の頂点に立つ王様が恥をかいた姿を見て面白がっているが、この童話が、数十カ国語に翻訳され、さまざまな文化で長く語り継がれ名声を博した理由は、王様が私たちすべてに共通する反応を示しているからだ。つまり、きまりの悪さと、それへの強い嫌悪感だ。

この童話はまた、公衆の前で堂々と〝裸（ありのままの自分）〟になれるという多くの人が抱く夢を正直に描いている。さまざまな夢に共通するのは、他人が私たちの本当の姿に気づかないで欲しいという願望だ。だから私たちは、他人にありのままの姿をさらけだす恥ずかしさから逃れようとする。私たちが日ごろ自分を良く見せようとしていることを、人々が見破ってしまうのではないかという懸念が、私たちの恐怖や不安をかきたてる。

ジークムント・フロイトは著書『夢判断』の中で、公衆の前で〝裸〟になる夢について言及しているが、異常なくらいナイーブである。その夢は睡眠中に毛布とシーツが滑り落ちることによって引き起こされるもので、赤ん坊のときに裸だった記憶の反映にすぎないとしているだけだ。フロイトは自分の自己紹介では社会的な階級や時代背景についてきわめて正確だが、階級や地位に対する人の心理を理解する点においてはいつも視野が狭い。

人はなぜきまり悪さを感じるのか

米国の社会学者で心理学者のトーマス・シェフは、恥を〝主要な社会的感情〟の一つだと記している。[204] 彼によれば、それには、プライド、当惑を含む恥、屈辱、臆病、気まずさ、自信喪失、劣等感など、自己を強く意識した感情のすべてが含まれる。他人のマイナスの評価が事実か、それとも自分の思いこみか、そのいずれにしてもそれらから生じるものが恥であるとシェフは見ている。彼はまた、私たちが嫌われないために、他人の目に映った自らの行動を常に頻繁にチェックしていることについても述べている。

第1章の冒頭で引用したチャールズ・クーレーは、米国の心理学者の草分けだが、シェフは彼の言葉を次のように引用している。「私たちをプライドや恥へ向かわせるのは、自分自身の自律的な内省ではなく、他人に転嫁された感情、つまり他人の心を省察した想像上の結果である」[5]。私たちが自分に対する他人の反応を監視するのは、ネガティブな評価をされて仲間外れになることを恐れるからだ。

私たちが周囲からどのように見られているか。私たちにきまり悪さや恥ずかしさを感じさせるのは何か。そうした感情を強く引き起こすのは、所得や社会階層のようなものだけではない。美しさ、知識、人柄、知性、能力など個人特性に関わるすべてだ。それぞれの項目別に、楽観的から悲観的、美人から不美人、利口からバカ、つまり優れているから劣っているまで多面的にランキングされる。私たちの評価が状況によって異なるのは、このためだ。社会的な評価と、私たちが好かれたり嫌われたりする理由とは密接に絡み合っている。

こうした社会的評価の脅威に気づけば、それらと対立することや、他人から否定的に見られることを恐れるようになる。他人の意見が実際にいかに重要かを十分に理解するのは難しいが、そのときは前述のクーレーの助言を思い出して欲しい。従来はとても親切で敬意さえ払ってくれていた人々が、私たちが何らかのミスで面目を失った後に、突然、手のひらを返したように冷たくなり蔑むような態度をとったら、どう感じるだろうか[5]。

クーレーは他人の評価の急変によって人々はその重要性に気づくと述べているが、その後の人生まで思考を巡らすことはしなかった。自分の成功を外部に誇示できるものがあれば、他人から尊敬を得ることができ、嫌われるより評価される場面が増える。しかし外部へアピールするものが少なくなり、社会的な評価を失った後でも、仲間外れではないにしても長く生き続けなければならないことがいかに辛いことか言及することはなかった。

私たちは、鏡に映った自分を見る

トーマス・シェフは、彼以前の著名な心理学者（チャールズ・クーレー、ノルベルト・エリアス、アービン・ゴフマン、ロバート・リンド、ヘレン・ルイス、リチャード・セネットなど）のように、他人の目を通じて私たちが自分を認識することが、人々の触れあいの普遍的、基本的な要素であると考えた。不幸な災難に見舞われ、厳しい試練に直面する事態さえなければ、私たちは魚が水の存在を意識しないのと同様に、それに全く気づかないはずだ[204]。それはまさに私たちが暮らす社会環境の一部なのである。

ヘレン・ルイスは精神分析家でイェール大学の心理学教授である。彼女の業績は、ほぼ常態化した行動上の特性、つまり当惑や困惑の底流にあるもの——またはその予感——が会話において重要な役割を果たしていることを発見し、それに対して初めて科学的な注意を喚起したことだ[205]。彼女は数百回に及ぶ精神分析の記録について一語一語綿密な調査を行った。その結果、次のことを発見した。ルイスの患者の会話には、羞恥心を示す言葉が多く含まれていただけでなく、話ぶりには気まずさ、過剰な自意識、不自然な笑いや中断、話の流れの混乱、話し方や声の調子の変化、話の内容が時々ほとんど聞き取れなくなるなどの症状も多く見られたというのだ。

それまで憶測にすぎなかったものに対して確たる証拠を提供したことから、ルイスの研究は世間の注目を浴びることになった[206]。かつて指摘されたように、世の中にはどことなく堅苦しくて、ぎこちない会話が無数にあるが、それらを聞けば、私たちが恥ずかしさや当惑にいかに敏感であるかが分かる。

クーレーが〝鏡に映った自分を見る〟と記したのは有名だが、私たちは他人からほめられることを望み、変人、不適格者、バカ者、無能者と蔑まれることを恐れる。なぜ私たちは、他人の目を通じてしか自分を認識できないのだろうか。

社会生活を生き抜くために脳は進化した

図表5・1　霊長類では脳全体に占める新皮質の割合と集団の規模との間に相関関係が見られる[208]

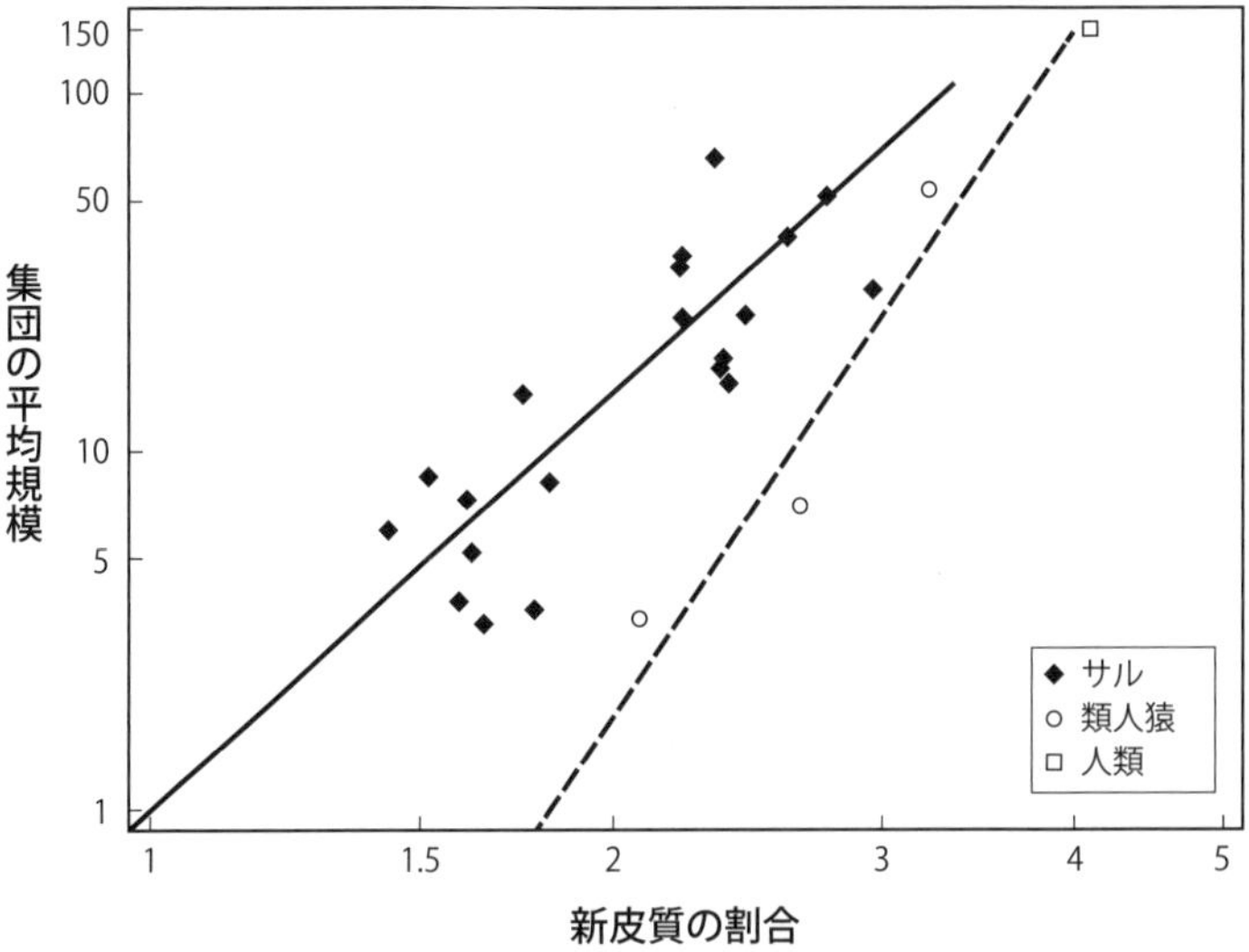

　この問いに答えるためには、人類の進化の過程で社会的、経済的な関係がどのように絡み合ってきたのか振り返ってみる必要がある。私たちは、自然環境への適者生存の原理だけで進化してきたのではない。生存競争の決め手になったのは、略奪者から逃れる能力、猛暑や厳寒といった大気温の変化に耐える力、飢餓や病気への抵抗力だった。社会環境や他人との関係をどう維持するかもまた、生き残りの重要なカギだった。

　その注目すべき事例が、複雑な社会生活をうまく生き抜くために人間の頭脳が発達してきたという事実だ。人間の脳で最も新しく進化したのは、新皮質と呼ばれる外側の層である。人間の脳が他の霊長類より図抜けて大きいのは、人間が形成する集団の規模が大きいためだ。

ロビン・ダンバーはオックスフォード大学の社会進化神経科学研究グループ長だが、彼によれば、霊長類の脳全体に占める新皮質の割合は、社会性が高い動物の集団の平均規模と密接に関連している。オランウータンのような群れを作らない動物は新皮質の割合が低いが、次第に社会性が増すにつれてその割合が上昇する。[207] 人類は脳全体に占める新皮質の割合が最大であるばかりか、採集生活をしていた有史以前においても霊長類では集団の平均規模は最大だった。その関係は図表5・1に示した通りである。

こうした相関関係の主な理由は、社会的な交流は精神的なストレスを強いるためで、集団の規模が大きくなるほど負担が増すからだ。集団の全員と顔見知りになり、その社会階層まで知っておくのはもちろんのこと、自分の味方や敵、さらに彼らの味方や敵まで知っていなければならない。また信頼できる人は誰で、そうでない人は誰かも分かっていなければならない。とりわけ、相手の意図をつかむ手がかりとして、他人の心を読むこと、表情や動作を理解することに上手にならなければならない。ダンバーが最初に〝社会的頭脳仮説〟を提唱して以降、追加研究によって人間以外の霊長類では、大きな集団で暮らす動物ほど社会的な知力を調べるテストで良い成績をあげていることが分かった。[209]

人間の頭脳はまさしく現実的な意味において社会的な器官である。頭脳の成長と発達は、社会生活の必要性から促進されてきた。これが間違っていないことは、他人との関係が良好に保たれれば、長命や福利、多産に恵まれることを見ても明らかだ。

贈り物は友好関係の象徴として重要である

同じ種族の間では、いつも紛争の種が尽きない。同種の仲間同士は欲望が全く同じであり、食べ物、巣の場所、縄張り、異性のパートナー、リラックスできる静かな場所……つまりあらゆる問題を巡って、競争や対立が生じる。

しかし一方で、人間は全く逆の可能性を持っている点で例外的である。つまり、重要な扶養、安全、救済、愛情、学習などの面で、お互いに助け合うことができる。他の種族とは対照的に、人類は病人や体の不自由な人を世話することができる。そうした支援がなければ、人は長生きすることができない。

私たちがお互いの面倒を見るかどうか。物質的な生活必需品をどのように分かち合い交換するかどうか。こうした問題は私たちの社会関係と関連している。共有と友情は深く結びついている。それらは競争から協力に至る一連の行動様式の極端なケースであり、資源などの必需品を手に入れる有力な手段となっている。したがって、両者は切っても切り離せない。英語の“companion（友達）”という言葉——スペイン語の“compañero”あるいはフランス語の“copain”も同じだが——は、ラテン語のcom（＝with（一緒に））とpanis（＝bread（パン））を合体させたものだ。“companion”とは、食料を共有する人々という意味である。

社会関係と物質的な生活との関連はまた、米国の社会文化人類学者マーシャル・サーリンズの次の言葉で簡潔に要約されている。狩猟採集社会における贈り物の活用や交換の慣習について議論する際に、彼は「贈り物は友人を作り、友人は贈り物を作る」と述べている[210]。彼はまた贈り物を拒絶することは、ある社会では宣戦布告と同じくらい重大な意味があると指摘している。それは友好関係の拒否に匹敵する。

そのくらい贈り物は友好関係の象徴としての強い意味がある。くだけた言い方をすれば、贈り物には物質的な生活必需品を巡って争うよりも、お互いの事情をある程度認め合って、そのうえで共有を図ろうではないかという意味がある。

贈り物を活用して友好の気持ちを表し、それを強固にすることは、現代の社会生活でも重要だ。家族同士の会食やゲストを招待しての会食は食べるという基本的な行為を共有するだけでなく、心理的、象徴的な意味も持っている。様々な宗教の儀礼も、こうした共有という行為の奥深さを示している。シーク教の寺院では来訪者に食べ物が振る舞われる。シーク教の信者同士も食べ物を共有する。同様に、キリスト教の聖餐式でのパンとワインの分かち合いが意味するのは、生活必需品の共有が生活の基盤であるということだ。預言者のムハンマドは、食べ物は共有されるべきだと教えた。ユダヤ教でも、地域社会で開催される食事会や食べ物の共有はいつも重要な意味を持っている。協力することの大切さを教えることは、どの社会の道徳教育でも必須であり、私たちの心理進化論においても重要なテーマである。

物質的な関係と社会関係はつねに連動している

物質的な独立性と社会的な関係が連動していることは、どの社会の人間でも暗黙の前提となっている。贈り物の交換、モノの共有、会食は、社会的な団結や友好が強固であることを示している。そうではなくて、人々が自分の財産を独り占めして、他人の窮状など全く顧みない場合は、お互いの身の上や立場に全く関心がなくなり、社会的な団結は強まることはない。さらにひどくなると、お互いに騙し盗みを働くようになる。こうした物欲の衝突は、すぐに敵対へと向かう。

マクロのレベルでも、資源を巡る対立は、国家間の戦争の大きな原因となる。資源の共有から略奪に至るまで、物質的な関係と社会関係はつねに連動している。経済的、社会的な暮らしに関しては多彩な学問領域で研究が進められているが、物質的な生活はそれ自体の領域を越えて、社会関係の構造と密接に結びついている。私たちは本書のこれからの議論の中で、物の多様な交換方式や物の配分形態が、社会的、心理学的にいかに大きな意味を持っているかを見ていく。

17世紀の哲学者、トマス・ホッブズによれば、私たちは皆同じ欲望を持っている。平和を維持する強力な政府が存在しなければ、世の中は〝万人の万人に対する闘争〟に陥ってしまう。「もし二人の人間が同じ物を欲しがり、それを二人同時に楽しむことができなければ、彼らは敵対し、お互いを滅ぼすか服従させようとする」[211]。人間は生まれつきのライバルだとする彼の見解には、疑いなく17世紀の英国のピューリタン革命の経験が強く反映されている。
それによれば政治の中心課題の一つは、主権を有する国家を設立し、敵対する個人間の治安をいかに維持するかである。しかしホッブズは人間の社会的性格の深奥部にあるものを見逃してしまった。私たちはお互いに最悪のライバル関係にある反面で、人間としてお互いに助け合い、生存に不可欠なものは共有するという珍しい能力を持っている。これから見ていくように、こうした相互扶助は個人の関係だけでなく、有史以前の私たちの祖先が持っていた社会組織においても一般的な形態だった。

私たちは人間関係が友好的か敵対的かにきわめて敏感である。それは進化の過程を通じて、人間関係が個人の福利の基礎をなす部分だったからだ。人々が物資を共有しお互いを信頼し合っているか。それとも、生活の必需品を巡りお互いに敵対関係にあるか。こうした違いが、私たちの祖先の繁栄や生存ばかりでなく、進化のプロセス、他者との人間関係のあり方や重要性までも決定付けることになった。

こうした理由から今日においても、他人との友好関係や地域社会への参加は第1章で見たように健康や幸福感の重要な決定要素となっている。逆に人間関係がうまく行かず、お互いに反目し合っていれば、健康や幸福感が大きく損なわれるのは言うまでもない。

人類が生きてきた3つの社会構造

平等と不平等が私たちに及ぼす心理学的あるいは行動上の影響を理解するためには、人類が進化の過程で経験した社会構造の特徴を少し振り返ってみる必要がある。大まかに言って、人類の社会構造には3つの主要な期間が存在した。人類出現以前の順位制、人類の先史時代の平等主義的な狩猟採集社会、そして近代の階層的な農工業社会である。

人類出現以前の順位制の暮らし

ヒヒ、マカクザル、チンパンジー、オオカミ、ハイエナなどの動物は、総じて順位制のなかで生きてきた。頂点にオスの支配者が君臨し、底辺には最弱の従属者を配する序列によって、グループのどのメンバーが最初に希少な資源を入手できるかが決まる。支配階級のオスたちはメスの独占を巡って競い合うことで、生殖の機会を得る。人類出現以前の化石からは当時の社会構造を知る手がかりはほとんど得られないが、チンパンジーなど人類を除く霊長類がいまでも続けているように、人類の祖先である類人猿もまた順位制の中で暮らしていたに違いない。

それからはるかに時代が下ったエジプトのピラミッドや欧州の青銅器の埋葬品から判断する限り、当時の社会では特定の人々がそれ以外の人々より重視されていることは間違いないが、人類出現以前については十分な証拠が得られていない。

　人類出現以前の暮らしはどうだったか。それを知るための数少ない重要な手がかりの一つが、オスとメスの体格の相対差だ。順位制が一般的な社会では、支配階級のオスは体が大きく、戦いもめっぽう強い。彼らはメスに容易に接することができ、メスは彼らを性行為の相手に選ぶ。こうした選択的な繁殖行動の結果、普通はオスの方がメスよりも体格が大きくなる。オスとメスの体格差は、順位制が社会構造の一般的形態であったことの確実な証拠となる（メスを巡るオスの闘争によってオスの体格が大きくなったとしても、それによってメスの体格まで大きくなるわけではない。動物の角や犬歯と同様にオスの体格は伴性形質として発達したにすぎない）。

　オスとメスが同じ体格である場合、それは通常、つがいの絆のようなものが社会的な規範だったことを意味している。現代の人類の先駆的な種の一つであるアウストラロピテクス・アファレンシスの化石が多く発見されている。それによると男女間で体格の違いがあった証拠が発見されている。つまり「一夫一婦制的な厳格な社会構造が存在した可能性はきわめて薄い」ことを示唆している[212][213]。メスよりもオスの体格が大きなことは、大柄なオスだけが異常に多く生まれたこと、そして私たちの祖先たちもおそらくチンパンジーやゴリラのように、その群の中でヒエラルキー的な階層序列を持って生活していたことを示している。

　順位制の中で生活することの社会的不安がどのようなものであるかは、すぐに想像できる。

下位者は絶えず上位者の顔色を気にしなければならない。霊長類学者によれば、上位者の不興を買った下位者は噛みつかれた傷跡が数多く残っている。下位者の大半は警戒を怠ることができず、周囲を気遣い不安におびえている。[214] 人類出現以前の祖先は順位制の中で長く生活してきたが、そうした不安が私たちの心理に受け継がれている可能性がある。

平等主義的だった狩猟採集社会

こうした事実にもかかわらず、人類は先史時代の大半を異常とも言うべき平等主義的な狩猟採集社会で暮らしてきた。食料を分かち合い、物資は物々交換でなく相互的な贈り物交換によって手に入れていた。[210][215] そうした状況下の社会的な恐怖は、支配従属が中心の社会とは違ったものにならざるをえない。

人類の社会構造で最も重要だが、ほとんど認識されていない特徴の一つは、次の点だ。現代人と同じ大きさの頭脳を持つ人類が誕生してから20万～25万年が経過したが、その期間の95％は、人類社会は間違いなく平等主義的だったことだ。文化人類学者が何世代にもわたり狩猟採集社会の平等主義を認識し、研究し、論文に発表してきたにもかかわらず、そうした平等主義の歴史はほとんど一般人の知るところとはなっていない。多くの人々が想像するのは、人間の性格は救いがたいほど競争好きで利己的であるということだった。

４つの大陸の比較的新しい24の狩猟採集社会について調べた文化人類学的な報告書が１００

点以上あるが、それを再調査した研究がある。それは次のように結論している。

> 狩猟採集者の間では明確な社会的序列が存在しない。食料の配分で優遇される人間は誰もいない。女性には狩猟の上手な男性を好む傾向が一部にあるが、セックスのパートナーを選ぶ権利は序列とは無関係だ。実際、狩猟採集者の間では序列を認めることができない。それはどの文化にも共通している。民族誌学の文献にはそのことが明確に記されており、はっきりそう断言しているものもある。[216]

そうした社会の人々は「親族間や相互扶助関係にある人々との間で食料を分かち合うだけでなく、食料が不足しているときにはそれぞれの必要性に応じて配分を決めている」[216]。私たちの有史以前のこうした生活の光景は、一般教育の中に組み込んで、経済学や政治学、社会科学の基礎課程で学生に教えるべきである。有力なオスが最初に食料を口にすることができ、すべてのメスを独占する。上位者が空腹を満たした後になにがしかが残っていれば、下位者は初めてそのおこぼれを口にできる。こうした人類以外の多くの霊長類に見られる特徴は、狩猟採集社会が残した痕跡からはうかがうことができない。

有史以前の人類社会は平等主義的傾向が強かったと初めて告げられると、人々は、そうした見方は具体的な証拠を欠いているばかりか、当てずっぽうの判断や見当違いの希望的観測にすぎないという反応を示すことが多い。人々が平等主義的な過去の事実を受け入れられないのは、他に競り勝って地位や権力を手に入れたいという人類の欲望と矛盾していると思い込んでいるからだ。

しかし、それは有史以前の社会がどのように機能していたかという点で、決定的な誤解をしている。[44][217] ここで議論しているのは、人々は——あるいは人類は——生まれつき平等主義的だということではない。有史以前の社会で見られる平等性や協調性は、私たちが現在失ってしまった遺伝的な特質に依拠しているのではない。文化人類学者の間では、有史以前の社会は〝反支配戦略〟や〝逆支配戦略〟と呼ばれるもので平等が保たれてきたという議論が一般的になっている。

尊大で利己的な権力者はみんなが嫌った

いかなる個人の権力欲求も、個人の自律性を尊重し、権力から身を守ろうとする他のメンバーの団結した行動によって阻まれてきた。ヒヒやマカクの世界では、トップのリーダーを追放するために幹部クラスが数匹集まって同盟を組むことがある。それと同じように原始の人類の社会も、独裁的な個人に対しては全員が団結して対抗する機能が働いていたと考えてよいだろう。

これは、文化人類学者のクリストファー・ボームが到達した結論である。彼は、これまで発表された狩猟採集社会に関する記録を総括して一冊の本にまとめた。それには、彼が発見した初期の探検家、宣教師、植民地行政官、文化人類学者などによる手記や報告などが収録されている。それは現在では電子的に検索可能なデータベースになっており、カラハリ砂漠のブッシュマン、オーストラリアの先住民、北極圏のイヌイット、アメリカ先住民など世界の約１５０の狩猟採集社会の社会的、政治的な行動を詳細に知ることができる。

このデータベースを完成させるために、ボーム教授は48の平等主義的な社会のデータを精査し、どのようにして社会の平等性が保たれているかを分析した。[217] これらすべての社会に共通していたのは特定の個人が権力を持ちすぎることを意図的に防ぐ仕掛けだった。社会の平等性は支配されることへの生理的な嫌悪や個人の自律性を失いたくないという願望から生じていた。人々は一致団結して、特定個人の権力奪取の試みと闘ってきたのである。[217]

したがって平等主義が実現できたのは、人間性そのものの変化ではなく、尊大で利己的なアルファオス（＝権力者）を抑え込む社会的チェック機能が有効に機能したためだった。特定の個人が権力を持ち強欲に走ろうとしたときにはいつでも、こうした社会的な牽制が強く立ちはだかった。〝反支配〟や〝逆支配〟の戦略には、批判や嘲笑、公の場面での不支持表明など穏健なものから、追放や排除、抹殺など過激な措置まで、反社会的行動を抑制するあらゆる手法が含まれていた。

狩猟採集社会で平等性がどのように維持されていたのか。その研究の中でボーム教授は、横柄で富を独り占めしようとする悪質な侵略者や個人に対して、社会は殺害も辞さなかった事例を数多く発見している。協調性に欠ける人物の親族の一人が当人を殺害することを周囲から強く迫られ、洞窟壁画には弓矢の射殺部隊による処刑の光景が描かれていた。ボーム教授はこうした証拠を分析することで、次の点を発見した。狩猟採集社会の準合法的な殺害による死亡率は、現在のシカゴの殺人率に匹敵する可能性がある。それが強力な抑止力となり、親社会的な気質を持った人々の社会的な躍進を支えることになった。[218]

現在も続く狩猟採集社会を研究している文化人類学者によれば、彼らは一致団結して行動すればどのような横柄な個人も恐れるに足りないことを知っている。平等主義的であることを意識し、自信を持っている。[215] 彼らはまた不平等が存在しないことに満足するだけでなく、平等の実現を一つの道徳規範と見なしていた。ジェームズ・ウッドバーンは社会人類学者であり、狩猟採集社会に関しては世界を代表する理論家の一人だ。次のように述べている。

> 人々は、自らの平等主義的な社会において特定の個人や集団が他者よりも多くの富や権力、地位を独占しようとするかもしれないことに十分気づいており、それを阻止し制限するため警戒を怠ることがない。平等の大切さは雄弁に語られることも、そうでないこともあるが、行動のメッセージは実に明快だ。不平等の芽をつみ取って平等社会を維持する行動は繰り返し実践され、世の中で広く知られるところとなっている。[215]

こうした社会の人々は皆が平等であると意識しているために、彼らの意思決定は全員一致が原則である。

ボーム教授によると、他人に親切で思いやりのある人がセクシャル・パートナーとして選ばれ、共同行動においても高く評価される。その一方で反社会的な人が敬遠されるとなれば、遺伝的に公共精神が旺盛で、私利私欲がなく、相互扶助に長けた人間の選抜が次第に進んでいく。このプロセスは、最近の幼児の発育に関する研究と重なる部分が多い。一連の実験の中で行動神経経済学者であるアーンスト・ファーと彼の同僚たちが示したのは、3～4歳の子供の大半は自己本位で行動するが、その後の5年間で不平等を避けようとする感情が発達する。7～8歳に達すると大半の子供は、自分にとって不利になることであっても、平等なやり方で物が配分されることを好むようになる。[219]

順位制から平等社会に移行した2つの理由

ボーム教授はさらに一歩進めて、有史以前の狩猟採集社会では、支配者の出現に反対し平等を維持するための行動が組織的に実行されてきたという。それらを、教授は法の支配のための闘いや暴政や独裁から身を守る民主的な体制の構築など、専制的な権力と対峙してきた近代の歴史的闘争の前史だと見なしている。

そうした初期の平等社会が人類出現以前の支配社会に取って代わったことに関して、まだ合意は得られていない。

しかし最も説得力のある説明は、25万年前に人類が大型動物の狩猟方法を発見したときから平等社会が普及し始めたというものだ。それによると、初期の人類が食料を小動物の肉に依存しなくなったことで、平等主義は2つの経路で発展した。

1つ目は、大型動物の獲物を仕留める方法や武器を手にした社会では、支配者、被支配者に関わりなくどの人間も他人の命を奪えるようになった。肉体的な強弱は多くの動物の世界では支配や序列のもとになっているが、そうした個人差の持つ意味が狩猟技術の発達によって大きく低下した。

腕力に自信のある人間でも、いつ何時、グループの他のメンバーから背中を刺され、就寝中に頭を殴打されるかわからず、下位者の恨みを買うリスクはもはやなくなった。支配者の地位を維持したい人間にとって悩みの種は、個々のメンバーの挑戦だけではなくなった。つまり武装したメンバーが連携して襲ってくる可能性も強まった。腕力さえあれば傍若無人に振る舞えた時代が過去のものになってしまったとき、社会関係も大きな転換点に到達した[220]。

大型動物の狩猟が社会構造の変化に与えた2つ目の大きな影響は、大型動物を仕留めた場合、腐敗が始まるまでは、一人の人間や一つの家族が食べきれないほどの肉が獲れてしまうことだ。当然ながら、獲物の肉はメンバーに分配された。しかし獲物を仕留めた猟師が自分の所有物のように分配するとえこひいきが生じる。多くの社会ではその役目を別の人間に割り振っていた。分配は〝衆人環視の分配〟と記されている。つまり人々は不正が生じないように注意を怠らなかった[221]。

文化人類学者の文章を直に引用しながら、ボーム教授は大型獲物の分配が社会に与えた影響について解説している。彼によれば、些細な口論がときどき起きるのは仕方ないとしても、実際に獲物の肉が分配されると「社会の誰もが喜びを表情に表した。なぜなら、肉はこのうえない価値があり、誰も仲間外れにされることなく、仲間と一緒に肉を食することが社会参加の最上の手段とされていたからだ」。

これはチンパンジーの社会とは好対照だ。チンパンジーはもっぱら小動物しか捕まえることができず、親しい仲間としか獲物を共有することができない。仲間といっても少人数であり、分け前を乞うて周囲を取り囲む他のチンパンジーを追い払ってくれた対価として差し出されるにすぎない。チンパンジー群は、当然のことながら〝極端に緊張〟したままだ[218]。

農業が発達して不平等が加速した

文化人類学者の間では、次の点で幅広い合意が得られている。私たちが現在直面している不平等の大きさは、人間の社会組織に普遍的な特徴だというのだ。しかし、実はそうではなくて、農業社会の生活様式の産物である。進化論では、耕作が始まったのは比較的最近のことである。耕作が最も早く始まったのは中東の肥沃の三角地帯と言われる場所で、1万～1万2000年前のことだ。そして最近の5000年の間に、その他の地域でもそれぞれ独立した形で農耕が始まった。

初期の農耕者は小さな共同体を形成し〝移動農業〟を繰り返しながら生活していた。森林の一部を焼き払い農地として耕した。地力が衰えると、その土地を離れて森林として再生させる一方で、新たな森林の一部を再び焼き払って農地として活用した。

こうした初期の農業社会は〝有力者〟によって率いられていることが多かったが、まだ平等主義的だった。最新の先端的な文化人類学の研究によれば、嘲笑、追放、排除などの反支配戦略は依然、健在だった。[44] どうして農業が社会の不平等を加速させていったのかについて合意はまだ得られていない。

様々な社会を比較したり、考古学的、歴史的な証拠を通じて変化のプロセスを調べたりしながら、農業の発達と不平等の拡大を綿密に関連づけた研究は数多い。[222][223][224][225] その論拠は、農作業の特殊性や食料の貯蔵の必要性、定住生活の定着など多岐にわたる。高度に発達した階層構造を持つ社会が立ち上がったのはごく近年のことであり、定着農業の発達や人口の集中化と関連があることは明らかだ。おそらく不平等の拡大に関して最も説得力のある最新の説明は、考古学的な証拠が示唆しているように、特に穀物の耕作と関連づけるものだ。穀物の場合は、それ以外の作物に比べて、税制の導入が容易だったというのが、その理由である。[43]

過去の社会構造が遺した心理的な遺産

社会的な不安を感じる私たちの能力は、人類出現以前や、有史以前の社会組織から受け継がれる心理的遺産である可能性が高い。階層性の序列を持つ動物には、その個体間の関係に明白な特徴がある。たとえば序列の低いヒヒは、すべての動物種と同様に、上位のヒヒの怒りを招かないようにしなければならない。通常はささいな不興を買うことさえ避けようとする。

目上の者だけでなく、全員とうまくやる

彼らは腕力の序列における自分の立ち位置をわきまえ、第一位のオスがどこにいるか絶えず注意していなければならないし、直接視線を交わす行動は避けねばならない。挑戦行為と受け止められかねないからだ。

目下は自分のランクが低いことを受け入れ、目上が欲しがる物は何でも差し出すなど従属的な反応を示し、目上の地位を脅かすような振る舞いは絶対に避けなければならない。こうしたルールに違反した場合、致命的な負傷か死の制裁が待ちかまえている。

これから見ていくように、ボーム教授は、腕力による序列関係から平等に基づく関係へと変化する過程で、道徳の概念が生まれたと強く主張している。[218] 上位の人間とだけうまく対応すれ

ば良いのではなく、自分たち全員がお互いにうまく付き合っていかなければならないとなれば、ほぼ確実に平等な社会が実現する。社会道徳の発達を支えるのは、次の二点だ。一つは食料の共有や贈り物の交換、協力、親密な社会生活によって培われる一体性と安全性の感覚である。もう一つは反社会的な傾向のある人間に対しては追放や排除、殺害さえも辞さないという反支配戦略である。

米国の社会文化人類学者、マーシャル・サーリンズによれば、秩序を維持する政府が存在しない場合、妬みや憤りを買うような行動を慎み、お互いに良好な関係を作り上げていくのは、社会の構成メンバーの責任である。そうした社会に見られる食料の分かち合いや贈り物の交換はその一つの生き方であり、社会の団結を維持し、分断を回避するための重要な社会投資でもある[210]。

近代の霊長類研究の実験結果によれば、群れの他のメンバーに対する処遇が不公正になれば抗議や反目が生じる。そうした事態を避けようとする気持ちが、協調や公正を意識させることになる[226]。霊長類学者のフランス・ドゥ・ヴァールは、そうした結果、チンパンジーもいつの日かお互いに助け合う行動をとり、実験で使用された食べ物のご褒美を相互に分かち合うようになるかもしれないと述べている。

利己的と言われるが、実は分かち合いを好む

現代の市場社会の特性ゆえに、私たちには利己的で、所有欲が強く、自己中心的で、社会的地位を求めたがる反社会的な傾向が強まっている。しかも、私たちは自分の中に分かち合いや協調という性格が組み込まれていることを信じなくなっている。初期の人類社会や、人類以外の霊長類の一部の社会的行動を踏まえると、私たちのこうした自己認識は修正しなければならない。たとえば心理学者が示しているように、感謝の気持ちや恩義の感情はあらゆる文明に共通する人類普遍のものだ[227][228]。

もちろんこうした感謝や恩義の感情は、贈り物の返礼や分かち合いの行動を刺激する。もしそうした行為を欠いた場合、周囲から〝たかり〟と見なされ反感を招くことになりかねない。贈り物の交換は食料の分かち合いと同様に狩猟採集社会の社会的団結のもとになっている。相互扶助の願望はその基盤をなすものだった[229]。前にも触れたように、サーリンズは贈り物の交換が人々の間の基本的な社会契約であることを明らかにしている[210]。

行動経済学の実験によると、私たちには分かち合いの精神が深く根付いているだけでなく、分かち合い自体を好む傾向がある。たとえば、〝最後通牒ゲーム〟と呼ばれるものを使った実験の結果を見てみよう。

参加者は無作為に二人のペアに分けられた後、それぞれのペアの一人に一定の金額が与えら

れ、パートナーと適当に分配するように言われる。分配の方法は気前が良くても、ケチ臭くても二人の全く自由である。一人ですべての金額を独り占めしても、逆にパートナーにすべて与えても、あるいはその中間の適当な比率で分け合っても構わない。パートナーには、配分の提案を受け入れるか、拒否するかの選択しかない。もしパートナーが提案を拒否すれば、二人はまったくお金を手にすることができない。逆に提案を受け入れれば、二人は提案された配分比率でお金を受け取ることができる。

　経済合理性に従えば、いかに分け前が少なくても、パートナーはすべての提案を受け入れることが合理的な行動となる。ゼロではなく、なにがしかのお金を得ることができるからだ。しかし最も一般的な提案は50対50である[230]（50対50は最も件数が多いが、平均値は60対40となっている。それは、パートナーに対して自分を上回る分配比率を提案する人はきわめて少ないが、自分を下回る提案をする人ならある程度いるからだ）。こうした発見は、経済発展の段階や文化が大きく異なる25ヵ国で最後通牒ゲームを行った37の研究結果から得られたものだ（しかも、文化の違いで分配比率に大きな差が出たということはなかった）。

素行の悪い人間を懲らしめるために犠牲も受け入れる

　一つ興味深い点がある。それは、少なくとも一定の金額を受け取れる提案であっても、人々は自分が不公正だと考えるものは迷うことなく拒否したことだ。たとえば相手が80％を受け取り、自分の取り分はたったの20％しかない提案は、間違いなく拒絶されたことだろう。実験で分かったのは、こうした提案の拒絶は、将来もう少し自分の取り分を増やせば受け入れるかもしれないという価格交渉を意味していない。なぜなら、ゲームの参加者は将来、同じパートナーと二度と組むことはないと前もって告げられているからだ。

不公平な提案を拒絶し、提案者を懲らしめるためなら、自らの犠牲もいとわない。こうした態度は〝利他的な懲罰〟と言われている。素行の悪い人間を懲らしめるために自らの犠牲も甘んじて受け入れる振る舞いが、協調の維持や互恵の精神が強く支持されていることを示してくれている[231][232]。

エコノミストは人間が個人的利益を最大化するために合理的に行動すると想定しているが、こうした実験は実際そうでないことを示す証拠として多く引用されている。その理由は、私たち自身がそもそも経済的よりも社会的な生き物であり、社会の調和のために貢献するように進化してきたからだ。社会的な淘汰を通じて、人間の心理は他人の承認を強く求めるようになってしまった。

最後通牒ゲームの結果は、次の点を示唆しているように見える。私たちは他人からよく見られたいと望むだけでなく、自らの行動が他人から評価されているときには自分自身が快適になれる。コーネル大学の経済学者ロバート・フランクによれば、私たちは、自分が信頼のおける人間であり、他人は安心して協同パートナーとして選んで間違いないという印象を与えるためには、まず自分自身がそうであることを確信する必要がある。[231]

彼が示唆しているのは、他人に対して自分が正直で寛大であると見せかけるだけでは不十分だということだ。人々は他人が信頼に値するかどうか見分けるのにとても優れており、うわべだけ装ってもすぐに見透かされてしまう。フランクによれば、本当に信頼できると信じてもらうためには、自分の利益と直接絡まない状況でも、私たち自身が常に公平に振る舞う必要がある。自宅から遠く離れたレストランでも人々がわざわざチップを置くのは、そのためである。

不平等な社会ほど子供のいじめが激しい

私たちの遠い祖先は様々な社会的組織を経ながら進化してきた。その社会的組織による心理的な刷り込みは、物質的な財の分配方法だけでない。第2章では〝支配行動システム〟を用いて階層社会の相互作用について議論した。その支配行動システムの源は動物の序列システムにあった[70]。第2章と第3章で説明したように、支配や従属に対する一連の心理問題は不平等の拡大とともに悪化する。

同じ心理的な刷り込みのもう一つ印象的な例は、不平等な社会ほど子供のいじめが激しくなることだ。成人のいじめに関して国際比較が可能なデータは存在しないが、ＷＨＯが行った学齢期の子供の健康行動に関する調査には国別データが掲載されている。図表５・２から、不平

図表5・2　不平等な社会ほど子供のいじめが増える[233]

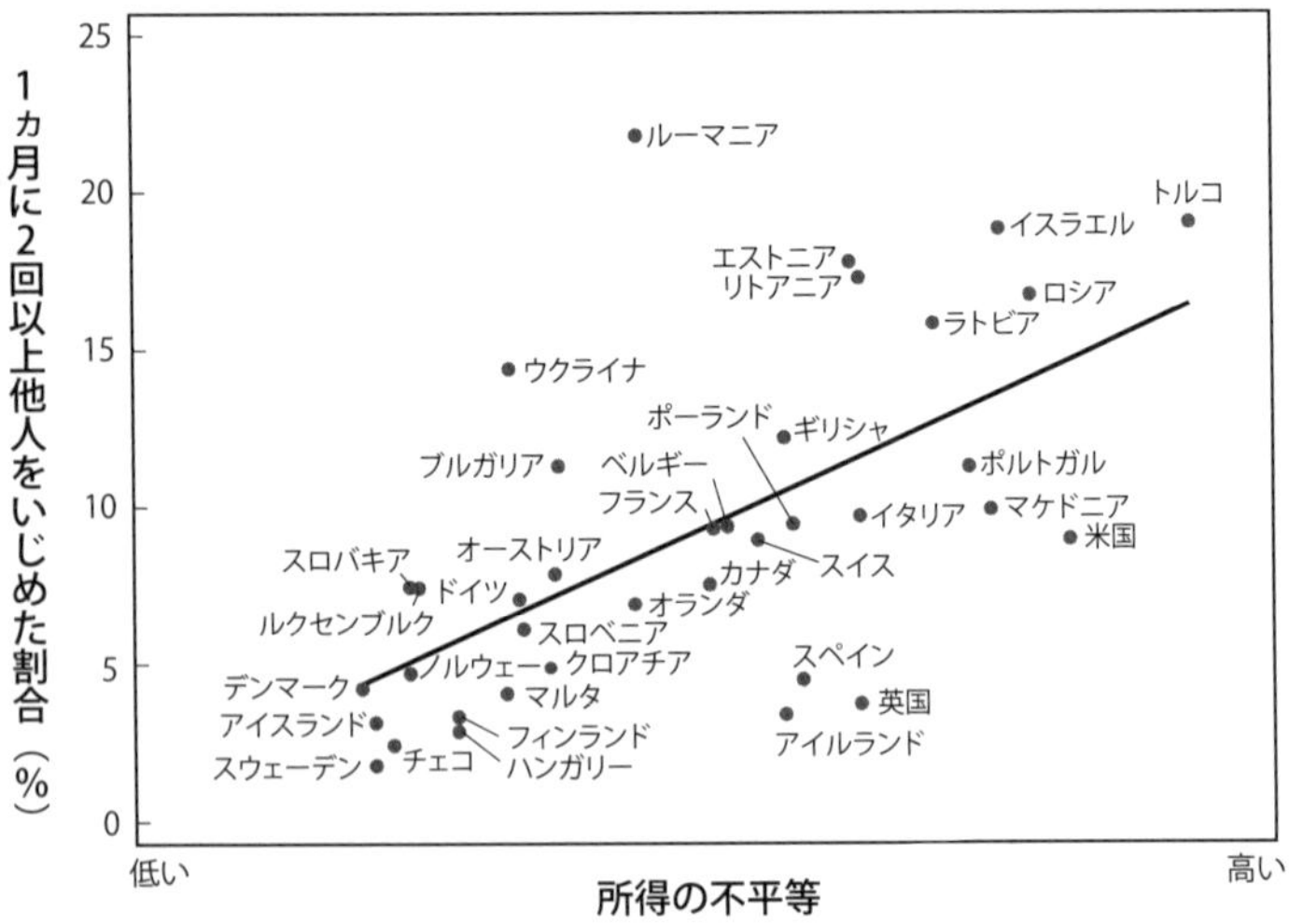

等な社会ほど子供のいじめが一般的になることが分かる。[233] 1ヵ月に2回以上のいじめを受けた子供の割合を見ると、不平等な社会は平等な社会に比べて10倍近くに達している。

　動物の支配社会と人間のいじめ社会は構造的によく似ている。両方とも腕力によってランク付けされ、最も強いものが最上位に、最も弱いものが最下位に位置づけられている。図表5・2によれば、不平等な社会の子供ほど祖先と似た支配志向の行動をとる傾向が強くなる。いじめは権力をめぐる争いである。不平等な社会ほどいじめが広がる事実は、不平等への心理的反応が支配戦略とダイレクトに結びついていることを示している。

図表5・3　格差社会の女性は男っぽい顔の男性を好むようになる(234)(236)

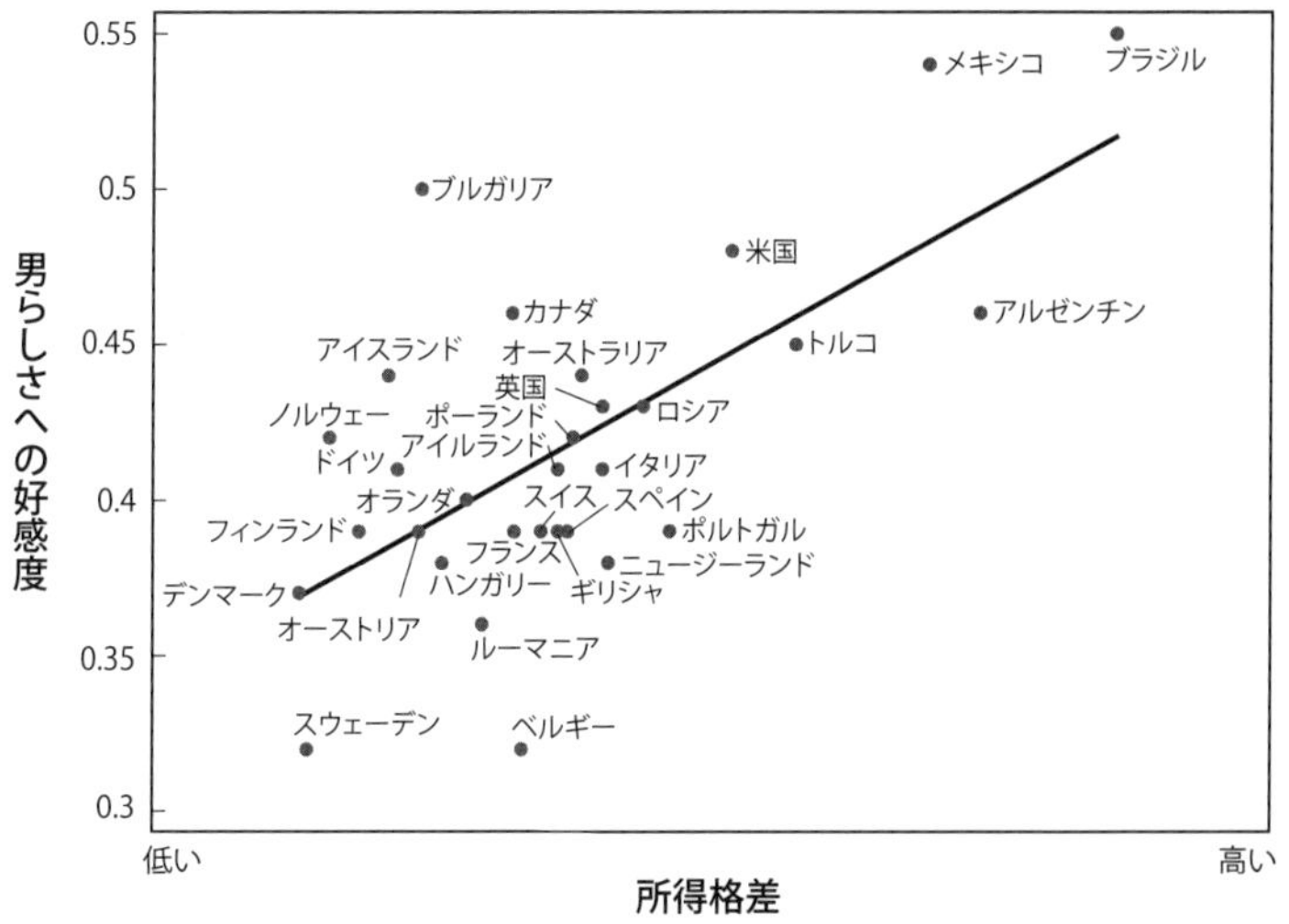

不平等な国の女性は男っぽい顔を好む

不平等拡大への対応にはいくつかの事例がある。その対応は支配従属への適応行動が進化したように見える。不平等な社会の女性は、平等な社会の女性に比べて、ステレオタイプの男性の顔を好むという研究の結果がある。(234)(235)

その研究では、インターネットで30ヵ国、約5000人の異性愛の女性に20組の男性の顔写真を見てもらい、その好みを聞いた。女性は、二人セットになった男性の顔でどちらが魅力的かを答えるだけでよかった。各組のどちらか1枚の写真は、コンピュータ操作によって顔の一部、たとえばあごの線を強調して男らしさが強く出るように修正されていた。

図表5・3にあるように、不平等な国の女性は男っぽい顔つきを好む傾向がある。特に興味深いのは、調査報告が「女性は男っぽい顔つきの男性には反社会的な性質や行動が備わっていると考えていることを示す有力な証拠がある。また彼らはそうした顔つきの男性は不真面目で、協調性に欠け、長期よりも目先の付き合いに強い関心を抱いているとも見なしている」[234]と指摘している点だ。格差の大きな社会の女性が、男っぽい顔つきの男性を好むのは、男っぽさが序列社会での出世に有利に働くと考えているからだ。序列制度の権力構造に適した心理へと進化する先祖返り現象が生じている。

地位の低い人ほどフィブリノーゲンが増加する理由

もう一つ別の調査結果もある。現代社会でも社会的な地位が低い人ほど、第2章で紹介したフィブリノーゲンと呼ばれる血液凝固因子が増加する傾向がある。これはそもそも私たちの遠い祖先が、人類出現以前の序列社会へ適合するためだった。フィブリノーゲンは血液の凝固を早める作用があり、人々はストレスを感じると血液の濃度が高まる。状況がさらに悪化して、身体に傷害が加えられた場合はとても役に立つ。

フィブリノーゲンの数値が高まっていれば、傷口が早く固まり出血が止まるからだ。人類出現以前の祖先の序列社会では、下位者は上位者から身体的攻撃を加えられる危険にいつもさらされていた。フィブリノーゲンの数値が高いことは役に立ったはずだ。

最近の多くの研究では人間関係が良好な人ほどフィブリノーゲンの濃度が低下し、フィブリノーゲンの濃度が社会関係に応じて実際に変化することが確認されている[237]。幸いなことに、私たちは社会階層の上位者から噛みつかれ、傷つけられる恐れはない。しかし序列関係からくる心理的なストレスは今でも私たちの血液の凝固を早め、逆に相互扶助的で安心していられる場合は血液の凝固が遅くなる。

私たちの深層心理にある親社会的価値観

状況に応じて戦略を変えていくことは、自分自身の生き残りだけでなく、後世に子孫を残すためにも重要だ。それゆえ、社会的な生き方を修正して多様な社会に適合する能力は、私たちの遺伝子構造の一部となった。

平等主義的な社会では自分勝手な人間が排除される危険性がある。それと同様に、序列制で気前の良すぎる人間は他人から足元をすくわれる可能性がある。序列制度が厳格な社会では、下位にランクされる人間ほど生き残りの危機にさらされる。上位者の気まぐれな暴力だけでなく、繁殖の機会が厳しく制限される。全体の食料がもともと乏しいうえに、下位者はさらに分け前が少なくなる。序列制では自力で序列アップを図らなければならない。

それとは対照的に、平等主義的な社会では反社会的な行動に対する排除など負の選別や、協調的な性格が好まれる正の選別が働く。公平で寛大、そして信用できる人物は、友人として好まれ、協同活動のパートナーとしても評判が良い。

平等主義社会では、こうしたアメとムチが私たちの心の中で社交性を伸ばす進化の力として働いてきた。私たちはすでにこうしたアメとムチの事例をいくつか見てきた。たとえば、階層的な社会と友愛に満ちた社会とでは人間の血液が凝固するスピードが異なるとか、私たちの脳では排除などの社会的な痛みを感じる部分と肉体的な痛みを感じる部分が同じだとか、あるいは食料の分かち合いには宗教的な意味合いが込められていること、それに〝companion（友達）〟は「ともにパンを食べること」が語原になっていることなどである。

宗教的イデオロギーよりも古いもの

アメとムチは私たちの生活に織り込まれている。たとえば、私たちは自分が他人のために重要な役割を果たしていると感じる必要がある。私たちは、他人が私たちの行いを評価し、親切な人だと見なしてくれていると思いたがる。それは結局、親として子供の希望を叶えるとか、人間として他人から感謝されるような行いをするといった、他人のために自己実現する感覚へとつながっていく。

現代の賃金労働では、多くの労働者が自分の価値が正しく評価されておらず、搾取されていると感じている。失業すれば彼らは自尊心が傷つけられたと感じる。社会で人の役に立つ仕事をしていなければ、人々は自分が無価値な人間だと感じる。人々は他人の欲求を叶えるために協力し、それが世の中からも評価されていると思いたい気持ちを持っている。そうした願望は、以前は仲間外れにされないための最大の保証だったはずだ。他人の役に立つことで、私たちは協調的な集団のメンバーとして安全性を最大化していた。

正直、寛大、親切のような価値観は宗教によって生み出され、今も宗教によって支えられていると思い込まされてきた。宗教的な信念や教義は（不寛容の問題を引き起こす点は別にしても）思いやりや寛大の規範として役に立っているが、そうした親社会的な特性が私たちに埋め込まれたのは人類の先史時代である。それは平等な社会での社会選抜の進化を通じてできあがってきたことを、現在の私たちは知っている。

現代の狩猟採集社会に関する文化人類学的な解説によれば、滅私奉公や思いやり、寛大さを評価する傾向が始まったのは、はるか遠い昔のことだ。宗教的な信念はそうした本能を強化することができたが、親社会的な価値観は私たちが進化を遂げるずっと以前から深層心理に深く刻み込まれていた。過去数千年の間に生まれたどの宗教的イデオロギーよりも、はるかに年季が入っている。

利他的な人の存続は社会環境が決める

多くの動物の実験から、利他的な行動は遺伝的にコード化できることが明らかになっており、[238][239] 進化心理学者はそれに選抜過程がどのようにかかわっているのかについて議論を重ねてきた。どうして人は自分の身の危険を冒してまで、おぼれている見知らぬ人を助けようとするのか。どうして人は匿名で慈善事業にお金を寄付し、将来二度と訪れることもなさそうな街のレストランでチップを払うのか。これは理論的な矛盾と考えられてきた。

もしあなたが、他人を助けるために自分を犠牲にしたり、食料不足のときに自分の食べ物を他人にも分け与えたりする遺伝特質を持っているのであれば、あなたの遺伝子が世の中に広まる可能性は低い。グループ内の選抜は、グループですでに多数派になっている特性をさらに広めるだけだ。あなたが他人のために自らの命も顧みないほど勇敢な特性を持っているとしたら、あなたの遺伝子が世間で広まることはないだろう。戦争や紛争の終結後に最も栄える遺伝子の持ち主は、戦争を生き抜いた者であり、戦争で命を落とした者ではない。

利他的な特質はグループ全体の生き残りに役立つという議論もあるが、グループ内の選抜で利他的な特性が広まるのはグループの大多数がそうした特性を持っている場合に限られる。

本章の前半で紹介したクリストファー・ボームの真価は、親社会的な行動の持ち主を選抜するのは自然環境ではなく社会環境であることを認識した点にある。それは、グループの他のメンバーは（特に友人を選ぶときは）協調性のある人物を好み、逆に反社会的な人物は嫌うという正と負の選考圧力が強く組み合わさったものだ。

ある研究者は人類以外の霊長類の一部においてさえ不公正を回避し協調行動を好む傾向があることを発見したが、その結論とも符合する。その研究によると、少なくとも外見上は公平な行動をとっているように見える種が存在する。群れのメンバーの取り扱いで公平さを欠いたり独善的になったりした場合、不満を抱くメンバーから激しい報復を受けることになり、公平な行動はその報復を避けるためである。[226]

人は社会に適応するようプログラムされている

私たちは、平等な社会に対する生まれつきの行動のようなものを数多く見てきた。最近急速な発展を遂げているエピジェネティクスによれば、私たちは基本的に社会に適合するようにプログラムされている。

エピジェネティクス――環境が遺伝子の発現に影響する

エピジェネティクスは、環境が遺伝子の発現に及ぼす影響について研究する学問領域である。何世代にもわたって受け継がれてきた遺伝子配列の変化を伴わなくても、広範な環境の刺激によって遺伝子の発現が変化することが知られている。遺伝子のスイッチが入ったり切れたりすることで、発育や行動に影響が出てくる。人類を含む多くの種は、エピジェネティックな変化によって、環境に応じて異なる発達を遂げることができる。

たとえば、働きバチと女王バチは遺伝子が全く同じだが、遺伝子の現れ方は幼虫時に与えられる〝ロイヤル・ゼリー〟の量によって違ってくる。このロイヤル・ゼリーは、幼虫から成虫になるときの遺伝子の発現を変化させる。ロイヤル・ゼリーを多く与えられた幼虫は、寿命が短く繁殖力のない働きバチにはならず、長寿で体がはるかに大きくて、しかも卵を産むことができる女王バチへと成長する。過去の経験の違いによって、発育の仕方まで変わる。

人類や霊長類は胎児の初期段階の経験によって、ストレスへの反応の仕方が微妙に違ってくる。妊娠期間中のストレスが子供の発育に与える影響について調べた研究があり、その結果は衝撃的だった。それによると、子供の情緒的、知的な発育にとって有害なのは、危険性の高い放射能より妊娠期間中のストレスだ。

1986年にチェルノブイリ原子力発電所事故が発生した。そのときに母親が妊娠中で放射能を浴びたベラルーシの子供たちを調べた研究者がいる。その研究者によれば、放射能を浴びた子供たちは他の子供たちに比べて発育や認識上の障害の発生が著しく高い[240]。しかし研究者が驚いたのは、知的機能、話す能力、言語、情緒障害への影響という点では、放射能の直接汚染よりも、放射能汚染への不安や、避難によるストレス、日常生活の喪失の方が大きかったことだった。

そうした幼少期の経験がその後の心理的な発育に与える重要な影響は、これまで長く認識されてきた。ごく最近の研究では、心理的な発育はエピジェネティックな変化によっても大きな影響を受けることが分かった。多くのストレスを経験した子供ほどストレスに敏感になり、成長した後は気分がふさぎ込みがちになる。実際にうつ病になってしまう可能性も高い[241]。

どんな社会で育つかが発育に影響する

研究の結論をまとめると次のようになる。社会的なストレス、特に両親と子供の間のストレスは、ストレスへの反応を制御する幅広い遺伝子の発現に影響を及ぼす[242]。子供が何の不安もなく愛情に満ちた家庭環境の中で育ったか。精神的、肉体的な虐待、育児放棄、あるいは両親のケンカや暴力といった環境で育ったか（その割合は全体の10～15％といわれる）。それとも、その中間で育ったか。家庭環境によって、サイコロの目の出方が大きく変わってくる[243]。

どの種にも、経験によって発育が左右される敏感な幼少期がある。植物でも誕生して間もない頃の干ばつや塩害によって成長の仕方が変わるエピジェネティックな現象がある。その結果、将来同じような災害が生じたときはうまく対処できるかもしれない[244]。エピジェネティックな変化を引き起こすのは、物理的な経験だけとは限らない。社会の階層化に伴って生活や社会関係も変化する。エピジェネティックな変化は、そうした生活環境の変化をどう受け止めるかという主観的な判断によっても引き起こされる。(245)(246)社会的な状況や社会環境に対する認識や感じ方は、私たちの遺伝子の発現に変化を及ぼす(245)。

幼少期の社会的な経験が遺伝子の発現に変化を引き起こし、その後の発育に影響を及ぼすという発見によって、私たちは進化の期間中、いつも社会環境の大きな変化と、それによって生じる様々な社会的課題に柔軟に適応しなければならなかったことが分かる。進化の過程において、人類は〝力は正義なり〟という序列制から、思いやりや分かち合いの互恵主義まであらゆる社会を経験してきた。これが最後とばかり一つの環境に適応するのではなく、私たちはエピジェネティクスと心理面の進化によって、ほとんど二種類の人間性を体得するに至った。

その二つの人間性のうちどちらが前面に出てくるかは、そのときの社会制度の課題によって異なってくる。それはあたかも、赤ん坊が俳優としてステージの上に登場し、これから人類の様々なレパートリーのどの役柄を演じる必要があるかを見つけださなければならないようなものだ。

重要なことは社会関係の中身である。希少な資源を巡ってすべてがライバルであり、お互いに信頼できない社会。（支配者に従っている場合を除き）できる限り多くのものを得るために、いつも戦いの準備をしていなければならない社会。もう一つは協力と互恵に満ちた社会。共感と信頼が重視される社会。この二つの社会のどちらで育つかは、初期段階の発育に大きく影響する。

社会制度によって、社会的な志向や、感じ方、理解力の発達は大きく異なる。子供時代にストレスを多く感じた人々は損をしていると単純にいえない。むしろ、ストレスの多い社会で生きるのにうまく適応できているかもしれない。彼らは都会生活に慣れており、他人をそれほど信じることもない。また、彼らは隙がなく、自分の意見を主張することにも長けているかもしれない。

社会から引き離されて、家族ごとの影響が出る

有史以前においては、エピジェネティックの過程はとてもプラスに作用した。子供が核家族化によってグループ内の他の子供から引き離されることはなく、子供はみな早い時期から狩猟採集の遊牧生活集団における社会的な人間関係を経験した。そうした経験は生活の優れた道標となり、成人後の人生でも役だったはずだ。

ところが現在では、家族生活はプライバシーの名の下に一部が社会から引き離されるようになった。子供時代の経験が必ずしも社会関係の良き道標とはならないケースが増えている。ある家庭では愛情に満ちているが、別の家庭では争い事が絶えない。自らの幼児経験がその後の社会生活の有益な道標になるかどうかにかかわりなく、子供は独自の経験に従って個別の発育経路を歩まざるをえない。

しかし現在の核家族には社会的な様々なストレスが押し寄せている。金融不安や過剰債務、

ワーク・ライフ・バランス、失業、メンタルヘルス、中毒、劣等感……すべて社会的な不平等と関連している。これらが家族関係にも大きな悪影響をもたらしている。実際に、米国の不平等な州では子供の虐待の比率が高いという事実も指摘されている[247]（第6章参照）。

エピジェネティックな変化の一部はきわめて短命で終わるものもあるが、一方でＤＮＡ自体が変化しなくても何世代にもわたり受け継がれるものもある。たとえば、ホロコーストの生存者から発見されたエピジェネティックな変化は、成人後の彼らの子供からも確認されている。これは、妊娠以前の母親のストレスが次世代に影響を及ぼすことを示している[248]。

地位が上か下かで、遺伝子の発現に違いが出る

社会によって社会関係のあり方が大きく異なるのと同じように、社会階層の上位に位置するか、それとも下位に位置するかで社会への適応の仕方も変わってくる。不平等な社会では、どの社会階層に属するかで生活環境や直面する逆境も大きく異なってくる。その結果、都市の富裕地区と貧困地区の間でエピジェネティックな違いが生じる。

スコットランドのグラスゴーで実施された研究では、経済的に恵まれた地域の人々とそうでない地域の人々のＤＮＡ、あるいは肉体労働者と非肉体労働者のＤＮＡを比較している。両方の比較によると、こうした社会経済的なグループ間ではエピジェネティックな違いが大きいこ

とが判明した。エピジェネティックな変化の影響はまだ十分解明されておらず今後の研究に俟つところだが、不平等の影響が知らないうちに浸透していることはほぼ間違いない[249]。

幸運なことに生活が変われば、遺伝子発現の変化の多くは元に戻る可能性が高い。マカクザルを他のグループへ移動させて社会的な序列を変化させる研究によると、エピジェネティックな特徴が序列に応じて変化したことが分かった[250]。

こうした変化は新しい社会環境に適合するのに役立つと考えられているが、一部の遺伝子発現が変化するメカニズムについてはほとんど解明されていない。それらは不安や心配に対する過剰反応など幼少期のストレスが背景にあると考えられているが、長期の健康上のトラブルを引き起こす恐れがある。

神経内分泌学者で霊長類学者でもあるスタンフォード大学のロバート・サポルスキーは、ストレスが体の生理学的な優先順位をどのように変化させるかを分析している[246][251]。〝闘争・逃走〟反応は、体中のエネルギーを動員して筋肉の働きを活発にするなど、緊急事態や危険な攻撃に備える効果がある。その反面で細胞組織の維持や修復、成長、消化、生殖機能などの働きを一時的に中断させる副作用がある。こうした反応を引き起こす脅威が短期間で収束する場合は問題ないが、脅威への不安や心配が何週間、何年間も続く場合は、健康被害をもたらす可能性がある。

貧困の本質は物質的貧しさにあらず

社会的地位の低さによる影響と貧困の影響は混同されることが多い。一般に考えられている貧困の波及経路は、日当たりが悪くて狭苦しい住宅や栄養価の低い食料の摂取など物質的な環境を通じたものである。社会が豊かになるにつれて物質的水準はそれほど問題にならなくなったが、社会人として義務や責任を果たしているか、〝社会的排除〟の対象にすべきかどうかを判断する指標として引き続き重視されている。したがって、現在の先進国ではほとんどの場合、貧困は相対的な基準で計測されることが多い。

EUでは、国ごとに所得の中央値の60％未満で生活している人々が貧困層と定義されている。重要なことは他人と比較した場合の物質的な水準、つまり相対的な貧困である。〝社会的排除〟に多くの注目が集まっているが、貧困の経験で最も屈辱的なことは人より劣っていることが一目で分かることである。

「人より劣っていることが一目で分かる」のが問題

マーシャル・サーリンズは「貧困とは財産が少ないことでも、収入と支出の差でもない。突き詰めると、人との関係だ。貧困は社会的な身分の一つだ」とまで言い切っている。(210) 同じような言い方で、ノーベル経済学賞を受賞した経済学者アマルティア・センは、恥は貧困の「これ以上還元できない絶対的な核心」であると述べている。[252]

国際的な研究チームが実施した研究では、こうした主張の正しさが明快に示されている。彼らは、ウガンダ、インドの農村地域、中国、パキスタン、韓国、英国、ノルウェーの都市部など7つの先進国や発展途上国について調査を行い、貧困層出身の成人や子供に貧困の経験について聞き取りをした。[253] インタビューされた人々の物質的な生活水準は国によって大きく異なっていた。

インドの貧困層は1～2部屋しかない粗末な小屋で生活し、床は土間、屋根は波打ったトタン板というのが一般的だった。台所は屋内になく、水道は共同、トイレと呼べるものは備わっていなかった。ウガンダの回答者は自給自足の農民で、住宅の床は土間、屋根はわらぶきであり、十分に風雨をしのげるものではなかった。調理は屋外で行い、飲み水はどうみても衛生的とはいえなかった。これとは対照的に、英国やノルウェーの回答者の住宅はベッドルームが3部屋ある一戸建てかアパートが一般的だった。冷温の水道、電気、暖房、台所、バスルームなどを完備していた。英国とノルウェーの回答者は失業しているために生計は生活保護に頼っていた。

恥の内向化と自己効力感の低下

このように住居、食料、衣類の充足状況では大きな違いがあったが、社会で他人よりも貧しい生活をしているという主観的な感情はとても似ていることが分かった。先入観を取り除くために、研究者たちはインタビューの中で〝恥〟や〝貧困〟といった言葉の使用は避けたが、次のような結論を下さざるをえなかった。

> 回答者は総じて貧困を嫌い、貧困状態にある自らを蔑むことが多かった。両親は子供から軽蔑され、女性は周囲の男連中をさげすみ、男性の一部は自己嫌悪を自分の両親や子供にこぼすこともあった。回答者は一般的に、困難に遭遇してもベストを尽くしたと信じているが、多くは貧困ゆえに人生に失敗し、他人は自分を落ちこぼれだと見ていると感じている。

こうした恥の内向化は、家庭、職場、役人とのやり取りにおいてさらに強化される。子供ですらこの恥の観念から逃れられない。パキスタンは例外かもしれないが、学校は社会的な格付けの〝機関〟であり、社会的に認められるために必要な財産を持たない人々には屈辱以外のなにものでもなかった……。親が子供から物をねだられなくなったとき――それ自体が恥の感覚をさらに高めるが――、両親は十分に養育できていないことの悔しさを感じとるのだった。[253]

自己嫌悪や恥の感覚は、「引きこもり……失望、うつ病、自殺願望へとつながり、一般的に自己効力感（訳者注＝自分がある状況において必要な行動をうまく遂行できるかという可能性の認知）を低下させてしまう」。回答者にとって、最も心が痛む失敗は「自分自身や家族に十分な食料や住宅を提供できなかったことだ」。「男性にとって、他人の援助や生活保護に頼ることは男らしさの失墜と思われた。二人の子供を持つ英国人の父親は『気分が悪い……私は家庭では父親だ。女房や子供の世話をすべき……男だった。ところが、それができていない』と告白している」。

研究者たちは、こうした恥の感覚の内向化だけでなく、貧困者たちは7ヵ国それぞれの国において社会の幅広い層から露骨な辱めを受けていることを発見した。英国では、マスメディアが貧困は個人の責任だという見方を世の中に広めたことで、この屈辱感がさらに増幅されたと記している。

私たちが社会的地位の低下を何とか回避してきた経緯を考慮せずに、貧困や不平等の影響を正しく理解することはできない。私たちの進化心理学の立場からすれば、地位低下の恐怖は人類出現以前の順位制時代にまで遡るが、それは現代の不平等社会でも強く生きている。社会的地位を維持することの重要性を正しく認識できていない人は、経済成長によって不平等や相対的貧困の問題は解決できると信じ続けている。しかし貧困がもたらす主観的なトラウマを考えると、他人よりも著しく貧しいことは強力なエピジェネティック効果を持っていることを忘れてはならない。

生き残るための、序列への過剰なこだわり

私たちの心理には、社会的不安に対する脆弱さが刻み込まれている。それには2つの主な淵源があることが分かった。一つ目は人類出現以前の順位制、二つ目は先史時代の平等主義である。

一目見て、相手のことを見極める能力

社会的地位を巡る競争は序列への過剰なこだわりに基づいており、社会階層の下位の人間に対する偏見の源にもなっている可能性がある。人類以外の霊長類では、どの個体も下位者をどう扱おうが何のとがめも受けることはなく、それが上位者のあるべき姿となっている。したがって、序列の上位者の不興を買うことなく、自分の地位を向上させるのは困難を伴う。力が同じレベルのもの同士では自分の地位を維持あるいは向上させる一方で、勝ち目のない戦いによる致命的な傷を避けようとすれば、上位者に対して自分が格下であることを認めなければな

らない。

序列の厳しいサル社会では格下のサルは格上のサルの居場所や機嫌のチェックに万全を期すが、順位制の心理的な影響の大きさはそれに費やす時間の長さを見れば明らかだ。逆に言えば、グループの格上のメンバーは、どのサルが他のサルから最も注目されているかを見ればすぐに発見できる。[254] こうした警戒心は恐怖や争いを避ける必要性からきているが、格下のサルが最も注意するのが群れの中で攻撃性の強いサルであることからも確認できる。[255]

人類は現在でもお互いの優れた特性を見極める能力に長けている。実験のために準備された環境で、少人数の学生がお互い初めて出会い、そこで彼らが相互にどのようなやりとりをするかを観察した研究がある。一目見てすぐに、つまり出会いから一分もたたないうちに、あるいは互いに会話を交わす前の動作や表情などから、お互いがどのくらいの支配行動の持ち主であるか無意識のうちに分かってしまうことが明らかになっている。こうした評価は、その後の言動の観察によって間違っていなかったことが確かめられた。[256] 服装は社会的なステイタスを示すが、研究では、そうした見た目の印象は取り除くように工夫がなされていた。

研究者の結論によれば、初対面の時点から、相手の支配行動を知るうえで重要な手がかりになるのは、どのくらい自信がありそうに見えるか、どのくらい積極的か、目を合わせたときに視線をそらすか、などである。この点で特に興味深いのは、霊長類に関する論文では支配者は格下の動物から長い時間、凝視されることはないとされているが、その見解と自分たちが学生に対して行った実験結果とは一致していると、研究者が述べている点だ。[256]

私たちは序列の近い人と自分を比較する

人類出現以前の順位制によって、私たちは社会的地位を過度に気にかけるようになった。[257][258][259]自分を他人と比較する癖は、覇権を競う動物がお互いの腕力を評価して、闘うべきかそれとも譲るべきかを決める対決と同じくらいに古い時代から続いている。序列社会における自分のランクほど重要なものはない。

第4章で述べたように、現代社会の消費行動を牽引しているのは社会的なステイタスへのこだわりだ。自分の地位の評価となるものならどんな些細なことでも見逃すことができなくなり、消費行動は腕力以外にステイタスの向上を目指す闘いの場となった。

社会全体の所得不平等の影響を研究する場合、難問は人々が自分を誰と比較しているかである。相対的な貧困の研究から得られる共通の結論は、人々が自分を比較する対象は、社会階層の上でも下でも、遠く離れた人々でもない。自分と同類つまり近所の人や職場の同僚が比較の対象だ。[260]これからすると、極端な富裕者や貧困者は中間層の大多数の人間にとって重要ではない。最富裕層と最貧困層の所得格差が大きな社会問題であり、社会的な機能不全の原因になっていると指摘されるが、前述の事実と矛盾するように見える。

このなぞを再び進化論的な視点から見ると、矛盾は見事に解決する。ロバート・サポルスキーは約25年間、毎年、ヒヒの研究でアフリカのセレンゲティを訪れてきた。

彼によれば、身分の優劣を巡る闘いは序列がきわめて近いもの同士で行われる傾向がある。[261]それゆえ、序列7位のヒヒは、序列6位や8位のヒヒと争うが、序列1位や12位のヒヒと闘うことはない。序列7位のヒヒは1位のヒヒと闘っても負けることを知っているので、無駄な闘いはしない。同様に、序列20位は7位と争わない。全く勝負にならないことを知っているからである。

序列をひっくり返せる可能性が出てきた場合、自分の周辺にいるライバルに出し抜かれないよう絶えず警戒しなければならない。もし序列変動の兆しが出てくれば、7位のヒヒは6位と8位のヒヒに対し注意を怠らないようにしなければならない。

もちろん、序列がずっと上のヒヒや、逆にずっと下のヒヒが重要でないと言っているわけではない。高序列者の優越性を認めることは、低序列者の生き残りにとって不可欠である。そのために、人類以外の霊長類は高序列者に対して警戒を怠ることがなく、前に述べた英国ロンドンの役所に勤める下級公務員は、血液の凝固因子の数値がそれ以外の人間に比べると高くなっている。

おそらく以上のような理由から、友人や同僚が突然、自分よりも目上の人間であるかのように話し、行動し始めたときに、「いったいお前は自分を何様だと思っているのか」という怒りがこみ上げてくる。不平等な社会ほど暴力行為が増えるのは、全く同じ理由からだ。貧困者が富裕者を攻撃する頻度が高まるからではなく、社会階層の底辺にいる人々の間での暴力が増えるからだ[(1)(262)]。

社会的なステイタスの持つ意味が高まれば高まるほど、同じ立場の人間からバカにされたと感じ、侮辱を受けたときは（勝手にそう思い込んだ場合も）、自分の立場を守ることが必要になる。社会的なステイタスへの不安は、他人が自分をどう見ているか、つまり他人から見下されているのではなく、好感をもたれているか、尊敬されているかという点に尽きる。その結果、自己顕示欲にとりつかれたようになり、自分の外見的なイメージや評価が高まることを宣伝する広告主の虜になってしまう。

平等主義もまた、他人からの評価が気になることの淵源

社会的地位の重要性が高まり、不平等の拡大が生じることで引き起こされるエピジェネティックな変化の一つが、周囲の人間との社会的な比較に過敏になることだ。しかしエピジェネティックな変化の有無にかかわらず、不平等の拡大で人々は明らかに社会的地位を気にするようになっている。自分が他人にどのように映っているか神経質になり、他人から軽んじられないように警戒心を強めている。

社会的な不安への脆弱性、つまり自分を他人の目を通じて見たり、知ったり、経験する傾向の第二の淵源は、平等主義的な先史時代である。仲間外れにされたくないとか、人から好かれ

たい、評価されたいという感情は、農業社会になる前から続いている。

動物の場合、肉体的腕力の優劣が決定的だったが、人類が平等主義を必要としたのは誰もが危うい立場にあったからだ。最強者から最弱者までいつ誰から襲われてもおかしくないという恐怖心であり、それは大型動物の狩猟技術の発達でますます強まっていった。その結果、集団のすべてのメンバーは他のメンバーすべてと良好な――あるいは寛容な――関係を維持することが不可欠になった。お互いの争いを避けるためだけでなく、グループから仲間外れにされないことも重要になった。グループは、協調してお互いの身を守り、食料を分かち合うための手段であったからだ。

親社会的な価値観の根っこにあるもの

こうした歴史が、心理学者が〝不平等回避〟と呼ぶものの起源かもしれない。先に議論した〝最後通牒ゲーム〟など多くの研究結果によれば、人類は社会的地位への不安ゆえに（そして、それにもかかわらず）不平等を嫌っている。

たとえば科学雑誌『ネイチャー』で紹介された実験ゲームでは、4人1組の様々なグループがコンピュータ端末を通じて匿名で取引を行う。[263] まずコンピュータが、4人に金額の異なる資金をランダムに配分する。彼らは資金をそのまま手元に置いておいても、資金の一部を使ってトークンを購入してもよい。そしてそのトークンを使えば、他人の所得を増やしたり減らしたりすることができる。たとえば1枚のトークンの原価は1ドルであり、それを使えば自分の所得が3ドル増え相手の所得は3ドル減る。こうした取引が参加者の異なるグループで何度も繰り返された。

参加者は以下の点について説明を受けていた。最終的に残った資金は手元にキープできる。ゲームの間、匿名性は維持される。お互いに情報を交換できるのは一度だけ。彼らはお互いが前の取引でどのようなパフォーマンスを上げたかを知ることはできない。

結果は次の通りだった。

まず参加者によって購入されたトークンの大半は、取引によって、最初にお金の配分を多く受けた人々の所得を減らした。所得を増やす目的でトークンの大半を購入したのは最初にお金の配分が平均より少ない人々だった。つまり、最初の資金配分が多かった人々は資金を減らし、最初の資金配分が少なかった人々は資金を大幅に増加させた。最初の資金配分が大きかった人々は多くのお金を使って他の人々の低所得水準を引き上げ、最初の資金配分が少なかった人々はトークンに多くのお金を使って所得の高かった人々の所得を引き下げたのである。

こうした行動パターンや、実験ゲームを体験する中で被験者が示した感情（怒りを含む）は、少なくともある状況において人々は不平等を回避する行動をとったことを示している。[263]

行動経済学者も人間の社会的なモチベーションを調べるために似たような実験〝ゲーム〟を行っている。そうした研究成果も、ほぼ同様の結論を導き出している。[232] 前にも触れたように、狩猟採集社会の人々の気質は積極的な平等主義だった。彼らが不平等を避けるメリットは、それが人々の間で調和のとれた関係を維持する必要条件（必ずしも十分条件ではない）だからだ。[210]平等主義は互恵や協調を促進する。不平等の回避は友好や共有の恩恵を得るうえで不可欠であり、狩猟採集社会を生きた私たち祖先の社会生活の基本であった。

公正を好み恩義を感じることで他人の親切心に報いようとする。そうした感情はもちろん薄れていくこともあるが、しかし〝万人の万人に対する闘争〟という序列社会の利己的な原理とは好対照をなしている。

結局、親社会的な価値観の根っこにあるのは、他人の善意への期待や、社会福利への協力者や支援者として見られたいという願望である。様々な実験結果が強く示唆していることは、次の点だ。過度な不平等を避けたいという意思が維持されるのは、（前出の〝利他的な懲罰〟のような）他人の寛大さに付け入ろうとする人々に制裁が加えられる可能性がある場合である。

なぜ人類だけが後天的な生活様式を発展させたのか

私たちは、他人の評価に敏感になることで、人類に特有の文化、つまり本能よりも後天的な生活様式に従って行動するようになった可能性が高い。他の霊長類ではジャガイモを口にするときは泥を洗い流し、シロアリを食べる場合は枝を使うなどいくつかの後天的行動が知られているが、それをさらに発展させることができない。後天的な行動を一つひとつ積み重ねて新たな生活様式にまで発達させているのは、人類だけだ。人間は本能に従ったままの不自由な生活から、現在の自由自在に適応が可能な生活へ移行したことで、どのような環境変化にも適応できるようになった。狩猟採集の遊牧生活から近代的な賃金労働の都市生活までどのような形態でも暮らしていけるようになった。

　発育段階にある子供の視点からすると、周囲の人間は皆、文化の体現者である。彼らは、生活様式の媒介者、お手本、守護者である。大人になることは、周囲が認め、〝適切〟だと判断した方法で行動し生活することを学ぶことだ。特別な技術を習得する、知識を蓄積する、他人の失笑を買わない発音をする……どのような勉強でも、周囲から高い評価を得たいという願望が動機になっている。私たちがどのような生活様式においても熟達した実践者になろうとするのは、他人より傑出している、有能な人間であると認めてもらいたいからだ。

　トーマス・シェフは、恥をかき、気まずい思いをしたくない気持ちが、私たちの画一性を好む傾向の根底にあると見なした。私たちは人前で変人やバカ者と見られたくない。ここから、すぐに次のような考えにたどり着く。認められたい、恥をかきたくないという欲求が原動力になって、人類は学習に基づく生活様式を発達させてきたのかもしれない。それはあたかも、後天的な生活様式は、他人の行動や慣習を模倣し学ぶという同調主義から生まれたようなものだ（それとは対照的に、革新を行い新しいアプローチを採用することはリスキーな生き方である。

しかし生活のある領域では従来のしきたりを破った人でも、それ以外のすべての分野では後天的な生活にどっぷり浸かり続ける傾向がある）。

人から尊敬されたいという願望は、特殊な技能だけでなく、一般的な専門性を学ぶ場合でも強力なモチベーションになっていた可能性がある。特殊な技能や能力に優れた人は、効率的な学習や自己啓発によって選抜上の優位性を持っていたはずだ。彼らは周囲から尊敬され、高く評価される指導者やメンバーだったはずだ。しかし同様に重要だったことは、無能力者や不適格と見えた人々は排除されたことだった。

こうした選抜のプレッシャーや、自分自身が人々からどう評価されているかといった不安は、恋人探しが最も盛んになる10代、20代に最高潮に達する。それは、自分の遺伝子を次の世代へ受け継ぐという重要な進化論上の理由のためだ。最適なパートナーを見つけたいという願望によって、若い人々の間では容貌、能力、社会的地位への不安が大きく高まる。

私たちは親社会的でもあり、反社会的でもある

社会関係に影響を及ぼす主要な心理的特徴について、その進化論上の起源に注目してきた。しかし、それらは遺伝子によって固定化されているわけではない。むしろ反対に、遺伝子と環境の間には、きわめて複雑な相互作用が存在する。サポルスキーの簡単な事例によれば、遺伝

子は、環境にかかわりなく私たちの行動を規定しているのではなく、環境変化に柔軟に対応できるたぐいまれな生き方を提供してくれている。彼は、ネズミは臭いによってオスとメス、親族と他人、食料と非食料を区別し、異なる対応をすることができると指摘している。

私たちも本能的に、友人に対する行動や対等者との接し方を知っている。また、社会的な地位や権力の重要性も知っている。現代社会では、私たちの親社会的な傾向を引き出す、つまり対等な人間として好意を持たれ評価されたいという気持ちにさせる場面がある。しかし状況が変わると、私たちは自分の出世や地位のことで頭がいっぱいになり、お互いの肩書きを見て評価を上げたり、下げたりする。社会的な地位が高まれば（あるいは少なくとも外見上そう見える場合）、他人は自分に対してもっと敬意を払うべきだと考えるようになる。しかしその一方で特別扱いされることも嫌う。人間は矛盾に満ちた存在だ。

こうした二つの対照的な生き方の進化上の起源を、別々に切り離して理解するのは難しい。環境の違いによってどちらが前面に出てくるか分からないからだ。人々の行動パターンが異なれば、福利への意味合いも違ってくる。社会全体の行動パターンに大きな影響を与える不平等について理解することはとても重要なことである。

どちらが強く出るかは、社会のあり方による

これまで注目してきた社会的不安の二つの源泉は、他人から高い評価を得たいという願望とかかわっており、人類の進化の歴史に根ざしていた。しかしそれにもかかわらず、二つの源泉は全く性格を異にしていた。

一つは、友情や良好な社会関係を築くこと、あるいは相互扶助やお互いの福利への貢献に関すること。もう一つは、もっと反社会的なものだ。他人よりも良く見られたい、自分より劣る人間を見下し、勝る人間には媚びへつらう。他人に打ち負かされたときには、自信喪失で立ち直れなくなってしまう。

私たちはいつもこうした二つの感覚が入り交じった中で暮らしている。社会的な生活に必要なのは前者であって後者ではない。

人類が経験してきた不平等や階層社会はきわめて変化に富んだものだった。福利への影響も全く違っていた。出世競争に基づく社会関係は無用の競争を生み出し、平等や互恵に基づく社会よりも人々のストレスが大きかった。動物社会的な序列によるいじめから始まって、現代の不平等社会の学校では平等な社会よりもいじめの発生率が10倍も高いという現実（図表5・2）に至る進化の過程は、私たちに何が問題なのかを示している。

いじめの結果は悲惨だ。いじめに苦しむ子供には、毎朝、学校に行かなければならない恐怖で嘔吐し、激しいうつ病に苦しむ症状が見られる。学校で受けたいじめの心理的な傷は一生癒えないことがある。不平等拡大が子供にもたらした影響と同じことが、不平等な社会で暮らす私たち大人にも言える。私たちは、序列争いがゼロサム・ゲームであることを直感的に知っている。全員の序列を同時に改善させることはできない。誰かの序列が上がれば別の人の序列が下がる。

前に紹介した研究では、人間の社会行動を調べるために〝ゲーム〟の実験を行ったが、私たちは基本的に利己的で所有欲が強いという考えがいかに間違ったものであるかが分かった。第1章で見たように、良好な社会関係が健康や幸福の大前提だという命題は、傷の治療、感染対策、長寿などの研究によって実証されている[28][29][30][33][264][265]。

物質的な格差を是正することで、私たちは国民全体の福利や社会関係の質を改善することができる。データの示すところでは、社会が平等になれば、社会生活は改善し、住民相互の信頼感が高まる。社会的な評価への不安、けばけばしい消費主義、暴力などは影を潜め、社会問題でストレスを感じることもなくなる。

それでも完全に平等な社会は存在しない

こうした関連性を理解していないと、私たちが社会の改革や人間の尊重を訴え続けたとしても無駄に終わってしまう。ただ口先で推奨するだけでは、人々がお互いを外見で判断し、財産の多寡で人の判断をすることに歯止めがかからない。

社会階層制への条件反射が私たちの深層心理に深く刻み込まれている。それをオフ状態にして、不平等の広がりにも泰然自若としていることは不可能である。その一方で、私たちが自力で自信を取り戻し、友人を増やし、地域社会に貢献できるようになることは期待できる。

しかし繰り返しになるが、人間は劣等感に逆らえない。所得格差が大きく開いても、優越感や劣等感が生じず、地位を鼻にかけたり階層の低い人を見下したりしなくなることを願うことはできるが、実際に世の中を大きく変えるにはその原因を正す必要がある。

完全に平等な社会は存在しない。それゆえ所得格差をどこまで是正すべきか分からない。先進国で最も平等な国以上に平等性を追求すれば、さらにメリットが高まるだろうか。この答えを教えてくれるデータは今は存在しない。

序列のない平等社会や、人間に対する見方や評価が全く同じ世界などありえない。興味、能力、知識、魅力は、人によって千差万別だ。真の個性を社会的地位の目印などで単純に言い表すことができるわけがない。誰もが自分の個性を堂々と明確な形で世の中にアピールできるようになるべきだ。

第6章

生まれつきの能力差が格差を生むという誤解*

不平等があるからこそ、人は負けまいと努力する？

英国の現首相であるボリス・ジョンソンは、2016年、テリーザ・メイ保守党政権で外務大臣に就任した。彼はイートン校とオックスフォード大学の卒業生だ。2013年、あるシン

*本章は、K. Pickett and L. Vanderbloemen『Mind the Gap: Tackling Social and Educational Inequality』York: Cambridge Primary Review Trust, 2015.の内容と1部重複している。

この記事を読んだかい。最も優秀な弁護士の66％は一部のロー・スクールか大学の卒業生に集中しているということらしい。

何てこった。オレたちはまるで頭の回転が悪いと言っているようだな。

FRAN
ウチの社員の3分の1も中学校しか出ていないのではないかと心配したくなるが……

人事部に言って奴ら全員をクビにしましょう。

ク・タンク主催の〝マーガレット・サッチャー講義〟と題した講演で、一部の人間はあまりに知能が低すぎて、他の人間と競争することができず、経済的な平等は永遠に達成することは不可能だと断言した。「ＩＱテストの意味についてどう思おうと勝手だが、人間の全体の16％が85を下回っていることは、平等を議論するうえで重要である」。

彼は社会全体をコーンフレークの袋にたとえながら、最も賢い人間が最終的な勝利を得るために不平等は必要不可欠だと賞賛した。つまり「袋を激しく振れば振るほど、一部のコーンフレークは袋の上の部分へ上がってくる」。不平等があるからこそ「人々は羨望の心を抱き、周囲の人に負けまいと努力する。それはどん欲と同様に、経済活動の重要な刺激となる」[266]。

ジョンソン自身が彼のたとえ話の中にある賢いコーンフレークかどうか知らないが、彼は事実に通じていないことは確かだ。ノーベル経済学賞受賞の経済学者[267][268]やＯＥＣＤ、ＩＭＦ[269][270]の研究者によると、不平等が経済成長を刺激することはない。むしろ不景気や景気の不安定化をもたらしている。所得格差が最も大きな地域では、社会の流動性が低下する。イノベーションを刺激することもない。人口一人当たりの特許数は、不平等な国より平等な国の方が少し上回っていることが分かっている。これまで見てきたように、周囲の人に負けまいと見栄を張り続けることは、間違いなく人的コストが生じている。

能力の差が階層を決めるという誤った思い込み

しかし、不平等と人間能力の関係についての誤解は、ジョンソンに限ったことではない。人間の能力や知性、才能には生まれつき差があり、それによって社会的な階段をどれだけ高く上れるかが決まる。こうした考えが、社会的な階層制度を正当化する一般的な根拠となっている。その前提には、私たちは〝実力主義〟の中で生きており、能力が階層を決めているという思い込みがある。

私たちは社会構造をピラミッドのようにとらえている。人々の大半は社会階層の底辺近くか、それをわずかに上回る場所に位置している。階層の頂上まで上るには特別な能力が必要だが、多くの人はそうした能力を欠いている。能力に応じて、人々が最終的にどこまで到達できるかが決まる。こうした考えが深く浸透しているために、私たちは社会的地位によってその人の個人的な価値や能力、知性を判断しがちである。

これは他人の評価だけに限らない。自分自身を判断する場合も同じように考えている。社会の頂点に立つ人々は、自分が〝その地位にふさわしい資質〟を持っていると信じている場合が多い。それと同じように社会の底辺の人々は、現在の自分の立場は能力不足によるものだと考えている。

最新の研究成果――幸運と社会的地位が能力を決める

しかし最新の科学的な研究は、こうした見方を支持していない。

第一に、人々に何が起きて最終的にどういう地位に至るかは、予想不可能な影響の結果、つまりまったくの偶然によるということだ。第二に、幸運を別にすれば、人間の能力と社会的な地位の重要な因果関係は、多くの人が想像するのとは反対であることだ。能力が社会的な地位を決めるのではなく、社会的な地位が能力や興味、才能を決めるという方が真実に近い。

まず幸運の問題から議論していこう。

自分を成功者だと思うかどうかにかかわりなく、私たちの大半は自分の人生を振り返ると、現在あるのは幸運や偶然のおかげだと思うことが多い。学校や教師に恵まれ、重要な試験ではたまたま得意な問題が出た。大学の入学でも見も知らぬ試験官が合格を認めてくれた。入社の面接試験でも担当者との相性が良かった。私たちは幸運だった。偶然の出会いは重要であり、昇進の機会も思いがけないときにやってきた。

生活の質という点で、人生のパートナーを見つけることは、仕事や所得と同じくらい重要なことだ。仕事よりもそうした出会いで偶然や幸運が果たした役割を知ると、もっと幸せな気持ちになれる。パートナーとの偶然の出会いや、お互いに初めて心が通じた瞬間、知らぬ間に共有していた関心事……誰もが嬉しそうに語ってくれるはずだ。

偶然によって人々の生活は思いもしない変化を遂げる。社会的な移動には社会階層の強い偏見が立ちふさがるが、多くの人々が様々なやり方でそれを乗り越えている。その経緯や手法は、子育てや能力に関する綿密な研究でもまだ十分に分析できていない。同様に、社会階層の上層の人と下層の人では平均寿命でおそらく10年の差があるが、この平均寿命の差をもってしても個人の生存年数の差はほとんど説明できない。富裕層の一部は必ず早死にし、貧困層の一部は長生きする。

非正統派の公衆衛生の研究者がよく述べることだが、適度に運動し、健康的な食事をとり、禁煙を心がけたとしても、死亡の原因は心臓病とされることが多い。さらに付け加えると、前章で議論したように、主観を含む私たちすべての経験がエピジェネティックな変化を引き起こし、その後の発達に影響を及ぼす。その点で、運命に翻弄される度合いはさらに高まるかもしれない。

偶然で決まるなら、科学的な研究など不要か

気象の変化は全く予測不可能だ。一匹のチョウのはばたきでも影響を受けると言われている。現在はまさにこの気象のように、社会や細胞レベルの偶然の出来事が私たちの人生にとても重要な役割を果たしていると考えられている。

その結果、科学者たちは次の点を心配している。もしランダムな偶然や幸運によって病気の

症状や試験の結果、さらには結婚の先行きまで決まるとすれば、そもそも因果関係を解明して、悪い結果を防ぎ改善することなど無駄になってしまう。社会科学では、これは〝暗澹たる前途〟という用語で知られている。つまり、科学的な研究は幸運の女神と直面したとたんに、説明の能力や実用的な価値を失ってしまうという考え方だ[271]。

偶然が果たす役割のせいで私たちの人生が予測困難になったとしても、なぜ国の平均値に違いが生じ、グループ単位の比較で差が生じるのかを理解しようとすることは、決して無意味なことではない。人生は、生まれ育った社会階層によって有利、不利の目が出るように仕組まれているサイコロを振るゲームのようなものだ。サイコロの一振りは全くの偶然の産物だが、何度も振った結果を見れば、一部の人には有利に、その他の人には不利に働いている。したがって、人生の成功を個人の幸運のせいにしてしまうことと、平均的にいえば貧困層ほど厳しい試練に直面して寿命が短くなり、不平等な社会ほど多くの人々の暮らしが悪くなることを証明することは決して矛盾しない。

これは、人によって能力やスキル、関心などで差があること、社会階層の上層部に近い人ほど権威ある能力検査で高得点を得ることを否定するのではない。肉体労働の能力、あるいは車の運転スキル、日曜大工の知識、低所得でも暮らしていける能力などで人を評価すれば、社会の能力分布は少し異なるはずだ。ある種の能力は個人に特権的に備わっているが、私たちの議論は、その能力をどう測るかではなく、能力の差がどこから生じるのかに主たる関心がある。

私たちの知性の違いは遺伝子で決まっている？

ボリス・ジョンソンは、知性の違いを生物学的要因に求める。人々は〝生まれつきの〟才能を持っており、それは両親から受け継いだ遺伝子によって決まると信じているようだ。そうした考えは、別に目新しいものではない。少なくとも古代ギリシャ・ローマ時代以来、お金持ちや権力者は社会階層によって人間の能力が異なっていると信じる傾向があり、他人に対してもそう考えるように勧めてきた。

プラトンは、支配階層の魂は金でできていると想像していた。その下の階級は銀、またその下の階級は銅か鉄でできていた[272]。社会階層や人種に対する偏見の根底にあるのは、各階層や各集団には生まれつきの能力差があり、それが頂点は哲人王から底辺は奴隷までの社会身分を決定しているという考えだった。しかし社会階層を決定しているのが遺伝子でないことは、現代人なら誰でも知っている[273]。

ある動物の種が遺伝的特性によって進化上の重要な優位性を得ているとすれば、その特性は種のメンバー全員に共通している可能性がある。私たちは二つの眼を持っているが、それは両眼で見る方が都合が良いからだ。私たちの肌の色が白かったり黒かったりするのは、祖先が生活していた地域に応じて日光から身を守る必要があったからだ。

数百種の霊長類の中で、眼球が白いのは人類だけである。他の種の強膜は茶色である。私たちは高度に発達した社会的な生き物である。それだけに、お互いの視線を追跡し周囲の人間が何を注視しているかを探る能力は人間にとって大きな強みであり、人類に共通の特性となった。

生存競争に勝ち残るために必要な知性に関する遺伝子も、全人類で共有されなかったとは想像できない。それにもかかわらず、次のような奇妙な考えが比較的最近まで、科学的な支持を得て、社会に広く受け入れられていたようだ。つまり一部の人間だけが〝知性〟を特別に発達させあらゆる問題を解決できるようになる一方で、それ以外の人間の能力は低水準のまま止まっている、という考えだ。

それならなぜ20世紀にIQが上昇したのか

人間の知性には遺伝的に大きな差があるという考えは、全人類の知能が時間とともに急成長してきた事実と対立し続けてきた。１９８０年代にニュージーランドの心理学者ジェームズ・フリンは、データが入手可能で正確な時系列の比較ができる国では20世紀に入って人々のＩＱテストの成績が大きく改善してきたという研究結果を初公表した。この結果は現在、学界でも幅広く認められ、多くの国でも実際に観察されていることから、〝フリン効果〟として定着している。

理解力は教育で高めることができる

先進国で測定が行われたのは、米国、欧州14ヵ国、アジア４ヵ国、オーストラリア、カナダ、ニュージーランドである。すべての国で〝フリン効果〟が確認されている。ケニア、ドミニカ、ブラジル、トルコ、サウジアラビアなどの発展途上国や新興国では、現在、ＩＱテスト成績の爆発的な伸びが見られる。[274] 10年間当たりのＩＱ上昇率は3ポイントにまで迫っている。２０００年のＩＱを基準にすると、１９３０年代の平均ＩＱは約80だった。ＩＱ80とは、それを下回ると、単なる〝頭が悪い〟から〝知能不足の寸前〟と見なされる下限である。もし現代人の知能が自分の両親や祖父母よりはるかに上回っているとすれば、明らかにそのＩＱテストは私たちが生まれつきの知能と考えるものの尺度とはとてもいえない。

フリンによれば、ＩＱテストは先天的というより、文化的、後天的な〝心の習慣〟を測るものだ。彼は、現代的、欧米的な心の習慣とは〝科学的なメガネ〟をかけているようなものだと述べている。つまり純粋に実用的な観点ではなく、科学的な学習のプリズムを通じて世界を見ている。したがって、「犬とウサギに共通する点は何か」というＩＱテストの質問に対する〝正しい〟答えは「両方とも哺乳動物」（科学的な分類）であって、「犬はウサギの狩りに役立つ」（欧米的な文化や教育の枠外で育った人によって回答される可能性が高く、実用的な見方といえる）ではない。

ＩＱテストは、表象的な思考や仮説的な論理思考、そしてその結論を測定するように調整されている。職場や生活環境の違いによって、一部の人が他の人よりもいち早く〝科学的なメガネ〟をかけることはよくあることだ。

フリンは、人間の生まれつきの知能が少しばかり向上したのではなく、理解する技術で大きな進歩が生じたことを示している。理解力の向上は教育で高めることができる。社会からも高く評価される。ＩＱテストでも高得点を獲得できる。彼は「ＩＱが上昇した究極の原因は産業革命である。直接的な原因は、その社会的帰結である。たとえば、公教育の普及、知識を必要とする仕事の増加、知見を広めるのに役立つレジャー、子供対成人の比率の改善、親子関係の緊密化などだ」と述べている。

つまり20世紀のＩＱの大幅上昇は社会的な産物であって遺伝によるものではない。彼はまた現在の発展途上国でＩＱの平均スコアが、たとえば１９００年の米国と同じくらい低い水準の国は、ほとんど存在しないことも教えてくれている。

遺伝子説vs環境説——どちらが正しいか

双子の研究から導かれた、遺伝子重視説

科学者は遺伝のメカニズム、つまり人間の特性や行動に大きな影響を及ぼすのは遺伝子（天性）か環境（養育）かについて解明しようとしてきた。そこで彼らが長い間取り組んできたのが、遺伝的に関連の深い人々の研究だった。特に双子の研究は有益だ。とりわけ異なった環境で育った一卵性の双子の場合は研究に役に立った。一卵性の双子は遺伝子構造が１００％同じであり、彼らが別々に育てられた場合でも、ＩＱテストのスコアは、一般からランダムに抽出された二人の組み合わせよりも、はるかに類似している。科学者が知能は主に遺伝子によって継承される可能性が高く、環境が果たす役割はきわめて限定されていると結論づけたのは、この事実に基づいていた。

いまから振り返ってみると、こうした見方は実際に誤解を招くものであった。それは、結果自体が間違っていたからではなく、解釈に問題があったからだ。現実には、双子は別々に育てられたといっても、ランダムに選ばれた二人の組み合わせよりもはるかに似た環境で育てられることが多い。

一卵性の双子が誕生とともに、二つの異なる家庭の養子になったと想像してみよう。彼らはおそらく、似たような地域で養子になるはずだ。養い親の家庭は同じ街に住んでいて、社会経済的な階層も類似しており、人種的、文化的な背景なども同じである可能性が高い。別々に養育されたにもかかわらず、育った環境はそれほどかけ離れていない。

その後の選択と環境で大きな差が出る

しかしもっと重要なことは、遺伝的な違いが小さいとしても、その後の環境によって大きく増幅されてしまうことだ。たとえば、遺伝的な理由から、他人より少しばかりスポーツが得意な人たちがいるとしよう。彼らはスポーツが好きになり、人よりも多く練習する可能性がある。その結果、学校の代表選手に選ばれ、優れた指導を多く受けて、さらにパフォーマンスが良くなるかもしれない。

このように、生まれつきの能力差は小さくても、その後の教育、つまり人がどのような行動や環境をたどるかによってその差が大きく増幅される。子供の頃、読書、音楽、算数の勉強が得意である、あるいは早い段階から世の中に興味を持っている場合でも、同じことが言える。人間は音楽でも算数でも得意なものがあれば、それに費やす時間が増え、勉強や練習が楽しくなる。成績がさらに上達する。成績が上がれば周囲からほめられ、気を良くしてさらに勉強に励む。

このように私たちは持って生まれた才能をさらに発展させる活動や環境を自ら招き寄せている。生物学的な小さな才能の差によって、私たちの向かう方向に少しずつ違いが生じる。生まれたときにはほんのわずかだった差が、私たちが選んだ行動によって次第に増幅され、最後には全く別物になってしまう。

双子の研究においても同様である。双子の場合も、そうでない場合も、一緒に育てられようが、別々に育てられようが、成人後の二人の間には相違点も類似点も存在する。研究のうえでは、遺伝子に原因があるとされるかもしれないが、それらは、生まれたときは小さな遺伝上の相違点や類似点にすぎなかったものが、その後に選択した活動や環境によって大きく拡大された結果である。

早生まれの子が活躍する可能性が高い理由

まったく同様のプロセスが進行していることを示す多くの具体的な例がある。遺伝上の優位性ではなく、子供の年齢の差によってわずかな生物学的な優位性が生じ、それがその後、増幅されていく例を見ることにしよう。それは、遺伝上の優位性が増幅される過程ときわめて類似している。

学校の入学日は、毎年いつも特定の日と決められている。たとえば小学校の入学資格は、新学期が始まる9月1日までに5歳に達していなければならないとしよう。9月1日直後に生まれた子供は、同じクラスでありながら、9月1日直前に生まれた子供よりもほぼ1年年をとっている。こうした年上の子供は、取るに足らないことかもしれないが、しかし重要な成長上の優位性を持っている。

研究によれば、そうした年上の子供は多くの点で恵まれている。学業は優秀であり、友達も多く、指導力もあり、人生で成功する可能性が高い[275]。国際的な研究でも、研究対象の16ヵ国のうち10ヵ国において、小学校入学時の年齢差がその後の長期の学業成績にプラスの効果をもたらすことが明らかになっている[276]。

これは、夏場に生まれた子供は胎児としての初期成長期に、冬場の母胎感染の影響を多く受けたためだろうと考えられていた。しかし現在では、小学校の入学日にかかわりなく、クラスルームで年長であることのメリットが長期間持続することが知られている。小さな成長上の優位性が、教室内の様々な出来事によって増幅される。その過程は、個々の技術や能力の遺伝上の小さな差が、その後の人々の選択や周囲の環境によって増幅されていくのと同じである。

同じ理由で、なぜ1年の第1四半期に生まれたプロのホッケー選手が第4四半期に生まれた選手の2倍以上も多いのかが説明できる[277]。図表6・1は、ナショナル・ホッケー・リーグ（NHL）に加盟する米国とカナダの選手のデータである。

ジュニア・ホッケー・リーグへの加入（加入後に訓練や練習、その他の機会が利用できるようになる）は、1月1日時点の年齢がベースになっている。そのため、年が明けて早々に生ま

図表6・1　早生まれの選手ほどナショナル・ホッケー・リーグのチームで活躍する可能性が高い[277]

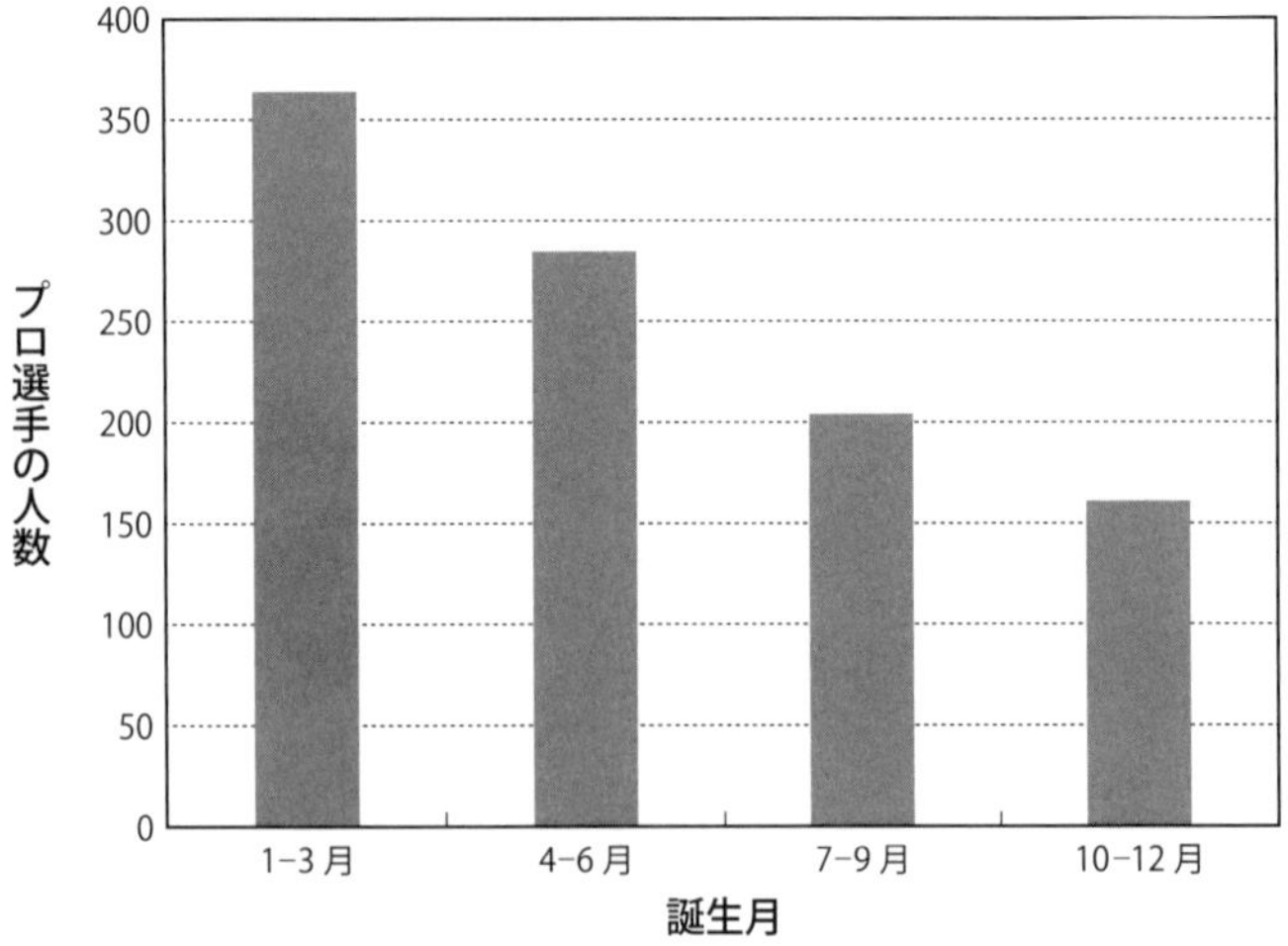

れた人は、同じ年の年末に生まれたチームメイトに比べ、平均して身体が大きく、強く、俊敏で、技能も上達している。その結果、早生まれの人ほどスタート時点から、エリート養成のプログラム、遠征チーム、奨学金などに選抜されてスター選手として成功する可能性が高くなる。現在では多くの研究によって、サッカーなど少なくとも14のスポーツ競技でもこうした現象が確認されている。[278][279]

素質より練習がものをいう
——比較優位の原理が働く

社会的流動性を引き起こす能力という点で、スポーツは想像以上に優れたガイドになるかもしれない。身体的な能力と知的な能力がまったく別物であることはすぐに想像できる。しかし、最新の研究によれば、スポーツ能力は、身体的な能力だけでなく、急激に変化する状況の中でいかに情報を高速処理できるかという能力にも依存している。[280]

各種の試験によれば、〝遂行機能〟（作動記憶、精神的柔軟性、自制など）は、男女とも競技連盟チームでプレーするサッカー選手が断トツで高く、しかも1次リーグの選手が2次リーグの選手を大きく上回っていた。遂行機能の結果からプレーヤーのゴール数が予測できることも、同じ試験で分かった。これは私たちに対して、誰々さんは〝手足が器用なだけだ〟と言って身体と頭脳との関連性を否定してはいけないと戒めている。つまり、優れた小説家に対してペンの使い方がうまいとか、キーボードのたたき方が上手だなどと言わない方がよいということだ。

幼少期の小さな能力差は、その理由が何であれ、その後に当人が何を選択して行動するかによって次第に増幅されていく。同学年における誕生日の違いが、その後の人生の明暗を分けたように。それと同じように、遺伝子などの違いによる能力差もその後の行動によって増幅されていく。

別の見方をすると、技術や能力の向上を目指す行動は一般的に過小評価されているということだ。あるピアニストは少しばかりの遺伝的な素質に恵まれたために、ピアノが好きになり、厳しい練習にも耐え抜くことができたが、その能力を決定づけたのは素質よりも練習である。どのような活動でも遺伝的な優位性を少しでも持っていることは、その後の人生にプラスに働く可能性がある。遺伝的な優位性で自分が特定の分野で突出すれば、それを繰り返し行うことが楽しくて仕方なくなってくる。こうして、私たちは少しずつ経済学や進化論の基本原理である比較優位の議論に向かっている。

比較優位の原理は、おそらく兄弟関係において特に重要だ。もし兄がスポーツマン・タイプであれば、弟はおそらく読書家、実務家、あるいはユーモアに富んだ人間になるに違いない。こうした比較優位の原理が働いて、兄弟はタイプの異なる人間に育っていく。ある研究によれば、兄弟は無作為に選んだアカの他人と同様に別人になってしまう。それは差別化の原理が働くためだ[281]。私たち自身が主体的な生き方を選択する場合、外形的な環境よりも内面的な環境が重要な役割を果たすことがしばしばある。

脳はかなり適応性に富んでいる

私たちの頭脳（そして精神）はどこまで順応性を高め、発達させることができるのだろうか。この問題に関する認識は、過去数十年の研究によって大きく変わった。最近の脳スキャンを使った多くの研究によると、私たちが様々な学習や練習を通じて精神の〝筋肉〟を鍛え直せば、頭脳の構造や機能を作り替えることができる。ロンドンのタクシー運転手の頭脳を調べた有名な研究がある。それによると、彼らの海馬、つまり三次元空間を移動するときに使用される頭脳の領域は〝知識〟を獲得する過程（獲得の前ではない）で成長する[282]（タクシー運転手は免許を取得するために、ロンドン市内の２万５０００の街路と３２０の幹線道路の位置を暗記して厳しい試験に合格しなければならない。地図を見たり、全地球測位システムを利用したり、無線で助言を求めることは許されない）。

プロのミュージシャンの頭脳も（アマチュアのミュージシャンや普通の人と比べた場合）同様の変化を示している。その変化は特に練習量が増えるほど大きくなっている[283]。別の研究では、曲芸を学ぶ人間も複雑な視覚的動作を処理したり保管したりする頭脳の領域で構造的な変化を経験することが分かった[284]。その他の研究でも、第二外国語を勉強した人、ゴルフ・レッスンを受けた人、あるいはダンサーや綱渡り芸人、２週間毎日15分の鏡映読みの練習をした人の頭脳にも変化が生じている。試験勉強する医学生の研究では、抽象的な情報を多く頭に詰め込みすぎると、脳の灰白質の一部で構造上の変化が生じたことが分かっている[284]。

私たちはどんな分野の専門家にもなれる

現在では、次の点について全く疑いの余地はない。私たちがどんな職業を目指すにしても、練習や訓練によって頭脳がうまく適応しその分野の専門家になることができる。建築家、サッカー選手、弁護士、心理学者、ミュージシャン、家具職人、警察官、会計士、自動車整備士、芸術家の頭脳は、それぞれ独自の発達を遂げ、当人たちに特異な能力を授けることになった。

その中には、幼い頃の少しばかりの素質を特定分野の興味へつなげ、それを発展させることで大成した人も多かった。

　こうした現象は若い世代に限らない。同様の過程は、中年以上の世代でも発見されている。頭脳は高齢になると柔軟性が衰えるが、研究の示すところでは、中高年の頭脳でも様々な環境や訓練で鍛えることができる。[285][286][287] 生活が変われば、私たちの頭脳も反応する。子供時代に家庭環境や教育に恵まれなかったとしても、それがいつまでも続くわけではない。

　現実が示すところでは、ＩＱテストの成績や、金銭的、社会的な優位性に恵まれていたとしても、それらが開花していく過程は、タクシー運転手やミュージシャン、レンガ職人の専門技能の場合とまったく同じである。人間の頭脳の適応性について私たちが現在知っていることは、社会、芸術、数学、認識、言語、実用、音楽、運動感覚などの分野にかかわりなく、技能や能力の発達は基本的に同じだということだ。また同時に忘れてならないのは、頭脳の発達は、妊娠中のストレスや幼児期の生活環境、養育、学校教育、家庭環境、尊敬や愛情などによっても影響を受けることだ。

家庭環境で子供の能力が決まる

生まれつきの才能によって〝実力主義〟と言われる社会階層の立ち位置が決まるのではなく、

社会階層における家族の地位が子供の才能の可能性や、成長後の社会的な地位に大きく影響している。

現在では、貧困生活が子供の理解能力に与える悪影響が膨大な研究によって確認されている。貧困によって家庭に活気がなくなりストレスが増えると、子供の理解力が低下するという説得力のある事例が紹介されている。それらによれば、理解能力の低さは生まれつきで一生変わらないのではなく、人為的に作られたものである。

3歳の子供の理解能力を決めるのは、家庭の所得

米国の最新研究では、MRIスキャナーを用いて、生後5ヵ月から4歳まで子供の頭脳をそれぞれ最大7回にわたり入念に調べている。子供を高所得家庭、中所得家庭、低所得家庭に分けて比較すると、低所得家庭の子供は認識や情報処理、行動規制を司る灰白質（神経細胞、樹状突起、シナプスを含む）の容量が少ないことが判明した。

生後5ヵ月の時点では明確な差は見られないものの、5歳に達する頃になると貧困家庭の子供の灰白質の容量は裕福な家庭の子供に比べ10％も少なかった。こうした差は、幼児の誕生時の体重や健康状態、頭部の大きさの違いによるものではなかった。また、母親の喫煙、妊娠時の過剰飲酒、出産時の合併症、言語や学習の障害、その他のリスク要因などを原因にするものでもなかった。そうしたリスク要因を抱えた子供は、研究の開始時点で除外されていた。所得

階層別の子供の頭脳容量の差は、子供が成長し、貧富の差が大きな家庭環境で生活する時間が長くなるほど次第に顕著になっていった。[288]

別の研究によると、相対的な貧困が子供の理解能力の発達に与える悪影響は、貧困生活が長くなるほど深刻になっていく。英国のミレニアム・コホート・スタディーのデータによると、貧困家庭の子供は3、4、5歳の時点の理解能力が低いだけでなく、貧困生活が長引くほど悪影響は大きくなる。[289] この現象は、20年以上の数多くの研究によって明らかにされている。[290][291]

母親がうつ病であるか、一人親で育てられたか。あるいは正式に結婚している両親、それとも同棲中の両親によって育てられたか。そんなことよりも、家庭の所得こそが3歳の子供の理解能力を決める重要な要因であることが分かっている。[292]

貧困が発育に悪影響をもたらすのは、貧困によってストレスが高まり精神的な刺激が不足するからだ。7ヵ月児、15ヵ月児、2歳児の幼児の唾液に含まれるストレス・ホルモンのコルチゾールを測定した研究によると、貧困家庭の子供の理解能力不足はコルチゾールの水準と密接に関連している。貧困の悪影響はストレスによって伝達されるのである。[293]

別の研究では、子供が受け取る精神的な刺激、両親の子育てスタイル、物理的な環境、子供の健康状態を計測した。それによればこれらの要因すべてが媒介となって、貧困が理解能力に悪影響を及ぼしていた。[294] 貧困家庭の子供が米国のアーリー・ヘッド・スタートのような親子支援サービスに入会した場合、子供の能力が改善し、貧困による悪影響の一部が解消に向かっ

図表6・2　生活保護家庭や労働者階級家庭の子供が耳にして育った語彙は、知的専門職家庭の子供より少ない[296][297]

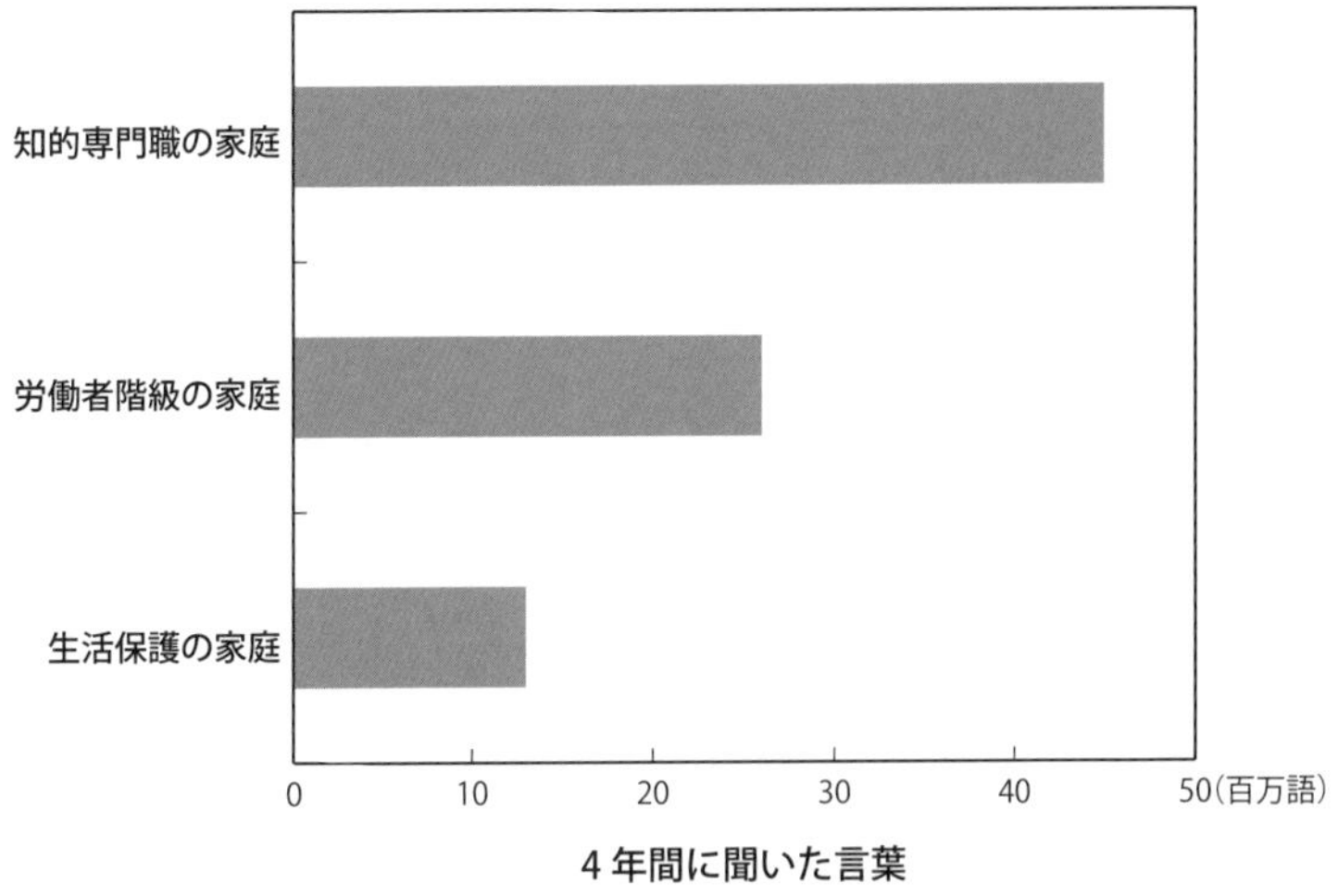

た[295]。こうした事実が繰り返し指摘された結果、精神的な刺激の重要性が確認されたのである。

恵まれた家庭とそうでない家庭の子供の成績比較

経済的な不平等のせいで、両親が子供の成長に必要な養育や精神的な刺激を十分に与えることができなくなれば、その子供の発育や、その後の教育に不可欠な基盤の一部が損なわれてしまう。

図表6・2によれば、米国では知的専門職の家庭の子供は、幼少の頃、労働者階級の家庭や生活保護の家庭の子供よりもはるかに多彩な語彙を聞いて育っている。

おそらく教育上の不平等が、社会経済的な不平等の原因ではなく結果であることを

図表6・3　家庭環境で学校の成績が決まる[298]

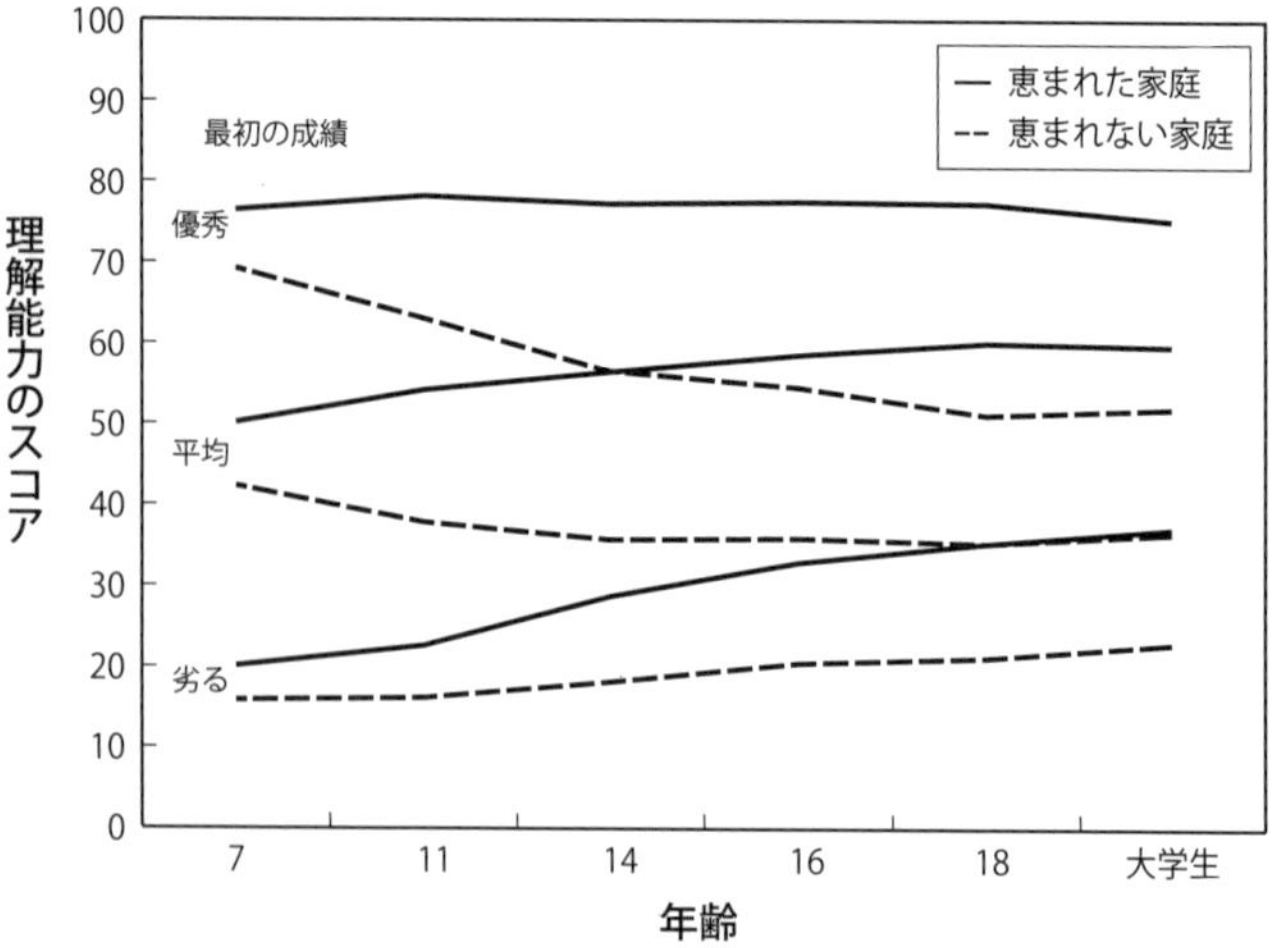

示す最も衝撃的な事例は、英国の子供に関する一連の研究から得ることができる。研究では、長期間の学校の成績を調べることで、様々な社会的背景を持つ子供たちで、最も成績の優れた子供や成績の悪かった子供の比較を行っている。

そうした研究の最新結果が図表6・3に示されている。[298] それは、恵まれた家庭の子供と恵まれない家庭の子供の学校の成績について、長期間の比較を行ったものだ。図の左端には7歳時の最初の試験結果（優秀、平均、劣るの3段階評価）が示されており、その後、11歳、14歳、16歳、18歳、最後に大学生と成長するにつれて成績がどのように推移したかが示されている。

最初の試験結果にかかわりなく、恵まれた家庭と恵まれない家庭の子供の成績の格差

(実線と点線の差)は成長につれて次第に拡大している。恵まれた家庭の子供を見ると、優秀なグループは幼少期の相対的な優位を維持し、平均、劣るとされたグループでも成績を大きく改善させている。教育によって成績が向上したのである。

それとは対照的に、恵まれない家庭の子供は、最初の成績が優秀か平均だったとしても、成長とともに成績が相対的に低下している。

家庭環境はとても重要である。恵まれた家庭の子供は7歳時の成績が平均以下だったとしても、恵まれない家庭で成績が上位だった子供を追い越す――最低でも追いつく――ことができる。図表6・3のグラフのスタート時点である7歳までに、家庭環境が子供の理解能力に大きな影響を及ぼしていることも忘れてはならない[289]。

最後に結論である。

図表6・3は、子供の長期的な教育の成果を左右する要因として、家庭環境が〝生まれつきの〟能力よりも重要であることを示唆している。OECDの調査によると、ある国では貧困家庭の子供の70%が教育によってハンディキャップを跳ね返しているが、英国では社会経済的な家庭環境のハンディを超えることができる子供は4分の1にも達していない[299]。図表6・3と合わせて考えると、理解能力や知力の差は不平等の原因というよりも不平等の結果であることは明らかだ。

ピグマリオン効果——教師による無意識の差別

家庭の貧困が子供の理解能力の発達を妨げていることは全く疑いの余地がない。それはまた、ある人間は生まれつき賢く、別の人間は生まれつき愚鈍で、それはどうすることもできないとする考え方が間違っていることも証明している。人間の理解能力は努力次第で伸ばすことができる。だが学校が社会的な選別の道具になってしまい、幼児期の能力差が次第に広がり、成人したときにはそれが基で職業や社会階層の格差につながっていたことはよくある。

ブリストル大学の研究者が、２つのテストの成績を比較したことがある。一つはクラスの教師が顔見知りの学生を採点したもの、もう一つは採点者が評価する学生のことを何も知らない全国テストだった。[300] 彼らによると、裕福な地域の子供に比べて、貧困地域の子供は教師からいつも低い成績をつけられていた。黒人の子供は教師から意図的に低い成績をつけられ、インド系や中国系の子供は高めの成績をつけられる傾向があった。研究者はこうした結果を人種や社会階層などの固定観念による無意識の差別だと解釈した。差別的な評点は黒人や貧困層の子供が少ない地域で目に付くと指摘している。

教師の思い込みで子供の評点が良くも悪くもなる現象は〝ピグマリオン効果〟として知られ、１９６０年代後半以降の研究で常に報告されている。[301][302] これは米国や英国などの先進国だけに限らない。インドの最新研究によれば、教師がカースト制度で低い身分の子供の解答用紙だと思い込んだ場合、厳しい点数を付けている。[303] ここで強調したいのは、教師を非難することではなく、私たちの潜在意識下の判断力である。

各教師が抱えうる問題ではない

ケンブリッジ大学のダイアン・リーイー教授によれば、社会階層は、〝英国の学校に徘徊するゾンビ〟である。彼女によれば、社会階層の問題は教育現場においても適切に対処されてこなかった。[304] 貧困層の子供は〝不適切な文化的背景を持った不適格な学習者〟と見なされることが多く、高等教育への参加を促す政策的な努力は、貧困層よりも中間層の子供に大きな恩恵をもたらした。[305]

第5章では様々な国々の貧困を調べた研究を紹介したが、調査で面接を受けた人々の多くは、学校を〝社会的な選別を行う場所〟のように感じていた。[253] リーイー教授は多くの論文や新刊『Miseducation』[306] の中で、多くの労働者階級の子供が教育には意味がなく、学校では評価も尊敬もされていないと感じていることを紹介している。彼らは、教師が自分たちを見下し、バカのように見なし、のろまのようにあしらっていると感じている。

教員養成の授業は多くの場合、学生に対し教育との関連で社会階層や社会経済的な地位、不平等を勉強させる内容になっていない。教育現場における不平等については、学校や教室、それに超多忙な教師が解決することが期待されている。貧困や不平等は社会問題であり、学校の対応には限界があるにもかかわらず、である。リーイーが結論を下しているように、〝私たちは幸運や偶然に期待してはいけない。教師が独学で教育における社会階層の意味をしっかりと学び、クラスの子供の様々な階級文化について知識や理解を持つようになることは、ほとんどありえない[304]〟。

過去数十年の研究によれば、社会経済的な地位の低さを見るだけで〝その子供の健康、理解能力、成人後の将来性などが分かる[307]〟という。研究者が示したのは、子供が入学時に勉強の準備や理解能力で立ち遅れていれば、いかに立派な教育を受けたとしても、学業で遅れを取り返せない可能性がある[308][309][310][311][312][313]。学習の準備ができていない子供が少しでもまじっていると、その子供だけでなく、他の子供や学校全体が大きなハンディを背負ってしまう。それによって、子供たちの人生設計や幸福の追求がますます困難になる。

パフォーマンスを低下させる固定観念の呪縛

世間は貧困や社会的レッテル貼りを通じて子供に影響を及ぼすが、子供が影響を受けるのはそれだけではない。自己スティグマに似たような症状が、それだ。第1章では社会的な評価の格差、つまり他人が自分をどう見ているかという意識が、いかに身体や精神、感情に影響を及ぼすかを議論した。〝社会的評価の脅威〟（自尊心や社会的地位への不安）となりかねない行為がいかにしてストレスを高めるか見てきた。[58]

『平等社会』で紹介した研究によれば、子供のパズルを解く才能は社会的地位の格差によって影響を受ける。世界銀行の実験によれば、インドでカーストのすべての階層からなる11～12歳の少年グループを作り、迷路のパズルを解かせたところ、お互いの身分が分かるまで参加者は皆同じペースでパズルを解いていた。ところが参加者の身分が知れ渡るや否や、身分の低い子供の成績が急降下し、グループ内の解答率に大きな差が見られるようになった。[314]

数百の研究が示す固定観念の悪影響

現在までに、こうした現象について数百もの実証的研究が積み重ねられてきた。[315][316] それによると、試験の分野でたまたまステレオタイプ的に解答能力が劣ると思われているグループがあり、自分がそれに属していると遠回しながら知らされた場合、あるいは一般的に不得意だと思っていた分野で、試験問題の内容が自分の能力をはるかに超えているように思えた場合、人々の成績は悪くなる。たとえば、試験は〝一般的な試験〟ではなく知能テストであると言われた場合、社会経済的地位の低い家庭の子供はパフォーマンスが大きく低下する。[317]

同じような固定観念が、アフリカ系米国人の生徒や大学生のパフォーマンスを左右することも分かっている。[318] 黒人と白人の学生が知能検査だと告げられ試験を受けるとしよう。黒人学生は、一般的な問題の解答に心理的要因がどう関わっているかを調べるためのアンケート調査だと告げられた場合に比べて、パフォーマンスが大きく悪化する。自分の知能が試されていると思っただけで、アフリカ系米国人に関する固定観念が強く意識されてしまうのである。

性に関する固定観念もまた、女性のパフォーマンスに影響を及ぼすことが分かっている。女性に関する固定観念を強調したＴＶコマーシャルをさんざん見せつけられると、女性は適性検査で数学よりも国語の問題を選び、理系分野の進学や職業を敬遠する傾向が強まる。[319] 別の試験によれば、加齢による物忘れへの影響を心配する高齢者ほど、記憶テストのパフォーマンスが悪くなる。[320]

固定観念がない場合でも同じような影響があるかどうかを調べるために、実験で白人を二つのグループに分けて数学の試験を行ってみた。実は参加者全員が数学を得意としていた。ただし、一つのグループには、試験の目的はどうして白人は特定の問題でアジア系に比べて劣る傾向があるのかを調べる参考にするためだと告げていた。参加者自身には数学が苦手だという固定観念がないにもかかわらず、その情報が一つの思い込みとなって、何も言われなかったグループに比べ成績が悪くなってしまった。[321]

固定観念がもたらす悪影響の多くは、不安の増加によるものと思われる。不安が増加すれば、目の前にある課題への集中力や精神的なゆとりが低下する。社会的評価にコンプレックスを持っている人、試されている分野が自らのアイデンティティに重要な意味を持つ人ほど、こうした症状に苦しむ。[322]

たとえばアフリカ系米国人は、知能検査のような固定観念のプレッシャーにさらされるとき、欧州系米国人よりも血圧が高まることが分かっている。[323] 各種の研究によれば、精神的なストレスが高まり、自分のパフォーマンスを注意深く点検し、マイナス思考に陥るのを防ごうとするために、固定観念のプレッシャー下にある人々は作動記憶が低下する。これら要因のすべてが正常な能力の働きを妨げてしまうからだ。[324][325]

こうした研究によって、私たちの社会的地位に対するコンプレックスが執拗で危険きわまりなく、人々は固定観念の呪縛から逃れられないのかが分析されている。それらはまた、家庭の所得水準が子供の理解能力に影響を与え、学生時代や成人した後でもその影響を完全に取り除くことができないのはなぜか、という疑問の解明にも役立っている。

選択して天才教育を施すことの根本的誤解

社会的な階層制度は人々の生まれながらの能力差を反映しているとする見方があるが、本章で紹介した事実はそれがいかに間違っているかを示している。社会階層が異なる人々の間で能力の差があるのは当然だが、そうした能力差は社会階層が原因というよりもその結果である。社会が発展するためには、生まれつき才能に恵まれた子供を早く発見し、稀少な天然資源として天才教育を施すことにかかっているという考えは、まったく真実に反している。持って生まれた才能は未来永劫変わらないかのごとく出来の良い子供を選抜して教育を施す制度も、同様に根本的な誤解に基づいている。

そんなことよりも、成績不振の原因を取り除いて、すべての子供が才能や能力を最大限発揮できるようにすべきである。

本章の前半で、貧困の影響を調べた研究論文を紹介した。その場合の貧困とは相対的な貧困だった。相対的な貧困とは、社会の別の階層と比較した場合の貧しさのことであり、通常は社会の所得中央値の60％以下を指すことが多い。論文が示した相対的な貧困の影響は、貧困層だけに限られるものではない。貧困層の状況が最も厳しいのは当然だが、それ以外の所得階層を見ても上位の階層に比べるとうまくいっていないことが多い。

貧困家庭の子供は脳の灰白質の成長が遅いことを発見した研究があることを前に紹介した。その研究はまた、富裕層と中間層の子供の灰白質の成長の差は貧困層と中間層の格差と同じくらい大きいとも述べている。図表6・2では、生活保護家庭の子供は労働者階級の子供に比べ耳にする語彙が少ない、つまり家庭内の会話が少ないこと、さらに労働者階級の子供も同様に専門職階級の子供に比べると見劣りすることが示されている。

ここでの問題は、貧困層の状況がいかに酷いかというだけでなく、社会階層を上から下へ下るにつれて人々の状況が段階的に悪化していることである。

前章で見たように、根本的な問題は社会的な地位や序列に対する私たちの過剰反応である。

本章の中心テーマは次の点だった。人々は、才能、能力、知能の個人差が、社会的な格差を生む原因だと見ているが、それらは生まれつきのものか、それとも階級や所得の格差が生活環境に影響した結果なのか。事実は圧倒的に後者であることを示している。所得格差の拡大によって社会的評価の悪影響がすべての面に浸透している国では、子供の発育や教育の環境も悪化している。

次節では、こうした現実を見ていく。

格差は社会全体の学力を低下させる

図表６・４は、所得格差の大きな国では子供の教育成績でも格差が大きいことを、読み書き能力のスコアで示したものである（２０１４年のＯＥＣＤレポートも24ヵ国について同じ関係が観察された[326]）。これは、社会的な地位の格差が教育にも影響を及ぼしている有力な証拠だ。所得格差が拡大すれば、子供の成績は親の地位格差を反映する度合いが強まる。

所得格差は教育格差を悪化させるだけでなく、社会全体の教育の平均水準を低下させる。私たちは２００６年に週刊医学雑誌『ランセット』で発表した論文の中で、２００３年ＯＥＣＤの生徒学習到達度調査（ＰＩＳＡ）の数学と読解力のテストの国別成績の平均値は所得格差と強い相関関係があることを明らかにした[328]（図表６・５）。前著『平等社会』でも、私たちは米

図表6・4　所得格差は子供の成績格差と関連している[327]

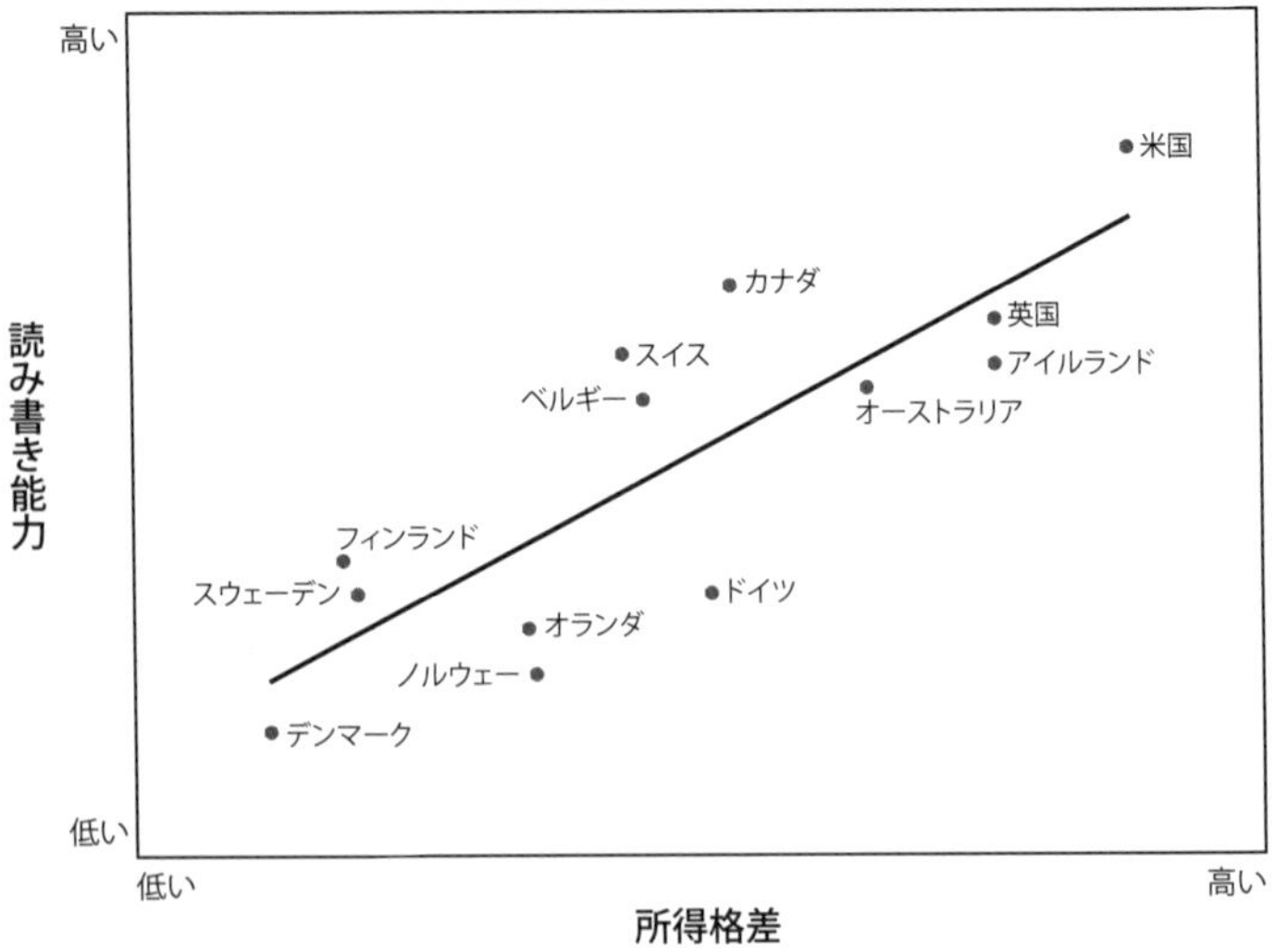

国の50州について8年生（13～14歳）の学校成績と所得格差の間にも同じ相関関係があることを示した。

平等な国ほど15歳の読み書き能力が高くなる

所得の不平等は、社会全体の教育水準にも悪影響を及ぼす。所得格差が大きくなれば社会階層を下るごとにマイナスの影響が大きくなる。データの示すところでは、所得の不平等と教育の格差との相関関係は経済の各階層に及び、大半の子供の学力低下を招いている。しかし学力の低下が最も著しいのは、不平等の弊害が集中する社会階層の底辺だ。国の平均学力にとって決定的に重要なのは不平等の度合いを示す傾斜角度である。所得格

図表6・5　先進国では平等な国ほど数学と読み書き能力の成績が高い[328]

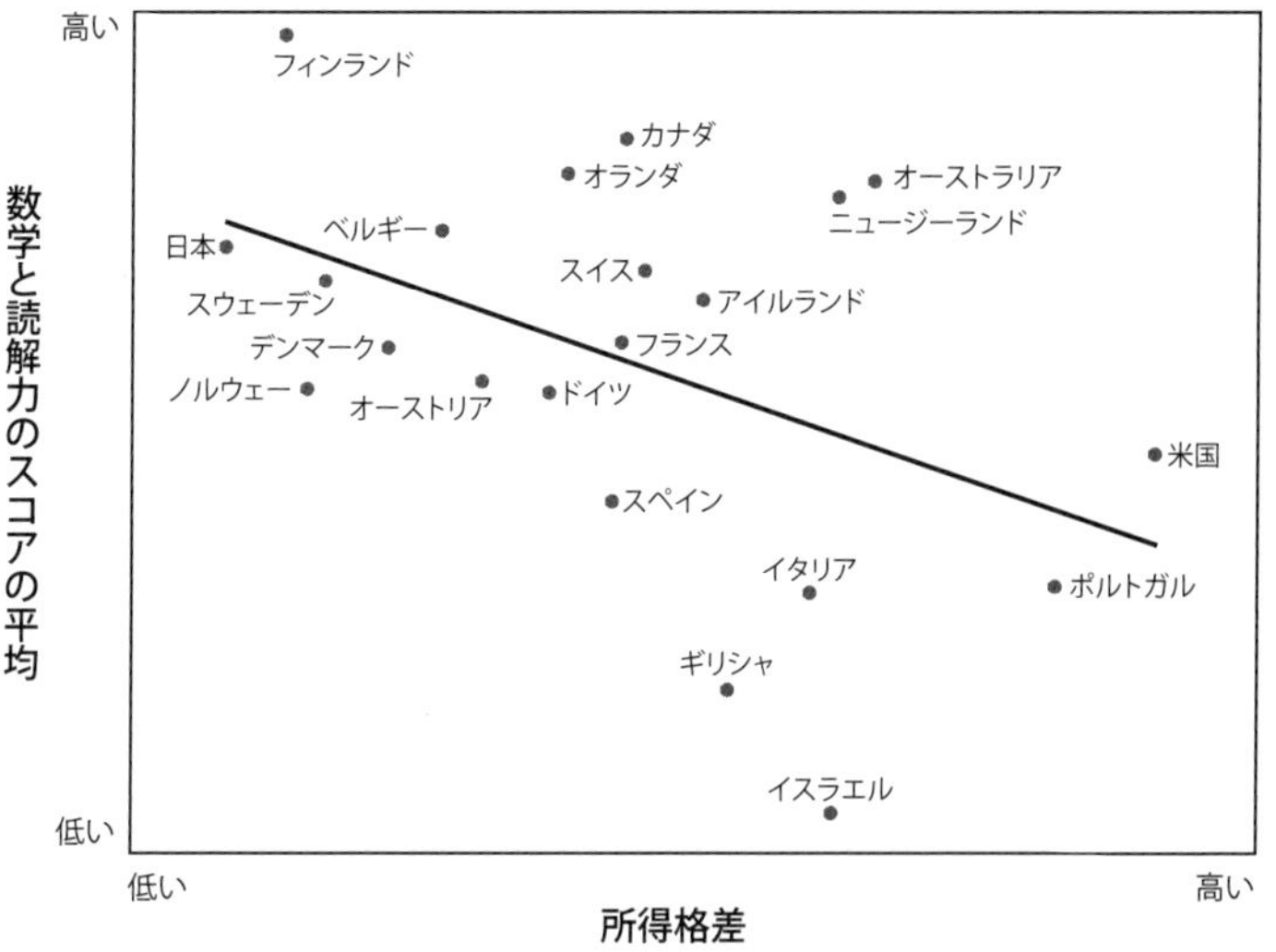

差が広がるほどその傾斜は急になる。

この現象はＯＥＣＤとカナダ統計局の調査によって、一部の先進国で確認されている。[327]所得格差に応じて国をグループ分けした場合、平等な国ほど15歳の読み書きの能力が高くなり、すべての社会経済階層の学力が国際水準を上回っていた。つまり所得格差の小さな国ほど、読み書き能力の格差も小さい。国際成人能力調査の２０１３年レポートも、成人の読み書き能力の格差について同様の関係を指摘している。[329]生徒学習到達度調査では65ヵ国における読み書き能力を調べている。それを分析した２０１０年のＯＥＣＤ報告によると、（両親の社会経済的な地位でグループ分けした）子供の学力格差は不平等な国ほど拡大する傾向が強かった。[330]

平等な国の子供ほど逆境を克服しうる

最近のある研究では、英国、オーストラリア、カナダの５歳児の３グループについて〝言語の理解能力〟の比較を行った。[331] ５歳児においても、生徒学習到達度調査データの15歳の子供と同様に、３ヵ国すべてで所得格差と社会的格差の相関が観察された。英国は３ヵ国の中で最も格差の大きい国だが、親の教育や所得の水準が低い家庭の子供は、それ以外の家庭の子供に比べて理解能力が大きく立ち後れていた。

別の研究者は米国、英国、カナダ、オーストラリアの読み書き能力の格差について比較を行った。それによれば、最も不平等な社会とされる英国と米国は他の２ヵ国と比べ能力格差が際だっていた。[332] 英国と米国はすべての社会階層で平均学力が低く、不平等の影響を最も強く受ける最貧困層の学力の低さではいつも最悪だった。

ＯＥＣＤは前に触れた２０１２年レポートの中で、各国が子供や家庭の〝逆境から立ち直る力〟を強化する現状を紹介している。政府は、子供が家庭の社会経済的な地位から予想されるレベルを上回る学力を達成できるよう支援している。[299]

恵まれない家庭の学生で、社会経済的な逆境を克服した人数の割合で見ると、英国はＯＥＣＤの平均よりも見劣りがする。逆に、カナダやフィンランド、日本のようにそれほど経済的な不平等が進んでいない国では、すべての階層で学力が高く、子供たちは家庭の社会経済的な地位に比べて良好な成績をあげている。中国では貧困層の子供の70％以上が同様の頑張りを見せている。英国でそれができているのは全体の4分の1以下にすぎない。

米国や英国は、それ以外の教育分野でも他の国に立ち後れている。先のＯＥＣＤの生徒学習到達度調査以外では、ユニセフの報告書が、２００９～２０１０年にＮＥＥＴ（Not in Education, Employment or Training）に分類された、正規の就学期間を終えた15～19歳の子供の割合を調べたことがある。ＮＥＥＴとは、進学や就職、職業訓練のいずれも行っていない若者のことだ。米国と英国は33ヵ国中でそれぞれ25位、27位となり、他の先進国に比べ割合が高かった[333]。

不平等な国ではいじめが多く、高校中退率が高い

不平等と低学力の関連を示す要因は他にもたくさんある。なかでも目を引くのは、次の二つだ。まず、いじめは自尊心や学力までも損なってしまうことだ。第5章において、私たちはカナダの心理学者、フランク・エルガーや彼の同僚による研究について述べた。それによると、不平等は、他人をいじめる、あるいはいじめの犠牲者になる頻度と大いに関連している[233]。私たちはまた、友達が親切でないと答えた子供の割合が、不平等な先進国ほど高くなることも知った[189]。

不平等といじめの関係は、不平等と自殺の関係によく似ている。おそらくその理由は、大人が影響を受けているのと同じ環境、つまり社会的地位の格差や個人間の暴力が広がる環境に、子供たちも浸かってしまっているからだ[334]。未成年者の殺人率は、成人の殺人率と同じように所得格差と相関が強い[335]。

不平等と低学力の関連性を示すもう一つの要因は、恵まれない家庭の子供の高校中退率の高さだ。前著『平等社会』の中で、私たちは米国50州において、高校中退率と不平等の間には強い相関関係があることを明らかにした[1]。

不平等が子供の身体や理解能力の発達に与える基本的な影響は、子供の福利に関する指標から読みとることができる。

第4章で述べたように、ユニセフでは先進国の子供の福利を計測するために特別仕様のインデックスを作成している。それは、子供の福利に関連する40種類の様々なデータを統合したものだ。たとえば、子供はいつでも両親に話しかけることができると感じているか、自宅に本が常備されているか、子供のワクチン接種率、飲酒率、喫煙率、十代の出産率など内容は多岐にわたっている。

『ブリティッシュ・メディカル・ジャーナル』誌に掲載された論文の中で私たちは、2007年のユニセフ・インデックスやその基になっているデータの大半は、平均所得水準よりも所得格差と強い相関関係があることを明らかにした[189]。図表4・3では、2013年のユニ

図表6・6　所得格差と子供の福利の間には負の相関がある

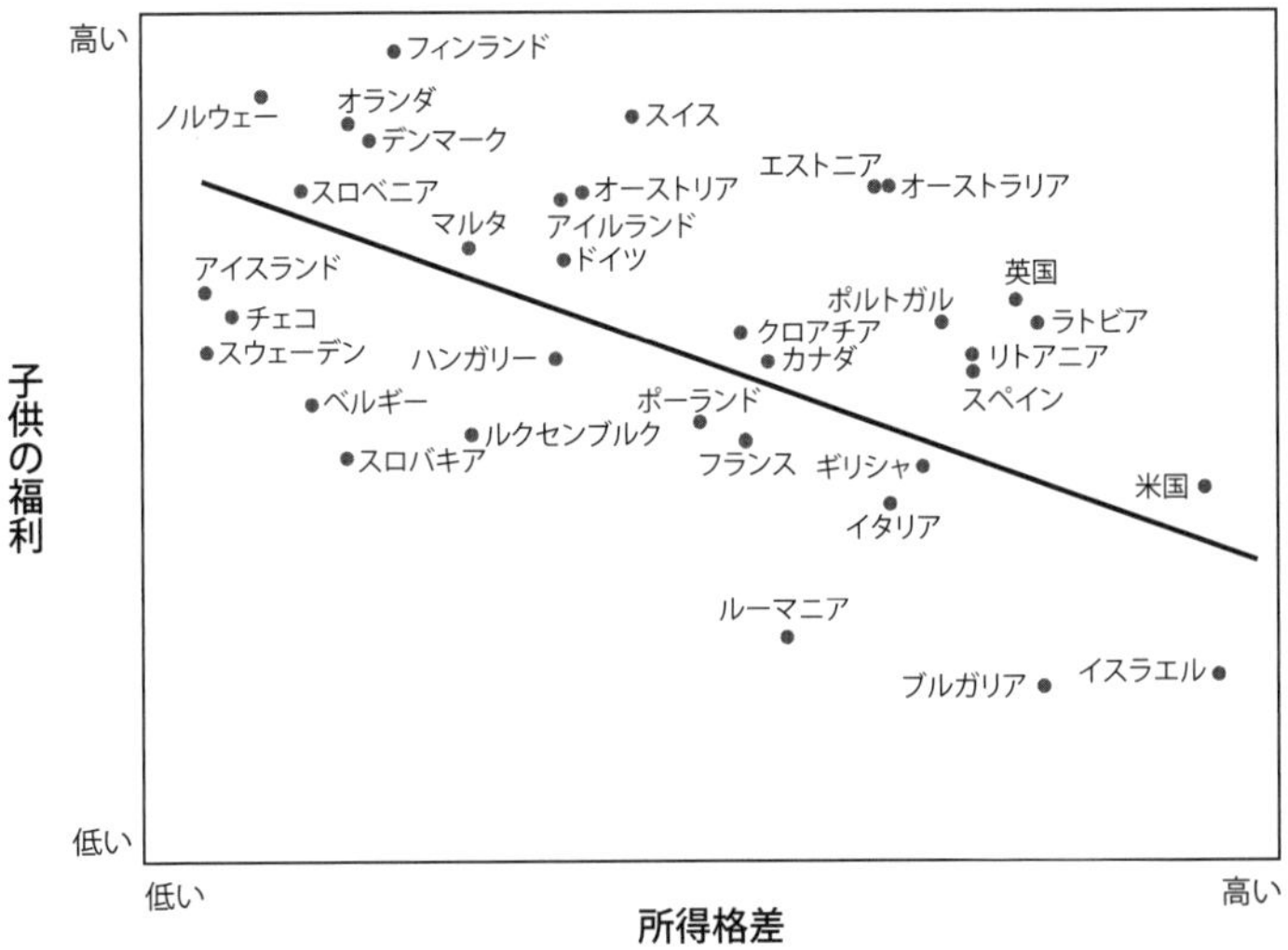

不平等の度合いが大きく子供の福利が極端に低いトルコは除外。[336]

セフ報告書のデータを用いて同じ関係が存在していることを示した。[190] また、読解力、数学、科学リテラシー、高等教育への進学率、若年世代のNEET比率などについて、この2007年と2013年両方の報告書で測定した20の指標を用いて、2007年と2013年の子供の福利の変化も比較した。[190]

それによると、2000～2009年の所得格差の変化がその直後の子供の福利の差に反映される傾向があり、統計的にも有意であることが分かった。図表6・6は、2016年のユニセフの報告書のデータを用いて、所得格差と子供の福利の負の相関がいかに根強いかを示している。

格差の大きな国の子供は、機会均等から遠くなる

個人の能力差がどこから生まれるのか。子供の家庭環境がその後の理解能力の発達にどのように影響するのか。これらの点について私たちの理解はいまや一段と深まった。これまで見てきたように個人レベルでは、所得格差や社会的地位の違いが後天的な能力差の原因であり、所得格差の拡大が社会全体の教育のパフォーマンスを引き下げている。

一方、どのようにして所得格差や社会的地位の格差が国民の大多数に影響を及ぼすのか。なぜそれらは社会の底辺の人々を最も苦しめるのか。私たちはこうした問題の背後にあるメカニズムのようなものも見てきた。

本章で示した事実からすれば、社会階層は持って生まれた理解能力を反映していると考えるのは間違いである。そればかりか、能力差の圧倒的に多くの部分は社会階層の違いから生じたものであり、能力差が社会階層を決めているわけではない。つまり、能力と社会的地位との間に何らかの関係があるとすれば、その関係は、特定個人の社会的特権を正当化するのに利用される考え方とは全く逆の方向だ。

おそらく決定的な証拠は図表6・7に示されている。不平等な国ほど社会的な流動性が低くなる確かな傾向がある。別の言い方をすると、所得格差が大きな国ほど子供は機会均等から遠

図表6・7　所得格差の大きな国ほど社会的な流動性が低くなる[337]

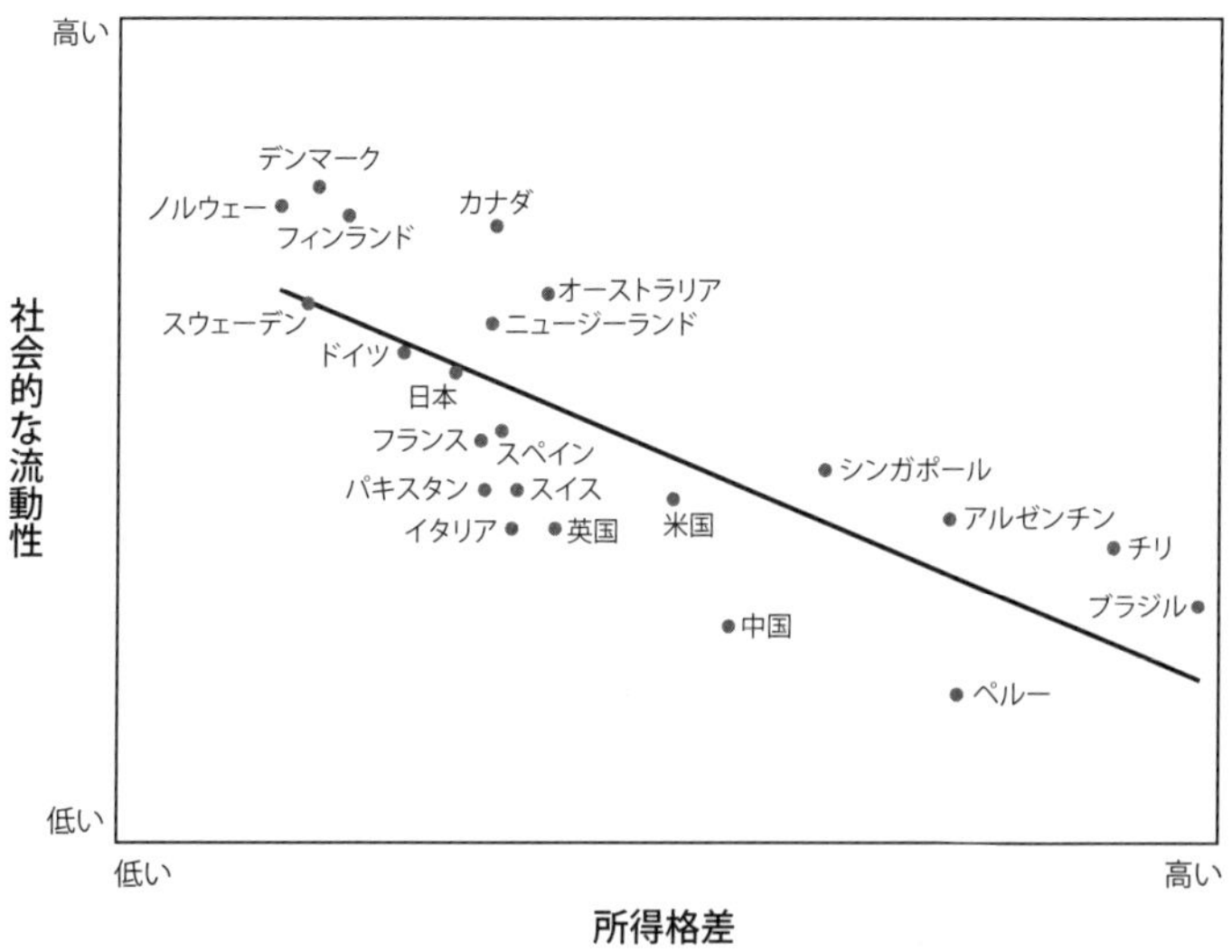

ざけられる。結果の不平等と機会の均等は両立しない。

　図表6・7は、所得格差と社会的流動性を示している。子供が生まれたときの両親の所得と子供が成人して30歳に達したときの所得を比較したものだ。両親と成人した子供の所得の相関関係が意味するのは、金持ちの両親の子供は成人後に金持ちに、貧しい両親の子供は成人後に貧しくなるということだ。

　米国と英国は特に深刻だ。両国の過去半世紀に及ぶ社会的流動性の低下や停滞、あるいはその背景にある理由については、すでに多くの議論がなされてきた。[337][338][339][340][341]この図表は、不利な立場や社会の下層階級に長く止まることの累積的な効果が、恵まれない家庭の子供の将来や成長に重くのしかかっていることの証拠である。

不平等の悪影響はどのように家庭に浸透するのか

これまでの議論で、学校は恵まれない子供に成長の機会を提供するのではなく、不平等による被害をさらに増大させているかもしれないことを見てきた。しかしこうした子供が小学校に入学し、成長して、社会に組み込まれていく前に、不平等はどのように根付いていくのだろうか。社会的な不平等は、どのようにして、家庭生活の奥深くまで浸透し、子供の幼児期以降の能力や知識の発達に影響を及ぼしているのだろうか。

その答えのカギになるのは、不平等によって家庭生活や家庭関係が何らかの影響を受け、両親や介助者が子供の発育や福利に最適な環境を提供できなくなることだ。子供の学習は生まれた瞬間（それ以前は無理にしても）から始まり、誕生後の数年間は脳の発達にとって特に重要だ。初期学習に欠かせないのは、刺激に満ちた社会環境である。赤ん坊や幼児は、大人から話しかけられたり、可愛がられたり、構ってもらうことを必要としている。子供は遊び、探検することも重要だ。子供はあれもダメ、これもダメと厳しく行動を制限されるのではなく、安全性の枠内で大いに刺激を受けることが必要だ。

恵まれない子供のリスク要因

所得格差の大きな社会では、うつ病、不安症、薬物・アルコール中毒などのメンタルヘルスに苦しむ両親の割合が増えている。これらはすべて恵まれない子供の発育にとってリスク要因になることは言うまでもない[59][189]。うつ病や不安症は、軽度から中程度のものであっても家庭生活に深刻な影響を及ぼす。低所得家庭の子供は、狭苦しくて騒々しい標準に満たない住環境での生活を強いられる。また家庭内の争いや家族崩壊を経験し、暴力を目撃し、その被害に遭う可能性が高い[342]。

ある米国の研究によれば、両親の教育水準や生活保護の水準、子供の貧困率、州ごとの虐待率の違いなどを調整した後のデータを見ても、所得格差の大きな郡ほど子供の虐待が増えている[247]。ある家庭では貧困に直面して子供に懲罰的になりすぎ、逆にまったく構わなくなり、ひどい場合は育児放棄や虐待にまで発展している[343][344]。

所得水準によって家庭生活の質、家族が遭遇する困難やそれを乗り越える能力が大きく変わる[345]。別の米国の研究は、不平等が結婚に及ぼす影響を示し、郡レベルにおける長期的な離婚率の高まりと所得格差の拡大との間に相関関係があることを発見している[346]。

しかし、政治家や評論家がしばしば指摘するように、不平等がもたらす悪影響は家庭崩壊だけではない。英国など不平等な国において一人親家庭で育った子供は確かに不利な立場にあるが、国際的なレベルでは、子供の福利に関するユニセフの指標と一人親家庭の広がりとの間に何の関連性も見いだせなかった[1]。スカンジナビア諸国など平等性の高い先進国では、一人親家庭の貧困問題は家族支援サービスの充実によって大幅に改善されている。キャスリーン・キーナン教授などによれば、問題は一人親家庭ではなく、一人親家庭の多くが余儀なくされている貧困そのものである[292]。

上から2番目の階層の親も、劣等感を覚えている

これまで見てきたように、所得格差は社会的地位の重要性、それを実現するための所得競争や出世競争を加速させてきた。消費生活が個人的な価値を測る指標となり、不平等な社会で生活する人々ほど労働時間が長くなり、家庭の借金が積み上がっていく[199][347]。家庭で過ごす時間の少なさや借金のストレスは、ユニセフの定量的研究プロジェクトの報告（第4章で引用）で衝撃的に描かれている。その研究は、不平等のレベルが異なる3ヵ国の家庭生活や子供の福利を調査したものだった[192]。

ここで強調しておきたいのは、家庭内のトラブルや育児問題は低所得の家庭だけに限らないということだ。２０００～２００１年に生まれた子供を対象とした大規模な調査では、社会階層の上から2番目のグループの母親でさえも、最上位グループの母親に比べれば親として劣等感を覚え、子供との関係がうまくいっていないとこぼす傾向があることが分かっている[1]。

私たちは前の数章で、不平等が大人の社会的地位への不安をあおり[57]、社会的な連帯[39]や和解[105]を損ない、〝自己誇示〟つまり自分が他人よりもいかに優れているかを主張する傾向を強めていることを見てきた[112]。子供がこれらを見抜いて社会的地位の格差に気づき、その結果、自らが育った家庭社会環境の影響を受けることになるだろうと予想することができる。子供が社会階層や地位の格差を意識し始める年齢は、人によって異なる。研究によれば、子供は小学校卒業の頃までに序列に応じて職業の優劣をつけ、服装や住宅、自家用車などによってその人の社会階層を判断できるようになるという[348][349]。

教育政策だけでは学力問題を解決できない

２０１４年11月、オックスフォード大学のダニー・ドーリング教授は高等教育情報誌『タイムズ・ハイアー・エデュケーション』で所得格差や学力について論評している。

ＯＥＣＤが計測した先進国6ヵ国の基本的計算能力は、国の経済的な不平等とほぼ完全に逆相関の関係にあることを示している。金持ちが国の富の多くの割合を占めている地域では、若年層は所得の中央値と中間値でどうしてそんなに大きな開きがあるのか理解できなくなっている[350]。

教授の主張は、皮肉がきいていて辛辣である。所得や資産の格差など経済的な不平等を理解するためには、分配に関する統計を学ぶ必要がある。ところが不平等が深刻な国では、それを理解しようとする若年層は次第に少なくなっている。

健康問題の研究者の間では、学生に国民の健康に対する様々な取り組みを教えるために使う人気のたとえ話がある。まず学生は人々が崖から転落している光景を想像するように言われる。もし崖の下で救急車が待機していれば、転落した人がすぐに病院へ運ばれて治療を受けることができるが、そうした救急対応は費用が高くなるだけでなく、多くの人命が失われ続けるだろう。そうではなく、崖の途中に安全網を設置すれば、命を落とさなくてすむことは想像できるはずだ。

次は、高血圧や糖尿病などの慢性症状に対処するための薬の使用に関するアナロジーだ。薬の使用はメディケアでは二次的防止策として知られている。一次的防止策は、まず人々が崖から転落しないように柵を設けることだ。たとえば、喫煙をやめ運動することで肺疾患を減らすことができる。しかしこうした対策では、人々が最初に崖に向かって走り出すことを防止することはできない。もしそれをやめさせようとすれば、直ちに、部分的にせよ実効性のある予防や治療に役立つ対策を講じる必要がある。

この救急車と崖のたとえ話を教育に援用すれば、どうなるか。教育政策や介入政策だけでは学力問題の根底にある貧困や不平等の問題に対処できないということだ。

一次的予防策は、英国のシュア・スタート（訳者注＝貧困地域の就学前の子供とその家族を対象とした教育・福祉・保健などのサービス提供）や米国のヘッド・スタート（訳者注＝育児支援施策）のような幼児期介入である。二次的予防策は英国のピューピル・プレミアム（恵まれない家庭の子供が多い学校への特別予算）のような政策であり、特別補習の実施なども正規の授業についていけない子供の支援に有効かもしれない。

こうした政策や施策は費用がかさみ対症療法の域を出ない。教育の不平等の根因が改善されないかぎり、そうした政策を永遠にやめることはできないだろう。

絶対的、相対的貧困率とも再拡大している

貧困が子供の学習能力や成績に負の影響を与えるという点では比較的意見が一致している。[307]しかし、不平等の社会的な影響については、それが平均的な学力を引き下げ、学歴格差を拡大させているにもかかわらず、あまり世の中で議論されていない。先進国では栄養価のある食品や快適な住居を満足に手にすることができない子供がいることは確かだが、絶対的な貧困はかなり減少している（ただし英国など一部の国では、食料や住居を得ることができない子供の数が増加している）。

それとは対照的に、相対的な貧困は拡大している。[351]２０１５～16年の英国政府の統計によれ

ば、全体の30％に相当する４００万人の子供が相対的な貧困（家計所得が中央値の60％以下の水準）での生活を余儀なくされ、特定の地域では全体に占める比率が50～70％にも達している。[352] こうした子供の3分の2の家庭では、少なくとも一人の大人が働きに出ている。母（父）子家庭の母（父）親が雇用される比率が高まり、低所得家庭への生活支援が増大するにつれて、子供の貧困は１９９８～２０１２年の間に大幅に低下した。しかしそれ以降、絶対的貧困、相対的貧困ともに増加に転じている。２０２０年までに相対的貧困の中で生活する子供は４７０万人に達するという予想もある。[353]

米国では連邦政府がこれを下回ったら絶対的貧困だという基準を設定し、その最低基準に照らして貧困を測定している。１９６４年に初めて設定されたとき、最低基準は米国の所得の中央値の約50％とされていたが、現在では約30％へ引き下げられている。[354] それにもかかわらず、米国人の20％以上が自分や家族の食料を購入できないときがあると報告し、子供の20％は連邦政府が定める最低基準以下の絶対的貧困を強いられている。[355] 相対的貧困に関する指標によれば、米国の子供の約30％が同状態にある。

相対的貧困率は、福利のベンチマークとして国際的に受け入れられている。英国政府は子供の貧困の指標として家庭の所得を調べ、さらに失業、学校の成績、家庭崩壊、借金、薬物・アルコール中毒の指標も併せて報告する義務を負っていたが、２０１５年にその義務を軽減するよう求める新しい法律を成立させようとした。

それは当時、貧困の結果を貧困の原因として再定義する試みだとして激しく非難された。議会上院での激しい論戦の後、政府は撤回し、物質的窮乏に関する指標について報告を継続することに合意した。もし当時の政府が貧困の定義の変更に成功していたら、政府の政策が子供の貧困を増やしているのか、それとも減らしているのかを判断することが不可能になっていたことだろう。

成功例としてのフィンランド、失敗例としてのスウェーデン

教育に多くの資金を投じることは、子供たちが貧困、欠乏、不平等による逆境を乗り越えるのに役に立つ。こう考えるのは一見、理にかなっているように見えるかもしれない。この真偽を確認するために、研究者たちは国民所得、所得格差、政府の教育予算と十代の若者の学校の成績との関係を調べてみた[356]。

彼らが用いたのは、24ヵ国の５０００以上の学校の約12万人を対象とするＯＥＣＤのデータだ。その研究によると、生徒や学校の個別要因を調整した後のデータでは、平均所得や生活水準の重要な指標である一人当たりＧＤＰが高くなっても、学校の成績にはわずかのプラス効果しかなかった。それとは対照的に、所得格差は十代の若者の読み書き能力にきわめて有害な影響を及ぼし、教育予算の多寡は読み書き能力とほとんど関係なかった。経済成長やその成長の恩恵を公共教育へ多く配分したとしても、学校の成績問題の抜本的な解決策にならないように

みえる。

政府がどのようにすれば、教育の質や子供の将来を改革、改善できるか。それを例証したケース・スタディーが、フィンランドにある。フィンランドでは幼児から16歳までまったく入学試験のない学校制度を採用しているが、国際的なＯＥＣＤ生徒学習到達度調査では子供の学力はいつも高水準にある[357]。

同国では約40年前に学校制度の抜本的な改革を実施し、完全な「総合学校」システムへ移行した。また教員訓練の質も改善し、教員の社会的な地位も引き上げた。現在、教員はすべて大学の修士号を持ち、政府が決めたカリキュラムの枠内であれば何をどのように教えるかについて大きな自主性を与えられている。子供の学齢年齢は他の国に比べてかなり遅く、標準的なテストも少なく、学校の休みの期間も長い。

しかしフィンランドは子供の学力を急回復させ、２０００、２００３、２００６年にはＰＩＳＡで首位に輝いた。２００９年は3位、２０１２年はさらにランクが下がったが、欧州諸国では常に学力優秀国となっている。フィンランドでは（家庭環境から予想される水準を上回って優秀な成績をあげている）復活型の学生比率がどの欧州諸国よりも高い。

これと対照的なのがスウェーデンだ。同国はこれまで教育の質が高い模範国と見なされてきたが、ＰＩＳＡランキングが急落し、教育の格差も拡大している。同国の所得格差は１９９０年代から急速に広がり、「総合学校」システムが教育格差を縮小させるという国際的に明確な合意があったにもかかわらず[299]、政府資金を巡って私立（〝自由〟）学校が公立学校と競い合うことを許容した。

２０１５年のＯＥＣＤ報告はスウェーデンに対して〝「総合学校」システムを改革〟し、親や子供による選択の余地を制限することで、かつての高水準の教育を取り戻すように勧告している[358]。同報告は、教員給与の引き上げ、教員研修の改善、学校監査の厳格化、移民の子供の教育制度への取り込みを提唱している。スウェーデンではまた所得格差の拡大に比例して子供の福利が大幅に低下してきている[190]。

教育機関にできることはせいぜい社会的な不平等の拡大で生じた子供の損害を部分的に軽減することだけだが、その拡大は防ぐことができる。学校はこれまで以上に能力の概念を大きく広げる必要がある。学校が目指すべきは、子供に様々な活動を紹介し、彼らが得意に感じて楽しむことができそうなものを見つけるようにすることだ。どのような分野であれ、持って生まれた素質と合致した能力を伸ばしていくメリットは計り知れない。その最大の障害になっているのは、子供が自分自身をすべての分野で才能がなく、自らを社会的な落ちこぼれと見なしてしまう文化である。

世代を越える負の悪循環を絶つために

家庭の社会階層、教育、所得の水準が低ければ、すべての年齢で学力が劣ることは、現在、一般に受け入れられている[307]。

メリッサ・ベンやフィオナ・ミラーは『A Comprehensive Future』と名付けられた報告書で、次のように述べている。「英国の学校が直面する最大の問題は、貧富の格差、子供の家庭環境の不均衡、それに子供が教育現場に持ち込む社会的、文化的な価値観である」[357]。米国など不平等性の高い国の学校についても、同じことが言える。

ベンとミラーはさらに続ける。「『総合学校』システムの理念はとても有益だ。人には生まれつきの能力がある。人間には高等教育に〝向いている〟人とそうでない人がいる……など階級的な背景やモチベーションについて、人々が心の奥深くで無意識のうちに古くさい考えを持っている場合は、チャレンジしてみる価値がある」。もちろん学校制度や教育政策を変えたとしても、不平等というやっかいな重荷が消えるわけではない。不平等の重みが増せば、社会的な階層や地位が強く意識され、子供の可能性、学校の成績、成人後の将来について格差が広がっていく。

子供の健康や発育、幸福が、子供自身や家族ではとても手に負えない力によって損なわれている。私たちは、そのメカニズムを見てきた。社会のシリアル袋を振れば、形の崩れていない（頭の賢い）コーンフレークが袋の上の方に自然に集まってくるというジョークは、不正確であるばかりか不適切である。特権が特権を呼ぶ不平等な社会ほど、その傾向が強まる。不平等は貧困と同じように、世代を越えて〝負〟の悪循環を生み出し、多くの人の能力や才能、可能性までつぶしてしまう。

第7章

上流の文化はすべて一流であるという誤解

所得や資産の格差がなぜ問題か。それを理解するためには、まずそれらがどのように利用されているかを知らなければならない。問題は所得や資産が社会的な格差を誇示するために使われ、優越感や劣等感を助長していることだ。それが本章の主題である。

社会的な選別が文化的にどのように行われるのかを知るには、問題から少し距離をおいて物事を冷静に見ることだ。そこで、過去数世紀の階級差別の歴史を振り返ることから議論を始めたい。過去のことなら、私たちは冷静な立場で議論でき、後知恵の助けもかりることができるだろう。

「あの人は私たちの（優れた）上司ではない――単なる上役さ」

ヴェルサイユ宮殿のひどいエチケット

私たちの個人的な体型、品行、振る舞いは、何世紀もの間に大きく変わったが、社会的な身分の違いを示すものとして長い間受け止められてきた。13世紀に、ボンヴィチーノ・ダ・リヴァは『Fifty Table Courtesies』というエチケット本を書き〝正しい礼儀作法〟について人々にアドバイスを行っている。彼は読者に対し、食事中にテーブルクロスで鼻をかむのは育ちが悪い証拠だと注意を喚起した。

16世紀半ばになってハンカチが流行し始めた頃、ジョバンニ・デッラ・カーサは、ハンカチで鼻をかんだ後で、それをわざわざ広げて、あたかも自分の髪からパールやルビーがその中に落ちたようにのぞき込むのは悪趣味だと指摘した。

１５３０年にはデジデリウス・エラスムスが次のように書いて人々を諭した。「ツバを吐くときは、人に迷惑がかからないよう顔の向きを変えなさい。膿《うみ》のようなものを地面に吐いたら、人が気持ち悪く感じないように足で踏み消してしまいなさい。それができない場合は小さな布切れでタンを始末しなさい。ツバを飲み込むのは正しい作法とはいえません」。

こうした事例はすべて、１９３９年に刊行されたノルベルト・エリアスの古典的な名著『The Civilizing Process』に収録されている。[359] エリアスは社会学者で、ナチス・ドイツから亡命した後、英国を拠点に研究活動を続けた人物だ。彼は彼自身が〝文明化の過程〟と命名したものの背後にある誘因を見つけるため、過去に出版された多くのエチケットやマナーに関する文献について詳細な分析を行った。

　そこで浮かび上がった構図は、下層階級が上流階級をお手本にして継続的な改善を図るという過程とは似ても似つかないものであった。歴史のいつの時点を切りとっても、社会の頂点に立つ人々の振る舞いはその他の人々と同様に賞賛できるものではなかった。たとえば18世紀の英国人貴族で文人だったホレス・ウォルポールは、ヴェルサイユ宮殿の内部を次のように描写していた。

> 巨大な汚水だめ、悪臭を放つ汚物、放置された排泄物……。排泄物が衣服やカツラ、はては下着からこびりついて離れない。中でも最悪なのは、物乞い、召使い、貴族の来訪客までが、階段や廊下、人目のない場所を見つけては小用をすませていたことだ。通路や中庭、建物の両翼、廊下は、小便や大便が散乱していた。公園や庭園、大邸宅ではそれらの悪臭で吐き気を催しそうになった。[360]

　1715年にルイ14世が死去した直後、ヴェルサイユ宮殿の廊下に放置された排泄物は毎週一回清掃することを命じられたが、その後でも右のようなありさまだった。[361]

互いを観察することから「分別」が生まれた

衛生的な観点がもっと重視されていれば、人々の行動を変える大きな誘因になったかもしれない。しかしエリアスによれば当時、マナーや習慣を変える合理的な理由がほとんどなかった。彼はその代わりに〝容認可能な行動〟という概念が、階層格差、社会的野心、恥ずかしさ、きまり悪さによって形成されたことを強調する。

どうして〝文明化〟が16世紀以降、急ピッチで持続的な進展を遂げたのか。それを説明するときに、エリアスが指摘したのは上流階級の宮廷への関与の高まりだ。それによって社会的な優劣を競うようになり、彼が〝羞恥心やきまり悪さのフロンティア〟と呼ぶものへの移行が進むことになった。人々が一堂に会してお互いを観察する機会が増えるにつれて、自己抑制の重要性が増していった。宮廷生活によって、対人関係の感性や社会的なタブー、恥ずかしさやきまり悪さなどの分別が醸成されていった。

エリアスによれば、対人関係で暴力が減少していったのはこうした変化によるものであり、騎士階級が宮廷貴族へと徐々に変質していった結果であった。騎士階級が夢中になった祝宴や舞踏会、〝バカ騒ぎ〟では暴力沙汰が絶えることがなかった。彼らはすぐ頭に血が上って、殴り合いや殺し合いをすることが日常だった。そのため、彼らは自己抑制の術を学ばなければならなかった。

お互いに腕力以外の長所を見つけて、それをたたえ合わなければならなくなった。たとえば、自制することや、相手の弱点を指摘して不快な気持ちにさせないことが、貴族的な心がけとして組み込まれていった。エリアスによれば、人々は「以前は全く気にとめなかった他人との違いを意識するようになった。人々から危害を加えられるという恐怖はなくなったが、それと入れ替わるように他人の視線や超自我が媒介する内面の恐怖が増加していった」。彼は次のように続ける。

> 危険な区域にちょっと踏み込むだけで攻撃のしぐさとなる。ある人がナイフの矛先を相手に向けて手渡そうとする光景を見るだけで気分が悪くなる。こうした感性は、最も繊細な心を持つとされる宮廷の社交界の象徴であり、その名声の維持のためにできた差別化の手段だった。こうした感性に基づく禁制は、次第に文明社会全体へと広がっていった。

中産階級と一線を画すための不断の努力

社会的な支配従属関係は、露骨な腕力の優劣から、階層の上下という文化的要因へと変化していった。16世紀には、〝礼儀正しさ〟や〝丁寧〟という考えが、マナーを説く論者によって頻繁に用いられた。中世の貴族は下層階級の素振りや芸術的な表現を拒絶すべきものだとは考えなかったが、上流階級固有の文化を発展させていくにつれて〝下品な〟ものを不快に感じるようになり、あるいは感じるべきだと思うようになった。

貴族階級とすぐ下の階級との文化的な違いをはっきりさせておくために、「〝中産階級的なニオイのする〟ものは何でも情動的に嫌う」ようになった。貴族が家族のためにプライベートな空間を作り始め、大広間で家族以外の人々と一緒に寝ることをやめたのは、15世紀に入ってからだった。貴族は下層階級の感性の鈍さを見下すようになった。エリアスは、中産階級とは一線を画していたいという貴族階級の不断の努力は、まるで〝綱引き〟のようだと述べている。

> それは、永遠にくすぶり続ける社会的恐怖が動機になっていた。その社会的恐怖は社会を支配する最も強力な原動力であり、宮廷の貴族は自分だけでなく他の仲間にも規律として課していた。差別化の努力は絶えず継続された。宮廷貴族は身分にふさわしい身のこなしや、スピーチ、態度、しぐさ、社会的な娯楽、作法などを保持し磨きをかけることで自らを下層階級者と区別しようとした。

何度も繰り返しになるが、貴族と下層階級者の区別に役だった作法や振る舞いも、下層階級者がそれらを身につけていくにつれて次第に用をなさなくなった。〝恥ずかしさの基準〟が上がるにつれて、かつては〝洗練〟されていた習慣も〝下品〟になり、新たな上品さが求められるようになった。エリアスによれば、この循環が一時中断されたのはフランス革命で旧体制の絶対主義宮廷社会が没落したときだ。しかし基本パターンは変わらない。上流階級が生まれつきではないにしても洗練された自分の姿を世間に見せたいという動機の背景には、下層階級の絶え間ない追い上げのプレッシャーがあった。

本能と欲望を上手に隠すことで違いを強調

容認可能なものは絶えず変化する。以前は普通に受け入れていた慣習も、いつの間にか嫌われるようになる。そうした心の奥深くの習性が、人間の感性に変化を促している。社会階層に特有の行動習慣は優越的な美学の表現にすぎないという考えがあるが、それに対してエリアスは次のように述べている。「私たちに染み着いた行動や感情に関する多くの習慣は、私たちの意識や超自我にとって不可欠だが、かつて所属していた集団が抱いた権力や夢のなごりである。当時の優越感を再確認することはできるが、それ以上の機能は何も持っていない」。人の話しぶりや作法からは社会的地位を示す細かな特徴がうかがえるが、これについても同じことが言える。

かつては容認可能と見なされた行動が受け入れられなくなることの本質は、エリアスが言及したように「公共生活から自然本能を除去する」ことだ。「肉体的本能の抑圧」や「欲求や衝動の隠匿」が緩やかに進んだことは、数世紀に及ぶ長期間の経済的、社会的な発展と一致しているように見える。その結果、人々は「ますます個人領域と公共領域、私的行動と公的行動に分裂するようになった」。自分の本能を外部にさらすことは恥ずかしいことだということになり、人々はそれを隠すようになった。現在では「上流社会」の人々は、自らの性的特性やその他の肉体的本能を上手に隠すことで、他の人々と異なることを強調している。

大人になれば肉体的な欲望を決してむき出しにしてはならない。こうした要請に応えるために、子供は社会的に大きな成長を遂げなければならない。感情や欲望を抑制し、恥じらいや人前での気おくれを伴う、社会から受け入れられる行動ができる大人にならなければならない。

歴史的な変化によって現代社会の規範が形成され、子供が成人になるための精神的な成熟期間も長くなった。これは、私たちが身分格差によって非常に大きな影響を受けることを意味している。社会的な身分によって私たちの存在や自己表現までが詳細に決められている。その重要性を否定することは、私たちがいかに大きな社会的プレッシャーにさらされているかを意識的に押し隠そうとしているようにみえる。

しかし、次のことを忘れてはいけない。他人に良い印象を持ってもらいたい。他人から評価されたい。こういう願望があるからこそ、私たちは社会の様々な方角へ向かって進むことができる。第5章で議論したように、平等な社会では社会的プレッシャーによって人々は利他的で思いやり深く親切になりがちだ。

しかし身分格差の大きな社会では、他人から認められたいという同じ欲求は、自己の出世、優越感、低い身分による不名誉は避けたいという全く正反対の願望によって相殺されてしまう。私たちはますます自分や他人の序列を気にするようになる。もう一度、エリアスの言葉を引用しよう。「恥ずかしさとは……一種の不安であり……社会的におちぶれること……あるいは他人の偉そうな態度を目にすることの恐怖である」。

衛生上の本当の進化をもたらしたのは都市化

何世代もの間に、私たちの嫌悪感やプライバシーの感覚は大きな変化をとげてきた。そうした変遷を振り返ると、出世願望のための見栄のほかに、衛生上の配慮による変化が生じたのも事実だ。後者こそが客観的に見て正真正銘の進化といえる。そうでなければ、19世紀半ばに衛生学が広く普及するまで、私たちは洗濯をせず、トイレもなく、屋内でツバを吐き、テーブルクロスで鼻をかみ続けたことだろう。

そうした本物の進化を取り込むには、大きな財産を持っていることが前提である。富裕層は貧困層よりもずっと早くその恩恵にあずかれたはずだ。しかし上流階級の物まねで、上水道や水洗トイレ、下水道が整備されたのではない。19世紀後半の衛生環境の整備は、急速な都市化に伴う身もすくむ汚染や健康被害への対応がきっかけだった。

配管設備の遅れは、農村部と都市部で全く意味合いが異なっていた。

下水道や上水道の整備は民間が競い合って提供する事業ではない。政府が費用を負担して提供する社会的なインフラである。社会インフラの整備は、資金負担を多く迫られる富裕層が反対する傾向が強い。サービスの供給エリアが十分な広さに達し、大都市圏で民主的な政府が誕生するまで、なかなか整備が進まなかった。社会インフラの整備は技術革新、社会改革、健康衛生に関する理解の普及、とりわけ重要なのは政府の財政能力にかかっていた[362]。

いつか自分の出自がばれることの恐怖

社会の各階層は、行儀作法やスタイル、美的感覚によって強く特徴づけられている。そのために社会階層の階段を上った人、たとえば労働者階級から専門職階級へ〝昇格〟した人はいつも、自らの社会的アイデンティティを変える必要性を感じ、自らを身分詐称者のように思いこみ、いつか世の中に発覚してしまうのではないかと恐れている。

お作法のガイドブックがたくさん出版される理由

フリーランス・ライターのリンジー・ハンリーは回想録『Respectable: Crossing the Class Divide』[363]の中で、次のように述べている。大学に入学した後、他人からマラプロピズム（言葉のこっけいな誤用、特に発音が似ている二つの言葉の混同）を正されることほどきまりの悪いことはなく、地面に穴があったら入ってしまいたい気持ちになった。その一方で、中産階級出身の友達に新生活の言葉遣いで話すと、今度は古い友達や家族から「その気取ったしゃべり方、何とかならない」と嫌みを言われた。試験で答えを間違えたとき、彼女は次のように弁解している。間違えたのは、自分の勉強不足のせいではなく、採点者の目に「さも知ったかぶりをして試験に合格しようとしている生半可で、不快な独学者」だと映っているに違いないと自分自身が感じたためだ、と。

社会階層を様々なルートから上ろうとする人々のために、いまでも現代エチケットに関する多くのガイドブックが出版されている。接待や結婚式、ビジネスゴルフに関する専門書、一般向けのエチケット、デブレット社の〝現代マナー〟、〝現代の女性〟や〝現代の紳士〟を意識したものまである。ブラッファーのガイド本には、ワイン編、企業経営編、オペラ編、詩歌編などのほかに、エチケット編もある[364]。

タイトルの付け方はすばらしく、上流階級の習慣を学びたいという読者の気持ちを強く意識していることが分かる。言葉遣い、テーブルマナー、発音、服装の規定、〝正しい〟作法、社交儀礼などについて間違いをおかさないようさまざまな助言を行っている。その助言を励行すれば、自然に「話し方が上品」になり、「上流家庭」の出身というだけでなく、あこがれの名門家の一員のように見えてくる。

不適切な振る舞いは社会的な命取りという警告

その助言は、良きマナーと良きエチケットはほとんど同じであるという言葉から始まる。しかしガイドブックが奨励している上流階級の慣習とは、他人に親切にすることではない。あるいは人々をリラックスさせたり、温かく歓迎されていると感じさせたり、あなたが人々を気遣っていることを示すことでもない。

ガイドブックの基本的な教訓は、完璧といっていいくらい鼻持ちならぬ上流気取りである。そうした習慣が推奨されるのは、それが〝育ちの良さが分かる手っ取り早い方法〟だからだ。読者は折に触れて、あなたが〝不適切な〟振る舞いをすれば〝身分詐称者〟であることが明らかとなり〝社会的な命取り〟になると警告される。〝常軌を逸した〟習慣とは何であり、それを行えばあなたは誰の目にも成り上がり者で、信頼のおけない人物であることの〝明確な証拠〟になると教えられる。

上流階級の人々が〝忌み嫌い、避けている〟という理由だけで、あらゆるものが簡単に〝ぞっとするもの〟あるいは〝絶対に避けるもの〟として分類されている。本の最後には、〝もし皆さんが上流階級の仲間入りをしたいと望むなら、絶対に知っておくべき行動規範を紹介した〟という言葉で結ばれている。

しかし、何が〝ぞっとするもの〟なのかは、それがどれくらい社会的な評価や個人的な序列に関わっているかによって変わってくる。同じ意味を持つ言葉（toilet, loo, lavatory, ladies'/men's room, convenience, bathroom, ＷＣなど）の中でどれを使うか、あるいは食事中にナイフをどのように握るかなど、一見些末なことでも、絶対に避けるべき作法がある。こうしたどうでも良いことが重視されるのは、それが階級を意味しているからだ。

平等主義者も自分の評価をわざわざ下げることはしない

人々の大半は上流気取りや人には優劣があるとする考えには反対だと明言するが、社会的な上下を示すマーカー（目印）には敏感だ。多くの人は、それが人の本性を見抜くのに役立つことを知っているからだ。自分に染み着いた慣習や、社会階層に特有のクセは簡単に変えられない。それらは後天的なものよりも生得の感性によると思っていたとしても、もし普段とは異なる言葉遣いや行動をすれば周囲の見方が変わることも知っている。

自己表現を通じて自分を良く見せたいと思えば、本書の主題である社会的評価への不安が増大する。私たちは自分が平等主義者で偏見のない人間だと信じているかもしれないが、他人の自分に対する評価をわざと引き下げるようなまねはしない。

上流階級の振る舞いは良きマナーを体現しているという一般的な考えは、第3章で議論したポール・ピフの研究成果と必ずしも矛盾しない。彼によれば、不平等な社会では、地位が高くなるほど行動が反社会的になる。たとえば、道路の合流点では他のドライバーの前に無理に割り込んだり、子供のために取っておいたお菓子を勝手に食べてしまったりする。想像がつくように、もし社会的な劣位者よりも優位者に注目することが人間に生まれつき備わった習性だとしたら（ヒヒを思い浮かべよ）、横暴な上流階級の行動ばかりが目につくのは私たちの多くが劣位者であることの裏返しにすぎない。

第2章で見たように、富裕層と貧困層の所得格差が大きくなれば、地位への不安はあらゆる階層で高まる。それと同じように所得や資産の不平等の増減に応じて、階級や地位の目印の効果も増したり減ったりする。第4章では、不平等が拡大する中で人々は地位を誇示するため高級品に多くのお金を使うようになり、自己顕示的な消費や消費主義（訳者注＝大量の財サービスの消費を奨励する社会的、経済的な要求）が際だってくることを見てきた。

平等化で、新しい流行は下層から上層へと向かった

しかしノルベルト・エリアスによると、彼が活躍した1930年代に入ると、人々の上流階級への憧れにも陰りが見えてきた。彼は上流階級の生態に関する何世紀もの歴史を調べてきたが、実際に庶民の上流階級の物まねは徐々に下火になりつつあった。その最も分かりやすい例が、一般大衆向けの音楽やダンスの大流行だった（それは後に1950年代以降のロックン・ロールの開花へとつながっていった）。

エリアスが見落としたのは所得格差が1920年代にピーク・アウトしたことだ。彼らが目の当たりにしたのは所得の不平等が急速に縮小したことによる結末だった。その所得の不平等の縮小は1970年代末まで続いた（図表9・1参照）。

第2次世界大戦をはさむ戦前、戦中、そして戦後の期間を見ると、所得の不平等は縮小傾向にあった。それがいかに大衆文化に浸透していったかは、１９４３年の名探偵シャーロック・ホームズの映画を見れば分かる。いったん法の裁きが下されると、美しい女性主人公は自分の小作農のために自らの相続権を断念することを選んだ。ホームズは、コナン・ドイルの本では決して急進主義者でないが、助手のワトソンに次のように語っている。

ホームズ：「外国の地では新しい精神が芽生えている。強奪や欲張りはもう古い。時代は変わろうとしている。他人への施しとして何を与えるかではなく、他人の恩義に何で報いるか考え始めるべきだよ。ワトソン、他人が腹を空かしているとき、自分だけ悠々と腹を満たすべきではない。他人が寒さで凍えているとき、自分だけ暖かなベッドで眠るべきではない。どこかの誰かが身体的、精神的な服従を強いられているとき、立派な祭壇でひざまずき神に感謝するなんてもってのほかだよ」

ワトソン：「ホームズ、君の言う通りかもしれない。頑張ってくれたまえ」

ホームズ：「神の思し召しがあれば、夢ではない。ワトソン」

１９５０年代、60年代と、所得や地位の不平等が改善されるにつれて文化的な流れも変わっていった。音楽やダンス、ファッションの新しい流行が社会の下層階級から上流階級へと向かい始めた。歴史で主流だったトップダウンの流れが反転したのだ。ロック・ミュージックや新しい振り付けのダンスが伝統的な舞踏ダンスに取って代わり、社会の下層から上層へと浸透していった。１９６０年代、70年代には衣服の大衆ファッションがブームになったが、それも同様の動きを示した。

こうした変化をとらえて、多くの大学の研究者たちは次のように考えるようになった。社会階層は、職業よりも、消費行動を通じてアピールされるアイデンティティで判別されるようになった、[365][366]と。

80年代からの格差の拡大で社会階層に再注目が集まる

１９８０年代から多くの国で所得格差が拡大し始めるにつれて（図表９・１）、社会階層や地位の重要性が再び見直されるようになった。英国における世代間の流動性（自分自身と両親の社会的な地位の違い）の低下は、社会階層の固定化が一世代前よりも強まり、階層の傾きが険しくなっていることを示している。

異なる階層のパートナーとの結婚比率の低下

同じ傾向は、社会階層が異なるカップルの結婚比率からもうかがえる。1980年代初期に25歳に達した既婚女性では、その61％が自分の出身階層とは異なる男性と結婚していた。しかし20年後の新しい世紀が始まったときに25歳に達した女性では、同比率が44％へ低下している。[367] 異なる階層のパートナーとの結婚比率の低下、つまり社会的な流動性の低下は、所得格差が再び拡大するにつれて階層の縛りが強まっていることを示している。

第6章では、階層や地位の弊害がいかに家庭生活に浸透し実害を与えているかを見た。所得格差の広がりで社会的分断が進むにしたがって階層を越えた結婚が少なくなっている。しかし階層の違いは依然、問題を引き起こしている。結婚カップルの片方の両親が次のような考えを持つことが多い。たとえば、息子や娘は違う階層の相手と結婚したことで〝成り下がった〟とか、彼らはもっと良い結婚相手がいたはずだ、あるいは嫁や婿は自分の子供と〝十分に釣り合いがとれていない〟といったことだ。

義理の両親から何も言われなくても、階層の低いパートナーの方は、自分は、本当は相手の家族から受け入れられていないのではないかとか、自分のいないところであれこれ陰口を言われているのではないかと心配することが多い。

女性は男性より家事や子育てにかかわり続けることが多い。そのため家族のしきたりや育児方針を巡るいざこざは絶えず、義理の母親は長い間、ジョークの対象になってきた。社会階層で引け目を感じている嫁は、そうした〝嫁いびり〟にいやが上にも敏感にならざるをえない。

約２０００人を対象としたマムズネットの調査では、回答者の約３分の２が自分のパートナーと十分な釣り合いがとれていないと感じさせられたことがあると述べている。こうしたストレスから逃れるために、義理の両親の近くから引っ越しをした家庭もある。義理の両親と関係が悪化して離婚してしまったケースもある。義理の両親との問題を扱った詳細な研究によれば、階級の違いはトラブルに共通の原因であり、人種や宗教よりも深刻な問題となっている[368]。これは人種や宗教の違いは簡単に克服できるといっているのではない。異なる人種や宗教の間の結婚は、単に事例が少なく問題にならないだけかもしれない。

家庭生活では、中産階級出身の両親が子供の話し方や振る舞いで、育ちが悪そうに見える部分を〝矯正〟しようとするときに階級格差の問題が表面化する。その結果、多くの十代の子供は学校の友人など相手に応じて階級ごとの習慣を使い分けなければならなくなる。

子供は早い時期から格差を意識する。面談において貧困家庭の子供は、立派な住宅に住む友達が自分の家に遊びに来ると恥ずかしいと述べている。ブラッドフォードの貧しい地域に住む８歳の少女は次のように語っている。「私のアパートで嫌な点は、友達が遊びに来るとき決まって仮病を使いたくなること。みんなが私をいじめないようにおウチに入れたくないの」。彼女の友達が横から口をはさんだ。「みんながあなたをいじめるのは、あなたのおウチが貧乏だからなのよ」[369]。

35万人の子供のデータが示す、地位競争の激化

第5章で紹介した調査によれば、子供のいじめは富裕層と貧困層の所得格差が大きな国（そして社会的な不平等が大きくなった国）とそうでない国では10倍の開きがある[233]。十分予想がつくことだが、いじめる側といじめられる側を分けるのは、裕福な家庭の出身と見られているか、貧しい家庭の出身と見られているかである場合が多かった。

北米、欧州、オーストラリアの子供のいじめをそれぞれ独自に調査した28のデータがあり、それを一つにまとめた研究がある。統合した研究には実に約35万人の子供のデータが含まれている[370]。それによると、いじめっ子はすべての階級に散らばっているが、いじめられっ子は貧困層に集中する傾向があった。富裕層が貧困層をいじめているのか、あるいはその逆か、いずれにせよ、社会的地位を巡る競争が、所得格差の大きな社会で再び激しくなっていることは間違いない。

英国の子供１６００人を調べた研究からは、不平等がもたらす個人的なコストや不平等拡大に伴う社会的地位への意識の高まりに関して別の指摘も得られている。それによると、もし貧困家庭の少年（少女ではない）が比較的暮らし向きの良い地域に住んでいるとすれば、彼はウソをついたりだましたり、ケンカしたりといった反社会的な行動に走る傾向が強まる[371]。もし中

間所得層の地域に住んでいればその反社会性は増大し、不平等が露骨な超高級住宅地ではさらに過激化する。

こうした事例が示しているのは、いかに私たちが階級格差や不平等の影響を身近に受けているかということだ。私たちの生活や家庭はそれらと無関係でいられない。子供だけでなく、家庭生活、夫婦関係、親子関係までが、階級格差や不平等の悪影響を受けている。

それらはまた人々の自意識も傷つけている。肉体労働の家庭の出身者が知的専門職についた場合、彼らは自分が本物の仲間ではなく、将来のある時点でにせものであることが発覚してしまうのではないかと不安に感じると語っている。

英国の慈善団体「イクオリティ・トラスト」の支援者に、階級や地位で不安に感じた経験を聞いたことがある。労働者階級出身のある情報提供者によれば、学校で得た学位のレベルが上がるにつれて自分が学歴詐称者のように感じられ、いつかそれが発覚するのではないかと強く感じるようになったという。同様に、ある元教師は次のように語っている。自分が解雇されたとき、周囲には自分がにせものだとばれていて、本物の教師ではなかったという感覚をぬぐい去ることができなかった、と。

自尊心の低さ、劣等感、自分をペテン師だと感じる気持ちなどすべては、自分が労働者階級育ちのせいだとする人がいた。その人は自分の血統のせいでいつも〝劣等感〟を持っていたと述べたが、それは多くの人々の気持ちを代弁していた。

既得権の損失？——死亡率が上昇する白人系米国人

社会的な地位が上昇した人は、それが成功の証しだと感じることが多い。社会的な地位が下がった人や、社会の最下層から這い上がることに失敗した人がどのように感じるかは、あえて言うまでもないだろう。

経済成長がそうした失敗の痛みを和らげてくれるのはよくあることだ。社会の平等が維持され、成長の利益があらゆる所得階層に分配され、すべての人が裕福になっていく。そうであれば、社会的な地位の向上が叶わなかったとしても挫折感は少し和らぐはずだ。出世競争で他人に後れをとっていたとしても、自分は着実に前進しており、両親の世代よりも豊かな生活を送れるはずだと感じることができる。

しかし米国では不平等の拡大によって、貧困層は数十年間、経済成長の恩恵から取り残されてきた。中年（45～55歳）の白人系低所得層、つまり期待通りの人生を送れなかったと最も強く感じていいそうなグループでは、１９９０年代以降、死亡率の上昇が続いている。[66] その増加の大半は、アルコールや薬物による中毒、肝硬変、自殺による死亡（特に女性の死亡）だ。これらはすべてストレスが原因だ。

これとは対照的に、ヒスパニックやアフリカ系の中年は健康状態の改善が続いている。アルコールや薬物による中毒、肝硬変、自殺による死亡者数は低下している。[67] おそらく彼らは貧しい白人系のような非現実的な夢を抱かなかったからだろう。過去にアフリカ系やヒスパニック系の躍進を阻んできた人種差別が最近改善されてきているとすれば、貧しい白人系がそれを既得権の損失と捉えることは十分に考えられる。

超富裕層はなぜ高価な絵画を求めるのか

社会階層が分離する過程で、美的感性やアクセント、言葉遣いの微妙な差が階級や地位を指し示す目印となったが、芸術、クラシック音楽、文学の鑑賞や学識の分野においても同様だった。

これから見ていくように、〝高尚な〟文化を社会階層の目安として活用すれば、追随者の排除に役立つばかりか、上流階級の形成の仕方や世間の評価まで変えることができる。芸術のたしなみを持っていれば、自分は洗練された感性を持ち、大衆文化よりもさらに高級な文化を楽しむ能力に恵まれていることを世の中に示すことができる。こうした理由から、超富裕層は有名な芸術家が描いた原画に莫大なお金を払おうとする。高価な絵画を豪邸の壁に飾れば、自分は世間の人よりも高い教養にあふれ、高額な代価に見合う深遠な美的感性を持っていることを、自分自身だけでなく来訪者にも示すことができる。

エリートの美的感覚は本当に客観的で優れているのか

こうした洗練された感性は、〝エンドウ豆の上に寝たお姫さま〟というアンデルセンの童話にも取り上げられている。自分は本当のお姫様だと名乗る普通の若い女性が、最終的に王子のお后に迎え入れられるという話だが、そのために彼女は何枚も重ねられたベッドのマットレスの下に隠されたエンドウ豆の存在に気づくかどうかの試験を受けなければならなかった。

彼女は寝心地を確かめられたとき、こう答えた（1835年のハンス・クリスチャン・アンデルセン版）。「ええ、最悪だったわ。一晩中、眠れませんでした。確かベッドの下に堅いものが入っていて、体中に黒と青のあざがついてしまったの。ひどい話」。アンデルセンが述べているように「本物のお姫様以外、誰もそのような感性を持ち合わせていなかった」のである。

言うまでもないが、実際の世界にはそうした高度な感性の持ち主は存在しない。高級ワインと廉価ワインの識別テストでも、試飲をした6000人の大部分の人々は高級ワインを見分けることができなかった。私たちは間違いなく王子様でもお姫様でもないために、大半の人々は廉価ワインが好みだったことが判明した[372]（おそらくワイン販売業者にとっては非常な驚きかもしれないが）。

階級文化と芸術との関係は、上薬（＝ワニス）と大画家の作品との関係に似ている。その名画を正しく鑑定するために、上薬は除去しなければならない。多くの偉大な芸術家が認めているように、最も優れた芸術は絵画、音楽、演劇、文学を問わず、私たちの深奥にある人間性の部分に働きかけることができる。ところがそうした人間性は普段、私たちを分断する社会階層によって遮蔽されたままになっている。

審美的な感覚の世界は、階級的な偏見や差別に全くとらわれない自由な領域である。一般大衆の好みは、〝下品〟、やぼ、低俗、どぎつい、けばけばしい、感傷的などと評されることが多い。しかし、エリートの美的趣味は、本当に洗練されたものであり、後天的に身についた条件反射というより、客観的な美的感覚に基づいたものだと主張する人がいる。あるアクセントが〝不格好だ〟と見なされる一方で、別の言葉遣いやテーブル・ナイフの持ち方が〝エレガント〟と考えられている。

こうしたどうでもよい差別は社会的差別というよりも美的感覚の問題だというのは、全くのごまかしだ。階級差別のある社会では、階層の低い人々の特徴は何であれ見下される傾向にある。行動上の特徴、皮膚の色、宗教、言語についても、社会的地位に関連する場合は同じことが言える。

階層の目印としてのクラシック音楽のお寒い状況

最近のいくつかの調査研究では、クラシック音楽やオペラの好き嫌いと社会的地位の間には密接な相関関係が継続して見られる。[373] 質問を重ねていくと、最初に音楽なら何でも好きだと答えた回答者も階級的な固定観念にとらわれていることが分かった。彼らが社会的地位の上昇に伴ってやりたいことは、芸術に興味を持つことだった。

ロンドン・スクール・オブ・エコノミクスの社会学者マイク・サヴィジは、２０１３年のある週にロンドンの劇場チケットがどうして突然、爆発的に売れ始めたのかを解説している[374]。彼によると、それは〝階級の算出装置〟と呼ばれたＢＢＣオンライン調査の開始時期と一致している。その調査には16万１０００人が参加していた。人々を社会分類する質問の中に「劇場に行ったことがあるか、もし行くならどのくらいの頻度か」を聞く項目があった。サヴィジは「イエス」の欄にチェックをつけて自分の文化的な立ち位置をはっきりさせておきたいと思う人々の心が、実際のチケット購入につながったと分析している。

音楽で〝高尚〟だと言われるものは、曲目が一部の伝統的な作品に固定化されてしまう恐れがある。エリック・ホブズボームが最初にこの問題を指摘したとき、次のように述べた。あるシーズンにウィーン国立歌劇場では60の作品が上演されたが、20世紀生まれの作曲家の作品はわずか一つだった[375]。最も頻繁に演奏されるクラシック音楽は、１００～２５０年前に作曲されたものだ。現代の作曲家の中で、実際に多くの大衆の支持を得ている人はほとんどいない。

ホブズボームは、こうしたお寒い状況のクラシック音楽と、創造性に富んだ楽曲が次々に発表されているロックやポップミュージックを比較している。たとえばグラストンベリー・フェスティバルでは5日間で17万５０００人の観衆が集まり、１００ヵ所以上のコンサート会場で、2000人以上の公式ミュージシャンが様々な持ち味を活かした生演奏でパフォーマンスを披露している。しかも演奏される楽曲は、すべて彼らのオリジナルだ。

クラシック音楽が社会階層を示す目印として利用されることで、その発展がどこまで影響を受けているのかは神のみぞ知るである。

階級的な制約を打ち破ることはできるのか

クラシック音楽のミュージシャンでも、ヴァイオリニストのナイジェル・ケネディ、聖歌隊指揮者のギャレス・マローン、シモン・ボリバル・ユース・オーケストラ・オブ・ベネズエラの元指揮者のグスターボ・ドゥダメルのような人々は、クラシック音楽で従来の階級的な制約を打ち破る挑戦を行って成功を収めている。シモン・ボリバル・ユース・オーケストラでは、エル・システマと呼ばれる教育制度と連携して、主に貧困地域出身の数万人のベネズエラの若者が楽器演奏を学ぶことを奨励している。活動の支持者は、皆で一緒になって演奏することが社会生活で協力し合うことの模範や体験になると強調する。

だが、クラシック音楽の文化的な伝統を守ろうとするかのように、「芸術が下層階級の啓蒙に利用される」ことに当惑を感じる人もいる[376]。その一方で英国の都心部の低所得地域に住む女性が私たち著者の一人に、孫娘がエル・システマでヴァイオリンを学んでいる写真を見せて声を詰まらせた。クラシック音楽の持つ階級的なステイタスを十分意識したうえで、感動の理由

図表7・1　平等な国では博物館や美術館の人気が高い[377]

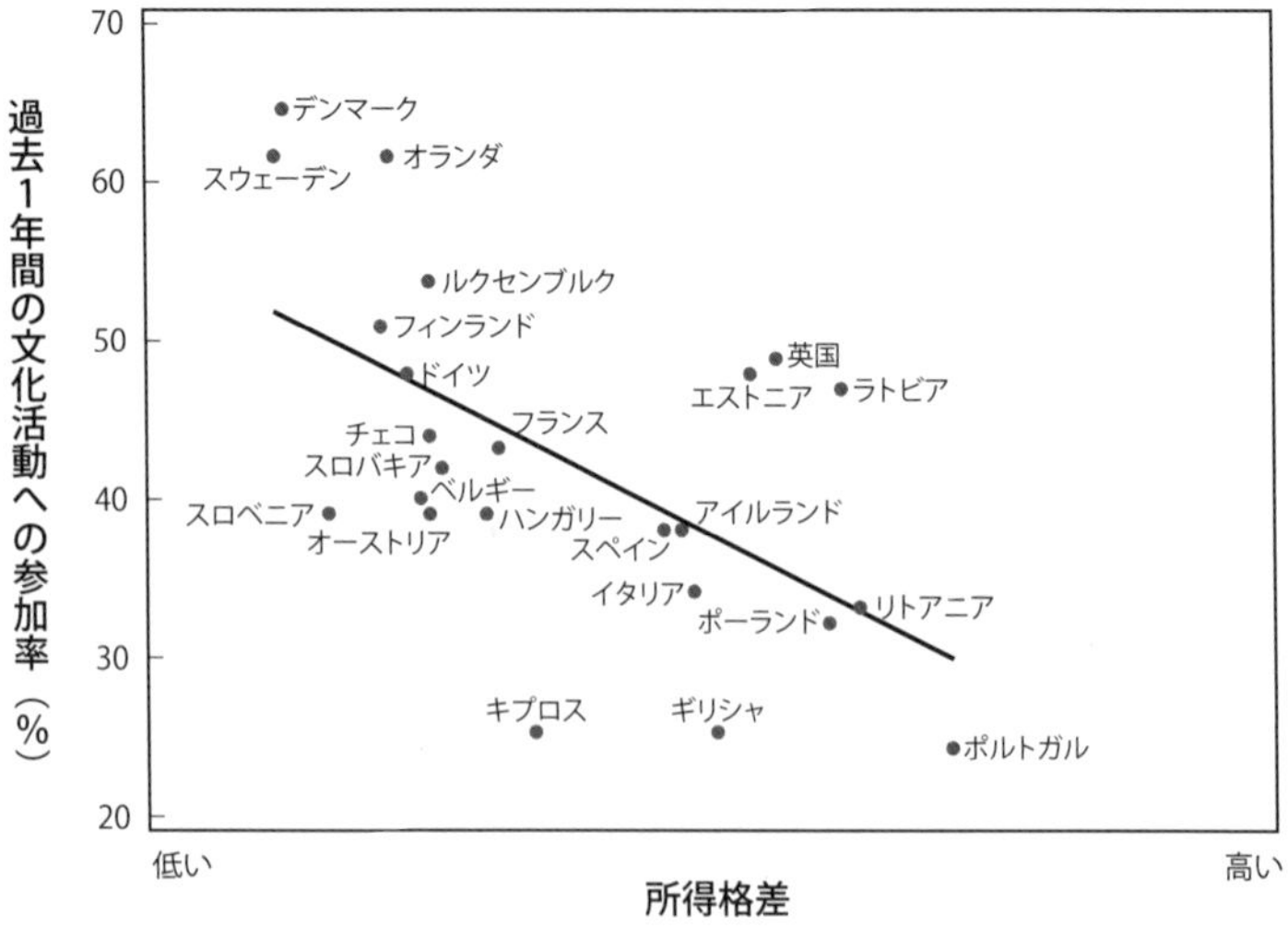

を次のように話してくれた。「〝私たちのような〟人間が挑戦の機会を持てることはすばらしいことです」と。

平等な国では、博物館や美術館の人気が高い

ある調査によれば、所得格差の大きな社会では、芸術の人気や活動への参加率が大きく低下する。[377] 欧州22ヵ国のデータを調べた研究者たちによれば、人々が博物館、美術館、劇場を訪れた回数や読書の頻度は、所得格差の小さな国の方がそうでない国より2~3倍も高い（図表7・1）。文化活動への参加や所得分配に関する別のデータでも、同じ結果が得られた。特に参加率の大きな差は、社会によって芸術の位置づけに大きな違いがあり、不平等と関連してい

ることを示している。

こうした事実は、いくつかの因果関係で説明できる。

不平等な社会では、芸術は富裕層の独占領域だと見なされている可能性がある。あるいは芸術の奨励は優先順位が低く見られているのかもしれない。不平等は身分格差を際だたせるために、一般の人々はいろいろな場面で場違いだと感じる機会が増える。その結果、社会的にハードルが高いと感じさせるものはできるだけ避けたいと思うようになる。

たとえば多くの人が高級レストランよりもパブの方がリラックスできると感じるようになる(別の人が代金を支払ってくれる場合でも)。そうなれば、図表7・1の研究結果が示すように、不平等が社会全体の文化的貧困を招くことは明らかだ。

もし芸術が地位や階級の目印としての重圧から解放されたとしたら、どのような発展を遂げるのか想像するのは難しい。ケネディ、ドゥダメル、マローンのような人々の演奏会で参加者が見せる喜びに満ちた表情が参考になる。平等な社会では、芸術の愛好家が増えて人気も高まり、その結果、多くの人々の創造性が膨らみ、新たな方向への発展が刺激されることになるだろう。

資産や階級に依らずに人を見ることは難しい

多くの人は階級や身分の格差の話になると逃げ腰になり、その重要性だけでなく、時にはその存在さえ否定する人がいる。階級を越えた個人的な接触では、ぎこちなく感じ、まごつく場合が多い。そうならないためには、私たちが所有する住宅や資産に大きな違いがあったとしても、同じ尊敬と丁重さを持って付き合えるようになることだ。

付き合っている人を見れば、その人のことが分かる

しかし最も思いやりのある人でさえ、人の内面的な価値を推し量る目安として外見的な地位を利用することをやめたり、人の優劣は物質的な豊かさと密接に結びついているという深く身に染み着いた考えを捨て去ることはできないだろう。

私たちは自分の他人に対する評価は、資産や階級などの外見で左右されることはないと思っているかもしれない。しかし多くの人々が自分の外見や、衣服、自動車、その他の人目を引く消費財のどれを選ぶかに多くの手間と時間をかけている。つまり私たちは他人を信頼していない。人間の評価で同様の偏見から自由になれると思っていない。

私たちは外見が重要だと思っている。それは根拠のないことではない。

多くの研究によれば、意識、無意識を問わず、社会階層や民族性が人々に対する判断に強いバイアスをもたらしている。別の調査では、教師の児童に対する評価、雇い主の求職志願者に対する評価、警察や裁判所の犯罪容疑者に対する評価にも、同じことが言える。[378] どのケースでも階級が低い人は能力が劣り信用できないと見られがちだ。

ポール・ピフの研究によれば（第3章やこれまでの議論を参照）、裕福な人々は自分より貧しい人々を見下す傾向がある。人は暮らし向きを見て他人を判断するという思い込みが、社会的地位を誇示するための消費行動をさらに活発にする強力な誘因になっている。

社会的な不平等には誰しも当惑してしまう。そのため友達はできるだけ自分と同じ境遇の人から選ぶ。こうした傾向はほとんど変化することがない。そのため、一部の社会学者は職業を階級分類する際の基準として活用している。付き合っている人を見ればその人の〝生活様式や人となり〟が分かるからだ。[379] 人々に自分自身や友人の職業について質問し、そこで聞き出した職業はすべて同じ階級だと見るのである。たとえば、事務弁護士、医者など専門職の人々の交際は同業者同士であり、未熟練の肉体労働者とはほとんど付き合いがない可能性が高い。

階級を越えた人付き合いをうまくやるコツ

アンドリュー・セイヤーはランカスター大学の社会学部教授である。著書『The Moral Significance of Class』の中で、次のように指摘している。人々がインタビューでどの階級

に属しているかと尋ねられると、彼らは、

> ぎこちなくなったり、弁解的になったり、ごまかそうとすることが多い。質問をあたかも……自分が自分自身の階級にふさわしいか、あるいは他人に比べて自分の優劣をどう考えているか聞かれたように受け取ってしまうからだ……階級は不法行為や道徳に関する評価と関連づけて議論されがちであり、論争が尽きない。人に階級を尋ねることは、社会経済的地位を分類して欲しいと頼んでいるだけではない。その質問は、あなたの値打ちを教えてくださいというぶしつけな意味も暗に含まれている。[380]

自分の値打ちをこう思うと説明しなければならない場面を想像すれば、階級に関する質問は慎重を要することが分かる。

セイヤーは人々が階級格差を道徳的にやっかいな問題と見ている点を明確にするなど、とても素晴らしい業績を残した。原則論をいえば、友情はお互い対等な立場を前提にしている。しかし階級をまたぐ場合は、両者は階級格差が実際に存在しないか、取るに足らぬものだというふりをしなければならない。彼らは、友情の持つ平等性と、人間には生まれつき優劣があるという不平等性の間でジレンマに陥る。

社会的な優越者は当惑し、劣後者は不名誉に感じているため、社会的な格差を想起させる話題は何であれ避けなければならない。そのため社会階層の異なる人が会話をする場合、アクセントや文法、言葉遣いでなるべく違いが出ないように工夫し、話の内容も階級の違いが明確にならない無難なテーマを選ばなければならない。生活環境や所得、教育、社会的地位の違いなどがすぐに分かるような会話は避けなければならない。たとえば店頭での食料品価格の上昇が話題となれば、お互い対等な立場で話をすることができる。

階級を越えた人付き合いがうまくいくには次の点を心がける必要がある。

お互いの階級を隔てている社会制度は自分たちではどうすることもできず、雇用主と雇用者、お金持ちと貧乏人、高学歴者と低学歴者がお互いに手を携えていくことが自然であり、それしか方法がないという風に振る舞うことだ。見下されている、同情されている、軽蔑されているといった気持ちがどちらかに少しでも生じれば、友好関係はそこで終わる。

私たちは劣等なグループの苦難には無関心でいられる

社会階層に対する戸惑いは、第5章で議論したように、階級制に適した行動と平等主義に適した互恵共有の行動がいかに水と油であるかを示している。この両者は簡単には融合しない。無理に強行すれば混乱してしまう。このことは、社会的に矛盾した生き方が私たちの心理にいかに深く埋め込まれているかを示している。平等や互恵という人間関係と、人間の〝価値〟は不平等にできているという階級制とは基本的に相容れないものだ。

フランス貴族であるアレクシ・ド・トクヴィルは、１８３１年に米国を旅行したときの体験を本に残している。彼によると、家屋敷や資産に大きな開きがある場合、人間は共感できない。彼は二つの事例を挙げている。

一つ目の例は、フランス貴族が困難に直面したときにはお互いに深く同情するが、小作農が大きな苦難に遭った場合、全く無関心のように見えたことだ。二つ目の例は、米国の白人は助け合うことに熱心で強い連帯意識を持っているが、その一方で奴隷の苦しみには全く無関心だったことだ[381]。人間の無情さや残酷さを記した中で傑出しているのは、次の点だ。私たちは敵対するグループをすぐに劣等だと見なすように、そうした劣等なグループの苦難には何の躊躇もなく無関心でいられる。

不平等は階層が異なる人々の関係に悪影響を及ぼす。その一例は所得格差と刑務所に収監されている人の割合の相関関係だ。前著『平等社会』の中で示したのは、平等な先進国ではいつの時点でも収監されている人の割合は1万人当たり約４人だが、不平等な先進国ではその割合が10倍、つまり1万人当たり約40人に上昇することだ。

この開きをどう説明するか。不平等な社会ほど犯罪率が高くなるが、これで説明できるのはごく一部分にすぎない。最も重要な理由は厳しい処罰にある。不平等な社会ほど犯罪に対する世論が不寛容になり、軽い犯罪でも刑務所に入れられ、長い刑期が言い渡される。

収監率の差のもう一つの要因は、不平等な国ほど子供の犯罪年齢が早まることだ。私たちは

図表7・2　不平等な国ほど刑事責任を問われる年齢が下がる[382]

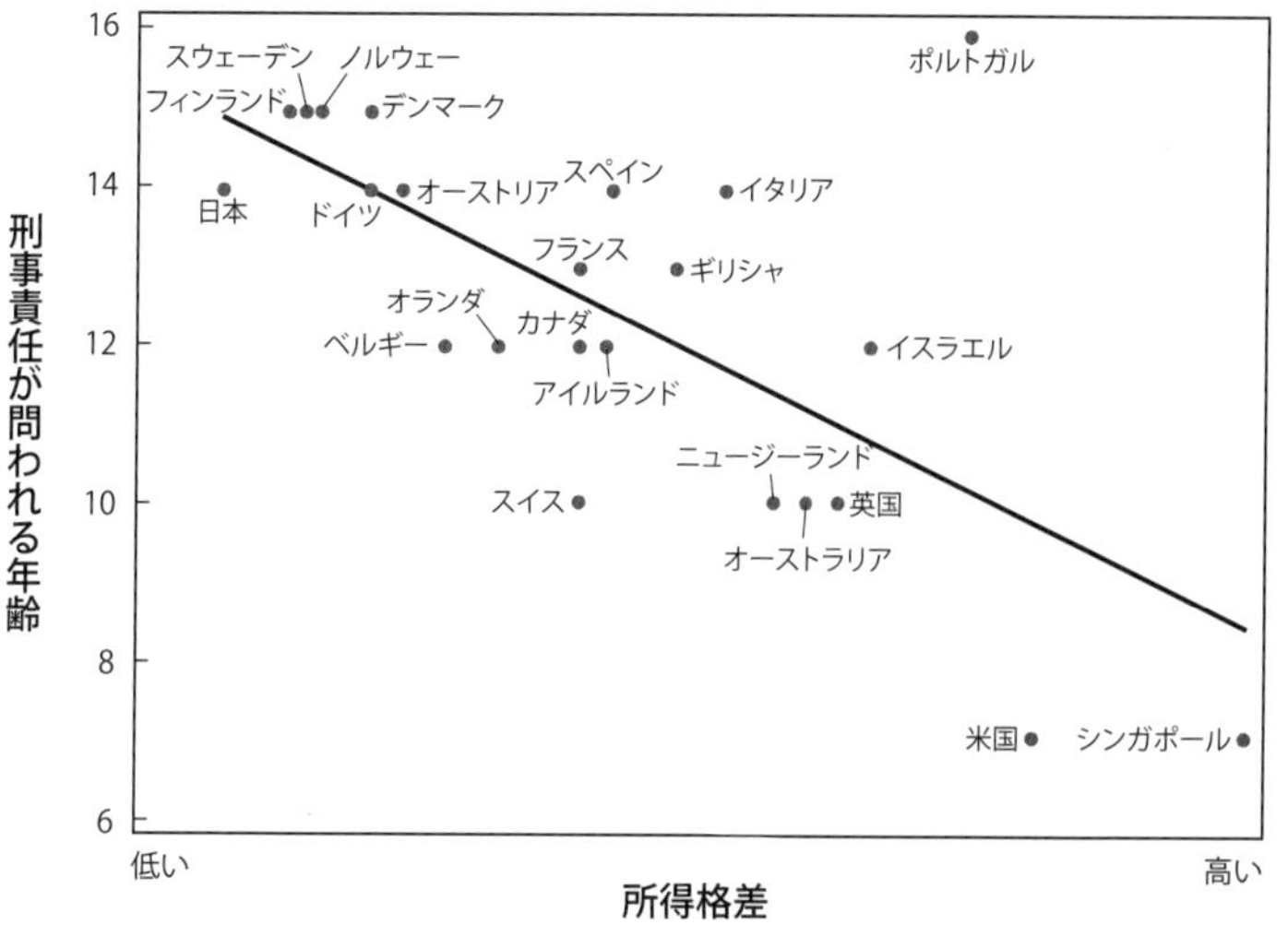

チャイルド・ライツ・インターナショナル・ネットワークのデータを使って、不平等と児童犯罪の低年齢化の間に統計的に有意な関係があることを発見した[382]。平等な先進国では14歳以下の子供が刑事責任を問われることは滅多にないが、シンガポールや米国で免責されるのは7歳までとなっている（図表7・2）。

厳しい処罰は、犯罪への不安の高まりや犯罪者への思いやりの低下を反映している。これは第3章で見た事実、つまり不平等社会ほどお互いを信頼しなくなることと合致している。

不平等の旗じるしの下、非人道的行為がまかり通る

1930年代～70年代にかけて先進国で

は所得格差が長期間縮小し、階級間の人間関係も緩やかに変化した。共感を妨げている階級の壁は、現在でも依然として存在するが、所得格差の縮小とともに徐々に弱まっていった。これは、人間の共感力の歴史的な高まりとして解釈された[383]。

〝道徳の領域〟は、かつて家族や地域社会に限定されていたが、次第に国民国家のレベルに広がり、さらにグローバル化していった。そのグローバル化は、（1980年以降）各国で不平等や外国嫌いの気運が高まるまで続いた。

性、性的特質、人種などに関する社会的な偏見は弱まった。職場の衛生や安全、雇用者の権利、住環境の改善、賃借人の権利を擁護する政治運動は、生活や職場の環境を変えた。その結果、上流階級の下層階級に対する無視の態度もそれほど露骨ではなくなった。

　しかし1970年代末以降、所得格差が再び拡大に向かうにつれて、こうした改善の多くが元に戻ってしまった。人種、性、障害、性的特質による差別は今でも減少を続けているが、別の差別が再び頭をもたげてきた。住宅を借りている人々の立場が不安定になり、ホームレスが増大している。従業員は名目だけの自営業や「ゼロ時間契約」へと追い込まれている。社会保障制度は弱体化し、相対的貧困の中で生活する人々や子供の比率が増加している。

　こうした不平等の発生は、政治におけるカネの影響力が増大し、民主的な意思決定プロセスまでが破壊されているという合意の形成と軌を一にしている。大企業や富裕層が節税に取り組むなかで、公共部門の資金不足は深刻になっている。〝不平等〟の旗じるしのもとで、非人道的な行為がまかり通っている。不平等な国では、犯罪に対する懲罰が厳しくなり、子供が刑事責任を問われる年齢が若年化している。こうした現実を見れば一目瞭然だ。

何でも個人のせいにする悪しき偏見

カール・マルクスと、マーガレット・サッチャーの後継者である英国の保守党首相ジョン・メージャーはとても政治的な同志とは思えない。しかし保守党の党首に選任され首相に就任した後の演説で、メージャーは「変革を継続し、英国全体を完全に階級のない社会にする」と語った[384]。現代の民主主義国ならほとんどすべての政治家は最低でも階級格差をなくしたいと述べるだろう。メージャーがこの公約の実現に失敗したのは、所得や資産の格差拡大で社会的分断が再び進み、階級や地位を意味するマーカー（目印）の重要性が高まっていることを見逃してしまったためだ。

それとは対照的に、スウェーデンの社会民主労働党出身のペール・アルビン・ハンソン首相は、1932～1946年の在任期間中に、スウェーデンを〝階級のない社会〟と〝人々の家〟にするという目標を大きく前進させた。しかし最も重要なことは、社会民主労働党がほぼ継続して政権の座にあった1932～1976年の44年間、この目標を掲げ続けたことだ。

その期間に1％の最富裕層が手にする所得の割合は、全課税所得の約13％から5％へと低下した。物質的格差の度合いによって階級格差が広がったり縮小したり、あるいはその意味合いが大きく変わってくるが、スウェーデンではそうした議論が役に立たなくなってしまった。

彼らが貧しいのは怠け者で愚か者だからである

多くの人は物質的な格差の本当の影響を理解できていないが、その理由は、社会的地位の格差や個人的な社会階層を示す目印は、人間の持って生まれた格差を反映したものだと受け止めているからだ。人間には他人（自分ではない）の行動の原因を、外部要因ではなく個人的特性で説明しようとする傾向があるが、これは社会心理学者が「根本的な帰属の誤り」と呼ぶものである[385]。

たとえば、運転が乱暴なドライバーがいたとしよう。乱暴運転をしなければならない特別な理由があるとは考えずに、ドライバーのせっかちな性格によるものだと考える場合、私たちは「根本的な帰属の誤り」を犯している。ドライバーがなぜ急いだかその理由がわからないために性格のせいにしてしまうが、同様にドライバーの個人的な性格についてもまた、何も知らないにもかかわらず、一方的に断定してしまっているのだ。

このような「根本的な帰属の誤り」は、私たちが社会階層の低い人々を理解する場合に重要な役割を果たしている。彼らがおかれている社会環境の問題は無視して、彼らが貧しいのは怠け者で愚か者だからだという許されざる考えがいつも存在してきた。これこそ偏見そのものであろう。

こうした文脈で、オーストラリアやニュージーランド、北米の先住民についても、生活の厳しさや社会的な疎外はいずれのケースも少数民族に固有の特性によるものだと理解されてきた。彼らの地域社会が経験してきた苦難をろくに調べもしないで、多数派の欧州系市民は、アルコール中毒や犯罪の高い発生率は〝自業自得だ〟と勝手に思い込んできた。

遺伝子、環境、選択の機会――どれが個人差を説明するか

少数民族社会に特有の問題を彼らに固有の性質のせいにしてしまうのは、その責任を社会環境の問題から彼らの遺伝子へと転嫁することである。植民地主義の歴史には、そうした勝手な優越感と劣等感に基づく先入観があふれている。植民地開拓者がたまたま科学技術的に後れた文化と接したとき、そこで暮らす人々はもともと知性的に劣っていると見なした。同じような偏見は、階層性の強い社会にも存在する。

なぜ、この人は社会的地位が低いのか。その説明を求められたとき、この論法が威力を発揮する。同じ偏見は、奴隷の歴史からオーエン・ジョーンズの著書『Chavs』にいたるまでずっと続いている。『Chavs』には、社会的な地位の低さを示す目印が、どんな些細なものでも、大量の個人的な偏見を生み出している実態が記されている。[386]

私たちはそうした偏見の現状に少しずつ気づき始めているが、克服には全く至っていない。私たちの調査では、社会的成功への意欲、数学の能力、犯罪の可能性などの個人差を説明する要因として、遺伝子、環境、選択の機会の中でどれが重要だと考えるかを質問した。欧州系米国人はアフリカ系米国人よりも遺伝子を重視していた。[387] もし特性について人種的（個人的ではなく）な違いを聞かれた場合、人種差別的なニュアンスがあるにもかかわらず、能力を人種と結びつける点で白人系米国人は遺伝的要因を第一に挙げるケースが多いように見える。

第6章で見たように、社会的地位は個人の遺伝的な理解能力を反映しており、生まれつき賢い人間は成功し、そうでない人間は失敗するという通説が存在するが、これはまったく間違っている。この通説と似たものに、社会的地位の人種的な格差は人種的な能力格差を反映している、つまり特定の人種は他の人種よりも生まれつき頭が良い、というものがある。社会的地位の人種的な偏りがどういうわけか遺伝的な差によるものであり、その遺伝の違いを表す目印が皮膚の色だと思われている。こうした通説は数え上げればきりがない。

現代の遺伝分析によれば、そうした通説が全く間違っていることをこれから見ていくことにしよう。

国際的なゲノム研究で分かったこと

遺伝学と人種に関する人々の理解を見るために、１２００人の米国人を対象にした調査が行われた。それによると、大多数が次のような（間違った）文章に同意していた。「同じ人種の二人は、人種の異なる二人よりも、将来お互いに遺伝的にますます似てくる」[388]。圧倒的に多くの人々がまた「私たちの遺伝子を調べれば、自分がどの人種に属しているか分かる」ということを（間違って）信じている。

人間のゲノムの配列を調べる国際的な共同研究が２００３年に終了した。それ以降、私たちは種としての遺伝子の類似性や相違性について多くのことを学んだ。そこで分かった基本的な発見の一つは、世界中の人々の遺伝子を見ると、その大部分はどの国民や人種グループにも共通するものであり、国民や人種グループによって異なるものは少なかったことだ。

人間に存在する遺伝子の微妙な差異のうちで実に85〜90％は、それぞれの大陸の内部でも同じように観察されている。人種グループ間の違いによるものは残りの10〜15％にすぎない[389]。したがって、たとえば東アフリカのあるマサイ人とある英国人の遺伝的な類似性や相違性は、二つの人種の差というより個人的な差である可能性が高い。

皮膚の色は数少ない例外

皮膚の色は、数少ない遺伝上の例外である。世界中で皮膚の色が異なるのは人間が地域の気候に適応したためである。誤解が流布している割には、皮膚の色は他の遺伝特性の違いを見分ける目安として何の役にも立たない。あらゆる遺伝特性が皮膚の色のようにすぐに見分けがつくのであれば、人間の遺伝子による違いの80~90%は各地域内でも簡単に識別できるはずだ。過去三十年近くの近代的な交通手段の発達によって世界中の人々の交流が大きく進んだが、それ以前においても同じことが言えたはずだ。

皮膚の色が他の遺伝上の特性の目安としてほとんど役に立たないと述べたが、その理由は白っぽい皮膚の人間が増えたのはごく最近の現象かもしれないからだ。

スペインで発見された先史時代の人類の頭蓋骨の遺伝分析によれば、今から７０００年以前までは、皮膚は浅黒く、瞳はブルーだった。調査報告書の執筆者は次のように述べている。「私たちの結論によれば、環境に適応した白っぽい皮膚の色素沈着は……中石器（時代）の欧州系の一部ではまだ終了していなかった」。これが意味するのは、欧州系の人間の肌が完全に白くなったのは、遺伝的な時間単位では瞬間とでもいうべきごく最近の７０００年間だったことだ。[390]

皮膚の色はその他の遺伝特性の目印と見なすことができない。皮膚の色が異なるが、皮膚以外の多くの遺伝的特性は共有している人々が多く存在する。逆に皮膚の色は同じだが、遺伝的特性が全く異なる人々も多く存在する。ここで重要なのは次の点だ。

大量虐殺を引き起こしうる誤った考え

私たちが社会的地位の低さを理由にその人々の特性も劣っていると決めつけているのは、生物学上の違いではなく、社会的な偏見によるものだ。それは、目に見えた違いは氷山の一角のようなもので、その水面下にある90％も同様に異なっているにちがいないと判断するのと同じだ。しかし個人の遺伝的、文化的な差異について言えば、そうした一部を持って全体を類推する方法は間違っている。

ナチスによるユダヤ人大虐殺によってドイツのユダヤ人の80％以上が死んだ。それはユダヤ文化の人々は遺伝的にも特殊な人種であるという誤った考えに基づいていた[391]。同じことはフツ族とツチ族の抗争についても言える。両部族は遺伝的には全く同じだが、１９９４年のルワンダ大虐殺でフツ族系の政府軍は偏見によってツチ族を大量虐殺した。

どのような身体的、文化的な特性でも、いったん社会的地位を示す目安になってしまうと、それらが生まれつきのものだという科学的に根拠のない憶測が生じてしまう。〝根本的な帰属の誤り〟のせいで、問題はいつも社会環境よりも生まれつきの特性から生じたものだと推測してしまう。社会的な階級や文化的特性を人種のせいにするのは、「根本的な帰属の誤り」の典型である。

金持ちも貧しい人も、持ち前の人格特性を個人の責任だと考えている。貧富の問題を、たとえば生まれつきの貪欲さや怠けぐせを反映したものだと見なすことで、私たちの多くも富裕層や貧困層の人々と全く同様に、貧困や裕福という生活経験が金持ちや貧しい人々にどのように影響するのか、理解することができなくなっているのだ。

階級制度と闘うことで、さらなる躍進を遂げられる

社会階層制度は人々の生まれつきの能力を反映した実力主義だと思いがちであるが、第6章で議論したように真実は全く逆だった。人生のスタート時点の社会階層が、その後の能力格差の主な原因であった。本章ではまた、人々の階級を彼らの置かれた環境よりも生まれつきの特性で理解する軽率な風潮があり、それが社会全体に心理的な過ちを引き起こしていることを見てきた。

そうした社会的な偏見は、人々の人生を歪め潜在能力を十分発揮できなくしているという点で、途方もない人的資源の無駄を生んでいる。偏見が人間の体内に取り込まれ将来世代へと受け継がれていけば、その弊害はさらに増幅され永続化していく。

しかし多くの人々の日常生活にとって最も大きな損失は、社会的な分断を継続させることだ。具体的には分断によって社会的な争いが生じ、人間関係がぎくしゃくする。社会から活気が失われ、地域生活が沈滞する。あるいは、社会の落ちこぼれと見られることへの不安感から、多くの人は大事な社会的な交際からも遠ざかるようになる。

現代社会はこうした階級制度と闘うことで、さらなる躍進を遂げることができる。そのための必要条件はすでに整っている。十分な豊かさが実現され、現代の生産と消費における相互依

存や協力関係も深化している。同様に重要なのは理論的な根拠だ。社会的な階級や地位の偏重は物質的格差の縮小で是正できることを示す必要がある。前著『平等社会』で明らかにしたのは、社会的地位の低さに関連する多くの問題は、所得格差が縮小すれば改善に向かうことだった。

また所得格差が拡大すれば人々の付き合いがぎくしゃくすることを見てきた。人々は他人を信頼しなくなり、進んで人助けすることもなくなる。暴力犯罪が増えて社会生活は荒廃していく。同時に、不平等が拡大すれば階級や地位がますます偏重される兆候もある。社会的な流動性は後退し、社会階層をまたいだ結婚は減少する。自分の社会的な地位に対するコンプレックスはすべての所得階層で高まっていく。不平等な社会では、人々がこうしたコンプレックスを紛らわすために、地位を誇示するためのブランド商品をたくさん購入しようとする。彼らは自分が成功者だと見栄を張るために多くのお金が必要になり、長時間の労働や借金を積み重ねていく。

将来こうした問題が大きく改善に向かうとは想像しがたい。他人との共生のあり方を見直し、地球環境の制約の中で生活できるようになるには、長期の移行期間が必要だ。世の中の改革は決して不可能ではなく、是非ともやり遂げなければならない。最後の2章ではその改革の概要を議論したい。

第3部

新しい社会の創出に取り組もう

地球を相続するのは従順な人たちだ

第8章

なぜ格差と環境問題の解消を同時に考えるのか*

本書の最終章では世の中の改善に向けた実際の政策について述べるが、その前に、世の中の改善は環境の持続可能性といかに強く結びついているかを考察しておく必要がある。人々の長期的な福利を達成するために社会がどの方向へ向かうべきかについて、総合的な見解を持っていなければならない。本章で議論するように、世の中の改善は幸運にも人々全体の福利に貢献

*第8章、第9章は、R. Wilkinson, K. Pickett『A Convenient Truth: A Better Society for Us and the Planet』(London: Fabian Society and Friedrich Ebert Stiftung, 2014) の内容と1部重複する。

するばかりか、人間の環境負荷を減少させ持続可能な社会の実現を容易にする。

経済成長を続けることの合理的意味はあるか

経済成長と福利の関係から議論を始めることにしよう。

先進国では過去数世紀にわたる経済発展によって、人々の生活の質は大きく改善してきたが、現在の豊かさに到達したとき経済成長はすでに役割の多くを終えてしまっていた。これを示す証拠は多数存在し、今でも増え続けている。生活の質に関連する指標を見ると、先進国では平均的な物質的豊かさが上昇しても福利の向上につながっていない[392]。人類の歴史を振り返ると〝多いこと〟は〝良いこと〟と同義語だったが、こうした変化は人類の発展史における一つのエポックといえよう。

平均寿命と1人当たり国民所得の関係の変化は、歴史的な変遷の過程を示している（図表8・1には経済発展段階の異なる国々がプロットされている）。経済成長の初期段階では平均寿命が急速に上昇するが、その後は上昇率が鈍化し次第に横ばい状態になる。先進国では経済成長と平均寿命の相関関係が消滅してしまう。つまり経済成長が続いても平均寿命は上昇しなくなる。キューバやコスタリカのような国では1人当たりGDPで見た国の豊かさが先進国の3分の1にもかかわらず、ほぼ同じ水準の平均寿命を実現している。

図表8・1　経済発展が進むと平均寿命の延びは頭打ちになる

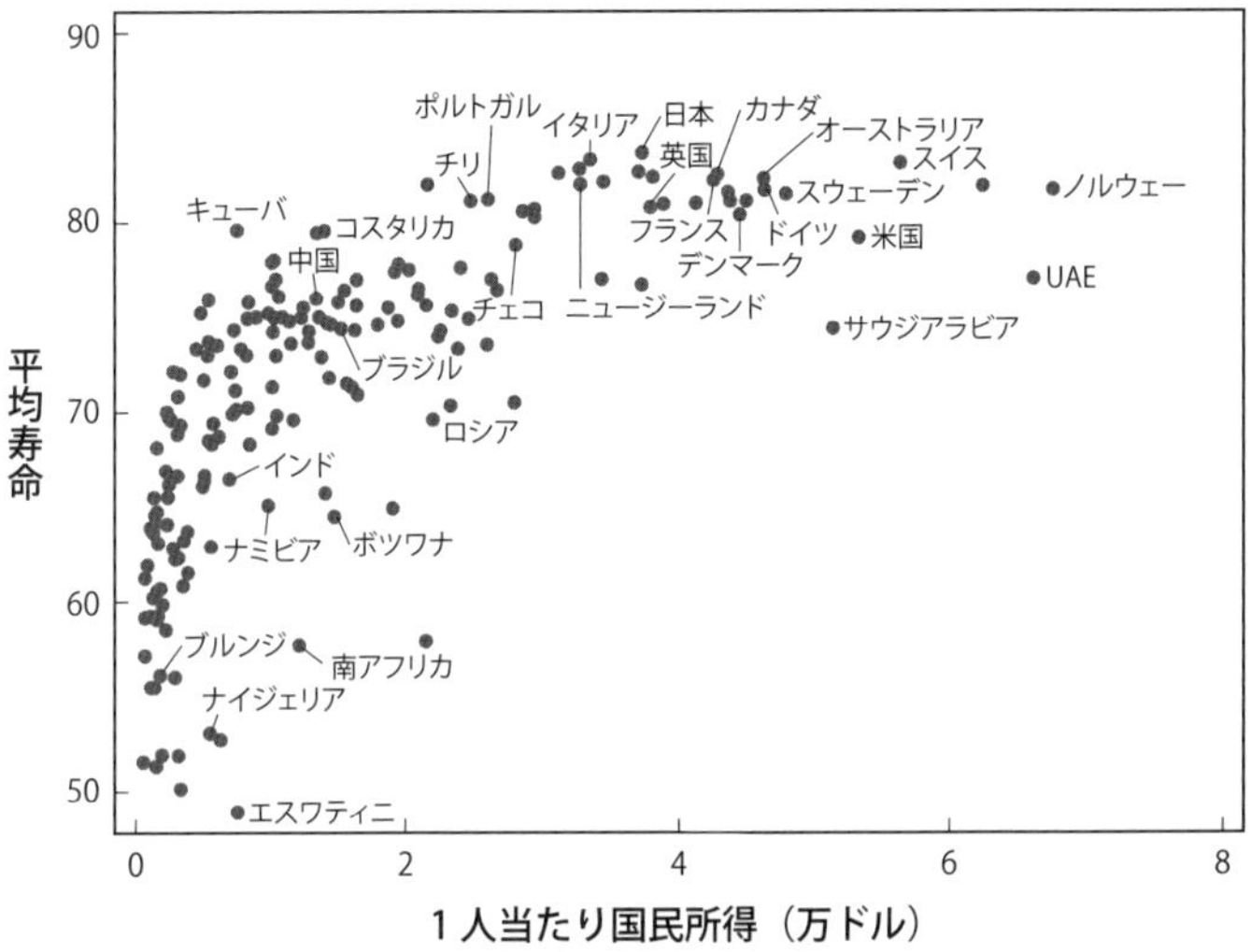

先進国では、経済成長の恩恵は減少している

こうした平均寿命の頭打ちは、人間の寿命が限界に突き当たる〝天井効果〟とは意味が違う。平均寿命が最も長い国々ではいまでも前世紀と同じペースで長命化が続いている。10年単位ごとに2～3年のピッチで平均寿命は延びている（最近の英国のように緊縮財政下にある場合は除く）。重要なことは、長寿化が経済成長とはかかわりなく実現していることだ。これらの国々では、10年、20年、あるいは40年の期間で見ても1人当たり国民所得と平均寿命の間に何の関連も見られない[393]。

平均寿命の代わりに幸福感や福利に関する指標を取り上げて見ても状況は変わらな

い。経済発展の初期に急上昇するが、その後は経済成長が続いたとしても伸び率は鈍化している。こうしたデータが教えてくれるのは単純だが基本的な真理である。

生活必需品さえなかなか手に入らない発展途上国の人々にとって、経済が成長して物質的な生活水準が上昇することは福利改善にとって重要な原動力である。しかし先進国の人々にとっては、物質的な充足はそれほど意味を持たなくなっている。最も基本的な欲求が満たされた後は、所得の追加的増加の効用は次第に低減していく。これは長い経済発展によって生活が豊かになると、ある時点で必ず突き当たる現象である。

低所得国では物質的生活水準の改善が必要であることは今でも変わりないが、先進国では福利への重要な貢献要素とはいえなくなっている。すでに大金持ちの人にとってさらに収入が増えたとしても大して嬉しくないのと同じである。図表8・1によれば、所得や物質的基準で明確な線引きがあるわけではないが、長期の緩やかな過渡期を経た後で経済成長の恩恵は次第に減少していく。

経済成長（GDP）と経済福利（GPI）は連動しない

国内総生産（GDP）よりも優れた経済福利の指標として、真の進歩指数（The Genuine Progress Indicator＝GPI）が作成された。主観的な幸福を測る指標は感情、社会、経済に関する生活全般の経験をベースにしたものだが、GPIは経済取引の価値を基礎にした指標と

図表8・2　1人当たりGDPは上昇を続けているが、生活満足度や真の進歩指数は頭打ちになっている（1950〜2008年の米国のデータ）[392]

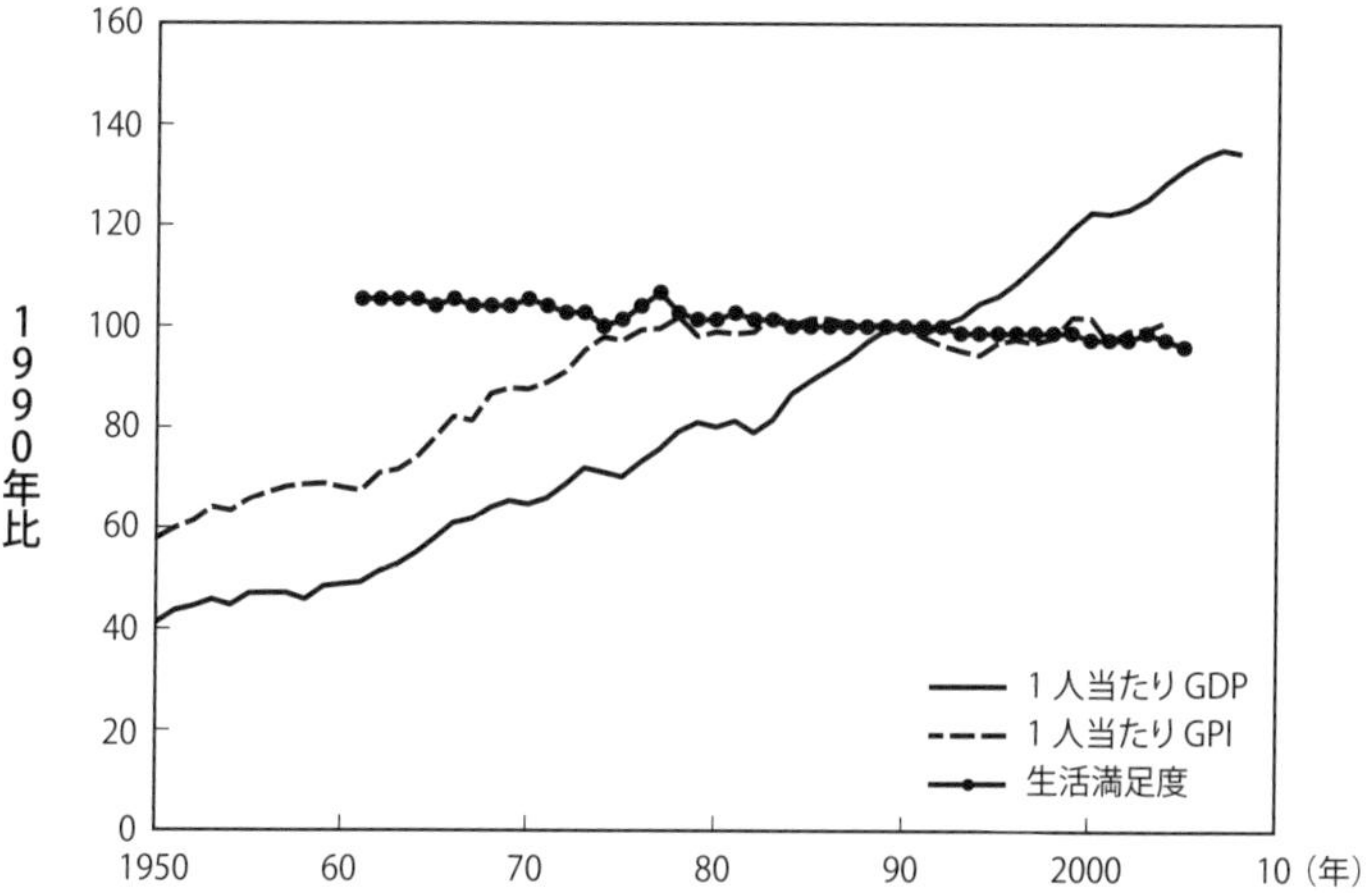

いう点でGDPと同じである。しかし、ある点で大きな修正が加えられている。GDPから（自動車事故や大気汚染、環境破壊、自由時間の喪失など）多くの有害な経済活動を引き起こす取引を差し引き、（他人の世話やボランティア活動など）金銭支払いはないが有益な仕事の経済価値を加えて算出されている。その狙いは、私たちが前向きに評価する経済活動のみを集計するためだ。

GPIは現在少なくとも先進17ヵ国で算定されている。その結果によると、経済福利は経済成長と連動しなくなっている。[392] これらの国々のデータを平均すると、1人当たりGDPは大幅な上昇が続いているが、経済福利の指標は1970年代後半にピークに達した後、頭打ちになっている。

図表8・2は米国のデータである。米国では経済成長率がマイナスに陥ったことがほとんどなく、GPIも着実な増加を続けているが、生活満足度データが示すように必ずしも人々の主観的な福利の増加につながっていない。

人々の福利に対する生産増加の〝収穫逓減〟はさらに深刻である。問題は、経済活動から〝マイナス財〟を取り除かなければならないうえに、私たちは豊かになればなるほど消費が増えても幸せを感じなくなっていることだ。私たちは〝プラス財〟を多く持ちすぎている。

経済成長が社会全体の福利の増加と連動しなくなると、経済成長を継続することの合理的な意味が失われる。経済成長がもはや人々の福利全体に貢献せず、環境に深刻な被害をもたらすだけになったとしても（以下の議論を参照）、所得を増やしたいという人間の願望は、出世競争によって刺激され続ける。

現代を生きる私たちの使命は、経済成長なき福利の向上

成長政策の見直しに反対する議論に共通してみられるのは、技術革新への負の影響だ。しかし炭素排出量を削減し再生不可能な資源の使用をやめて生活の質を改善し、さらに持続可能な経済を実現しようとすれば、新たな技術革新が起きてくることは間違いない。新技術は、環境汚染のない省資源的な生活様式の実現を目指すものでなければならない。私たちに必要なのは、経済の成長ではなく持続可能な福利の〝成長〟である。

ティム・ジャクソンはサリー大学の環境経済学者で持続可能な発展について講義しているが、彼によると現代の私たちの使命は経済成長なき福利の向上である[394]。技術革新を継続すれば生産性が上昇するが、それを消費ではなく余暇の拡大に振り向けなければならない。余暇とは日常生活にとって必要不可欠な時間以外の時間、つまり友達や家族、地域の人々と一緒に過ごし、自分の好きなことをする時間だ。人間の福利にとって非常に大切な要素だ。自動化や人工知能が多くの雇用に取って代わろうとしているが、一部の人々だけを失業に追い込むのでなく、新技術を活用して人々全体の余暇を増やすことが大事だ[202]。

経済成長の環境的な限界は明らかだ

先進国で経済成長が生活の質の向上という点で役割を終えたことと、私たちが経済成長の環境的な限界に気づいたことは偶然の一致である。環境懐疑派はいまでも無視しているが、炭素排出量の環境への悪影響に関する科学的な検証結果は議論の余地がない。

２０１３年5月に大気中の炭酸ガスの濃度（太平洋の真ん中にあるハワイのマウナ・ロア山――地域のどの住宅地からも遠く離れた場所で計測）が初めて４００ｐｐｍを超えた。この数字は産業革命以前に比べ40％も高く、過去の人類が吸った空気の中で最も高い数値だ。

人間の活動が気候にどのような変化を及ぼしているかイメージが湧かない人は、次のことを想像すればよいかもしれない。直径30センチの卓上地球儀でいえば、大気の95％はクレジットカードの厚さの4分の1というきわめて薄い層の中にある。現在、その極薄の大気層に世界中で毎年３６０億トンの炭酸ガスを排出している。

地球温暖化は炭酸ガスやその他の温室効果ガスの排出量が増大した結果である。それによって、紫外線が大気圏を突き抜けて地表まで届くようになり、温室効果ガスで生じた熱の一部が宇宙へ放散されなくなってしまった。大気中のCO_2の増加に大きく貢献しているのが、石油や石炭、天然ガスの燃焼と、森林伐採やセメントの生産である。

米国のＮＡＳＡや気候変動に関する政府間パネルのような主要機関による計測では、CO_2の濃度と地球の平均気温は足並みを揃えて上昇してきた。それら以外の機関でも、北極や南極の氷原の急速な縮小、海水面の上昇などを報告している。

気候変動による死者推計25万人増

２００７年に遡るが、ジェームズ・ハンセン（ＮＡＳＡのゴダード宇宙科学研究所所長）は国際的な科学者チームと共同で、地球の平均気温の上昇を当時、比較的安全だと見なされていた2℃以内に収めるためには、大気中のCO_2濃度の上限を３５０ｐｐｍにすべきであるという推計を行った。[395]

それから10年が経過した現在、地球の平均気温の1℃上昇が現実に起きており、その結果は、当時2℃上昇した場合に予想された事態に近づきつつあるように見える。また、地球の平均気温についても〝安全な〟上昇はおそらく存在しない。

２００９年時点で、元国連事務総長のコフィー・アナンが議長を務めるジュネーブの国際人道主義フォーラムは、熱波、干ばつ、水不足、洪水などによって気候変動はすでに毎年30万人の命を奪い２６００万人の難民を発生させていると推定した。気候変動による死者の数は、２０２０年代には3倍になる可能性があると予想されている。気候変動による過去の死者の90%は1人当たり炭素排出量が多い先進国よりも発展途上国に集中している。世界保健機関の推計では、洪水、干ばつ、凶作、温暖化などによる熱射病、下痢、マラリア、子供の栄養失調で、２０３０〜２０５０年の間に年間当たり25万人の死者が増加する。[396]

限界に近づく温暖化、後退する政治対応

地球温暖化は過去の想定よりも早く進行している。米国の海洋大気庁は２０１６年の世界平均気温が史上最高だったと報告している。さらにいえば１９９８〜２０１５年のすべての期間で平均気温が毎年、史上最高を更新していた。過去のCO_2の大量排出によって累積した効果が現在まで続いているために、大気中のCO_2濃度の上昇を直ちに止めても、海水面の上昇(最近は年間3ミリ上昇)や気候変動がすぐに収まることはないだろう。[397] 大気中のCO_2濃度を安定させるには、世界中の人間による炭素排出量を80%削減して１９９０年水準にしなけれ

ばならないと推計されている。[398]

しかし、人間の活動が引き起こす環境危機は気候変動よりも深刻で多方面に波及していく。土壌流出、森林破壊、水中の塩分濃度の上昇、殺虫剤や除草剤の人体への影響、有害化学廃棄物、種の絶滅、海洋の酸性化、水産資源の減少、水道水の環境ホルモン汚染などである。[399]

多くの気候学者は、温室効果ガスの大幅削減に直ちに着手しなければ、現在の小学生が中年に達する2060年には、地球の平均気温が4℃上昇して破滅的な状況に陥る可能性が高いと警告している。最近、多くの先進国で炭素排出量の大幅な削減が実現している。この理由として製造業部門の縮小や中国などからの輸入拡大が指摘されているが、最大の要因はエネルギーの中で最大の汚染源である石炭や石油から天然ガスへの切り替えが進んだことだ。石炭利用を完全に廃止した後では、炭素排出量の削減をさらに推し進めるのはかなり困難になる。経済発展を支えるクリーンな動力源の開発は待ったなしの状況だ。

気候変動や環境破壊の脅威が次第に現実になる一方で、政治的な危機対応は逆に後退している。これはなぜか。気候変動自体の否定は論外としても、後退の大きな理由は、人々が炭素排出量の削減で昔のような耐乏生活を強いられるのは嫌だと思っていることだ。炭素排出量の削減は炭素税のような政策とイコールであり、炭素税の導入は実質所得や物質的な生活水準を引き下げ、一般の理解では〝生活の質〟の低下につながると考えられている。

炭素排出量の少ない自動車エンジンや環境に優しい電球などの最新技術が採用されるのは、

割高なエネルギーの節約によって実質所得が減少ではなく増加するからだ。燃費の良い自動車を購入すれば、走行距離が伸びて、節約したお金で他の製品を購入することができる。つまり自分のライフ・スタイルや生活様式の現状が維持されるのであれば、人々は気候科学の警鐘を踏まえて持続可能性のための政策を支持する。しかし、現実は全くその反対である。社会構造を根本から変革しなければ、持続可能性の実現など無理な話なのである。

時代の流れは平等主義に向かっている

地球上の生活は過去と比較にならないほど急激に変化しており、私たちは人類史上で特筆すべき激動期に差し掛かろうとしている。今回の変化については、少なくとも5つの大きなポイントがある。

5つのポイントとは

一つ目は、これまで議論してきたように、私たちの福利と経済成長が連動しなくなったことである。

二つ目は環境危機である。経済活動におけるエネルギーの利用法や私たちの生活様式を変えることができなければ、大惨事に見舞われる。〝いつも通り〟は、選択リストには存在しないのである。

三つ目は〝グローバル化〟の進展だ。これはごく最近の出来事というよりも、昔から続いている長期的な変化の一部にすぎない。その長期変化とは、自分が消費するものは自分で生産する小作農民の自給自足システムから、国際的な相互依存システムへの移行である。その相互依存システムとは、電子通信で支えられた生産や消費の世界的ネットワークであり、私たちはそこから恩恵を得る一方でその拡大にも貢献している。それは全人類を一つの巨大システムに統合する世界的生命体の形成である。単一細胞の生命体が多細胞の生命体へと発展していく過程に似ている。[400]

それと関連するが、四つ目は史上空前の移民との融合であり、それがさらに加速していることだ。人類の発祥はアフリカである。人類はそこから世界中に拡散していくにつれて文化的、生物学的に多様化していった。そして私たちは、再び収斂へと向かっている。海外旅行、移民、国際結婚を通して、私たちが現在目にしているのは人類の再統合だ。その過程では様々な摩擦が生じ、急激な移民の受け入れには反対運動も起きている。しかし、人類のさらなる発展に向けた再統合は私たちを奮い立たせるものであり、長期的にその流れを押しとどめることはできない。

最後の五つ目は技術変化のピッチが今後も加速し続けることだ。エレクトロニクス、人工知能、遺伝子工学、ナノテクノロジーなどがもたらす技術革新は果てしなく続くように見える。

それらの成果は生活様式に大きな変革をもたらす。技術革新を正しく活用できれば、私たちの適応力が高まり、今後の社会発展や持続可能な社会へ移行するうえで選択肢が増えるはずだ。

相互依存や協調主義への回帰が必要になる

人類の生活様式が狩猟採集から農業そして工業へと発展するに従って、社会組織の基盤も同時に変化してきた。第5章で見たように、初期の人類社会の平等主義は狩猟採集社会の協調主義に基づいていた。狩猟では協調的な活動が前提であり、個人の貢献を個別に評価することはできない。さらに獲物をしとめたときは、一つの家族で食べきれないので他の家族との分かち合いが重要になる。

ところが農業の発達によってその平等主義の基盤が失われてしまった。生産は個別化していった。人々は食料を自分の土地で、自分の手で、自分の家族のために生産した。狩猟は本来、平等主義的であったが、工業化以前の農業は個別的であり、不平等主義を内包していた。

しかし現代の工業生産は複雑化し、私たちの生活様式は再び相互依存性や協調主義的な性格が強まっている。現在の企業は、自分の利用目的だけに作っているものは何もない。その代わりにきわめて効率的な組織を作り上げ、他人に役立つ財やサービスの生産を行っている。組織の運営では、高度に統率がとれた個々の労働者が効率的に作業することが不可欠だ。そうした組織を不平等な社会構造の上に構築することは、時代錯誤もはなはだしい。

工業化以前の農業社会では、不作は不平等を増大させた。動物や人間の階層構造は、鳥社会のつつき順番と同じように、希少な食料をいかに優先的に獲得できるかどうかがベースになっている。階層構造が意味を持つのは、社会の構成員全員に行き渡るだけの十分な食料がないときだ。

農業社会は不作になると飢饉に見舞われることが多かった。狩猟採集社会で平等主義が成立していた重要な前提条件は、多くの考古学的な証拠が示唆しているように、人々がかなり豊かだったことだ。[401][402][403] 狩猟採集社会は〝原始的な豊かな社会〟と呼ばれている。私たちの祖先はもともと欲望が少なく、それを満たすのは簡単だったからだ。

考古学研究によれば、原始の狩猟者や採集者はいつも自らの生存を懸けているのではない。物欲より余暇を好み、必要な食料を手に入れるには1日2～4時間働くだけでよかった。[404] 彼らは緊急時に食料となる多くの動物や植物を知っていたので、普段は好きな物だけを食べていればよかった。物を持っていないのは、貧しいからではなく、欲求が少ないからだった。

発掘された骨格からは、狩猟採集社会の人々は現代人と同じくらいの身長があったことが分かっている。人間の身長が低下し病気が増えてくるのは、農業が始まってからだ。[405][406] 健康状態の悪化は、収穫時期の偏りや特定作物への依存による栄養バランスの欠如、あるいは病虫害や天候不順による不作などから生じる栄養上の病気が原因だった。

時代遅れの社会的枠組みにしがみつく必要はない

農業は人間を食料渉猟という不確実性から解放する一方で、食料増産の恩恵をもたらしてくれた一大発見だったと理解されることが多い。しかし、実際は必要に迫られて始めたものだった。原始の狩猟者や採集者が作物を育てなかったのは知識がなかったからではない。わざわざ土壌を耕して種まきをし、雑草を除去し、それを収穫して脱穀する。そんなことをしなくても、必要な物は自然界からすべて得ることができたからだ。[403] しかし人口が増えたために自然の恵みだけでは食べていけなくなり仕方なく農業を始めたのだ。[403] 人間を農業へ押しやったのは生活環境の変化である。

英国で最初の産業革命が生じたのも必要性からだった。[403] 人口の増加によって食料、毛織物、薪、家畜の飼料（馬車輸送の根幹）の生産を増やすために土地の需要が高まった。産業革命によって綿の輸入、石炭の増産、運河の開発などが促進され、人口増加の圧力はようやく緩和に向かった。しかし生活水準の改善が目に見えて感じられるようになったのは、産業革命からほぼ１００年が経過した後だった。

現在の先進国では、貧困や生活必需品の欠乏といった事態は完全に克服できている。社会的な不平等や最近の緊縮政策によってホームレスになり、フードバンク、貧困者のための無料食堂に駆け込まざるをえない人々が増えているが、先進国の圧倒的多数は暖房の効いた住宅、快適なベッド、豊富な食料という中で生活を謳歌している。しかし第４章で見たように、自己顕示的な消費や人気ブランドへの渇望感は、出世競争で煽られ、不平等の拡大で強まる一方だ。人々の相互依存性を深め、自己顕示的な飢餓感との決別を促すことによって、現代の経済発展は平等社会の実現に向けた二つの重要な条件を再び満たそうとしている。

生産現場における協調性の必要や、生活水準の向上によって、現在の不平等は次第に時代錯誤になっている。長期的な視点で見ると時代の流れは平等主義に向かっている。現代の生活水準からすれば、時代遅れの社会的枠組みにいつまでもしがみついている必要はない。絶対的な物不足や、自分の食料は他人から奪われないように死守しなければならないという前提は、完全に過去のものとなった。

私たちの社会は、そのまま放置していたら人類の生存すら脅かされかねない変化にさらされている。重要なことは、人類の福利を実現する条件と目指すべき社会について明確なビジョンを持つことである。

消費主義を抑えるために格差を是正する

不平等や環境破壊への脅威と、真の意味で福利水準の改善に失敗したこととの間には強い関連がある。不平等が高まれば、消費主義や社会的地位を顕示する消費行動が盛んになる。物質的格差が拡大すれば社会的地位の格差も目立つようになり、人は他人の目に自分がどのように映っているか不安を感じるようになる。

私たちがステイタス・シンボルで身を固め、自分の〝価値〟を伝え合うことに成功すればするほど、お金の重要性が高まる。その結果、私たちの労働時間は長くなり貯蓄は減る。借金は積み上がり、社会的なステイタスを誇示する品物への支出は大きく膨らんでいく。

私たちが消費するのは、社会的地位への不安があるから

心理学の研究によれば、私たちを消費に駆り立てているのは、広告主が私たちに信じ込ませようとしているような、幸せな気分に浸り充足感を味わうためではない。それは、社会的地位に対する不安である。人間の幸せと〝物質主義的〟な消費行動との関係を調べた研究は２５０件以上存在する。それらの最新の分析によると、個人的な幸福感と物質的な豊かさを追い求める生き方の間には、明確な負の相関関係があることが分かった。[407]

そうした背景にあるのが、〝マイナスの自己評価〟や〝自主性や能力、人間関係などへの不安〟である。人々は不安感や自己不信が高じれば、慰めを求めて物への欲望に向かう。前出の研究結果によると、債務問題に陥る人々、特に質店や消費者金融の常用者は、一般的な精神疾患を患っている比率が高い。[408] 物を購入することで社会的地位への不安が緩和されることから、ショッピングは〝買い物セラピー〟とも呼ばれる。実際にマーケティングやファッションの業

界はこうした関連性に巧みに、かつ情け容赦なく付け込んでいる。

しかし社会的地位を巡る競争はゼロサム・ゲームだ。階層的な序列では、ある人が昇進すれば別の人は降格となる。他人との相対関係において全員が自分の地位を改善させることはありえない。ある人の所得が他人より上昇すれば社会階層が上がり福利も改善するが、全員が同時にそうなることはありえない。

これまで見てきたように〝トリクル・ダウン理論〟が実際に起きて経済成長の恩恵が社会全体に行き渡ったとしても、社会全員の福利を向上させることはありえない。

先進国では、人々が自分の所得を上昇させようと努力すれば、社会全体の経済成長につながるとはいえなくなっている。消費主義が個人の家計や社会全体に及ぼす弊害を抑制するためには、社会的地位を巡る競争を激しくしている不平等をまず是正しなければならない。そうでなければ、私たちがお互いに追いつき追い越そうとするたびに、前章で見たような社会的地位を良く見せかけるための飽くなき消費が拡大し続けるだろう。

銃乱射事件が物語る「俺たちを無視するな」という怒り

先進国で福利水準を維持する以上の消費主義がどれだけはびこっているかを特定するのは難しい。平均余命を福利水準の主要な尺度としてみよう。図表８・１で見たように、平均寿命は１人当たりＧＤＰだけでなく炭酸ガス排出量とも関連している。所得水準が低いにもかかわらず、先進国に匹敵する平均寿命を達成している国がある。それと同じように、炭酸ガス排出量が先進国の3分の1以下にもかかわらず高い平均寿命を実現している国もある。

物質的な充足が人々の幸せを増大させなくなった後において、生活の質を大きく向上させるのは社会環境や人間関係の改善であり、しかもそれらは持続可能性と調和したものであることを理解することが大切だ。

不平等な社会ほど、地域社会の生活は荒廃し、社会的地位への願望が強まる。他人の評価や尊敬を得る見込みがない人々の将来は悲惨である。極端に言えば、銃規制、貧困などの要因を考慮した後でも、米国の３１４４郡のデータを使用した研究によれば、銃乱射事件（３人以上の犠牲者を伴う乱射事件）は不平等の拡大に対応したものであることが示されている[409]。「俺たちを無視するな」。自暴自棄になった銃乱射の多くが、こうした怒りの思いを伝えようとしている。人を殺して自分も死ぬことは、世の中が敗者だとして自分を仲間外れにしていることへの抗議である。大義や大きな善のために死ねるならば、その行動を（少なくとも犯罪者の心の中では）名誉ある行為へと変えることができる。犯罪に走るのはごく一部の人だが、個人的な悩みだけで他人を傷つけることはしない。そうした犯罪者の心の葛藤について銃乱射事件は多くを物語っている。

将来、人々の幸福の源泉になるのは社会的な人間関係や社会環境の改善である。それは環境の持続可能性とも合致している。すでに見てきたように、平等な社会の人々ほど高齢者や障がい者などハンディを抱えた人々に援助の手を差し伸べようとする。[39] 平等な社会では地域社会の結びつきや他人への信頼感が強いことも見てきた。

しかしデータによれば、不平等が強まるにつれて地域社会の絆や生活は弱体化し、殺人発生率で測った犯罪は増加していく。[38][410] 南アフリカやメキシコのような不平等の激しい国では、いたる所で相互信頼や互恵主義が後退し、それに代わって人に対する恐怖心が高まっている。住宅は高い塀で囲まれ、塀の上にはカミソリワイヤーや電気柵が取り付けられている。窓やドアは鉄格子で覆われている。観光ガイドブックは旅行者に夜間の外出は控えるよう警告している。

こうした人に対する信頼感から不信感への変化は、不平等が人間社会にもたらす害悪の本質を明らかにしてくれる。不平等はこうした破滅的な変化を人間の社会関係にもたらしている。それを示す全く別の研究もある。所得格差が広がるにつれて（警備員、警察、看守のような）〝警備〟サービス部門で働く労働者の割合が高まっているという。[411][412] こうしたサービスは人を他人の脅威から守る仕事だ。不平等の異常な高まりが人間の社会関係に与える悪影響ほど、生活の真の豊かさにとって危険なものはない。

平等な社会は生活の質を高次元のものへと導く

不平等が改善すれば地域社会の生活が活気を取り戻し社会の絆も強まる。人々の公共心が戻

図表8・3　平等な社会の経済指導者ほど環境保護協定を重視する[414]

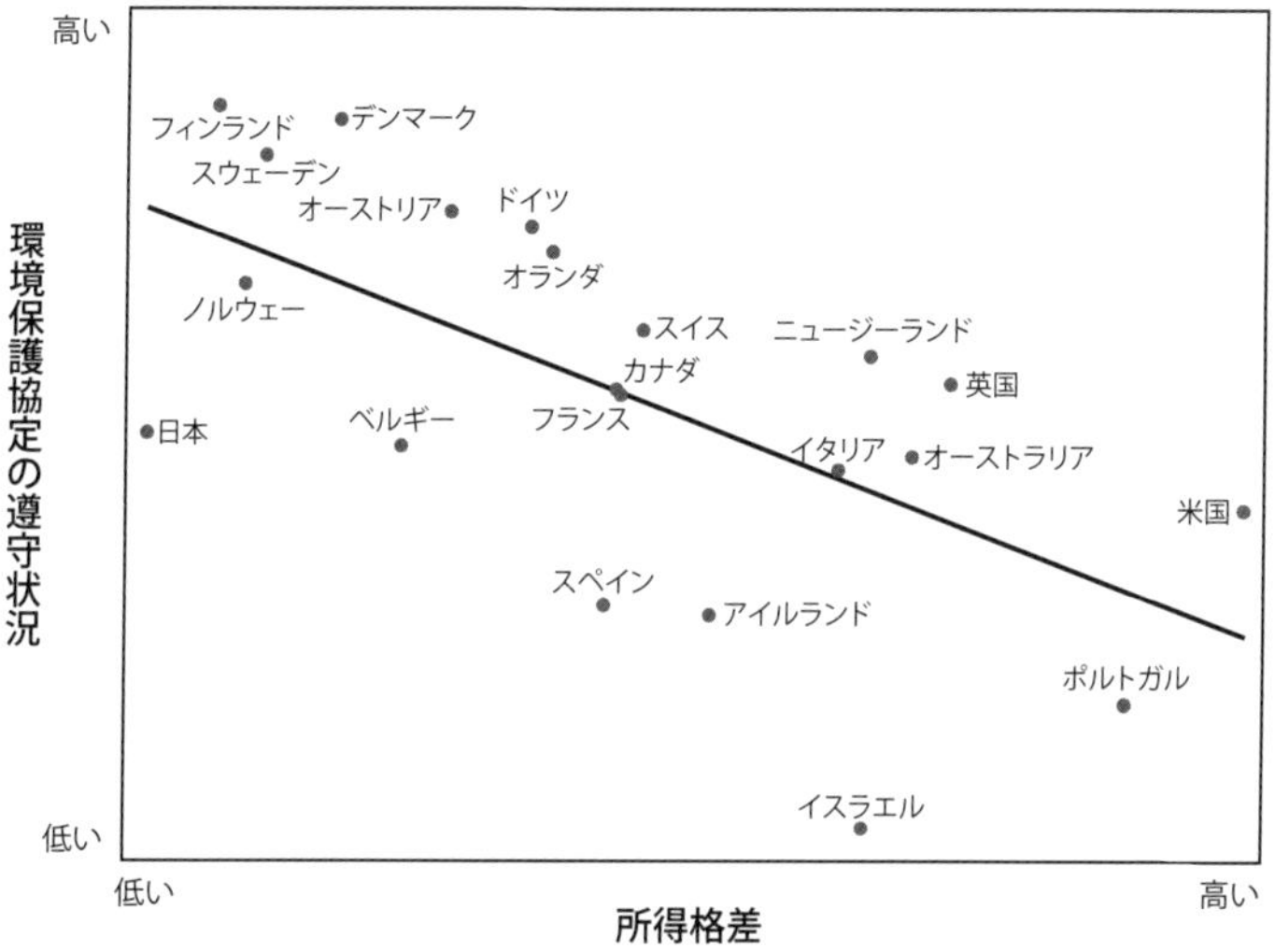

り個人責任として放置されてきた領域が縮小する。私たちは相互依存や協調にもっと前向きに取り組むことができる。環境的に持続可能な生活様式を実現することは、かつてない公共の利益つまり人類全体の利益になる。しかし不平等がもたらす社会的地位への不安や個人主義によって、私たちは人類全体の危機に対処する手段や意志を持つことができないでいる。現在の自然災害は常軌を逸している。最悪の事態を避けるためにも、私たちは公共の利益に基づく行動を取らなければならない。

　経済界のリーダーに対する調査では、国際的な環境保護協定をどのくらい重視しているかを聞く質問が含まれている。[413]図表8・3によれば、平等な国の経済界の指導者は不平等な国の指導者よりも環境保護協定をはるかに重視している[414]。資源のリサイクルについても同じだ[1]。こうした指標が示しているのは、平等な社会の人々は自己中心的ではなく、社会全体の利益のために行動する意志を持っていることだ。

人々の私利私欲が高まりすぎて、どうにもならなかった問題

社会が新しい事態や問題に適応できるかどうかは、公共の利益のために行動しようとする人々の意志によって決まる。〝ヒューマン・アンド・ナチュラル・ダイナミクス〟と呼ばれる数学モデルを活用した研究者によれば、環境資源の枯渇に直面した場合、経済不平等で分断された社会はそうでない社会よりも崩壊の危険性が高まる[415]。環境危機への対策がこれまで幅広い支持を得られなかったのは、経済の不平等が広がりすぎて、つまり人々の私利私欲が高まりすぎて、一般市民や政治家が持続可能な社会への移行に本腰で取り組めなかったからだ。

平等な社会が実現すれば持続可能性との両立が可能になり、それを実行に移す前提条件が整う。大切なことは社会の変革である。見せかけだけで環境にも害をもたらす豊かさではなく、本物の社会的な豊かさを追い求めれば、人々が幸福に感じる社会が実現する。持続可能な社会への移行とは、誰もが不満を抱く耐乏生活ではなく、現代の生活の質を本質的な意味で、つまり所得や消費の増加では達成できない高次元へと導くことである。

次の最終章では、不平等の大幅な縮小を実現するにはどうすべきかを議論したい。

第9章

人類と地球のために、生産活動を見直そう

格差の拡大に問題はない、という声はおそらく消えない

私たちが直面している選択は、次のようなものだ。

社会を垂直的な階層型にするのか、水平的な平等型にするのか。不平等や社会的地位の格差を拡大させるのか、縮小させるのか。あるいは、優越性や劣等性に関する目印をさらに増やすのか、それとも減らして社会全体の人間関係や幸福感の質を改善するのか。これまで見てきた多くの証拠からすれば、不平等の高まりは社会的な不安を増大させ、圧倒的多数の人々の心理

「大統領はいつも少数派のことを気にかけてくれていると思うよ。
ご存じのように、私たち富裕層は少数派だからね」

的、社会的なコストを高めている。

これからも、社会的な階級や地位による差別を非難する一方で、所得格差の拡大は何ら問題ないと考える人が必ず出てくるはずだ。政治の世界を見ても多くの政治家や政策立案者は階級差別をなくしたいと語るが、彼らが望むのは子供の機会均等、学校成績の格差縮小、それに社会的な流動性の拡大である。別の政治家は、強い共同体意識で結ばれた社会を実現すべきだと主張する。

しかしこうした目標や価値観の表明にもかかわらず、多くの政治家は所得格差の是正を求める庶民の声を〝嫉妬〟だとしてまともに取り合おうとしない。そこで、所得格差や社会的地位の格差がいかに弊害をもたらしているか、その証拠を簡単に見ていこう。

所得格差が私たちにもたらす5つの被害

1　社会的な格差問題を悪化させる

国際比較によれば、所得格差が大きな国ほどすべての社会階層で問題が悪化している（しかも社会階層が下がるほど悪化の度合いが強まる）。たとえば健康状態は社会階層が下がるにつれて悪化し、不平等な社会では多くの人々がどこか健康上の問題を抱えている。（殺人発生率などで計測した）暴力、十代での出産率、学齢児童の成績低迷、薬物中毒、心の病、子供の福利、刑務所収監率、肥満など多くの問題についても、同じことが言える。

前著『平等社会』で示したのは、同じ先進国でも（米国や英国のような）不平等な国ではスカンジナビア諸国や日本のような平等な国に比べて、こうした問題が2～10倍も高い比率で深刻になっていることだ。不平等の影響は最貧困層で最悪となるが、教育水準が高く給料の良い裕福な人でも程度の差こそあれ問題が存在する。不平等な社会では社会階層が下がるほど健康問題やその他の社会問題が深刻になり、それがさらに富裕層と貧困層の所得格差を広げる結果となっている。

『平等社会』で示した仮説（本書の「プロローグ」で要約）は、ありとあらゆる問題は不平等、特に社会階層に関係しているということだった。私たちはこの仮説を検証するために様々な国の死亡率を調べてみた[416]。予想された通り、死亡率の高さや最貧困層に一般的な死亡原因（心臓病、呼吸器系疾患、乳児死亡など）は、不平等な社会で共通して見られた。一方、乳ガンや前立腺ガンのような階層に偏りのない病気は、社会の不平等とは関連が薄いように見えた。

こうした所得格差の拡大が階層間の健康の不平等を増大させる傾向は、その後、他の研究者によっても確認されている[417]。所得格差の大きな国で社会的地位に関連する症状が深刻化しているとすれば、それが原因で引き起こされる様々な不公平もまた所得格差の拡大で増幅されていることになる。所得格差の拡大は、階層や地位に関連する諸症状と無関係ではなく、私たちの間の分断を強め、社会の階層化を促す元凶なのである。

2　社会的な融合を阻害する

所得格差の大きな国ほど、社会的な流動性が低下する傾向がある。第6章で見たように、所得格差の拡大は階層間の障壁を高め、社会的な序列を厳格にし、子供からは成功の機会を奪ってしまう。そのため、人々は成人した後も生まれた社会階層のまま止まる可能性が高い。同様に所得格差の拡大で、異なる社会階層間の結婚も減少する。富裕層と貧困層の居住区の分離が進む(418)。

その結果、不平等の高まりで社会階層の異なる人々の間で交流が少なくなる。文化的、社会的、物理的な分断が広がっていく。私たちの生活は社会的な階層や地位の中に押し込められ、その制約を受ける。そうした社会は誰にとっても有益とはいえない。最新の研究によれば、不平等が広がる社会では、人々の所得と自分が所属すると感じる社会階層との相関が強まる。それだけでなく多くの人が自分自身を社会的地位が低い人間だと見なすようになる(419)。

3　社会的な団結を損なう

第1章、第2章で、不平等な社会ほど社会的地位への不安が増大することを見てきた。私たちは、自分の社会的地位について他人の目を気にするようになり、人との付き合いにストレスを感じ、面倒になり、〝人との交際を敬遠する〟ようになる。不平等が大きくなれば、地域社会での絆が弱まり、住民の間の信頼が低下する。その理由は、社会的地位への不安が大きなストレスとなって、社会活動から遠ざかるようになるからだ。

不平等によって社会生活が精神的な負担に感じられるようになるにつれ、人々は不平等を少しでも和らげ、人前に出てもリラックスできるようになるために、アルコールや薬物への依存を強める。第4章で見たように、不平等の大きな社会ほど薬物中毒が蔓延していく。

4 地位への不安を高める

私たちはまた、社会的評価への不安が高まると、どのような心理的反応が生じるかを見てきた。人々が自信喪失や自尊心の低下と闘う中で、うつ病や不安障害が広がっていく。支配行動システムの研究からすれば、不平等な社会では統合失調症や精神疾患の発症率が高まることは、断定はできないにしても、十分うなずけることだ。こうした現状は不平等と心の病との関連性を補強してくれる。

不平等と心の病との関連性は、前著『平等社会』で最初に提示したが、本書の第2~4章で紹介した数多くの研究でも確認された。不平等によって社会的な交流が衰退し、他人との比較で劣等感を覚えるケースが増えていることが分かる。

第3章で見たのは、「社会的評価の脅威」の高まりに対し、自分の長所や業績を隠すよりも誇示する傾向が一部にあることだ。これが最も顕著なのは、不平等な社会ほど他人よりも自分をえらく見せる〝自己礼賛〟が一般的な点だ。ナルシシズムに関して国際比較が可能なデータは入手できなかったが、米国では不平等の高まりにつれてナルシシズムが人々の間で広まっている。

5 消費主義や自己顕示的な消費を増大させる

所得格差が社会的な地位への不安を高めるという5番目にして最後の証拠は、消費主義やお金の重要性に関するものだ。不平等な社会ほど地位への不安が高まり、自分の価値を世間にアピールするためのお金が必要になってくる。人々の労働時間は増え、借金は積み上がり、自己破綻の危険性が高まる。自己顕示的な消費は、とどのつまりお金による自己礼賛に他ならず、不平等な社会ほど増加[420][421][422]する。

不平等が高まれば、社会的地位への不安や出世の願望が強まることは、次のデータに如実に示されている。米国では平等な州より不平等な州の出身学生の方が、優秀な成績を得るためにごまかしをする、つまり学期末レポートをインターネットで購入したりする可能性が高い[423]。

こうした一連の事実について、あえて大きなプラスの側面を指摘すれば、人々の生活の質や福利を改善するうえで重要な新しい政策手段を示してくれていることだ。私たちはいまや社会的な階層や地位の弊害をどうすれば減少させることができるか知っている。階層的な社会ほど人々は格下の人間を除外しようとするが、そうしたゆがんだ構造から社会全体を解放することができる。社会的な不安や自信喪失を増幅している〝意地悪さ〟を根本から取り除くことができれば、社会生活を再生させることができる。

格差はどのくらい是正しなくてはならないか

人々の福利の最大化のために所得格差はどのくらいまで是正しなければならないのか。それを明確に述べるのは難しい。私たちにせいぜい言えるのは次の点だ。平等な国々の平均値を計算するより、私たちの健康社会問題インデックスやユニセフの子供福利インデックスにある最も不平等な先進国から最も平等な先進国にいたる連続的な数値を調べてみることだ。

それによると、不平等を減らせば少なくともスカンジナビア諸国の水準まで改善が期待できる。ちなみにスカンジナビア諸国は先進国の中で最も平等性が高い国々だ。残念ながら私たちはそれ以上のデータは持ち合わせておらず、その先に何が起きるかを予想できない。しかし最も不平等な国が所得格差をスカンジナビア諸国の水準まで改善する頃までには、さらに不平等の水準を減らす価値があるかどうかを示す事例を入手することができているだろう。

望ましい平等性の水準は状況によって違ってくるかもしれない。たとえば地理的な移動性が高く、定住したコミュニティのない社会では、平等性の拡大はそうでない定住社会よりも重要であるかもしれない。地域社会の絆が弱まれば、社会的分断の原因の拡大を回避することがますます重要になってくるからだ。

平等な先進国では、所得階層で見た最上位20％の合計所得は、最下位20％の３・５～４倍である。米国や英国のような不平等な先進国ではその格差が平等な国々の約2倍にも達している。それからすると、不平等な国は最上位20％と最下位20％の所得格差を少なくとも半分にすべきである。これは不平等を１９６０年代や１９７０年代の水準に戻すだけのことだが、これは最高税率や社会保障給付の微調整だけですぐに実現できるものではない。

労働組合が弱体化すると格差も広がる

環境の持続可能性や国民全体の福利改善を実現するのに比べれば、所得格差の是正など簡単だと思う人がいるかもしれない。しかし所得や資産の分配は、権力構造という厄介な問題と絡んでいる。理念や政策の内容がいかにすぐれていても、すぐに実行に移せるわけではない。こうした問題を理解するために、過去の所得分配で大きな変化をもたらした要因を調べてみる必要がある。

図表９・１には、一部の先進国の所得不平等に関する長期トレンドが示されている。１９３０～２０１４年の大きな変化は、先進国に広く共通する一般的なパターンであり景気循

図表9・1　最富裕層1％の所得シェアの推移

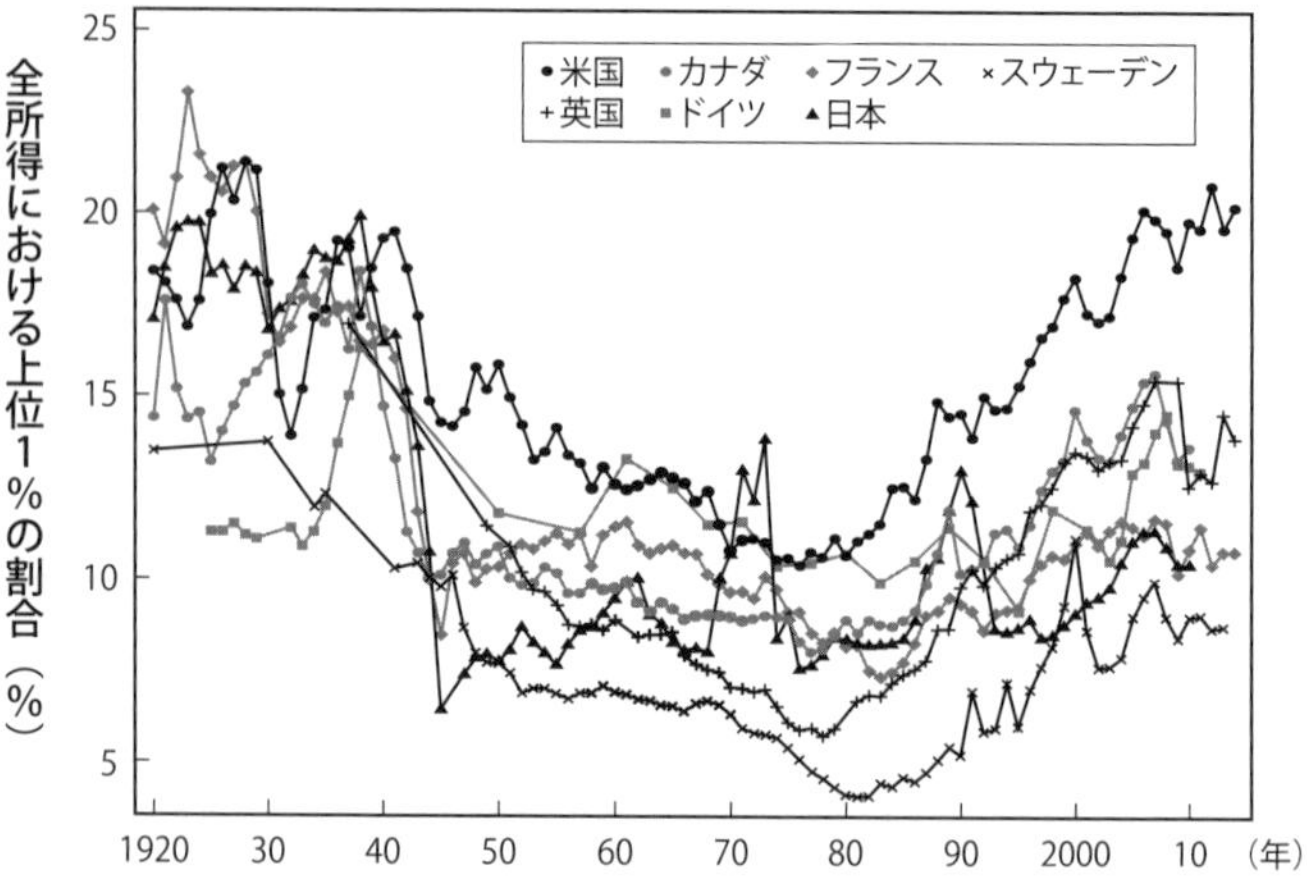

環のような短期的変動とは異なる。所得の不平等は長期的な縮小が始まる１９３０年代まで高水準で推移していた。国によって、あるいは所得の不平等を測定した尺度によって、長期的な縮小が始まる時期には5～10年のズレがある。不平等の縮小は１９７０年代末まで続いた。少し後れた国もあるが、所得の不平等は１９８０年前後から21世紀初めまで再び拡大した。不平等の水準が１９２０年代の水準まで戻ってしまった国もある。

　こうした全体としての不平等の変化、つまり期間の前半は長期縮小、後半は再拡大という変化は、労働運動やその背景にある政治イデオロギーの隆盛と衰退を反映している。労働組合参加率を労働運動の影響力、つまり社会における拮抗力の指標として見た場合、不平等との関係は明らかだ。図表９・２は、１９６６～94年の

図表9・2　労働組合が衰退した地域では不平等が拡大した（OECD加盟16ヵ国のデータより、1966～94年）(424)

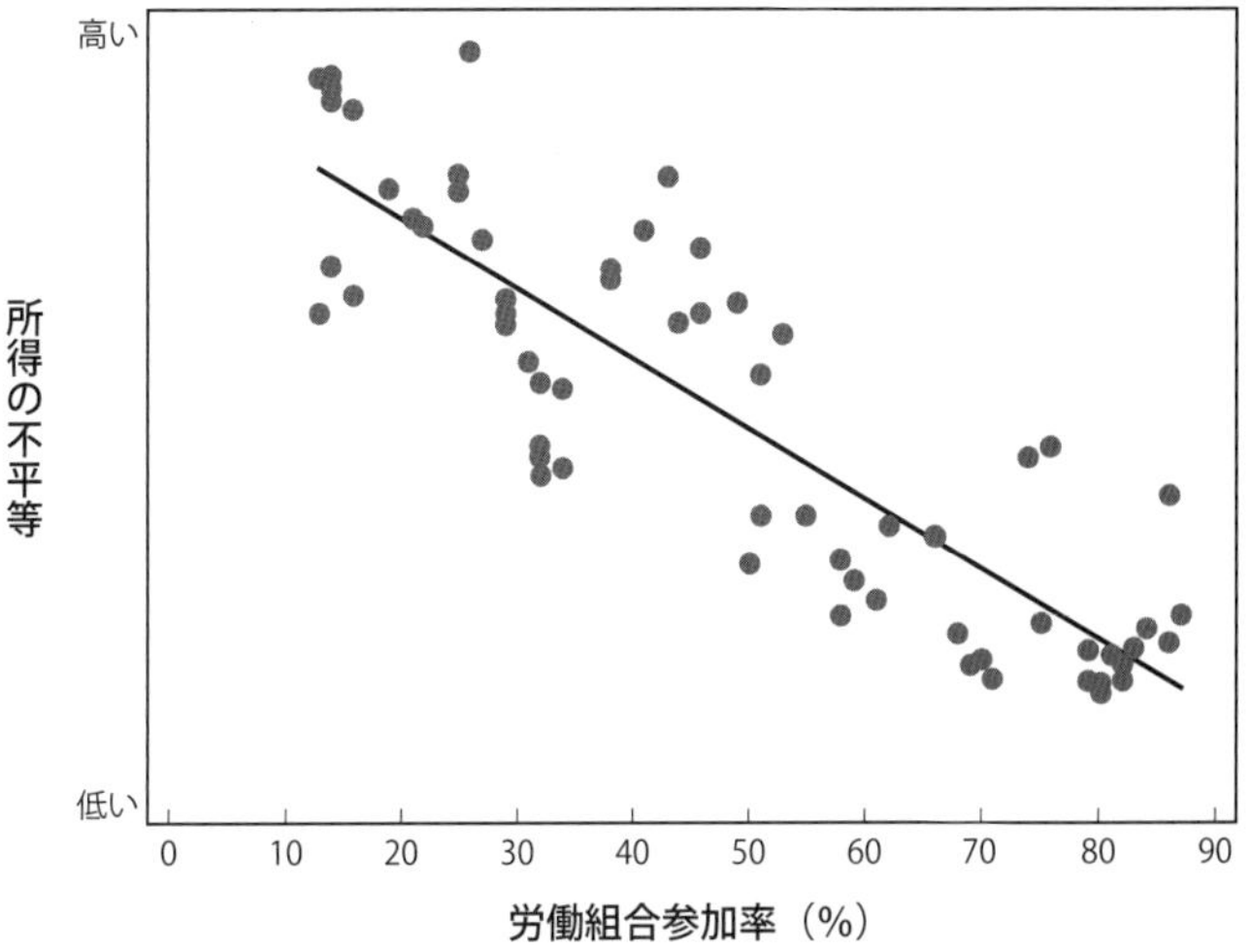

図表9・3　米国の労働組合の影響力と不平等の変化（1918～2008年）(425)

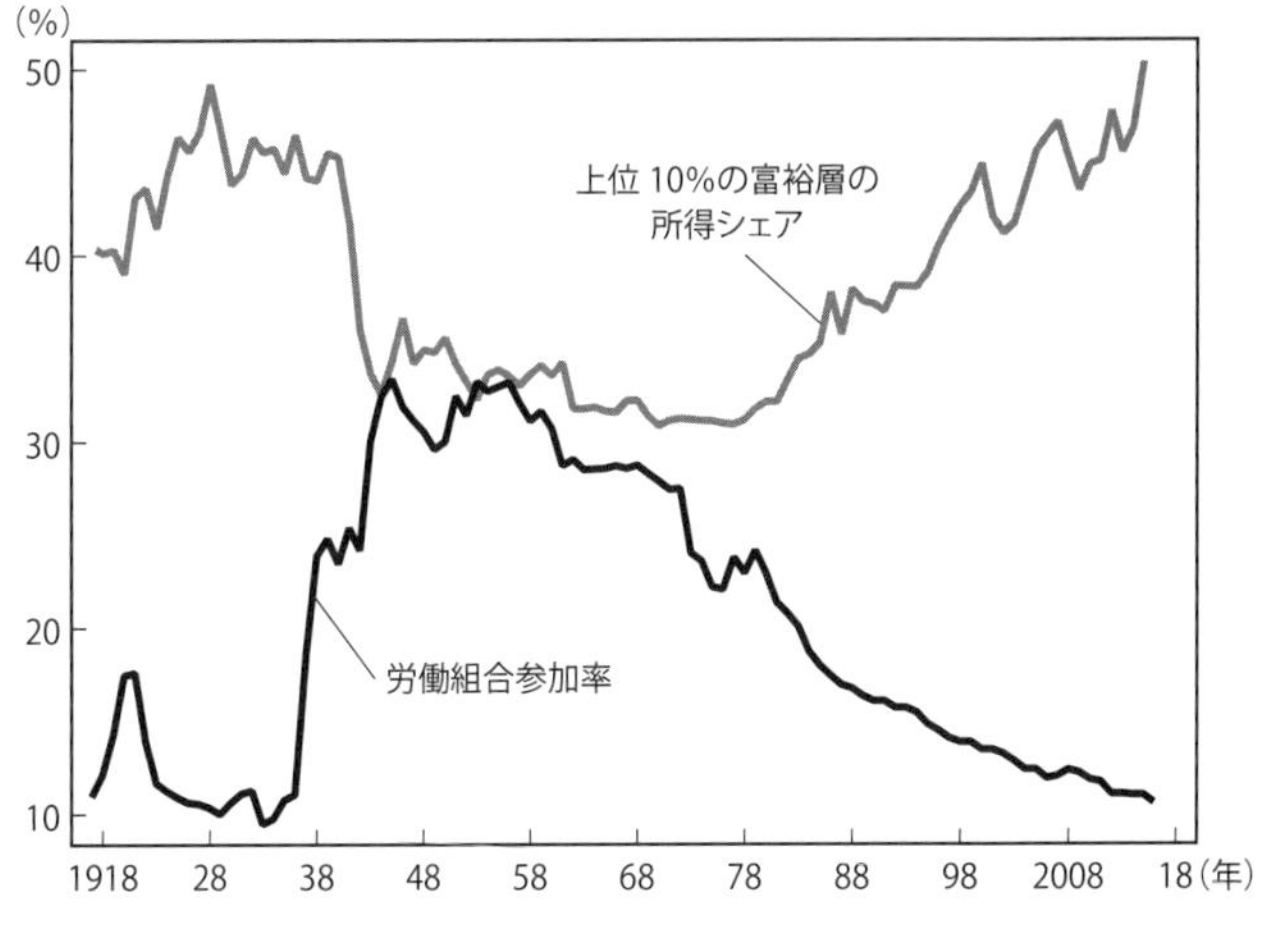

OECD加盟16ヵ国について、不平等と労働組合参加率の関係をプロットしたものだ。[424]

労働組合参加率が低い時期や、低い地域では（図の左側）、不平等は拡大する。この関係は多くの国々で長期トレンドとして繰り返し認められてきた。図表9・3には、米国で労働組合の力が強まると不平等が縮小し、逆に労働組合の力が弱まると不平等が再び拡大したことが示されている。[425]

資産や所得は、社会の価値観により分配されてきた

しかし労働組合参加率と不平等の関係を、労働組合が組合員の高賃金を勝ち取るための手段という観点だけで見るのはミスリードである。むしろそれが意味しているのは、進歩主義的な政治の隆盛（とその後の衰退）である。

資産や所得の分配を決定してきたのは、社会の価値観である。それが最も明確な形で表れるのは、労働運動のイデオロギーや政治活動である。さらに共産主義への恐怖や、１９３０年代の大恐慌によって、マルクスが予言したような資本主義の崩壊が起きるのではないかとの不安を引き起こしたのも、そうした価値観だった。大恐慌では、米国のフランクリン・ルーズベルト大統領がニューディール政策を実施して所得格差を大幅に縮小させた。彼が経済界や富裕層に説明したのは、資本主義を改革しなければ存続自体が難しくなるということだった。

実際に、ルーズベルトは資本主義の自壊を防いだ人物として評価されることが多い。不平等

を縮小させたのは、特定の仲間意識や目的の下に人々を団結させた集団的政治運動と、その運動が提起した最終的帰結に対する恐怖心である。現在の不平等に苦しむ多くの人々は、これまでのところ、進歩主義的な政治勢力を結集し、共通の理想や目標の下に団結するまでに至っていない。

１９６０年代末までは、共産主義の中央計画経済はその欠点にもかかわらず、資本主義よりも効率的で、高い経済成長率（ＣＩＡの推計による）を実現できると考えられていた。その見方が変わるきっかけになったのが、１９７０年代、１９８０年代の旧ソ連やその衛星国の経済パフォーマンスの悪化である。

１９８０年前後から不平等が再び拡大したのは、ロナルド・レーガン米大統領やマーガレット・サッチャー英首相によって支持され一般に広まった新自由主義的イデオロギーの政治力に拠るところが大きい。労働組合を弱体化させる法律が多くの国で次々に成立した。ガス・水道・電気などの公共事業、輸送会社、相互会社が次々に民営化され、企業間の賃金格差が急速に広がっていった。その一方で、富裕層の税率は大幅に引き下げられた。

最高税率引き下げで、富裕層のインセンティブが変わった

しかし、最高税率を80％超から引き下げる（税率が半分になることも）ことについては、予想外の影響が生じた。高額所得者の税引き前所得の伸び率が鈍化するのではなく、逆の展開に

なった。富裕層は所得の追加的な増分について多くの割合を手にすることができるようになったため、突然、税引き前所得を増加させるインセンティブが強まったのだ。

その結果、ＯＥＣＤ諸国では、政府が最高税率を大胆に引き下げたところは、富裕層の税引き前利益が急速に拡大した。つまり最高税率の引き下げ幅が大きい国ほど、富裕層の税引き前所得が急増加した[426]。それまで最高税率は実質的に収入の上限を決める機能を果たしてきた。それがいったん取り除かれると、富裕層は税負担の減少と税引き前所得の急上昇の両面からの恩恵を受けることになった。

最高税率の引き下げは、当初の目論見では経済成長を刺激するということだったが、現在は成長率の低下と関連していることが判明している。皮肉としか言いようがない。ＩＭＦの研究レポートでも、不平等は経済成長を阻害するが（第６章で指摘）、所得再分配は経済成長の逆風にならないことが確認されている[270]。

大事なのは、市場原理でなく政治の意志

不平等の是正で中心的な役割を果たすのは、市場原理ではなく政治の意志である（図表９・３参照）。この命題は、別の地域での経験でも確認されている。〝アジアの虎〟として知られる８ヵ国――日本、韓国、台湾、シンガポール、香港、タイ、マレーシア、インドネシア――の報告書でも、世界銀行は同じ指摘を行っている[427]。１９６０～１９８０年の間にこれらの国々は

〝成長の分かち合い〟という有名な政策によって所得格差を是正した。彼らの政策には、土地改革、肥料価格抑制や農民所得引き上げのための補助金、資産共有化政策、大規模な公共住宅政策、労働者協同組合への補助金などが含まれていた。さらに、どうしてこれらの国々で平等主義的な政策を採用できたのかについても分析が行われていた。

同報告書によれば、いずれの政府も政敵の共産主義者から統治者としての正統性に疑問を投げかけられ、政治的な対抗上、国民の間に支持を広げる必要に迫られていた。韓国は北朝鮮とイデオロギー上の競争を行っていた。台湾や香港では中国が自分の領土だと主張していた。その他のアジア地域でも共産主義勢力が農村部を中心に反政府活動を展開していた。

これらの国々でも、前世紀に不平等が大きく是正されたのは政治やイデオロギーではなく、グローバル化や技術革新が原因だと結論付けるのは間違っている。[428] 不平等の是正は、私たちの力の及ばない非人間的な経済原理によるものではない。所得分配で中心的な役割を果たしたのは政治運動や経済政策だ。

生産システムの発達が抜本的な改革を促す

最近の政治的な揺り戻しによって、将来を悲観する人々が増えている。不平等の拡大によって１９２０年代と同様に政治的な分裂が深刻になっている。ノーベル経済学賞受賞のポール・

クルーグマンが指摘しているように、1960年代、70年代の米国議会は共和党と民主党の間で主張が重なる部分が多かったが、現在は不平等の拡大で両者の対立は激しくなるばかりだ。[428]

欧州でも同じような政治的分裂が顕著になっている。極右や極左の台頭の背景にあるのは、次の二点だ。一つは不平等の犠牲者たちがついに中道左派路線の既成政党を見限ったことだ。既成政党の方でも、そのずっと前から不平等の犠牲者たちを見捨ててしまっていた。

もう一つは、反社会的な価値観が不平等な社会全体に広がっていることだ。ドナルド・トランプは得票が有権者の過半数に届かなかったにもかかわらず米国大統領に当選した。バーニー・サンダースは自らを社会主義者と呼んでいるが、おそらく大統領選の本選でトランプを破る可能性が高かったのはヒラリー・クリントンよりも彼の方だった。

最近、左派、右派両方の有権者が中道政党を支持しなくなったことによって、どの選挙でも結果は熟慮よりも本能的な感覚によって大きく左右される可能性がある。

新しいポスト資本主義はまだ遠い

政治評論家は異口同音に有権者の変革への根強い願望を口にするが、その変化がどうあるべきか具体的に語ることはほとんどない。マルクスが歴史の研究から得た重要な教訓の一つは、生産システムの発達が社会的、政治的な組織の抜本的な変革を迫るというものだ。マルクス主義者でなくても、次の点は理解できよう。

社会制度が根底から変わっていく中で、グローバル・ネットワークや技術的な進化によって相互依存が深まり、経済や生活は大きな変革を迫られている。しかし、新しいポスト資本主義、ポスト物不足の時代はまだ到来していない。新しい生産システムの組み立てや運営は2世紀前とほとんど変わっていない。

私たちの物理的な生活の快適さは歴史上空前のレベルに達している。それにもかかわらず、気持ちは塞ぎ込み、心の病に苦しんでいる。いわゆる実力主義は私たちの大志や成功を実現する土台だが、それが欺瞞に満ちた時代錯誤であることが分かった。

現在の国際関係からすれば、国際的な協力や相互支援の強化よりも、引き続き軍事力に多くの資金を投入し続けた方が良さそうだ。軍事力の出番が増えたことで、国際的な協力や相互支援は拡大するどころか逆に後退してしまった。

適切な国際協力の枠組みを欠いていたために、私たちは次のような課題にもうまく対処できなかった。気候変動、悲惨な難民や移民の大量発生、多国籍企業の非民主的でますます巨大化する勢力、実効性を欠いた国際法の施行、租税回避地の脱税資金等々。タックス・ジャスティス・ネットワークの推計によれば、租税回避地には毎年21兆～32兆ドル（世界総生産の20～30％に相当）の脱税資金が流入している。個々の問題について改善の方向性はすぐに分かるが、そのために必要な作業量の膨大さには思わずたじろいでしまう。

しかし変化の兆しもある。世界中の炭素排出量がついにピークを打ち増加が止まった。しかし私たちは毎年、大気中に３６０億トンの炭酸ガスを放出し続けている。これは、地球が平均気温を上昇させずに吸収できる量をはるかに超えている。さらなる削減に向けて私たちは努力を続けなければならない。

不平等の改善を根付かせるための経済民主主義

不平等の是正を求める声は、２００８年のリーマンショックがきっかけとなり、〝ウォール街を占拠せよ〟運動で拍車がかかったことはまちがいない。不平等の是正は、世界中の指導者から――現在は言葉のうえだけで、まだ行動に至っていないが――支持された。オバマ大統領（当時）は不平等の是正を〝私たちの世代のきわめて重要な挑戦〟と呼んだ。[429] ローマ法王は〝社会の病弊の根源〟だとたとえた。[430] 国連の潘基文《パンギムン》事務総長（当時）やＩＭＦのクリスティーヌ・ラガルド専務理事（当時）も同様の力強い声明を発した。[431][432]

世界各国の世論調査によれば、国民の多くは――全体の80％に達していることもある――所得格差が開きすぎだと回答している。彼らの大半が所得格差の実際の規模を過小評価しているにもかかわらず、そう答えている。米国のある調査では、回答者に国名を伏せたままスウェーデンと米国の資産分布のグラフを見せたところ、回答者の約90％が平等性の高いスウェーデンを好ましいとした。興味深いのは、共和党支持者と民主党支持者、富裕層と貧困層、男女のいずれもが90％の割合でスウェーデンを選んだことだ。[433]

こうした世論調査の声にもかかわらず、不平等を是正する動きはごく一部に止まっている。英国では生活賃金運動によって大規模な公共機関や民間機関が最低賃金を引き上げた[434]。また労働党が与党の約25の地方自治体は、地方レベルから所得格差を是正するための政策を勧告する公正委員会を立ち上げた[435]。

国際的なレベルでは、ＯＥＣＤが租税回避地と連携を深め税金逃れへの対応を強化している。たとえば各国の税務当局と租税回避地が銀行口座の情報の共有を始めた[436]。しかしリーマンショック以降、現在までＯＥＣＤ諸国の所得格差が縮小に向かう気配はほとんど感じられない。

政治的な圧力が不平等の大きな改善をもたらすのは、明らかである。政治圧力が後退すれば、不平等が再び復活するが、図表９・１からは１９８０年代以降、実際にその反転が起きていることが分かる。労働運動が弱体化し社会民主政党が保守化するにつれて、１９２０年代以降に達成された多くの社会的な進歩が元に戻ってしまった。

新聞の報道によれば、現在の英国では家事手伝いや家事使用人を雇っている家庭の数が19世紀以降で最も多い[437][438]が、その一方で困窮者への炊き出しや食料援助が復活している。高額所得の人々は新たな支配階層を形成し、彼らの子孫は相続した財産で贅沢三昧の暮らしを続けることになるだろう。

こうした逆転劇が意味しているのは、前世代が達成した成果を社会に深く根付かせるための制度変革に失敗したということだ。不平等の縮小は税制や社会保障給付を通じた所得分配に多くを依存しすぎた。それらはイデオロギーの振り子の振れ方次第で、簡単に元に戻ってしまう。不平等の改善を永続させるためには経済民主主義を拡大させる構造改革を行って、逆戻りできない強固な基盤を構築する必要がある。

欲張りなＣＥＯへの抑止力をシステムに埋め込む

過去30年間、所得格差が大きく拡大したのは、富裕層の（税引き前の）所得が他の階層よりも急速に上昇したためである。

ＣＥＯの高額報酬はまったく正当化されない

図表９・４は１９６０年代半ばから２０１５年にかけて、米国の大企業３５０社の所得格差が拡大したことを示している。同一企業のＣＥＯ（最高経営責任者）と工場労働者の報酬格差を比較すると、１９７０年代は20対１〜30対１の範囲に収まっていたが、21世紀の最初の10年間には格差が２００対１〜４００対１へと一気に10倍に拡大した。[439]

それとは対照的に、所得階層で見た下位50％の所得は過去30年間停滞したままだった。これまで見てきたように、所得格差の拡大は富裕層の傲慢さや特権意識を増長させただけでなく、個人の価値や能力の格差も拡大させることになった。

図表9・4　米国の大企業350社におけるCEOの報酬と工場労働者平均給与の比率の推移[439]

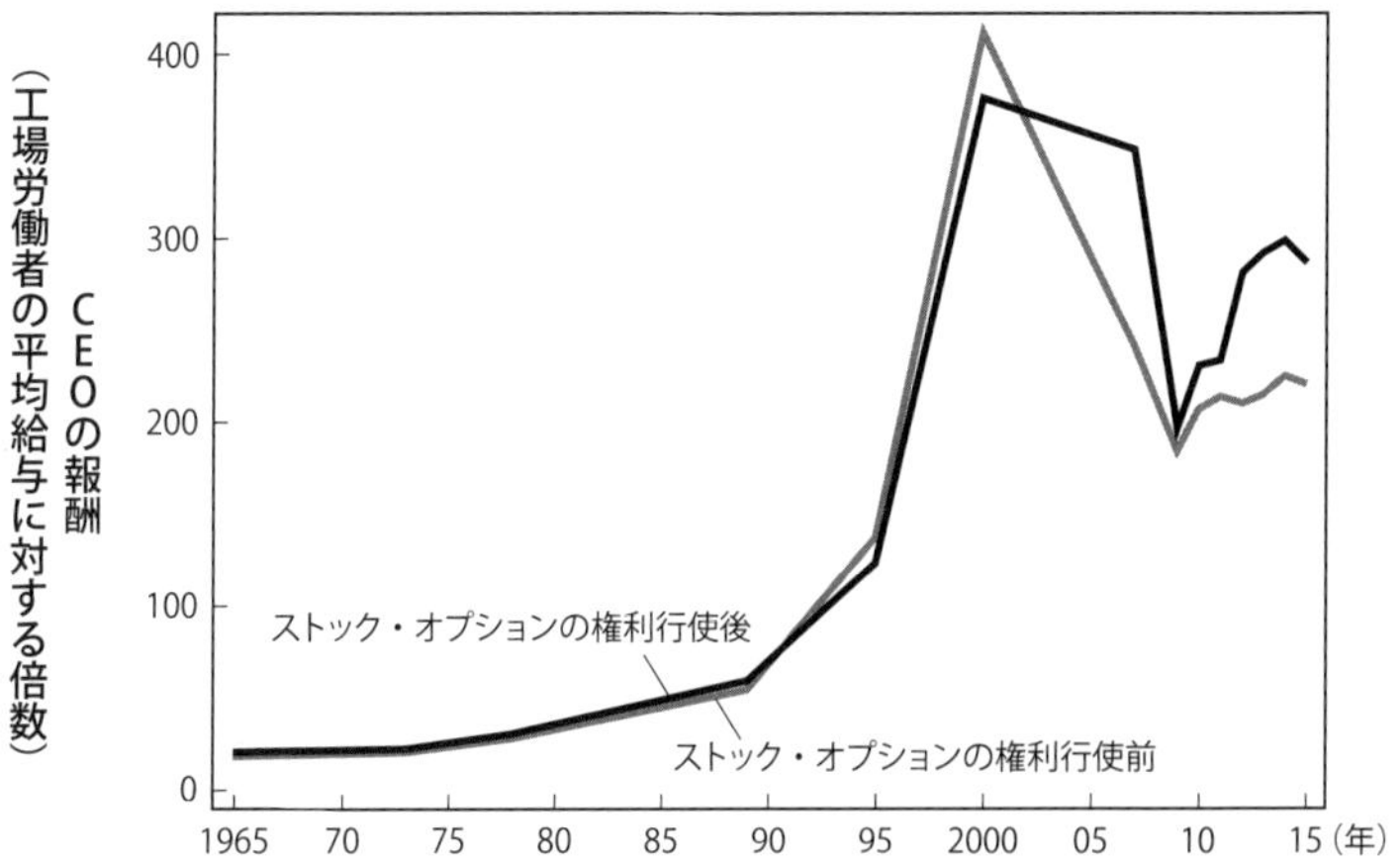

こうした所得格差の急拡大は、民間部門のすべての領域で生じている。一方、公共部門の所得格差の拡大は、地方政府、公共医療サービス、大学、警察、軍隊などで低い水準に止まっている。報酬格差は20対１程度が一般的だが、分野によっては10対１と低い場合もある。20世紀の最後の10年間に公共部門と民間部門の所得格差が拡大したのは、１９８０年代以降に公営企業や相互会社が民営化され、ＣＥＯの報酬が大きく上昇したためだ。

民間の企業経営者の報酬は企業業績によって正当化されないばかりか、それとほとんど無関係であることが、一般的に認められている。[440] 米国の大企業４２９社を対象にした研究によれば、ＣＥＯの総報酬が中央値を上回っている企業は、それを下回っている企業よ

図表9・5　CEOの報酬が少ない会社ほど株主還元に熱心だ（米国の大企業429社）[441]

り、過去10年間の株主への収益還元が大幅に低いことが分かった。図表9・5にはその実態が示されている。

　労働者を少人数のグループに分け、各グループのメンバーの賃金をすべて同じにすれば、生産性が上昇することを示す証拠がある。インドで378人の労働者を対象とした実験では、グループのメンバーの賃金を同じにした場合と格差を付けた場合のパフォーマンスの比較を行った。それによると、賃金に格差をつけたグループは、格差のないグループに比べ、生産性が大幅に低下し欠勤も増えた[442]。

　不平等の影響について現在、私たちが知っていることからすれば、こうした事実はグループのメンバー間の協力、信頼、団結力の強弱を反映しているように見える。

私利私欲を抑える仕組みを作ろう

税制や社会保障給付を通じた所得再分配は、簡単に修正できるため政治的な攻撃にさらされやすい。一生懸命働いて稼いで、当然それを自分のものにする権利があると感じている所得を、政府から税金の名の下に一方的に吸い上げられるのは、合法的な窃盗であると見なす場合は、特にそうだ。

しかし、自分の力だけで稼ぐという考えが正当化されるのは、仕事に必要な道具すべてを自分一人で揃えることができる場合だけだ。それは他人の協力に全く頼らないで農作業する自給自足の小作農のようなものだ。個人の所得は、協同生産したものからどのくらいの分け前を獲得できるかという能力を示している。各自の仕事の困難さがその人の報酬に大きく関係しているわけではない[443]。

大金持ちや大企業のCEOであっても、輸送、通信、電力、水道などのインフラが整備されておらず、熟練した労働者や教育を受けた従業員のいない貧しい社会で仕事をしていれば、高額報酬を稼ぐことはできないだろう。エコノミストが指摘するように、企業が人を雇うのは、労働者の仕事の価値が企業の支払う賃金を上回っている場合だけである。

不平等の拡大を促進しているのは、〝ボーナスの大盤振る舞い〟や超富裕層の所得の急上昇だ。それが浮き彫りにするのは、権力者の私利私欲に対する実効性のある民主的抑止力が働いていないことだ。税制や労働組合、〝社会主義運動〟などによる政治的な抑制が、まったく効かなくなった。

こうした現状を改善するために、新しい強力な抑止力を作り出し、経済システムの中に半永久的に埋め込む必要がある。民主主義を経済領域まで浸透させ、市場の効率性を維持しつつも、抑止力の一部を復活させるべきである。現代ではすべての経済活動が事実上、相互依存と協調を前提に成り立っている。この現実を所得分配や組織統治に反映させる必要がある。

ドイツの従業員経営参加制度のいいところ

現在、EU加盟国の約半分の国では、企業の取締役会や報酬委員会に従業員の代表者を送り込むことを義務化する法律が制定されている。[443][445] 英国で実施された2013年の調査によれば（英国では米国と同様に従業員の代表を経営の意思決定に送り込む法整備がなされていない）、76％の英国民が取締役会に従業員の意向を反映させることに賛成している。[446] 米国の従業員調査でも圧倒的多数が経営の意思決定への参加拡大を望んでいる。[447]

英国保守党のテリーザ・メイが2016年に首相に就任したとき、彼女は従業員の経営参加へ向けて第一歩を踏み出す意向を表明した。しかしすぐに彼女は発言を撤回した。ドイツでは1951年に〝企業共同決定制度〟が石炭業と鉄鋼業で導入された。1976年には同制度が従業員2000人以上の企業に拡大された。500～2000人の従業員を抱える上場株式会社（同族企業を除く）では、取締役会メンバーの3分の1は従業員の代表でなければならない。

もちろん国によって法律の強制力は異なり、ほとんど意味をなさない場合もあるが、多くの研究によれば、取締役会に従業員の代表を受け入れている企業では所得格差が改善される傾向にある。[448] １９８０年以降、強制力のある法律が施行されている国ではそうでない国に比べ不平等の拡大が小幅に止まっている。

ドイツの従業員経営参加制度が企業パフォーマンスに与える影響に関しては、多くの研究が行われてきた。それによれば、同制度が企業の効率性や市場価値を高めていることが分かった。[449] 従業員の経営参加制度によって、取締役会には様々な情報が持ち込まれ労使の相互理解が進んだ。経営の意思決定が改善され、企業価値も高まった。企業活動の協業や集中、情報共有を必要とするセクター、つまり貿易、運輸、コンピュータ、医薬品、その他の製造業では、従業員の経営参加から大きな利益を得ていることが分かった（しかし、従業員の代表者が企業の従業員ではない外部の労働組合員である場合は、情報量の増加による恩恵はほとんど見られなかった）。

経営トップに上がる情報が増えるほかに、企業戦略や業績動向について労使の意思疎通が良くなるため、労働者や労働組合にとってもメリットは大きい。

企業組織を民主化してコミュニティ感覚を取り戻す

従業員経営参加の法律的対応を強化するばかりでなく、協同組合や従業員所有企業など組織の民主化をさらに推し進める政策も必要だ。協同組合では、所得格差が他の組織に比べるとはるかに小さくなる傾向がある。スペインのバスク地方にある協同組合、モンドラゴン・グループは60年前に創設されたが、現在では約8万人の従業員を擁する大企業だ。優秀な上級幹部が他の給料の良いスペイン企業から引き抜かれるケースが増えているが、経営トップと労働者の給与格差は約5対1であり、6対1を上回ることはほとんどない。

協同組合や従業員所有企業では、所得格差の改善ばかりでなく、社外株主から従業員への利益再分配、つまり不労所得の削減にも取り組んでいる。利益分配の対象を広げることで、こうした企業は経済学者のトマ・ピケティが著書『Capital in the Twenty-First Century』で提起した中心課題の解決にも貢献している。[450]

ピケティによれば、資本の収益は事業収益や賃金よりも伸び率が高く、不平等拡大の原因になっている。最大の問題は、資産が一部の裕福な人々に集中したままになっていることだ。経済の民主化は、企業の所有権や資産の収益を多くの人々に分散させる点で優れた方法といえるかもしれない。

さらに付け加えると、協同組合や従業員所有企業では労使関係のあり方が変わり、働き方自体も改善される。ロバート・オークショットが著書『Jobs and Fairness』の中で述べているように、従業員による経営権の買収によって、企業は他人の所有物からコミュニティへと変化するのだ[451]。

多くの住宅地では近隣に誰が住んでいるかも分からず、地域社会の生活といったものは存在しないに等しいが、職場では相互の関係が深まり、コミュニティの感覚を取り戻すことができるはずだ。私たちの多くが職場をコミュニティと見ないそもそもの理由は、職場こそが所得格差を生み出す根源であり、上司から部下という〝ライン管理〟によって横のつながりがほとんど寸断されているからだ。従業員所有企業や協同組合のような民主的な経済組織は、職場の階層制を変革し、所得格差を縮小することができる。従業員の団結を育み、相互主義を機能させ、様々な領域で共同体としての生活の質を高めていくことができる[452][453]。

民主的な企業では生産性が高まり不平等も改善する

民主的で平等主義的なビジネスモデルには、もう一つ優位性がある。生産性を高める可能性があることだ。経済民主主義では、多くの場合、従業員経営参加というきわめて限定された側面だけで企業を見てきた。しかし、数百の似通った二つの企業群についてマッチドペア分析を行い、導入前後のパフォーマンス・データを比較した大掛かりで綿密な数多くの研究も行われてきた。

　たとえば、利益の共有化や従業員の株主化などが企業経営へ及ぼす効果を分析した研究もある。[454] それによれば、生産性の着実な改善が実現できたのは、利益共有化や従業員株主化が参加型経営に結びついた場合である。[455][456] ある報告書は次のように述べている。

> 所有権の移転と参加型の経営が合わされば、企業にとっても非常に大きな成果が得られると、私たちは自信を持って言うことができる。しかし所有権の移転だけ、経営参加だけでは、結果はせいぜい散発的で短命に終わる……所有権の共有化を欠いた経営参画の影響は長続きすることがない……所有権は経営参加を持続させるための文化的な触媒のようなものだ。[457]

従業員が100%所有する企業では、従業員オーナーシップ株式指数（フィールド・フィッシャー・ウォーターハウスが集計）が、1992年の集計開始から2012年までに648%上昇した。FTSE全株式指数は同期間に245%上昇しており、従業員オーナーシップ株式指数はその2・5倍以上も上昇したことになる。

　100件以上の研究成果を再検討した最新研究によると、従業員所有企業は業績が優れているだけでなく、従業員間の不平等が改善されていることも確認されている。[458] しかし従業員所有企業といっても全株式が従業員によって所有されているわけではない。株式の一部は少数の経営幹部によって所有されているケースもある。実態をさらに調べた結果では、〝所有権が幅広い〟（たとえば従業員の持ち株比率が高い）企業の生産性上昇率は、そうでない企業より4％も上回っている。[459] 英国政府の委託調査などの分析でも同じ結論が得られている。[456][460][461]

こうした調査の事実が示唆しているのは、従業員所有企業は生産性を高めるだけでなく、技術革新、不況抵抗力、病欠の少なさ、従業員満足度、そしてもちろん平等の点でも他を上回っていることだ。これから興味深い結論が導かれる。民主的な企業は生産性を引き上げ、所得格差を縮小する一方で、非民主的な企業では、従業員同士や経営幹部と従業員との所得格差の拡大によって生産性が低下するということだ。[462]

民主的な組織にとって唯一の欠点は、企業の規模が大きくなるにつれてその強みが次第に薄れていく点だ（しかし欠点に転化することはない）。純粋な参加型経営は企業の規模が大きくなるほど手続きが面倒になり、正統な代表者を選ぶための新たな体制作りなどが必要になってくる。

取締役会にコミュニティや消費者の代表を迎え入れる

それとは対照的に、意思決定に社外株主を関与させることは企業経営に有害であることが多い。社外株主は企業経営の詳細な知識を持っていない。そのうえ彼らの主たる関心事は株価の変動だが、それらは企業経営にほとんど好影響を及ぼさない。取締役会の報告書や提案を綿密に調べることが企業の利益になる場合でも、株主は報告を読みこなすだけの知識も意欲もない。年次の株主総会は形式的な承認機関に堕しているのが一般的だ。

協同組合組織や従業員所有企業の形態を広げたいと考える最も重要な理由は、不平等の改善と持続可能性である。企業に「成長を抑制して欲しいと〝説得〟するのは、人間に呼吸を止めるよう〝説得〟するのと同じことだ」と言ったのは、環境運動の米国人先駆者であるマレイ・ブクチンだった[463]。

企業が成長を重視するのは、社外株主のために利益最大化を図る必要があること、それに経営トップに利益と権限が集中しているためだ。こうした構造が改革されなければ、経営トップの権力や利益の拡大動機が自己抑制されることはほとんどありえない[464]。

一方、協同組合は共同体として機能するために規模の拡大が最優先されることはありえない。同様の理由で、協同組合は倫理や環境の点でも高いパフォーマンスをあげる可能性がある。組織民主化の進展度が異なるオーストリア、イタリア、ドイツの企業22社で従業員を調査したことがある。その結果によると、民主化が進んだ企業では社内の〝社会道徳的な〟環境が改善しただけでなく、従業員の〝市民的な美徳〟や〝親社会的な視点の取得〟、相互扶助への意識が高まった[465][466]。

しかし組織の民主化が進んだ企業が公共利益のためにさらなる貢献をするためには、取締役会は従業員の代表だけでなくコミュニティや消費者の代表も迎え入れる必要がある。

株式会社という制度はこれからも通用するか

「働かされている感」を減らすための組織の民主化

圧倒的多数の従業員が意思決定に積極的に参加し自らの意見を表明できる制度を望んでいるにもかかわらず、多くの企業は法律で義務化されないかぎり前向きにならない。[447] 従業員は自分の役割が社外株主の利益や会社の業績への奉仕にすぎないことに気がつき、自分たちの働きを監督する管理体制にいらだちを感じるようになった。それらが積み重なって強い不満を抱く従業員も増えている。

こうした問題は些末なことではない。働かされているという感覚は、ストレスを高め健康に大きな悪影響を与えることが知られている。[467][468] 現代の生産工程がますます複雑化する中で、人々の仕事に対する主体性を高めるためにも、職場における民主化の拡大は緊急の課題となっている。[469] 制度的な不公正、説明責任の欠如、自分が公平に取り扱われているかどうか。こうした漠とした問題であっても、加齢に伴う精神機能の低下を加速させるなどの健康障害をもたらすことが明らかになっている。[470][471][472] 学校に通う生徒でも、不公平な処遇はストレスの大きな原因となっている。21ヵ国の子供を対象とした研究によれば、19ヵ国で子供が教師から不公平に扱われたと感じたとき、頭痛が激しくなったと述べている。

組織が民主的な企業ほど従業員の離職率が低い。これは従業員がその企業を好きになっているということだ。こうした現実は、民主的企業の経営者が、一緒に働きたい優れた経営者リストに数多く選ばれていることからも確認できる。一般的に従業員の多くは上司と反目し、軋轢を抱えていることが多いが（それを口にすることは滅多にないが）、協同組合や従業員所有企業ではそれほど多くない。従業員が経営幹部の人事に直接あるいは間接的に影響力を持ち、経営幹部が従業員にきちんと説明責任を果たしている場合は、不満や軋轢はかなり解消される。

英国労働組合会議のレポート

企業組織の民主化を主張するもう一つの理由は、現状の企業の所有や統治の形態が非生産的で時代遅れになりつつあるからだ。〝取締役会の労働者〟と題された英国労働組合会議のレポートは、株式会社という伝統的な制度が現代のビジネスにそぐわなくなってきていることを分析している。[473]

報告によれば、1960年代には株式の大半は個人によって所有されていた。彼らが興味を持ち続けたのは、一部の企業の長期的な成長だった。株式の保有期間は平均7年間だった。現在では企業の株式の圧倒的多数は金融機関によって保有され、その銘柄数は数百から数千に達している。彼らはコンピュータのアルゴリズムなどによる短期売買で利益を稼ごうとするために、平均保有期間は1分未満と見られている。彼らは投資対象企業の長期的な（あるいは短期的な）利害や業務には全く興味がない。高速回転売買システムを別にしても、株式の平均保有期間は数ヵ月足らずである。株式を上場している大企業では現在の株主数は数千から数万人にもなっており、株主の実態について正確な情報を得ることはますます難しくなっている。

大企業の行動は反社会的に

現在のモノ作りでは、多くの異なる人の技能や知識を統合する必要性が増している。企業の価値は建物や設備から従業員の技能や専門知識、ノウハウを合体させたものへ移行しつつある。企業の売買は、驚くべき時代錯誤の発想かもしれないが、そこで働く人々の集団を売買する色彩が強まっている。特に働く人々が企業価値の増大に大きく貢献している場合は、その傾向が強まる。企業買収の目的は、そうした人間が生み出す利益を手に入れることだ。

しかし、民主的な企業ほど生産性が高くなる一方で、近代的な株式会社の組織が時代にそぐわなくなってきているとすれば、経済の領域にももっと民主的な要素を広げても良いのではないか。企業は、私たちが必要とする財やサービスを生産するだけの存在ではない。企業はその目的からして、権限や富を一部の経営トップに集中させる傾向がある。その結果、多くの〝大企業家〟は個人と企業の利益相反に直面する。

この利益相反の問題は図表９・５を見れば明らかだ。ＣＥＯの報酬が低い企業は、報酬が高い企業に比べて、企業業績が良好に推移している。異常に高い報酬は、企業の利益よりも私利私欲に関心がある人間を引きつける恐れがある。

多国籍企業の中には、売上高で多くの国のＧＤＰを上回っているところがある。ノルウェーやニュージーランドのＧＤＰを超える企業もいくつか存在するが、彼らは民主的な説明責任を欠き、税金もほとんど納めていない。

２００８年の米国連邦政府監査院の報告によると、米国の大企業１００社の中で83社が租税回避地の子会社を使って節税を行っていた。公正な税制を求める市民連絡会によれば、欧州の大企業１００社のうち99社が同様のことを行っていた。もちろん彼らは日常の企業活動で輸送や教育、警察などの公共インフラを利用しているが、その費用は誰か他の人が負担している。

企業の社会的責任に関する勉強会が人気を集めているが、企業業績と公共の利益とは必ずしも一致しない。実際、大企業の行動はますます反社会的になりつつある。

公衆衛生が専門のニューヨーク州立大学特別教授ニコラス・フルーデンバーグは、著書『Lethal But Legal』で、食料、たばこ、酒類、銃、医薬品、農業関連、自動車などの産業が公衆衛生にきわめて危険な存在になっている実態を、多くの詳細な事例を引きながら紹介している。[474] 肥満撲滅運動に反対する加工食品業界やディーゼル自動車エンジンの排出データ偽造事件などスキャンダルは尽きない。それらの代償は、それぞれ人命換算すると数万、数十万人の規模と推計されている。

フルーデンバーグは、企業が製品の安全性に対する科学的研究結果に反論し、製品の危害を減らすための立法措置を妨害するために、広告宣伝や政治的な影響力、メディアをいかに活用しているかを明らかにしている。政府の規制委員会に自分たちの利益擁護者を多数送り込み、危険を示す大量の証拠があるにもかかわらず、多額の資金を投じて政治家にロビー活動をかけ製品の販売が中止にならないようにしている。

地球温暖化で最悪の事態を避けるためには、炭酸ガスの排出量を少なくとも80％削減しなければならない。こうした決定的な証拠を突き付けられても、健康に直接影響が及ばない製品のメーカーは依然、売り上げや消費の拡大に余念がない。生産活動は公共の利益や人類、地球のためにあるものだということを企業に分からせるために、私たちはもっと人智を尽くす必要がある。

経済を民主化して、大胆な改革を

現在の社会構造は私たち全員に大きな負担を強いている。これまで見てきたように、福利の増進、つまりすべての人々の生活の改善だけでなく、平等な社会の維持費用を安くするという点でも、現在の社会構造は非効率になっている。イクオリティ・トラストの試算によれば、英国が不平等をＯＥＣＤ諸国の平均並みに縮小するだけで、英国民の心身両面の健康状態が改善し、暴力事件や刑務所収監率も低下する。それによって年間当たり３９０億ポンドの節減ができる。[475]不平等はそれ以外の社会問題の前兆でもあり、不平等の改善による費用節減額はさらに大きくなる。

１９７０年代の英国は、現在のスカンジナビア諸国と同じくらい平等な社会だった。それ以降、英国の最富裕層20％と最貧困層20％の格差は急速に拡大し、現在ではスカンジナビア諸国の2倍に達している。不平等の拡大は、貧困や所得の低迷と、富裕層の所得の増大を同時にもたらした。

税引き前所得の格差を減らし、再分配を行う

平等性を高めるには、富裕層と貧困層の税引き前所得の格差を縮小するか、累進税率の適用や社会保障給付の拡大で所得の再分配を行わなければならない。平等な国や米国の各州の事例から判断すると、重要なのはどのくらい不平等を改善できるかであって、そのための方法をどれにするかは二次的な問題だ。いずれも不平等を改善して社会に恩恵をもたらすように見える。両方とも実行すべきだ。

再分配政策の観点からすれば、税制の累進性を強化する前に、海外への租税回避やその他の税金逃れの問題に取り組むべきだ。不平等が改善すれば、社会階層が低い人々への偏見が少な

くなり、社会保障給付の充実が進めやすくなる。

税制や社会保障給付の大胆な改革としては、最低限所得保障や土地税制が挙げられる。これらの政策の主唱者は大学研究者や政策専門家に多く、実施に向けた数多くの具体的提案がなされている[476][477][478][479]。実際に自動化やAI（人工知能）で多くの人が失業することになれば、最低限所得保障の実施は避けて通れなくなる。

税引き前の所得格差については、多くの国々で最低賃金の引き上げや法定最低賃金を大幅に上回る〝生活給〟の支払いを経営側に求める動きが強まっている。しかし、税引き前の所得格差を大幅に改善するためには、政府は景気を維持して失業率を低く抑え、労働市場をタイトに保つ必要がある。

歴史的には、図表9・2や図表9・3が示しているように、労働組合が不平等の改善に大きな役割を果たしてきたが、産業構造が重厚長大型から小規模なサービス産業へとシフトし、労働組合が往年の力を取り戻すのは難しくなりつつある。しかし、労働組合が組合員を代表して経営者と交渉する法的な裏付けは何としても回復する必要がある。

労働組合の力が弱まった現在でもルールに基づいた賃金交渉制度を維持するためには、組合未加入者の低賃金への対応がますます重要になっている。具体的な対応としては、労働組合、経営者、専門家をメンバーとする全国賃金会議を再び立ち上げて、最低賃金協定や労働条件を定めて監視する必要がある。これは特に企業サイドが責任を放棄しているサービス部門で緊急を要する。サービス部門では、企業側が自営業の概念やゼロ時間契約を悪用して、労働者に対する義務を回避し、休暇制度、年金、病気欠勤制度などが未整備の劣悪な状態を放置している事例が多い[480]。

経済の民主化こそ持続可能な未来への道

しかし、はるかに重要なのは長期の対策だ。民主主義を経済の領域に広げて、税引き前の所得格差を縮小することだ。この目的を実現するための政策は、経済界から大きな抵抗に遭うだろう。

ＣＥＯや株主はいつも企業利益を最優先で考えているわけではない。経済成長の恩恵や規制緩和のイデオロギーに染まった主張は、自分こそが社会全体の利益を考えているふりをしているが、実は往々にして一部の富裕層の利益を正当化し擁護するためのものにすぎない。これは重要なポイントだ。

政策の質を高めるためにはもちろん活発な議論が必要だが、一部の人々を利するだけのイデオロギーが大きな障害になる。これまで生活に苦しむ人々を擁護してきたのは、それぞれの社会階層が独自に生み出したイデオロギーだった。ところが進歩的な政党のリーダーでさえ超富裕層になびく時代になると、そうした階層独自の主義主張はどこかに消えてしまった。有権者は、トランプ大統領のようなお金持ちであっても、どういうわけか最貧困層の利益のために働いてくれると思い始めるようになった。

時には賞賛に値する例外はあるが、民主化の拡大が権力者によって支持されることは滅多にない。民主主義とはそもそも彼らの権力の抑制を目指しているからだ。抵抗は激しいだろうが、経済の民主化は国家的な政治課題として認知される必要がある。人類発展の次の主要なステップとして、すべての進歩的な政治家から支持され擁護されるべきだ。経済の民主化こそが持続可能な未来への一歩であり、現状よりもさらに生活の質を高めることができる。この点について人々の理解を得る必要がある。私たちに必要なのは、革命ではなく漸進的だが将来を見据えた遠大な変革だ。

こうした転換を支援するために、すでに現存する従業員所有企業や協同組合の業績を後押しする必要がある。彼らはすでに大きな影響力を持っている。英国は他の多くの国々に比べこうした民主的な企業の割合はそれほど高くないが、それでも従業員所有企業や協同組合は合計５００社近くに達し、年間の売上高は１０７億ポンド、従業員は約10万人を抱えている。英国の従業員所有事業協会によると、従業員所有企業や協同組合は過去数年間、年率９％の比率で成長を続けている。

また注目して欲しいのは、民主的ビジネスモデルを持った高成長企業である。それらの中には、アラップ、スコット・ベイダー、スワンモートン、ジョン・ルイスなどの大企業も含まれている。米国で最大の従業員所有企業はパブリックス・スーパー・マーケットである。従業員は17万５０００人、１０００支店を合わせた売上高は３００億ドルであり、米国では未上場企業上位10社の一つに数え上げられている。全株式の80％は過去および現在の従業員、残りの20％は会社の創業者一族が保有している。その他にも従業員2万人を抱える写真サービスのライフタッチなど、従業員が発行株式のすべてを所有する大企業も数多く存在している。

〝民主的企業〟のためのロゴとサイトを作ろう

　こうした民主的企業の存在を世の中にもっと知ってもらう一つの方法は、企業が社会の公正と民主化への取り組みをさらに強化し、その経営方針をロゴマークの一部に組み込むことだ。会社のロゴに〝フェアトレード〟を組み込んだ事例を参考にして、〝民主的企業〟という文字をロゴに組み入れることは有効かもしれない。

　こうした企業の認知度が高まれば、人々は当該企業の倫理的かつ経営的なメリットを明確に意識するようになるはずだ。消費者運動の示すところでは、企業は対外的な評価には非常に敏感である。悪い評判が立つと売り上げに逆風となりかねない。そこで現在の社会、環境、倫理などの評価基準に、新たに組織民主化の指標も付け加えてはどうだろうか。

　民主的な企業の成長を支援する直接的な方法は、インターネット上にポータルサイトを開設して、人々が買い物したり、お金を出し入れしたり、あるいは電気やガスなどの供給業者を選びやすくすることである。つまりウェブサイトによって、消費者は特定の商品やサービスを選択し、それらを提供する民主的な企業に出合うことができる。時間と開発力さえあれば、税金逃れや従業員虐待など前歴のある企業を除外して、アマゾンの民主的な企業版としてうまく機能させることができる。

そうしたウェブサイトが登場すれば、民主的な企業セクターは競争上の優位性を獲得できるだけでなく、人々は民主的なビジネスモデルの実践的かつ倫理的なメリットに気づくようになるはずだ。

取締役会の過半数を従業員代表に

経済の民主化を政治公約の中心に据えることに成功すれば、最後の仕上げは法改正である。最初に目指すのは、零細企業を除くすべての企業に対して、法律で取締役会や報酬委員会に従業員代表の参加を義務づけることだ。民主主義を経済に根付かせるためには、企業の取締役会や報酬委員会における従業員代表の比率を徐々に引き上げていき、最終的には過半数にすべきである。

漸進的な所有権の移転を実現するもう一つの方法は、毎年、発行株式を少しずつ従業員持ち株信託へ移転することだ。毎年２％ずつ移譲したとしても、25年後には従業員が支配権を握ることができる。スウェーデンの労働組合はかつて従業員による企業支配を目指した従業員投資ファンド制度を提唱したことがある。それはかなり妥協を強いられたが１９８３年に設置され、企業は利益のごく一部を取締役会で投票権を持つ従業員ファンドに充当しなければならなくなった。[481]

同制度はスウェーデン経営者連盟の強い抵抗を受け、社会民主党が１９９１年に政権の座から追われると同時に廃止に追い込まれた。従業員投資ファンドは残念ながらまだ十分な規模に達しておらず、スウェーデン経済の安定化と民主化に少なからぬ貢献をするまでには至っていない。しかしそのチャレンジから得られた投資収益や貴重な経験からすると、そうしたファンドの仕掛けは十分機能するものであることが分かった。

「民主的企業を育成するための総合対策」を作ろう

経済の民主化を促進する立法が成立する前でも、従業員代表制を公共工事の受注や法人税軽減の条件にすることは十分可能だ。米国のロードアイランド州やカリフォルニア州では、配当比率の低い企業の法人税を引き下げ、州政府の工事発注で優遇する法律が成立している。その他の地域でも、税金を投じて〝コミュニティ・ウェルス・ビルディング〟と呼ばれる開発政策が進められている。

この政策には、病院、大学、地方自治体のような地域で〝アンカー（中核）〟となる公共機関の資金を地域経済に還流させる狙いがある。その最終目標は地元従業員が経営する持続可能な企業の育成であり、地域コミュニティによる地域開発の促進である。

オハイオ州のクリーブランドでは非営利団体のデモクラシー・コラボレイティブが、スペインのモンドラゴン・コーポラティブ・グループの成功をモデルにして〝エバーグリーン・コーポラティブ〟を設立した。これまでのところでは、このオハイオのベンチャーは傘下に、太陽光エネルギー発電のオハイオ・コーポラティブ・ソーラー、野菜栽培で5エーカーの温室を持つザ・グリーン・シティ・グローワーズ・コーポラティブ、地域の病院やホテルにクリーニング・サービスを提供するエバーグリーン・コーポラティブ・ランドリーを擁している。ランカシャーのプレストンでも、支出の多くの部分を地域の発展や産業振興に振り向けたいという地域公共機関と協定を結んで、同じような取り組みを始めている。

　英国では、従業員所有事業協会とコーポラティブズＵＫが、従業員所有企業の成長を促進するために政策提言を行っている。両機関によれば、従業員所有企業が発展していくうえでの最大の障害は、こうしたビジネスモデルについて法律や財務の助言を行う専門家の知識が不足していることである。そのために民主的なビジネスモデルが、企業成長の節目、節目における重要な選択肢として検討の対象にもなっていない。たとえば起業の手段や成長戦略の策定、あるいは創業者引退時における事業承継の選択肢、経営危機の救済手段などとしてまったく考慮されていない。

　もし一般の意識が高まれば、法律や財務の専門家の無関心や無知も大きく改善されるはずだ。政府の企業振興担当部署は、従業員所有企業の立ち上げやそれへの転換に必要な支援や助言、あるいは従業員所有企業や協同組合組織の企業を設立するためのトレーニングや助言も提供できるかもしれない。

銀行は一般的に協同組合組織になじみが薄い。従業員による企業買収への資金提供には難色を示す場合が多いが、特別な融資を行った心強い事例もある。理想を言えば政府が、税制優遇、助言や支援の提供、手本となる企業統治ルールの作成、資金提供元の紹介など、民主的企業を育成するための総合対策を取りまとめるべきだ。

元に戻ろうとする力に負けてはいけない

従業員所有企業や協同組合の法令では、どのような場合でも、従業員が再び会社を社外株主へ売り渡すことを禁止すべきである。こうした条項を欠いていたために過去には大規模な〝株式会社返り〟が起きて、経済の民主化の発展に水を差されてしまった。

最後になるが、従業員が企業の取締役会のメンバーとして新たな役割を果たすためには、経営管理、企業法、会計事務、経済学など専門分野のトレーニングも必要だ。そのために、学校理事養成プログラムのような短期集中コースから、派遣留学が可能な修士号コースまで様々な選択肢を用意する必要がある。政府がこうした研修コースを提供することによって、取締役会に選出された従業員メンバーの意思決定への信頼や質が高まるだけでなく、民主的企業の育成に取り組む政府の真剣さも伝えることができる。

新しい社会の創造には、企業組織の民主化をはるかに上回るプレッシャーがかかる。新しい社会の創造は本章の中心テーマである。構造改革を実現して所得の平等性を社会に深く根付かせなければ、不平等は世論操作によって改善や悪化を繰り返すだけで、持続的な縮小に向かうことはない。これまで述べてきた政策によって不平等の縮小を実現できなければ、私たちは気候変動に打ち勝つことができないかもしれない。

１９５ヵ国が２０１５年12月のパリ協定で自主的な炭素排出量の削減に合意したが、その目標数値を達成できない恐れがある。もし達成できなければ、そのとき、私たちは地球温暖化の目標をきわめて危険な３℃上昇まで許容せざるをえなくなる。国際的な貿易協定では、各国の政府が環境や国民の健康を守る法律を成立させてビジネスに影響が出た場合、企業は政府を訴えることを認めているが、パリ協定にはそうした規定はない。対応が遅れるほど、低炭素経済への移行は急激で、多くの困難に満ちたものにならざるをえない。そうならないためにも、新しい社会の新たな展望が求められている。

平等は社会における人間関係の基本である

不平等の改善なくして希望に満ちた社会の創造はありえない。平等は社会における人間関係の基本だ。人間の社会階級制度も（動物の順位制や序列制と同じように）力に基づく秩序化である。地位の高い人間ほど他人の都合とは無関係に資源を優先的に手にすることができる。
他の種と同じように、どの人間も同じ欲望を持っている。それゆえ希少な資源を他人と共有すべきかどうか、つまり仲間として協力すべきか、それとも敵として争うべきかという問題を抱えている。私たちが望むのは、協力と互恵の社会か、それとも対立と抗争の社会かのいずれかだ。

優劣ではなく友愛が支配的な社会が好ましい

第5章で述べたように、17世紀のトマス・ホッブズは衝突の回避、つまり〝万人の万人に対する闘争〟を避けることを政治思想の中心に据えた。彼は、平和を維持する唯一の方法は国家に絶対権力を持たせることだと信じた。ホッブズは、政府が登場するずっと以前の先史時代に人間は食料を共有する高度な平等社会を実現していたことを知らなかった。

マーシャル・サーリンズによれば、人々が食料の共有化に取り組んだのは、平和を維持し、希少な資源を巡るホッブズ的な闘争を避けるためだった。[210] 彼が〝贈り物で友人が増え、友人ができれば贈り物が増える〟と述べたのは、贈り物は送る方と送られる方が認め合い、敬意を払い、お互いの要求に応じ合うことを、最も具体的な形で表しているからである。[210]

その結果、人類が誕生してからほぼ90％以上の期間は、現代人には信じられないような平等性の高い社会だった。[216][218] 現代の私たちも同様に食べ物を分かち合い仲良く食事をしているが、それは食べ物が不足しているからではなく、分かち合いによって人間関係をさらに深めようとしているからだ。こうしたメッセージは世界の主要な宗教においても重視されている。

実際のところ、私たちは心の奥深くに二つの根本的に異なる〝処世術〟を持っている（第5章で述べた人間の特性の二つの側面）。一つは人間が友情で結ばれているという考え、もう一つは人間にはもともと優劣があるという考えに基づいている。私たちは友人を増やしお互いに尊敬する方法だけでなく、上流気取りや目下の人間への偏見、人を押しのけてまでも立身出世する方法も熟知している。私たちがその二つの生き方をどのように組み合わせるかによって、その後の社会生活は大きく変わってくる。つまり、私たちの心のあり方や社会的な習慣にも影響を及ぼすことになる。

社会階層の厳格さや社会的地位の重視は、その社会が平等性からどれだけかけ離れてしまったかを示す指標となる。相互依存、互恵主義、分かち合いの精神から遠ざかるほど、自力で生きていくしかないという天の声が強まる。社会のことより自分の社会的地位や立身出世を優先して考えることで、地域社会における生活は弱体化し、責任感や相互扶助の精神は大きく廃れていく。

私たち全員が幸せになれる社会への移行を

進歩的な政治の核心には、不平等は人々を分断し社会を蝕むという直観がある。私たちの手元には、その直観が間違っていないことを証明する世界各国のデータがある。持続可能な社会や階級的分断や身分制のない社会への移行も、実はより大きな変化の過程の一部である。その変化とは、私たちの全員が幸せになれる社会への移行だ。

私たちがやるべきことは、福利の改善に向けて新しい時代を切り開くことだ。そこでは、経済成長の収穫逓減の問題が解消されるばかりか、自分自身に対する自信や他人との人間関係、あるいは身体的、社会的な環境面においても、不平等の改善がもたらす真の恩恵を享受できる。社会的な地位競争は自己顕示的な消費を刺激し壮大な無駄を生じさせているが、それを抑制するだけで公益への奉仕の意欲が高まるだろう。

生活の質の改善で重要なポイントを四つ整理してみよう。私たちは持続可能で、満足のいく生活を実現できるはずだ。

不平等をなくし、ストレスも分断もなくそう

第1のポイントは、不平等をなくせばストレスが減り、階層制による分断もなくなる。社会

的な不安感から人付き合いを敬遠することもなく、自信喪失、自尊心低下などの問題に苦しむこともない。そうなれば、不安を紛らわし、人付き合いでのストレスを緩和するためにアルコールや薬物に依存することも少なくなる。自己賛美的な自慢話をし、外見的な見栄えのために多額の出費をする必要もなくなる。

つまり、私たちは社会生活をリラックスできるようになる。それと同時に地域社会の団結も強まる。親しい友人と楽しい時間を過ごし、社会が住民の基本的な要請に応えることも容易になる。

生産性を上昇させ、余暇を拡大して労働時間を減らそう

第2のポイントは、消費の拡大や社会的な地位を追求するだけの社会から、生産性上昇の成果を余暇の拡大や労働時間の削減に振り向ける社会へ移行することだ。

英国ロンドンのシンクタンクであるニュー・エコノミクス・ファンデーションは、週当たり21時間労働を目標にすべきだと提案している。

労働時間は国際的なバラツキが大きいが、労働時間の多寡が一人当たりGDPに影響を与えているようには見えない。[482] 私たちはもっと多くの時間を、家族、子供、隣人、友人、高齢者、地域生活のために割く必要がある。将来、生産性の上昇は、所得や利益の拡大ではなく労働時間の短縮のために活用されるべきだ。もし年間2%の生産性上昇を長期間継続できれば、10年

後には全員が現在と同じ物質的な生活水準を享受しながら1週間当たりさらに1日の休みを追加できるようになるだろう。

両親と子供の平均年齢差を30歳とすれば、子供の将来の生活は一変していることだろう。企業組織の民主化と労働時間の短縮が進めば、これまで低水準で推移してきた英国の生産性上昇率が年3％まで上昇するかもしれない。そうなれば7年以内に1週間当たり1日の休みが増え、24年以内に労働時間を半減させることができるはずだ。

ある研究が示唆するように、現在の労働者の半分がコンピュータ化や自動化に取って代わられる一方で、[483]私たち全員が技術革新の恩恵を享受しようとするのであれば労働時間の短縮やワークシェアリングはますます重要になる。それがなければ、失業者と過剰労働者との分断がますます広がる可能性がある。

民主的な組織を作り、労働者の疎外感をなくそう

第3のポイントは、民主制を雇用の分野にまで拡大し労働生活の質の改善を図ることだ。現在の制度では企業――そこで働く人々――の経営権を簡単に売買できるが、そうした時代遅れの制度は段階的に廃止しなければならない。

ライン管理や職制などの厳格な序列制度によって、労働者は自分の仕事から疎外され、誰の利益のために働くべきかについて意見さえ述べることができない。協同組合や従業員所有企業

のような民主的な組織（地域社会や消費者の代表の有無に関係なく）では、経営者は従業員に対して説明責任を負っている。経営者は企業の社会的責任を意識せざるをえなくなる。所得格差は縮小し、身分による分断も解消に向かうだろう。

人類の発展において次の重要な課題は民主主義を職場にまで広げることだ。それによって、仕事を通じた自尊心の育成や、価値ある貢献をしているという経験を積むことができる。多くの人生の可能性を押しつぶしてしまうような雇用制度は受け入れることができない。

無駄な消費をやめ、身体的、精神的な健康を回復させよう

第4のポイントは、平等な社会で暮らすことの身体的あるいは社会生活上のメリットである。平等な社会になれば、階層が下るにつれて増えていく健康社会問題のすべてが大きく改善される。不平等が縮まれば、人々の身体的、精神的な健康が回復に向かう。子供の福利水準は上向き、暴力犯罪、刑務所に収監される人々、薬物中毒者は減り、子供の機会均等も高まっていく。不平等の改善は国民全体の精神的な福利にも大きく貢献する。

こうした社会的機能の改善は、目に見える形で本物の生活の質の向上だけでなく、環境の持続可能性を実現可能にしてくれる。身分的な不安感が和らげば、人目を引くためだけの消費だけでなく、大量の無駄な消費も減らせるようになる。

これまでは世間的な水準を維持し、他人に後れをとらないという防衛的な理由だけで、大量

の無駄な消費を行ってきた。これからは物が壊れたらすぐに買い換える代わりに、修繕して長く使うようになるかもしれない。デザインが気に入っていれば、買い換えの頻度はさらに減るだろう。個人主義の後退と地域社会の再活性化によって自家用車など個人財産を多く持つ必要性も感じなくなるかもしれない。不平等の改善で経済的、政治的な利害の開きが小さくなれば、私たちは公益のために行動することが容易になる。

新自由主義の一人勝ちから脱け出し、新しい社会を創造しよう

これまで提案してきた改革は、非現実的でも理想主義でもない。それらは、不平等がもたらしてきた損害や、気候変動がこれからもたらそうとしている衝撃的な大混乱への必要な措置だ。最近の数十年間を見ると世界の貧困層（1日2ドル以下で生活している人々）は発展途上国の経済成長によって大幅に減少したが、もし炭素排出量の削減や環境の保護に失敗すれば逆戻りすることになりかねない。国民の福利と経済成長が連動しなくなった先進国では、現在の経済構造が福利増進のうえで効率的とは言えなくなっている。

社会改革のコンセプトが広く一般に共有されるようになれば、政策に首尾一貫性が出てくるはずだ。未来への展望を掲げることによって、日和見主義やご都合主義の政治で消滅しかけた理想主義や原理原則を再び取り戻すことができる。これまで国民全体が長い間、得体の知れない、やたらにパワフルなだけの社会的諸要因によって振り回されてきた。その正体を科学的根

拠に基づいて正しく理解できれば、それらが引き起こしてきた人間や環境への深刻な問題を解決するうえで大きな助けになる。

しかし必要な変革は、多くの人々の参加があって初めて可能になる。１９７０年代後半以降、進歩主義陣営の政治家は社会体制の変革に自信をなくし、政治こそが変革を実現する手段であることを国民に納得させることができなくなった。その結果、新自由主義の一人勝ちとなってしまった。現在、地球温暖化の現実や気候変動の悲惨な災害に直面する中で、私たちは従来とは全く異なる明快な将来展望を必要としている。環境の持続可能性だけでなく、大多数の国民にとって生活の質の本当の改善が実感できる未来だ。人々はそうした展望を手にして初めて新たな社会創造という遠大な課題に挑戦することができる。

謝辞

本書を無事に刊行できたのは、シャン・ヴァヒディ、スチュアート・プロフィット、ベン・シノールの3氏のおかげである。議論の高度な専門性を維持する一方で、難しい表現を簡潔で洗練された表現に置き換えてくれた編集作業に敬意を表したい。私たちはこうした努力にいくら感謝しても足りない。原稿にさっと目を通してありふれた感想を述べ、スペリングや文法上の簡単な過ちを指摘してくれたというよりも、原稿の1ページごとに詳細なコメントを残し、さらに検討すべき多くの課題リストを提供してくれた。そうした課題を一つひとつ解決していくことで、私たちは議論の質が自然に高まっていくのを感じることができた。彼らの編集技術はまるで神業だ。彼らが私たちの原稿を精読してくれたことはまったくの幸運であった。彼らから受けた恩義はとても言葉にし尽くせない。

ヨーク大学では、ケイトの研究グループが原稿ゲラを精読してくれた。しかも、こちらの気持ちを傷つけることなくすばらしいコメントを返してくれた。他人に原稿を読まれて心臓がドキドキするのは学生だけではない！　ピッパ・バード、デボラ・ボックス、アレックス・クリステンセン、ホーリー・エセックス、ローナ・フレイザー、スチュアート・ジャービス、ベン・マリコート、マデリン・パワー、ステファニー・プレイディ、ケイティ・ピーバス、マリーナ・セバロス・ラスガド、ノールジー・アポフ、ティファニー・ヤングの各氏には、この場で改めて感謝したい。特にシーン・ベイン、ダニー・ドーリング、アリソン・クイック、それ以外にも人数が多すぎてこの場で名前を挙げることができないのは残念だ。多くの心優しい研究仲間やその家族の皆さんからも、原稿の初期段階から示唆に富んだ指摘を多く寄せてもらった。特にその中の一部の人からは過去数年間にわたり特別な支援もいただいた。私たちは、以下の人にも深く感謝している。バーバラ・アブラム、クリスト・アルボー、ディミトリス・バラス、ステファン・ベズッカ、カレン・ブラー、ジョナサン・ブラッドショー、バルティカ・キャベシス、ヘレナ・クローニン、マーティン・デイリー、ダニー&アリソン・ドーリング夫妻、フランク・エルガー、マニュエル・アントニオ・エスピノーザ、ポール・ギルバート、ヒラリー・グラハム、シェリー・ジョンソン、イチロー・カワチ、セバスチャン・クレマー、ロージー・マクィーケン、アナマリー・マーサー、ジョン・ミントン、マーティン・オニール、アニー・クイック、ヘクター・ラフランコス、トレヴァー・シェルドン、デボラ・スミス、スブ・スブラマニアン、レン・シミ、ローラ・ヴァンダーブローメン、ジョン・ライト。またブータンの国際専門家作業部会（現在のWE-ALLの一部）のメンバーとして参加した皆さんにもこの場を借りて謝意を表したい。ボブ・コスタンザ、ロレンツォ・フィオラモンティ、エンリコ・ジョバンニーニ、アイダ・クビゼウスキー、ハンター・ロビンズ、ジャッキー・マッグレーディ、ラース・モルテンセン、クリスティン・ヴァラ・ラグナースドッティール、デブラ・ロバーツ、ロベルト・ドゥ・ヴォグリ、スチュワート・ワリスの皆さんとの議論を通じて、私たちは考え方や視野を広げることができた。

本書の図表は、世界の多くの専門家の研究成果によるものである。特にオリジナル・データを送ってくれた人たちには感謝している。私たちは統一基準でさまざまなデータを比較できるようになった。名前を列挙すると、リチャード・レイテ（図表２・１）、ジョナサン・バーンズ（図表２・６）、スティーブ・ローナンとピーター・カッペン（図表３・１）、ポール・ピフ（図表３・３、図表３・４）、メテオ・アイアコビエロ（図表４・４）、フランク・エルガー（図表５・２）、リンゼー・マクミランとクレア・クロフォード（図表６・３）、アイダ・クビゼウスキー（図表８・２）、コリン・ゴードン（図表９・３）、ラリー・ミシェル（図表９・４）の各氏である。

イクオリティ・トラスト（The Equality Trust: www.equalitytrust.org.uk）の現在ならびに元スタッフの皆さん、ボランティア、アドバイザー、役員、受託者の各氏にも感謝を申し上げる。とりわけ不平等に関する財団の運動や啓蒙活動については財団の共同創設者であるビリー・ケリー、受託者会長のシーン・ベイン、理事のワンダ・ワイポースカの各氏に敬意を表したい。またジョセフ・ロウンツリー公益財団、社会変化ネットワーク、チューダー・トラスト、バリー・エイミエル&ノーマン・メルバーン・トラストなどの個人、地方支部、資金関係者を問わず財団の多くの支援者にもお礼を申し上げたい。ダートマス・フィルム社のディレクターのカサリン・ラウンドとプロデューサーのクリスト・ハイアードは、本書を原作にして感動的なコメントを付け加えて『The Divide（分断）』（仮題）という映画を製作してくれた。これによって、不平等の影響に関するメッセージを新しい視聴者にも届けることができただろう。二人には改めて感謝したい。最後に、わざわざ時間を割いて本書を読んでくれた人、私たちに講演の機会を与えてくれた人、励ましの言葉を投げかけてくれた人、本書のメッセージを世界中へ広めてくれた人、こうしたすべての皆さんに感謝の気持ちを伝え、私たちと引き続き手を携えて共に前進していただけることを切に願っている。

格差は心を壊す　比較という呪縛

2020年4月16日　第1刷発行
2022年7月15日　第2刷発行

著　者——リチャード・ウィルキンソン／ケイト・ピケット
訳　者——川島睦保
発行者——駒橋憲一
発行所——東洋経済新報社
〒103-8345　東京都中央区日本橋本石町1-2-1
電話＝東洋経済コールセンター　03(6386)1040
https://toyokeizai.net/

カバーデザイン……橋爪朋世
D T P…………アイランドコレクション
印　刷…………ベクトル印刷
製　本…………ナショナル製本
編集担当………佐藤朋保

Printed in Japan　　ISBN 978-4-492-31526-2

【著者・訳者紹介】

リチャード・ウィルキンソン (Richard Wilkinson)
経済学者、公衆衛生学者。ロンドン・スクール・オブ・エコノミクスで経済史を学び、後に疫学を学ぶ。ノッティンガム大学メディカルスクール名誉教授、ユニバーシティ・カレッジ・ロンドン名誉教授。
著書に『格差社会の衝撃』『寿命を決める社会のオキテ』など。ケイト・ピケットとの共著『平等社会』は『ニュー・ステイツマン』誌の「この10年に読むべき本トップ10」に選出され、20を超える言語に翻訳された。

ケイト・ピケット (Kate Pickett)
疫学者。ヨーク大学健康科学学部教授、同大学未来の健康センター副所長。ケンブリッジ大学で形質(自然)人類学を、コーネル大学で栄養学を、カリフォルニア大学バークレー校で疫学を学ぶ。『平等社会』共著者のリチャード・ウィルキンソンとともに、英国の不平等を解決するための組織イクオリティ・トラストを設立する。

川島睦保 (かわしま　むつほ)
1955年福岡県生まれ。1979年横浜国立大学経済学部卒業後、東洋経済新報社入社。『週刊東洋経済』編集長、取締役出版局長を務める。1991～92年にフルブライト留学生として米国ハーバード大学経済学部に在籍。2017年に退社後はフリーのジャーナリスト、翻訳家として活動。
訳書に『シャルマの未来予測』『「追われる国」の経済学』『AX戦略』『マイケル・ジェンセンとアメリカ中産階級の解体』(共訳)。

索　引

英　字

ア　行

カ　行

サ　行

タ　行

ナ　行

ハ　行

マ　行

ヤ　行

ラ　行

邦訳文献

1　リチャード・ウィルキンソン／ケイト・ピケット著、酒井泰介訳『平等社会──経済成長に代わる、次の目標』東洋経済新報社、2010年

4　カール・R. ポパー著、藤本隆志・石垣壽郎・森博訳『推測と反駁──科学的知識の発展』新装版、法政大学出版局、2009年

5　C. H. クーレー著、納武津訳『社会と我──人間性と社会秩序』日本評論社、1921年

7　アルフレッド・アドラー著、岸見一郎訳『人生の意味の心理学』上・下、アルテ、2010年

41　ジャレド・ダイアモンド著、倉骨彰訳『昨日までの世界──文明の源流と人類の未来』上・下、日本経済新聞出版社、2013年

47　ピエール・ブルデュー著、石井洋二郎訳『ディスタンクシオン──社会的判断力批判』Ⅰ・Ⅱ、藤原書店、1999年

48　ソースティン・ヴェブレン著、村井章子訳『有閑階級の理論』ちくま学芸文庫、新版、2016年；高哲男訳、講談社学術文庫、増補新訂版、2015年

119　ジーン・M. トウェンギ／W. キース・キャンベル著、桃井緑美子訳『自己愛過剰社会』河出書房新社、2011年

125　ジュリエット・B. ショア著、森岡孝二監訳『浪費するアメリカ人──なぜ要らないものまで欲しがるか』岩波現代文庫、2011年

137　ポール・バビアク／ロバート・D. ヘア著、真喜志順子訳『社内の「知的確信犯」を探し出せ』ファーストプレス、2007年

138　ジョン・ロンソン著、古川奈々子訳『サイコパスを探せ！──「狂気」をめぐる冒険』朝日出版社、2012年

139　ジョン・A. バーン著、酒井泰介訳『悪徳経営者──首切りと企業解体で巨万の富を手にした男』日経BP社、2000年

141　ジョエル・ベイカン著、酒井泰介訳『ザ・コーポレーション──わたしたちの社会は「企業」に支配されている』早川書房、2004年

150　フランス・ドゥ・ヴァール著、西田利貞・藤井留美訳『利己的なサル、他人を思いやるサル──モラルはなぜ生まれたのか』草思社、1998年

160　デイミアン・トンプソン著、中里京子訳『依存症ビジネス──「廃人」製造社会の真実』ダイヤモンド社、2014年

183 ケイト・フォックス著、北條文緒・香川由紀子訳『イングリッシュネス――英国人のふるまいのルール』みすず書房、2017年

188 UNICEFイノチェンティ研究所編、国立教育政策研究所・国際研究・協力部訳「先進国における子どもの幸せ――生活と福祉の総合的評価」(UNICEFイノチェンティ研究所『Report Card 7』研究報告書) 国立教育政策研究所、2010年

200 ナオミ・クライン著、松島聖子訳『ブランドなんか、いらない』新版、大月書店、2009年

201 ジュリエット・B.ショア著、森岡孝二監訳『プレニテュード――新しい〈豊かさ〉の経済学』岩波書店、2011年

202 ロバート・スキデルスキー/エドワード・スキデルスキー著、村井章子訳『じゅうぶん豊かで、貧しい社会――理念なき資本主義の末路』筑摩書房、2014年

210 マーシャル・サーリンズ著、山内昶訳『石器時代の経済学』新装版、法政大学出版局、2012年

211 トマス・ホッブズ著、水田洋訳『リヴァイアサン』全4冊、岩波文庫、1982~1992年;永井道雄・上田邦義訳、全2冊、中公クラシックス、2009年;角田安正訳、全2冊、光文社古典新訳文庫、2014・2018年

218 クリストファー・ボーム著、斉藤隆央訳『モラルの起源――道徳、良心、利他行動はどのように進化したのか』白揚社、2014年

231 R. H. フランク著、山岸俊男監訳・大坪庸介訳『オデッセウスの鎖――適応プログラムとしての感情』サイエンス社、1995年

261 ロバート・M.サポルスキー著、大沢章子訳『サルなりに思い出す事など――神経科学者がヒヒと暮らした奇天烈な日々』みすず書房、2014年

262 ジェームズ・ギリガン著、佐藤和夫訳『男が暴力をふるうのはなぜか――そのメカニズムと予防』大月書店、2011年

267 ジョセフ・E.スティグリッツ著、楡井浩一・峯村利哉訳『世界の99%を貧困にする経済』徳間書店、2012年

272 プラトン著、藤沢令夫訳『国家』上・下、岩波文庫、1979年

274 ジェームズ・R.フリン著、水田賢政訳『なぜ人類のIQは上がり続けているのか?――人種、性別、老化と知能指数』太田出版、2015年

329 経済協力開発機構(OECD)編著、矢倉美登里・稲田智子・来田誠一郎訳

『OECD成人スキル白書 ——第1回国際成人力調査(PIAAC)報告書』(OECDスキル・アウトルック2013年版)明石書店、2014年

361 キャスリン・アシェンバーグ著、鎌田彷月訳『図説 不潔の歴史』原書房、2008年

375 エリック・ホブズボーム著、木畑洋一・後藤春美・菅靖子・原田真見訳『破断の時代—— 20世紀の文化と社会』慶應義塾大学出版会、2015年

378 ルパート・ブラウン著、橋口捷久・黒川正流編訳『偏見の社会心理学』北大路書房、1999年

381 アレクシス・トクヴィル著、松本礼二訳『アメリカのデモクラシー』第1巻(上・下)・第2巻(上・下)、岩波文庫、2005・2008年;井伊玄太郎訳『アメリカの民主政治』上・中・下、講談社学術文庫、1987年

386 オーウェン・ジョーンズ著、依田卓巳訳『チャヴ——弱者を敵視する社会』海と月社、2017年

394 ティム・ジャクソン著、田沢恭子訳『成長なき繁栄——地球生態系内での持続的繁栄のために』一灯舎、2012年

403 R.G.ウィルキンソン著、斎藤修・安元稔・西川俊作訳『経済発展の生態学——貧困と進歩にかんする新解釈』リブロポート、1985年

427 世界銀行・IBRD・国際復興開発銀行著、白鳥正喜監訳、海外経済協力基金開発問題研究会訳『東アジアの奇跡——経済成長と政府の役割』東洋経済新報社、1994年

428 ポール・クルーグマン著、三上義一訳『格差はつくられた——保守派がアメリカを支配し続けるための呆れた戦略』早川書房、2008年

430 教皇フランシスコ著、日本カトリック新福音化委員会訳・監修『使徒的勧告 福音の喜び』カトリック中央協議会、2014年

443 ハジュン・チャン著、田村源二訳『世界経済を破綻させる23の嘘』徳間書店、2010年

450 トマ・ピケティ著、山形浩生・守岡桜・森本正史訳『21世紀の資本』みすず書房、2014年

463 マレイ・ブクチン著、藤堂麻理子・戸田清・萩原なつ子訳『エコロジーと社会』白水社、1996年

476 ルトガー・ブレグマン著、野中香方子訳『隷属なき道—— AIとの競争に勝つベーシックインカムと一日三時間労働』文藝春秋、2017年

1. Wilkinson, R. G. and Pickett, K., *The Spirit Level: Why Equality is Better for Everyone*. London: Penguin, 2010.
2. Wilkinson, R. G. and Pickett, K. E., 'Income inequality and population health: a review and explanation of the evidence', *Social Science & Medicine* 2006; 62 (7): 1768–84.
3. Pickett, K. E. and Wilkinson, R. G., 'Income inequality and health: a causal review', *Social Science & Medicine* 2015; 128: 316–26.
4. Popper, K., *Conjectures and Refutations: The Growth of Scientific Knowledge*. Abingdon: Routledge, 2014.
5. Cooley, C. H., *Human Nature and the Social Order*. Piscataway, NJ: Transaction Books, 1992.
6. Beck, M., 'Party on: a survival guide for social-phobes', *O Magazine*, 23 November 2011, http://marthabeck.com/page/48/.
7. Adler, A., *What Life Should Mean To You*. 1931.
8. Zimbardo, P. G., *Shyness: What It Is, What To Do About It*. Boston, Mass.: Da Capo Press, 1990.
9. Burstein, M., Ameli-Grillon, L. and Merikangas, K. R., 'Shyness versus social phobia in US youth', *Pediatrics* 2011; 128 (5): 917–25.
10. Henderson, L. and Zimbardo, P., 'Shyness, social anxiety, and social anxiety disorder', *Social Anxiety: Clinical, Developmental, and Social Perspectives* 2010; 2: 65–92.
11. Kessler, R. C., Chiu, W. T., Demler, O., Merikangas, K. R. and Walters, E. E., 'Prevalence, severity, and comorbidity of 12-month DSM-IV disorders in the National Comorbidity Survey Replication', *Archives of General Psychiatry* 2005; 62 (6): 617–27.
12. Cox, B. J., MacPherson, P. S. and Enns, M. W., 'Psychiatric correlates of childhood shyness in a nationally representative sample', *Behaviour Research and Therapy* 2005; 43 (8): 1019–27.
13. Kessler, R. C., Angermeyer, M., Anthony, J. C., et al., 'Lifetime prevalence and age-of-onset distributions of mental disorders in the World Health Organization's World Mental Health Survey Initiative', *World Psychiatry* 2007; 6 (3): 168–76.

14. Twenge, J. M., 'The age of anxiety? Birth cohort change in anxiety and neuroticism, 1952–1993', *Journal of Personality & Social Psychology* 2000; 79 (6): 1007–21.
15. Collishaw, S., Maughan, B., Natarajan, L. and Pickles, A., 'Trends in adolescent emotional problems in England: a comparison of two national cohorts twenty years apart', *Journal of Child Psychology & Psychiatry* 2010; 51 (8): 885–94.
16. American Psychological Association, 'Stress in America: coping with change', *Stress in America Survey*, 2017.
17. Luttmer, E. F., 'Neighbors as negatives: relative earnings and well-being', *The Quarterly Journal of Economics* 2005; 120 (3): 963–1002.
18. Ferrer-i-Carbonell, A., 'Income and well-being: an empirical analysis of the comparison income effect', *Journal of Public Economics* 2005; 89 (5): 997–1019.
19. Brooks, D., 'The epidemic of worry', *New York Times* 25 October 2016.
20. Greenfeld, L., 'The maddening of America', *Project Syndicate* 25 July 2013.
21. Manger, W., 'The anxiety epidemic sweeping Britain – are you at risk and what can you do?' *Daily Mirror* 6 June 2016.
22. Kelley, M., 'An anxiety epidemic is sweeping the US', *The Atlantic* 2012.
23. Angell, M., 'The epidemic of mental illness: Why', *New York Review of Books* 2011; 58 (11): 20–22.
24. Hutton, W., 'Only fundamental social change can defeat the anxiety epidemic', *Observer* 8 May 2016.
25. Angell, M., 'The epidemic of mental illness: Why', *New York Review of Books* 2011; 58 (11): 20–22.
26. Swinton Insurance, 'No place like home. Manchester', reported on Mumsnet.com, 19 November 2013.
27. Findley, A., 'Do you do a special clean up for visitors or just go with the flow?' *Apartment Therapy*, http://www.apartmenttherapy.com/do-quickly-clean-for-guests-179438, 2012.
28. Holt-Lunstad, J., Smith, T. B. and Layton, J.B., 'Social relationships and mortality risk: a meta-analytic review', *PLoS Medicine* 2010; 7 (7): e1000316.
29. Kiecolt-Glaser, J. K., Loving, T. J., Stowell, J. R., et al., 'Hostile marital interactions, proinflammatory cytokine production, and

wound healing', *Archives of General Psychiatry* 2005; 62 (12): 1377–84.

30. Cohen, S., 'Keynote presentation at the Eight International Congress of Behavioral Medicine: the Pittsburgh common cold studies: psychosocial predictors of susceptibility to respiratory infectious illness', *International Journal of Behavioral Medicine* 2005; 12 (3): 123–31.
31. Russ, T. C., Stamatakis, E., Hamer, M., et al., 'Association between psychological distress and mortality: individual participant pooled analysis of 10 prospective cohort studies', *British Medical Journal* 2012; 345: e4933.
32. Holahan, C. J. and Moos, R. H., 'Social support and psychological distress: a longitudinal analysis', *Journal of Abnormal Psychology* 1981; 90 (4): 365–70.
33. Saltzman, K. M. and Holahan, C. J., 'Social support, self-efficacy, and depressive symptoms: an integrative model', *Journal of Social & Clinical Psychology* 2002; 21 (3): 309–22.
34. Layard, R., *Happiness: Lessons from a New Science*. London: Allen Lane, 2005.
35. Rodríguez-Pose, A. and von Berlepsch, V., 'Social capital and individual happiness in Europe', *Journal of Happiness Studies* 2014; 15 (2): 357–86.
36. Powdthavee, N., 'Putting a price tag on friends, relatives, and neighbours: using surveys of life satisfaction to value social relationships', *Journal of Socio-Economics* 2008; 37 (4): 1459–80.
37. Lancee, B. and Van de Werfhorst, H. G., 'Income inequality and participation: a comparison of 24 European countries', *Social Science Research* 2012; 41 (5): 1166–78.
38. Daly, M., *Killing the Competition: Economic Inequality and Homicide*. New Brunswick, NJ: Transaction, 2016.
39. Paskov, M. and Dewilde, C., 'Income inequality and solidarity in Europe', *Research in Social Stratification and Mobility* 2012; 30 (4): 415–32.
40. Uslaner, E. M. and Brown, M., 'Inequality, trust, and civic engagement', *American Politics Research* 2005; 33 (6): 868–94.
41. Sonenscher, M., *Sans-culottes: An Eighteenth-century Emblem in the French Revolution*. Princeton, NJ: Princeton University Press, 2008.
42. Diamond, J. M., *The World Until Yesterday: What Can We Learn From Traditional Societies?* New York: Viking, 2012.

43. Scott, J. C., *Against the Grain*. New Haven, Conn.: Yale University Press, 2017.
44. Boehm, C., *Hierarchy in the Forest: The Evolution of Egalitarian Behavior*. Cambridge, Mass.: Harvard University Press, 1999.
45. Karnehed, N. E., Rasmussen, F., Hemmingsson, T. and Tynelius, P., 'Obesity in young adulthood is related to social mobility among Swedish men', *Obesity* 2008; 16 (3): 654–8.
46. Harper, B., 'Beauty, stature and the labour market: a British cohort study', *Oxford Bulletin of Economics and Statistics* 2000; 62 (s1): 771–800.
47. Bourdieu, P., *Distinction: A Social Critique of the Judgement of Taste*. London: Routledge, 1984.
48. Veblen, T., *The Theory of The Leisure Class*. Oxford: Oxford University Press, 2007.
49. Heffetz, O., 'A test of conspicuous consumption: visibility and income elasticities', *Review of Economics and Statistics* 2011; 93 (4): 1101–17.
50. Wilkinson, R. and Pickett, K., 'The poison of inequality was behind last summer's riots', *Guardian* 5 August 2012.
51. Carroll, D., Ring, C., Hunt, K., Ford, G. and Macintyre, S., 'Blood pressure reactions to stress and the prediction of future blood pressure: effects of sex, age, and socioeconomic position', *Psychosomatic Medicine* 2003; 65 (6): 1058–64.
52. Matthews, K. A., Katholi, C. R., McCreath, H., et al., 'Blood pressure reactivity to psychological stress predicts hypertension in the CARDIA study', *Circulation* 2004; 110 (1): 74–8.
53. Dressler, W. W., 'Modernization, stress, and blood pressure: new directions in research', *Human Biology* 1999: 583–605.
54. Rodriguez, B. L., Labarthe, D. R., Huang, B. and Lopez-Gomez, J., 'Rise of blood pressure with age. New evidence of population differences', *Hypertension* 1994; 24 (6): 779–85.
55. Waldron, I., Nowotarski, M., Freimer, M., Henry, J. P., Post, N. and Witten, C., 'Cross-cultural variation in blood pressure: a quantitative analysis of the relationships of blood pressure to cultural characteristics, salt consumption and body weight', *Social Science & Medicine* 1982; 16 (4): 419–30.
56. Timio, M., Verdecchia, P., Venanzi, S., et al., 'Age and blood pressure changes. A 20-year follow-up study in nuns in a secluded order', *Hypertension* 1988; 12 (4): 457–61.

57. Layte, R. and Whelan, C., 'Who feels inferior? A test of the status anxiety hypothesis of social inequalities in health', *European Sociological Review* 2014; 30: 525–35.
58. Dickerson, S. S. and Kemeny, M. E., 'Acute stressors and cortisol responses: a theoretical integration and synthesis of laboratory research', *Psychological Bulletin* 2004; 130 (3): 355–91.
59. Pickett, K. E. and Wilkinson, R. G., 'Inequality: an underacknowledged source of mental illness and distress', *British Journal of Psychiatry* 2010; 197: 426–8.
60. Ribeiro, W. S., Bauer, A., Andrade, M. C. R., et al., 'Income inequality and mental illness-related morbidity and resilience: a systematic review and meta-analysis', *Lancet Psychiatry* 2017; 4 (7): 554–62.
61. Summerfield, D. A., 'Income inequality and mental health problems', *British Journal of Psychiatry* 2011; 198 (3): 239.
62. Demyttenaere, K., Bruffaerts, R., Posada-Villa, J., et al., 'Prevalence, severity, and unmet need for treatment of mental disorders in the World Health Organization World Mental Health Surveys', *Journal of the American Medical Association* 2004; 291 (21): 2581–90.
63. Australian Bureau of Statistics, *National Health Survey, Mental Health, 2001*. Canberra: Australian Bureau of Statistics, 2003.
64. WHO International Consortium in Psychiatric Epidemiology, 'Cross-national comparisons of the prevalences and correlates of mental disorders', *Bulletin of the World Health Organization* 2000; 78 (4): 413–26.
65. Office for National Statistics, *Psychiatric Morbidity Among Adults Living in Private Households, 2000*. London: HMSO, 2001.
66. Case, A. and Deaton, A., 'Rising morbidity and mortality in midlife among white non-Hispanic Americans in the 21st century', *Proceedings of the National Academy of Sciences of the USA* 2015; 112 (49): 15078–83.
67. Minton, J. W., Pickett, K. E., Shaw, R., Vanderbloemen, L., Green, M. and McCartney, G. M., 'Two cheers for a small giant? Why we need better ways of seeing data: a commentary on: "Rising morbidity and mortality in midlife among white non-Hispanic Americans in the 21st century"', *International Journal of Epidemiology* 2016; doi: 10.1093/ije/dyw095.

68. Brugha, T. S., 'The end of the beginning: a requiem for the categorization of mental disorder?' *Psychological Medicine* 2002; 32 (7): 1149–54.
69. McManus, S., Meltzer, H., Brugha, T., Bebbington, P. and Jenkins, R., *Adult Psychiatric Morbidity in England, 2007: Results of a Household Survey*. Leeds: NHS Information Centre, 2009.
70. Johnson, S. L., Leedom, L. J. and Muhtadie, L., 'The dominance behavioral system and psychopathology: evidence from self-report, observational, and biological studies', *Psychological Bulletin* 2012; 138 (4): 692–743.
71. Dabbs, J. M., Carr, T. S., Frady, R. L. and Riad, J. K., 'Testosterone, crime, and misbehavior among 692 male prison inmates', *Personality and Individual Differences* 1995; 18 (5): 627–33.
72. Layte, R., 'The association between income inequality and mental health: testing status anxiety, social capital, and neo-materialist explanations', *European Sociological Review* 2012; 28 (4): 498–511.
73. Elgar, F. J. and Aitken, N., 'Income inequality, trust and homicide in 33 countries', *European Journal of Public Health* 2011; 21 (2): 241–6.
74. Brunner, E., Marmot, M., Canner, R., Beksinska, M., Davey Smith, G. and O'Brien, J., 'Childhood social circumstances and psychosocial and behavioural factors as determinants of plasma fibrinogen', *Lancet* 1996; 347 (9007): 1008–13.
75. Staugaard, S. R., 'Threatening faces and social anxiety: a literature review', *Clinical Psychology Review* 2010; 30 (6): 669–90.
76. Gilbert, P., *The Compassionate Mind*. London: Constable, 2010.
77. World Health Organization. Fact sheet - depression: http://www.who.int/mediacentre/factsheets/fs369/en/, 2017.
78. Gilbert, P., Broomhead, C., Irons, C., et al., 'Development of a striving to avoid inferiority scale', *British Journal of Social Psychology* 2007; 46 (Pt 3): 633–48.
79. Gilbert, P., McEwan, K., Bellew, R., Mills, A. and Gale, C., 'The dark side of competition: how competitive behaviour and striving to avoid inferiority are linked to depression, anxiety, stress and self-harm', *Psychology & Psychotherapy* 2009; 82 (Pt 2): 123–36.
80. Brooks, F., Magnusson, J., Klemera, E., et al., *HBSC England National Report: Health Behaviour in School-aged Children (HBSC)*. World Health Organization Collaborative Cross National Study, University of Hertfordshire, 2015.

81. Martin, G., Swannell, S. V., Hazell, P. L., Harrison, J. E. and Taylor, A. W., 'Self-injury in Australia: a community survey', *Medical Journal of Australia* 2010; 193 (9): 506–10.
82. Muehlenkamp, J. J., Claes, L., Havertape, L. and Plener, P. L., 'International prevalence of adolescent non-suicidal self-injury and deliberate self-harm', *Child & Adolescent Psychiatry & Mental Health* 2012; 6 (10): 1–9.
83. Gilbert, P., McEwan, K., Irons, C., et al., 'Self-harm in a mixed clinical population: the roles of self-criticism, shame, and social rank', *British Journal of Clinical Psychology* 2010; 49 (Pt 4): 563–76.
84. Eisenberger, N. I., Lieberman, M. D. and Williams, K. D., 'Does rejection hurt? An fMRI study of social exclusion', *Science* 2003; 302 (5643): 290–92.
85. DeWall, C. N., MacDonald, G., Webster, G. D., et al., 'Acetaminophen reduces social pain: behavioral and neural evidence', *Psychological Science* 2010; 21 (7): 931–7.
86. Sherman, G. D., Lee, J. J., Cuddy, A. J., et al., 'Leadership is associated with lower levels of stress', *Proceedings of the National Academy of Sciences of the USA* 2012; 109 (44): 17903–7.
87. Wood, A. M., Boyce, C. J., Moore, S. C. and Brown, G. D., 'An evolutionary based social rank explanation of why low income predicts mental distress: a 17 year cohort study of 30,000 people', *Journal of Affective Disorders* 2012; 136 (3): 882–8.
88. Wetherall, K., Daly, M., Robb, K. A., Wood, A. M. and O'Connor, R. C., 'Explaining the income and suicidality relationship: income rank is more strongly associated with suicidal thoughts and attempts than income', *Social Psychiatry & Psychiatric Epidemiology* 2015; 50 (6): 929–37.
89. Osafo Hounkpatin, H., Wood, A. M., Brown, G. D. A. and Dunn, G., 'Why does income relate to depressive symptoms? Testing the income rank hypothesis longitudinally', *Social Indicators Research* 2015; 124 (2): 637–55.
90. Daly, M., Boyce, C. and Wood, A., 'A social rank explanation of how money influences health', *Health Psychology* 2015; 34 (3): 222.
91. Elgar, F. J., De Clercq, B., Schnohr, C. W., et al, 'Absolute and relative family affluence and psychosomatic symptoms in adolescents', *Social Science & Medicine* 2013; 91: 25–31.
92. Bannink, R., Pearce, A. and Hope, S., 'Family income and young adolescents' perceived social position: associations with self-esteem

and life satisfaction in the UK Millennium Cohort Study', *Archives of Disease in Childhood* 2016; 101 (10): 917–21.
93. Melgar, N. and Rossi, M., 'A cross-country analysis of the risk factors for depression at the micro and macro level', *IDB Working Paper Series*. Inter-American Development Bank, 2010.
94. Steptoe, A., Tsuda, A., Tanaka, Y. and Wardle, J., 'Depressive symptoms, socio-economic background, sense of control, and cultural factors in university students from 23 countries', *International Journal of Behavioral Medicine* 2007; 14 (2): 97–107.
95. Cifuentes, M., Sembajwe, G., Tak, S., Gore, R., Kriebel, D. and Punnett, L. 'The association of major depressive episodes with income inequality and the human development index', *Social Science & Medicine* 2008; 67 (4): 529–39.
96. Messias, E., Eaton, W. W. and Grooms, A. N., 'Economic grand rounds: income inequality and depression prevalence across the United States: an ecological study', *Psychiatric Services* 2011; 62 (7): 710–12.
97. Fan, A. Z., Strasser, S., Zhang, X., et al., 'State-level socioeconomic factors are associated with current depression among US adults in 2006 and 2008', *Journal of Public Health & Epidemiology* 2011; 3 (10): 462–70.
98. Muramatsu, N., 'County-level income inequality and depression among older Americans', *Health Services Research* 2003; 38 (6p2): 1863–84.
99. Paskov, M. and Richards, L., 'Is social status inequality bad for the mental health of nations?' 3rd International European Social Survey Conference Blog Post, 11 July 2016, https://essconf2016.wordpress.com/2016/07/11/is-social-status-inequality-bad/.
100. Johnson, S. L. and Carver, C. S., 'The dominance behavioral system and manic temperament: motivation for dominance, self-perceptions of power, and socially dominant behaviors', *Journal of Affective Disorders* 2012; 142(1-3): 275–82.
101. Burns, J. K., Tomita, A. and Kapadia, A. S., 'Income inequality and schizophrenia: increased schizophrenia incidence in countries with high levels of income inequality', *International Journal of Social Psychiatry* 2014: 60 (2): 185–96.
102. Johnson, S. L., Wibbels, E. and Wilkinson, R., 'Economic inequality is related to cross-national prevalence of psychotic symptoms', *Social Psychiatry & Psychiatric Epidemiology* 2015; 50 (12): 1799–807.

103. Twenge, J. M., Zhang, L. and Im, C., 'It's beyond my control: a cross-temporal meta-analysis of increasing externality in locus of control, 1960–2002', *Personality & Social Psychology Review* 2004; 8 (3): 308–19.
104. Haushofer, J., 'The psychology of poverty: evidence from 43 countries', Massachusetts Institutute of Technology Working Paper, 2013, http://web.mit.edu/joha/www/publications/Haushofer_Psychology_of_Poverty/ 2013.09.14.pdf.
105. de Vries, R., Gosling, S. and Potter, J., 'Income inequality and personality: are less equal U.S. states less agreeable?' *Social Science & Medicine* 2011; 72 (12): 1978–85.
106. Paskov, M., Gërxhani, K. and Van der Werfhorst, G., 'Giving up on the Joneses? The relationship between income inequality and status-seeking', *European Sociological Review* 2016, doi: https://doi.org/10.1093/esr/jcw052.
107. Kawachi, I., Kennedy, B. P., Lochner, K. and Prothrow-Stith, D., 'Social capital, income inequality, and mortality', *American Journal of Public Health* 1997; 87 (9): 1491–8.
108. 'Local health outcomes predict Trumpward swings', *The Economist* 19 November 2016.
109. Darvas, Z. and Efstathiou, K., 'Income inequality boosted Trump vote', Bruegel, 2016, http://bruegel.org/2016/11/income-inequality-boosted-trump-vote/.
110. Barford, A., Dorling, D. and Pickett, K., 'Re-evaluating self-evaluation. A commentary on Jen, Jones, and Johnston (68:4, 2009)', *Social Science & Medicine* 2010; 70 (4): 496–7; discussion 98–500.
111. Abdallah, S., Thompson, S. and Marks, N., 'Estimating worldwide life satisfaction', *Ecological Economics* 2008; 65 (1): 35–47.
112. Loughnan, S., Kuppens, P., Allik, J., et al., 'Economic inequality is linked to biased self-perception', *Psychological Science* 2011; 22 (10): 1254–8.
113. Cross, K. P., 'Not can, but will college teaching be improved?' *New Directions for Higher Education* 1977; 17: 1–15.
114. Alicke, M. D. and Govorun, O., 'The better-than-average effect', in M. D. Alicke, D. Dunning and J. Krueger (eds.), *The Self in Social Judgment*. New York: Psychology Press, 2005, pp. 85–106.
115. Svenson, O., 'Are we all less risky and more skillful than our fellow drivers?' *Acta Psychologica* 1981; 47 (2): 143–8.
116. Hughes, B. L. and Beer, J. S., 'Protecting the self: the effect of social-evaluative threat on neural representations of self', *Journal of Cognitive Neuroscience* 2013; 25 (4): 613–22.

117. Campbell, W. K. and Sedikides, C., 'Self-threat magnifies the self-serving bias: a meta-analytic integration', *Review of General Psychology* 1999; 3 (1): 23–43.
118. Brown, J. D., 'Understanding the better than average effect: motives (still) matter', *Personality and Social Psychology Bulletin* 2012; 38 (2): 209–19.
119. Twenge, J. M. and Campbell, W. K., *The Narcissism Epidemic: Living in the Age of Entitlement*. New York: Simon and Schuster, 2009.
120. *Washington Post*-Kaiser Family Foundation. Poll, 2011, http://www.washingtonpost.com/wp-srv/politics/polls/postkaiserpoll_110211.html.
121. Twenge, J. M., Konrath, S., Foster, J. D., Campbell, W. K. and Bushman, B. J., 'Egos inflating over time: a cross-temporal meta-analysis of the Narcissistic Personality Inventory', *Journal of Personality* 2008; 76 (4): 875–902.
122. Piketty, T. and Saez, E., 'Income and wage inequality in the US 1913–2002', in A. Atkinson and T. Piketty (eds.), *Top Incomes Over The Twentieth Century*. Oxford: Oxford University Press, 2007.
123. Wilkinson, R. G. and Pickett, K. E., 'The enemy between us: the psychological and social costs of inequality', *European Journal of Social Psychology* 2017; 47: 11–24.
124. Martin, S. R., Côté, S. and Woodruff, T., 'Echoes of our upbringing: how growing up wealthy or poor relates to narcissism, leader behavior, and leader effectiveness', *Academy of Management Journal* 2016; 59 (6): 2157–77.
125. Schor, J. B., *The Overspent American: Why We Want What We Don't Need*. New York: HarperCollins, 1999.
126. Twenge, J. M., Campbell, W. K. and Freeman, E. C., 'Generational differences in young adults' life goals, concern for others, and civic orientation, 1966–2009', *Journal of Personality and Social Psychology* 2012; 102 (5): 1045–62.
127. Twenge, J. M. and Donnelly, K., 'Generational differences in American students' reasons for going to college, 1971–2014: the rise of extrinsic motives', *Journal of Social Psychology* 2016: 1–10.
128. Tanenbaum, L., *Catfight: Women and Competition*. New York: Seven Stories Press, 2002.
129. Patalay, P. and Fitzsimons, E., *Mental Ill-health Among Children of the New Century: Trends across Childhood with a Focus on Age 14*. London: Centre for Longitudinal Studies, 2017.

130. Bhatia, R., 'Why women aren't the only ones pressured into looking good any more as their male counterparts are now lurking closer than ever', *Daily Mail* 12 February 2012.
131. American Society of Plastic Surgeons, '2013 cosmetic plastic surgery statistics', *Plastic Surgery Statistics Report*, 2014, www.plasticsurgery.org.
132. American Society for Aesthetic Plastic Surgery, 'Quick facts: highlights of the ASAPS 2013 statistics on cosmetic surgery', 2014, www.surgery.org.
133. British Association of Aesthetic Plastic Surgeons, 'Britain sucks', 2014, http://baaps.org.uk/about-us/press-releases/1833-britain-sucks.
134. von Soest, T., Kvalem, I. L. and Wichstrom, L., 'Predictors of cosmetic surgery and its effects on psychological factors and mental health: a population-based follow-up study among Norwegian females', *Psychological Medicine* 2012; 42 (3): 617–26.
135. Sarwer, D. B., Zanville, H. A., LaRossa, D., et al., 'Mental health histories and psychiatric medication usage among persons who sought cosmetic surgery', *Plastic and Reconstructive Surgery* 2004; 114 (7): 1927–33.
136. Grubb, J., Exline, J., McCain, J. and Campbell, W. K., 'Of course we're narcissistic: emerging adult reactions to generational differences in trait narcissism and entitlement', Society for Personality and Social Psychology, 17th Annual Convention. San Diego, 2016.
137. Babiak, P. and Hare, R. D., *Snakes in Suits: When Psychopaths Go to Work*: New York: HarperCollins, 2007.
138. Ronson, J., *The Psychopath Test.* London: Picador, 2011.
139. Byrne, J. A., *Chainsaw: The Notorious Career of Al Dunlap In The Era of Profit-At-Any-Price.* New York: HarperBusiness, 1999.
140. Board, B. J. and Fritzon, K., 'Disordered personalities at work', *Psychology, Crime & Law* 2005; 11 (1): 17–32.
141. Bakan, J., *The Corporation: The Pathological Pursuit of Profit and Power.* New York: Simon and Schuster, 2003.
142. Blackburn, S., *Mirror, Mirror: The Uses and Abuses of Self-love.* Oxford: Princeton University Press, 2014.
143. Piff, P. K., Kraus, M. W., Côté, S., Cheng, B. H. and Keltner, D., 'Having less, giving more: the influence of social class on prosocial behavior', *Journal of Personality and Social Psychology* 2010; 99 (5): 771–84.
144. Stern, K., 'Why the rich don't give to charity', *The Atlantic* April 2013.

145. Piff, P. K., Stancato, D. M., Côté, S., Mendoza-Denton, R. and Keltner, D., 'Higher social class predicts increased unethical behavior', *Proceedings of the National Academy of Sciences* 2012; 109 (11): 4086–91.
146. Piff, P. K., 'Wealth and the inflated self: class, entitlement, and narcissism', *Personality & Social Psychology Bulletin* 2014; 40 (1): 34–43.
147. Côté, S., House, J. and Willer, R., 'High economic inequality leads higher-income individuals to be less generous', *Proceedings of the National Academy of Sciences of the USA* 2015; 112 (52): 15838–43.
148. Paulhus, D. L., 'Interpersonal and intrapsychic adaptiveness of trait self-enhancement: a mixed blessing?' *Journal of Personality and Social Psychology* 1998; 74 (5): 1197.
149. Derue, D. S., Nahrgang, J.D., Wellman, N. and Humphrey, S. E., 'Trait and behavioral theories of leadership: an integration and meta-analytic test of their relative validity', *Personnel Psychology* 2011; 64 (1): 7–52.
150. De Waal, F. B., *Good Natured: The Origins of Right and Wrong in Humans and Other Animals*. Cambridge, Mass.: Harvard University Press, 1996.
151. Clark, M. E., *In Search of Human Nature*. London: Routledge, 2002.
152. Baron-Cohen, S., *Zero Degrees of Empathy: A New Theory of Human Cruelty*. London: Penguin, 2011.
153. Fiske, S. T., *Envy Up, Scorn Down: How Status Divides Us*. New York: Russell Sage Foundation, 2011.
154. Durante, F., Fiske, S. T., Kervyn, N., et al., 'Nations' income inequality predicts ambivalence in stereotype content: how societies mind the gap', *British Journal of Social Psychology* 2013; 52 (4): 726–46.
155. Uslaner, E. M., *Segregation and Mistrust: Diversity, Isolation, and Social Cohesion*. Cambridge: Cambridge University Press, 2012.
156. Alexander, B. K., *The Globalization of Addiction: A Study in Poverty of the Spirit*. Oxford: Oxford University Press, 2008.
157. Erikson, E. H., 'Identity and the life cycle: selected papers', *Psychological Issues* 1959.
158. Bourgois, P., 'Lumpen abuse: the human cost of righteous neoliberalism', *City & Society* 2011; 23 (1): 2–12.
159. Baumeister, R. F., *Escaping the Self: Alcoholism, Spirituality, Masochism, and Other Flights From the Burden of Selfhood*. New York: Basic Books, 1991.

160. Thompson, D., *The Fix*. London: Collins, 2013.
161. Barton, A. and Husk, K., '"I don't really like the pub [. . .]": reflections on young people and pre-loading alcohol', *Drugs and Alcohol Today* 2014; 14 (2): 58–66.
162. McCreanor, T., Lyons, A., Moewaka Barnes, H., et al., 'Drink a 12 box before you go': pre-loading among young people in Aotearoa New Zealand. *Kōtuitui: New Zealand Journal of Social Sciences Online* 2015: 1–11.
163. Bolton, J. M., Robinson, J. and Sareen, J., 'Self-medication of mood disorders with alcohol and drugs in the National Epidemiologic Survey on Alcohol and Related Conditions', *Journal of Affective Disorders* 2009; 115 (3): 367–75.
164. Robinson, J., Sareen, J., Cox, B. J. and Bolton, J., 'Self-medication of anxiety disorders with alcohol and drugs: results from a nationally representative sample', *Journal of Anxiety Disorders* 2009; 23 (1): 38–45.
165. Galea, S., Ahern, J., Tracy, M. and Vlahov, D., 'Neighborhood income and income distribution and the use of cigarettes, alcohol, and marijuana', *American Journal of Preventive Medicine* 2007; 32 (6 Suppl): S195–S202.
166. Galea, S., Ahern, J., Vlahov, D., et al., 'Income distribution and risk of fatal drug overdose in New York City neighborhoods', *Drug & Alcohol Dependency* 2003; 70 (2): 139–48.
167. Elgar, F. J., Roberts, C., Parry-Langdon, N. and Boyce, W., 'Income inequality and alcohol use: a multilevel analysis of drinking and drunkenness in adolescents in 34 countries', *European Journal of Public Health* 2005; 15 (3): 245–50.
168. Cutright, P. and Fernquist, R. M., 'Predictors of per capita alcohol consumption and gender-specific liver cirrhosis mortality rates: thirteen European countries, circa 1970–1984 and 1995–2007', *OMEGA – Journal of Death and Dying* 2011; 62 (3): 269–83.
169. Dietze, P. M., Jolley, D. J., Chikritzhs, T. N., et al., 'Income inequality and alcohol attributable harm in Australia', *BMC Public Health* 2009; 9 (1): 70.
170. Karriker-Jaffe, K. J., Roberts, S. C. and Bond, J. 'Income inequality, alcohol use, and alcohol-related problems', *American Journal of Public Health* 2013; 103 (4): 649–56.
171. Pickett, K. E., Kelly, S., Brunner, E., Lobstein, T. and Wilkinson, R. G., 'Wider income gaps, wider waistbands? An ecological study of obesity and income inequality', *Journal of Epidemiology & Community Health* 2005; 59 (8): 670–74.

172. Bratanova, B., Loughnan, S., Klein, O., Claassen, A. and Wood, R., 'Poverty, inequality, and increased consumption of high calorie food: experimental evidence for a causal link', *Appetite* 2016; 100: 162–71.
173. Groesz, L. M., McCoy, S., Carl, J., et al., 'What is eating you? Stress and the drive to eat', *Appetite* 2012; 58 (2): 717–21.
174. Williams, R. J., Volberg, R. A. and Stevens, R. M. G., 'The population prevalence of problem gambling: methodological influences, standardized rates, jurisdictional differences and worldwide trends'. Ontario, Canada: Ontario Problem Gambling Research Centre & the Ontario Ministry of Health and Long Term Care, 2012.
175. Gentile, D., 'Pathological video-game use among youth ages 8 to 18. A national study', *Psychological Science* 2009; 20 (5): 594–602.
176. Gentile, D. A., Choo, H., Liau, A., et al., 'Pathological video game use among youths: a two-year longitudinal study', *Pediatrics* 2011; 127 (2): e319–e29.
177. Mentzoni, R. A., Brunborg, G. S., Molde, H., et al., 'Problematic video game use: estimated prevalence and associations with mental and physical health', *Cyberpsychology, Behavior, and Social Networking* 2011; 14 (10): 591–6.
178. Kuss, D. J., 'Internet gaming addiction: current perspectives', *Psychology Research and Behavior Management* 2013; 6: 125–37.
179. Metzner, R., 'Psychedelic, psychoactive, and addictive drugs and states of consciousness', in M. Earleywine (ed.), *Mind-altering Drugs: The Science of Subjective Experience*. New York: Oxford University Press, 2005, pp. 25–48.
180. Li, D. X. and Guindon, G. E., 'Income, income inequality and youth smoking in low- and middle-income countries', *Addiction* 2013; 108 (4): 799–808.
181. Lawson, N., *All Consuming*. London: Penguin, 2009.
182. Wallop, H., *Consumed*. London: Collins, 2013.
183. Fox, K., *Watching the English: The Hidden Rules of English Behaviour*. London: Hodder and Staughton, 2004.
184. Wallace, M. and Spanner, C., *Chav!: A User's Guide to Britain's New Ruling Class*. London: Random House, 2004.
185. Trentmann, F., *Empire of Things: How We Became a World of Consumers, From The Fifteenth Century to the Twenty-First*. London: Penguin, 2016.
186. Briggs, D., *Deviance and Risk on Holiday: An Ethnography of British Tourists in Ibiza*. New York: Springer, 2013.

187. James, O., *Affluenza*. London: Vermilion, 2007.
188. UNICEF Innocenti Research Centre, *Child Poverty in Perspective: An Overview of Child Well-being in Rich Countries*. Florence: Innocenti Report Card 7, 2007.
189. Pickett, K. E. and Wilkinson, R. G., 'Child wellbeing and income inequality in rich societies: ecological cross sectional study', *British Medical Journal* 2007; 335 (7629): 1080.
190. Pickett, K. E. and Wilkinson, R. G., 'The ethical and policy implications of research on income inequality and child well-being', *Pediatrics* 2015; 135 Suppl 2: S39–47.
191. Boseley, S., 'British children: poorer, at greater risk and more insecure', *Guardian* 14 February 2007.
192. Ipsos-Mori and Nairn, A., *Children's Well-being in UK, Sweden and Spain: The role of Inequality and Materialism*. London: UNICEF UK, 2011.
193. Kasser, T., *The High Price of Materialism*. Cambridge, Mass.: MIT Press, 2003.
194. Kasser, T., 'Cultural values and the well-being of future generations: a cross-national study', *Journal of Cross-Cultural Psychology* 2011; 42 (2): 206–15.
195. Twenge, J. M. and Kasser, T., 'Generational changes in materialism and work centrality, 1976–2007: associations with temporal changes in societal insecurity and materialistic role modeling', *Personality and Social Psychology Bulletin* 2013; 39 (7): 883–97.
196. Weale, S., 'English children among the unhappiest in the world at school due to bullying', *Guardian* 19 August 2015.
197. Monbiot, G., 'Materialism: a system that eats us from the inside out', *Guardian* 9 December 2013, https://www.theguardian.com/commentisfree/2013/dec/09/materialism-system-eats-us-from-inside-out.
198. Earwicker, R., 'The impact of problem debt on health – a literature review', Equity Action – the EU Joint Action Programme on Health Inequalities, 2014, http://www.equityaction-project.eu/.
199. Iacoviello, M., 'Household debt and income inequality, 1963–2003', *Journal of Money, Credit and Banking* 2008; 40 (5): 929–65.
200. Klein, N., *No Logo*. London: Flamingo, 2001.
201. Schor, J. and White, K. E., *Plenitude: The New Economics of True Wealth*. New York: Penguin Press, 2010.
202. Skidelsky, E. and Skidelsky, R., *How Much is Enough?: Money and the Good Life*. London: Penguin, 2012.

203. Costanza, R., 'How to build a lagomist economy', *Guardian* 6 April 2015, https://www.theguardian.com/sustainable-business/2015/apr/06/lagomist-economy-consumerism-quality-of-life.
204. Scheff, T. J., 'Shame and the social bond: a sociological theory', *Sociological Theory* 2000; 18 (1): 84–99.
205. Lewis, H. B., 'Shame and guilt in neurosis', *Psychoanalytic Review* 1971; 58 (3): 419.
206. Nathanson, D. L., *The Many Faces of Shame*. New York: Guilford Press, 1987.
207. Dunbar, R. I. M., 'Brains on two legs: group size and the evolution of intelligence', in F. B. de Waal (ed.), *Tree of Origin: What Primate Behavior Can Tell Us About Human Social Evolution*. Cambridge, Mass.: Harvard University Press, 2001.
208. Dunbar, R. I. M. and Shultz, S., 'Evolution in the social brain', *Science* 2007; 317 (5843): 1344–7.
209. MacLean, E. L., Sandel, A. A., Bray, J., et al., 'Group size predicts social but not nonsocial cognition in lemurs', *PLoS One* 2013; 8 (6): e66359.
210. Sahlins, M., *Stone Age Economics*. London: Routledge, 2003.
211. Hobbes, T., *Leviathan*. Oxford: Oxford University Press, 1998.
212. Richmond, B. G. and Jungers, W. L., 'Size variation and sexual dimorphism in *Australopithecus afarensis* and living hominoids', *Journal of Human Evolution* 1995; 29 (3): 229–45.
213. Mitani, J. C., Gros-Louis, J. and Richards, A. F., 'Sexual dimorphism, the operational sex ratio, and the intensity of male competition in polygynous primates', *The American Naturalist* 1996; 147 (6): 966–80.
214. Sapolsky, R. M., *Why Zebras Don't Get Ulcers: The Acclaimed Guide To Stress, Stress-Related Diseases, And Coping*. New York: Henry Holt, 2004.
215. Woodburn, J., 'Egalitarian societies', *Man* 1982; 17: 431–51.
216. Erdal, D. and Whiten, A., 'Egalitarianism and Machiavellian intelligence in human evolution', in P. Mellars and K. Gibson (eds.), *Modelling the Early Human Mind*. Cambridge: McDonald Institute Monographs, 1996.
217. Boehm, C., 'Egalitarian behavior and reverse dominance hierarchy', *Current Anthropology* 1993; 34: 227–54.
218. Boehm, C., *Moral Origins: The Evolution of Virtue, Altruism, and Shame*. New York: Basic Books, 2012.

219. Fehr, E., Bernhard, H. and Rockenbach, B., 'Egalitarianism in young children', *Nature* 2008; 454 (7208): 1079.
220. Gintis, H., Van Schaik, C., Boehm, C., et al., 'Zoon politikon: the evolutionary origins of human political systems', *Current Anthropology* 2015; 56 (3): 340–41.
221. Erdal, D., Whiten, A., Boehm, C. and Knauft, B., *On Human Egalitarianism: An Evolutionary Product of Machiavellian Status Escalation?* Chicago: University of Chicago Press, 1994.
222. Price, T. D. and Feinman, G. M., *Foundations of Social Inequality*. New York: Springer Science & Business Media, 1995.
223. Price T. D. and Bar-Yosef, O., 'Traces of inequality at the origins of agriculture in the ancient Near East', in T. D. Price and G. M. Feinman (eds.), *Pathways to Power*. New York: Springer, 2010, pp. 147–68.
224. Bowles, S., Smith, E. A. and Borgerhoff Mulder, M., 'The emergence and persistence of inequality in premodern societies: introduction to the special section', *Current Anthropology* 2010; 51 (1): 7–17.
225. Hastorf, C. A., *Agriculture and the Onset of Political Inequality before the Inka*. Cambridge: Cambridge University Press, 1993.
226. Brosnan, S. F. and de Waal, F. B., 'Evolution of responses to (un)fairness', *Science* 2014; 346 (6207): 1251776.
227. Naito, T. and Washizu, N., 'Note on cultural universals and variations of gratitude from an East Asian point of view', *International Journal of Behavioral Science* 2015; 10 (2): 1–8.
228. McCullough, M. E., Kimeldorf, M. B. and Cohen, A. D., 'An adaptation for altruism: the social causes, social effects, and social evolution of gratitude', *Current Directions in Psychological Science* 2008; 17 (4): 281–5.
229. Mauss, M. and Halls, W. D., *The Gift: Forms and Functions of Exchange in Archaic Societies*. New York: W. W. Norton & Co., 1954.
230. Oosterbeek, H., Sloof, R. and Van De Kuilen, G., 'Cultural differences in ultimatum game experiments: evidence from a meta-analysis', *Experimental Economics* 2004; 7 (2): 171–88.
231. Frank, R. H., *Passions Within Reason: The Strategic Role of the Emotions*. New York: W. W. Norton & Co., 1988.
232. Fehr, E. and Gachter, S., 'Altruistic punishment in humans', *Nature* 2002; 415 (6868): 137–40.
233. Elgar, F. J., Craig, W., Boyce, W., Morgan, A. and Vella-Zarb, R., 'Income inequality and school bullying: multilevel study of adolescents in 37 countries', *Journal of Adolescent Health* 2009; 45 (4): 351–9.

234. DeBruine, L. M., Jones, B. C., Crawford, J. R., Welling, L. L. and Little, A. C., 'The health of a nation predicts their mate preferences: cross-cultural variation in women's preferences for masculinized male faces', *Proceedings of the Royal Society of London B: Biological Sciences* 2010; 277 (1692): 2405–10.
235. Brooks, R., Scott, I. M., Maklakov, A. A., et al., 'National income inequality predicts women's preferences for masculinized faces better than health does', *Proceedings of the Royal Society of London B: Biological Sciences* 2011; 278 (1707): 810–12.
236. Brooks, R., Scott, I. M., Maklakov, A. A., et al., 'National income inequality predicts women's preferences for masculinized faces better than health does', *Proceedings of the Royal Society of London B: Biological Sciences* 2011; 278 (1707): 810–12; discussion 13–14.
237. Kim, D. A., Benjamin, E. J., Fowler, J. H. and Christakis, N. A., 'Social connectedness is associated with fibrinogen level in a human social network', *Proceedings of the Royal Society of London B: Biological Sciences* 2016; 283: 20160958.
238. Wilkinson, G. S., 'Reciprocal altruism in bats and other mammals', *Ethology and Sociobiology* 1988; 9 (2–4): 85–100.
239. Hauser, M. D., Chen, M. K., Chen, F. and Chuang, E., 'Give unto others: genetically unrelated cotton-top tamarin monkeys preferentially give food to those who altruistically give food back', *Proceedings of the Royal Society of London B: Biological Sciences* 2003; 270 (1531): 2363–70.
240. Kolominsky, Y., Igumnov, S. and Drozdovitch, V., 'The psychological development of children from Belarus exposed in the prenatal period to radiation from the Chernobyl atomic power plant', *Journal of Child Psychology and Psychiatry* 1999; 40 (2): 299–305.
241. Provençal, N. and Binder, E. B., 'The effects of early life stress on the epigenome: from the womb to adulthood and even before', *Experimental Neurology* 2015; 268: 10–20.
242. Anacker, C., O'Donnell, K. J. and Meaney, M. J., 'Early life adversity and the epigenetic programming of hypothalamic-pituitary-adrenal function', *Dialogues in Clinical Neuroscience* 2014; 16 (3): 321.
243. Lutz, P.-E., Almeida, D. M., Fiori, L. and Turecki, G., 'Childhood maltreatment and stress-related psychopathology: the epigenetic memory hypothesis', *Current Pharmaceutical Design* 2015; 21 (11): 1413–17.
244. Golldack, D., Lüking, I. and Yang, O., 'Plant tolerance to drought and salinity: stress regulating transcription factors and their

functional significance in the cellular transcriptional network', *Plant Cell Reports* 2011; 30 (8): 1383–91.
245. Slavich, G. M. and Cole, S. W., 'The emerging field of human social genomics', *Clinical Psychological Science* 2013; 1 (3): 331–48.
246. Sapolsky, R. M., 'Stress, stress-related disease, and emotional regulation', in J. J. Gross (ed.), *Handbook of Emotion Regulation*. New York: Guilford Press, 2007, pp. 606–15.
247. Eckenrode, J., Smith, E. G., McCarthy, M. E. and Dineen, M., 'Income inequality and child maltreatment in the United States', *Pediatrics* 2014; 133 (3): 454–61.
248. Yehuda, R., Daskalakis, N. P., Bierer, L. M., et al., 'Holocaust exposure induced intergenerational effects on FKBP5 methylation', *Biological Psychiatry* 2016; 80 (5): 372–80.
249. McGuinness, D., McGlynn, L. M., Johnson, P. C., et al., 'Socioeconomic status is associated with epigenetic differences in the pSoBid cohort', *International Journal of Epidemiology* 2012; 41 (1): 151–60.
250. Tung, J., Barreiro, L. B., Johnson, Z. P., et al., 'Social environment is associated with gene regulatory variation in the rhesus macaque immune system', *Proceedings of the National Academy of Sciences of the USA* 2012; 109 (17): 6490–95.
251. Sapolsky, R. M., Romero, L. M. and Munck, A. U., 'How do glucocorticoids influence stress responses? Integrating permissive, suppressive, stimulatory, and preparative actions', *Endocrine Reviews* 2000; 21 (1): 55–89.
252. Sen, A., 'Poor, relatively speaking', *Oxford Economic Papers* 1983: 153–69.
253. Walker, R., Kyomuhendo, G. B., Chase, E., et al., 'Poverty in global perspective: is shame a common denominator?' *Journal of Social Policy* 2013; 42 (2): 215–33.
254. Chance, M. R. A., 'Attention structure as the basis of primate rank orders', *Man* 1967; 2 (4): 503–18.
255. Pannozzo, P. L., Phillips, K. A., Haas, M. E. and Mintz, E. M., 'Social monitoring reflects dominance relationships in a small captive group of brown capuchin monkeys (*Cebus apella*)', *Ethology* 2007; 113 (9): 881–8.
256. Kalma, A., 'Hierarchisation and dominance assessment at first glance', *European Journal of Social Psychology* 1991; 21 (2): 165–81.
257. Brown, P. H., Bulte, E. and Zhang, X., 'Positional spending and status seeking in rural China', *Journal of Development Economics* 2011; 96 (1): 139–49.

258. Huberman, B. A., Loch, C. H. and Önçüler, A., 'Status as a valued resource', *Social Psychology Quarterly* 2004; 67 (1): 103–14.
259. Frey, B. S., 'Knight fever – towards an economics of awards', CESifo Working Paper No. 1468, IEW Working Paper No. 239, May 2005, https://ssrn.com/abstract=717302.
260. Runciman, W. G., *Relative Deprivation and Social Justice: A Study of Attitudes to Social Inequality in 20th Century England*. Berkeley, Calif.: University of California Press, 1966.
261. Sapolsky, R. M., *A Primate's Memoir: A Neuroscientist's Unconventional Life Among The Baboons*. New York: Simon and Schuster, 2007.
262. Gilligan, J., *Preventing Violence*. New York: Thames and Hudson, 2001.
263. Dawes, C. T., Fowler, J. H., Johnson, T., McElreath, R. and Smirnov, O., 'Egalitarian motives in humans', *Nature* 2007; 446 (7137): 794–6.
264. Keyes, C. L. M. and Waterman, M. B., 'Dimensions of well-being and mental health in adulthood', in M. H. Bornstein, L. Davidson, C. L. M. Keyes and K. A. Moore (eds.), *Crosscurrents in Contemporary Psychology. Well-Being: Positive Development Across the Life Course*. Mahwah, NJ: Lawrence Erlbaum Associates, 2003, pp. 477–97.
265. Russ, T. C., Stamatakis, E., Hamer, M., et al., 'Association between psychological distress and mortality: individual participant pooled analysis of 10 prospective cohort studies', *British Medical Journal* 2012; 345: e4933.
266. Johnson, B., The Third Margaret Thatcher Lecture, Centre for Policy Studies, 2013, http://www.cps.org.uk/events/q/date/2013/11/27/the-2013-margaret-thatcher-lecture-boris-johnson/.
267. Stiglitz, J. E., *The Price of Inequality: How Today's Divided Society Endangers Our Future*. New York: W. W. Norton & Co., 2012.
268. Krugman, P., 'Why inequality matters', *New York Times* 15 December 2013.
269. Cingano, F., 'Trends in income inequality and its impact on economic growth', OECD Social, Employment and Migration Working Papers, No. 163, OECD Publishing, 2014, http://dx.doi.org/10.1787/5jxrjncwxv6j-en.
270. Ostry, M. J. D., Berg, M. A. and Tsangarides, M. C. G., *Redistribution, Inequality, and Growth*. Washington, DC: International Monetary Fund, 2014.

271. Smith, G. D., 'Epidemiology, epigenetics and the "Gloomy Prospect": embracing randomness in population health research and practice', *International Journal of Epidemiology* 2011; 40 (3): 537–62.
272. Plato, *The Republic*. London: Penguin Classics, 3rd edition, 2007.
273. Holtzman, N. A., 'Genetics and social class', *Journal of Epidemiology and Community Health* 2002; 56 (7): 529–35.
274. Flynn, J. R., *Are We Getting Smarter? Rising IQ in the Twenty-First Century*. New York: Cambridge University Press, 2012.
275. Dhuey, E. and Lipscomb, S., 'What makes a leader? Relative age and high school leadership', *Economics of Education Review* 2008; 27 (2): 173–83.
276. Sprietsma, M., 'Effect of relative age in the first grade of primary school on long-term scholastic results: international comparative evidence using PISA 2003', *Education Economics* 2010; 18 (1): 1–32.
277. Baker, J. and Logan, A. J., 'Developmental contexts and sporting success: birth date and birthplace effects in national hockey league draftees 2000–2005', *British Journal of Sports Medicine* 2007; 41 (8): 515–17.
278. Cobley, S., Baker, J., Wattie, N. and McKenna, J., 'Annual age-grouping and athlete development', *Sports Medicine* 2009; 39 (3): 235–56.
279. Helsen, W. F., Van Winckel, J. and Williams, A. M., 'The relative age effect in youth soccer across Europe', *Journal of Sports Sciences* 2005; 23 (6): 629–36.
280. Vestberg, T., Gustafson, R., Maurex, L., Ingvar, M. and Petrovic, P., 'Executive functions predict the success of top-soccer players', *PLoS One* 2012; 7 (4): e34731.
281. Plomin, R., Asbury, K. and Dunn, J., 'Why are children in the same family so different? Nonshared environment a decade later', *The Canadian Journal of Psychiatry* 2001; 46 (3): 225–33.
282. Woollett, K. and Maguire, E. A., 'Acquiring "the Knowledge" of London's layout drives structural brain changes', *Current Biology* 2011; 21 (24–2): 2109–14.
283. Gaser, C. and Schlaug, G., 'Gray matter differences between musicians and nonmusicians', *Annals of the New York Academy of Sciences* 2003; 999: 514–17.
284. Draganski, B., Gaser, C., Kempermann, G., et al., 'Temporal and spatial dynamics of brain structure changes during extensive learning', *Journal of Neuroscience* 2006; 26 (23): 6314–17.

285. Mora, F., Segovia, G. and del Arco, A., 'Aging, plasticity and environmental enrichment: structural changes and neurotransmitter dynamics in several areas of the brain', *Brain Research Reviews* 2007; 55 (1): 78–88.
286. Boyke, J., Driemeyer, J., Gaser, C., Büchel, C. and May, A., 'Training-induced brain structure changes in the elderly', *Journal of Neuroscience* 2008; 28 (28): 7031–5.
287. Mahncke, H. W., Bronstone, A. and Merzenich, M. M., 'Brain plasticity and functional losses in the aged: scientific bases for a novel intervention', *Progress in Brain Research* 2006; 157: 81–109.
288. Hanson, J. L., Hair, N., Shen, D. G., et al., 'Family poverty affects the rate of human infant brain growth', *PLoS One* 2013; 8 (12): e80954.
289. Dickerson, A. and Popli, G. K., 'Persistent poverty and children's cognitive development: evidence from the UK Millennium Cohort Study', *Journal of the Royal Statistical Society: Series A (Statistics in Society)* 2016; 179 (2): 535–58.
290. Brooks-Gunn, J. and Duncan, G. J., 'The effects of poverty on children', *The Future of Children* 1997; 7 (2): 55–71.
291. Korenman, S., Miller, J. E. and Sjaastad, J. E., 'Long-term poverty and child development in the United States: Results from the NLSY', *Children and Youth Services Review* 1995; 17 (1–2): 127–55.
292. Kiernan, K. E. and Mensah, F. K., 'Poverty, maternal depression, family status and children's cognitive and behavioural development in early childhood: a longitudinal study', *Journal of Social Policy* 2009; 38 (4): 569–88.
293. Blair, C., Granger, D. A., Willoughby, M., et al., 'Salivary cortisol mediates effects of poverty and parenting on executive functions in early childhood', *Child Development* 2011; 82 (6): 1970–84.
294. Guo, G. and Harris, K. M., 'The mechanisms mediating the effects of poverty on children's intellectual development', *Demography* 2000; 37 (4): 431–47.
295. Ayoub, C., O'Connor, E., Rappolt-Schlictmann, G., et al., 'Cognitive skill performance among young children living in poverty: risk, change, and the promotive effects of Early Head Start', *Early Childhood Research Quarterly* 2009; 24 (3): 289–305.
296. Hart, B. and Risley, T. R., *Meaningful Differences in the Everyday Experience of Young American Children*. Baltimore, Md: Paul H. Brookes Publishing, 1995.

297. Heckman, J. J., 'Creating a more equal and productive Britain', Young Foundation Lecture, 2011, www.youngfoundation.org/files/images/Heckman_Lecture_19_May_2011.pdf.
298. Crawford, C., Macmillan, L. and Vignoles, A., 'When and why do initially high-achieving poor children fall behind?' *Oxford Review of Education* 2017; 43 (1): 88–108.
299. OECD, *Equity and Quality in Education Supporting Disadvantaged Students and Schools*. Paris: OECD Publishing, 2012, http://dx.doi.org/10.1787/9789264130852-en.
300. Burgess, S. and Greaves, E., 'Test scores, subjective assessment, and stereotyping of ethnic minorities', *Journal of Labor Economics* 2013; 31 (3): 535–76.
301. Ferguson, R. F., 'Teachers' perceptions and expectations and the Black–White test score gap', *Urban Education* 2003; 38 (4): 460–507.
302. Rosenthal, R. and Jacobson, L., 'Pygmalion in the classroom', *The Urban Review* 1968; 3 (1): 16–20.
303. Hanna, R. N. and Linden, L. L., 'Discrimination in grading', *American Economic Journal: Economic Policy* 2012; 4 (4): 146–68.
304. Reay, D., 'The zombie stalking English schools: social class and educational inequality', *British Journal of Educational Studies* 2006; 54 (3): 288–307.
305. Blanden, J., 'Essays on intergenerational mobility and its variation over time' [PhD Thesis], University of London, 2005.
306. Reay, D., *Miseducation: Inequality, Education and the Working Classes*. Bristol: Policy Press, 2017.
307. Bradley, R. H. and Corwyn, R. F., 'Socioeconomic status and child development', *Annual Review of Psychology* 2002; 53: 371–99.
308. Barnett, W. S., Jung, K., Yarosz, D. J., et al., 'Educational effects of the Tools of the Mind curriculum: a randomized trial', *Early Childhood Research Quarterly* 2008; 23 (3): 299–313.
309. Barnett, W. S. and Masse, L. N., 'Comparative benefit–cost analysis of the Abecedarian program and its policy implications', *Economics of Education Review* 2007; 26 (1): 113–25.
310. Heckman, J. J., 'Skill formation and the economics of investing in disadvantaged children', *Science* 2006; 312 (5782): 1900–902.
311. Heckman, J. J., 'The economics, technology, and neuroscience of human capability formation', *Proceedings of the National Academy of Sciences* 2007; 104 (33): 13250–55.

312. Magnuson, K. A., Ruhm, C. and Waldfogel, J., 'Does prekindergarten improve school preparation and performance?' *Economics of Education Review* 2007; 26 (1): 33–51.
313. Magnuson, K. A., Ruhm, C. and Waldfogel, J., 'The persistence of preschool effects: Do subsequent classroom experiences matter?' *Early Childhood Research Quarterly* 2007; 22 (1): 18–38.
314. Hoff, K. and Pandey, P., 'Belief systems and durable inequalities: an experimental investigation of Indian caste', Policy Research Working Paper. Washington, DC: World Bank, 2004.
315. Stroessner, S. and Good, C., 'Stereotype threat: an overview', www.diversity.arizona.edu/sites/diversity/files/stereotype_threat_overview.pdf.
316. Nguyen, H.-H. D. and Ryan, A. M., 'Does stereotype threat affect test performance of minorities and women? A meta-analysis of experimental evidence', *Journal of Applied Psychology* 2008; 93 (6); 1314–34.
317. Croizet, J.-C. and Dutrévis, M., 'Socioeconomic status and intelligence: why test scores do not equal merit', *Journal of Poverty* 2004; 8 (3): 91–107.
318. Steele, C. M. and Aronson, J., 'Stereotype threat and the intellectual test performance of African-Americans', *Journal of Personality and Social Psychology* 1995; 69: 797–811.
319. Davies, P. G., Spencer, S. J., Quinn, D. M. and Gerhardstein, R., 'Consuming images: how television commercials that elicit stereotype threat can restrain women academically and professionally', *Personality and Social Psychology Bulletin* 2002; 28 (12): 1615–28.
320. Hess, T. M., Auman, C., Colcombe, S. J. and Rahhal, T. A., 'The impact of stereotype threat on age differences in memory performance', *The Journals of Gerontology Series B: Psychological Sciences and Social Sciences* 2003; 58 (1): P3–P11.
321. Aronson, J., Lustina, M. J., Good, C., et al., 'When white men can't do math: necessary and sufficient factors in stereotype threat', *Journal of Experimental Social Psychology* 1999; 35 (1): 29–46.
322. Brown, R. P. and Pinel, E. C., 'Stigma on my mind: individual differences in the experience of stereotype threat', *Journal of Experimental Social Psychology* 2003; 39 (6): 626–33.
323. Blascovich, J., Spencer, S. J., Quinn, D. and Steele, C., 'African Americans and high blood pressure: the role of stereotype threat', *Psychological Science* 2001; 12 (3): 225–9.

324. Schmader, T., Johns, M. and Forbes, C., 'An integrated process model of stereotype threat effects on performance', *Psychological Review* 2008; 115 (2): 336.
325. Schmader, T. and Johns, M., 'Converging evidence that stereotype threat reduces working memory capacity', *Journal of Personality and Social Psychology* 2003; 85 (3): 440.
326. Damme, D. V., 'How closely is the distribution of skills related to countries' overall level of social inequality and economic prosperity?' *OECD Education Working Papers* 2014; 105.
327. OECD and Statistics Canada, *Literacy in the Information Age: Final Report of the International Adult Literacy Survey*. Paris: Organization for Economic Co-operation and Development, 2000.
328. Wilkinson, R. and Pickett, K. E., 'Health inequalities and the UK presidency of the EU', *Lancet* 2006; 367 (9517): 1126–8.
329. OECD, *OECD Skills Outlook 2013: First Results from the Survey of Adult Skills*. Paris: OECD Publishing, 2013.
330. OECD, *PISA 2009 Results, Volume V. Learning Trends: Changes in Student Performance Since 2000*. Paris: OECD, 2010.
331. Bird, P. K., 'Social gradients in child health and development in relation to income inequality. Who benefits from greater income equality?' [PhD Thesis], University of York, 2014.
332. Bradbury, B., Corak, M., Waldfogel, J. and Washbrook, E., 'Inequality during the early years: child outcomes and readiness to learn in Australia, Canada, United Kingdom, and United States', IZA [Institute for the Study of Labor] Discussion Paper No. 6120, 2011.
333. UNICEF Innocenti Research Centre, *Child Well-being in Rich Countries: A Comparative Overview*. Florence: Innocenti Report Card 11, 2013.
334. Elgar, F. J., Pickett, K. E., Pickett, W., et al., 'School bullying, homicide and income inequality: a cross-national pooled time series analysis', *International Journal of Public Health* 2013; 58 (2): 237–45.
335. Pickett, K. E., Mookherjee, J. and Wilkinson, R. G., 'Adolescent birth rates, total homicides, and income inequality in rich countries', *American Journal of Public Health* 2005; 95 (7): 1181–3.
336. UNICEF Innocenti Research Centre, *Fairness for Children. A League Table of Inequality in Child Well-being in Rich Countries*. Florence: UNICEF Innocenti Centre, 2016.
337. Corak, M., 'Income inequality, equality of opportunity, and intergenerational mobility', *Journal of Economic Perspectives* 2013; 27 (3): 79–102.

338. Krueger, A., 'The rise and consequences of inequality'. Presentation made to the Center for American Progress, 12 January 2012. Available at http://www.americanprogress. org/events/2012/01/12/17181/the-rise-and-consequences-of-inequality.
339. Aaronson, D. and Mazumder, B., 'Intergenerational economic mobility in the United States, 1940 to 2000', *Journal of Human Resources* 2008; 43 (1): 139–72.
340. Blanden, J., Goodman, A., Gregg, P. and Machin, S., *Changes in Intergenerational Mobility in Britain*. Bristol: University of Bristol, Centre for Market and Public Organisation, 2001.
341. Corak, M., 'Inequality from generation to generation: the United States in comparison', IZA [Institute for the Study of Labor] Discussion Paper No. 9929, 2016.
342. Evans, G. W. and English, K., 'The environment of poverty: multiple stressor exposure, psychophysiological stress, and socioemotional adjustment', *Child Development* 2002; 73 (4): 1238–48.
343. McLoyd, V. C., 'The impact of economic hardship on black families and children: psychological distress, parenting, and socioemotional development', *Child Development* 1990; 61 (2): 311–46.
344. McLoyd, V. C. and Wilson, L., 'Maternal behavior, social support, and economic conditions as predictors of distress in children', *New Directions for Child Development* 1990 (46): 49–69.
345. Garrett, P., Ng'andu, N. and Ferron, J., 'Poverty experiences of young children and the quality of their home environments', *Child Development* 1994; 65 (2 Spec No): 331–45.
346. Levine, A. S., Frank, R. H. and Dijk, O., 'Expenditure cascades', *SSRN Electronic Journal* Sept 2010; 1.
347. Bowles, S. and Park Y., 'Emulation, inequality, and work hours: was Thorstein Veblen right?' *The Economic Journal* 2005; 115: F397–F412.
348. Simmons, R. G. and Rosenberg, M., 'Functions of children's perceptions of the stratification system', *American Sociological Review* 1971; 36: 235–49.
349. Tudor, J. F., 'The development of class awareness in children', *Social Forces* 1971; 49: 470–76.
350. Dorling, D., 'Danny Dorling on education and inequality', *Times Higher Education* 25 September 2014.
351. Popham, F., 'Deprivation is a relative concept? Absolutely!', *Journal of Epidemiology and Community Health* 2015; 69 (3): 199–200.

352. Joseph Rowntree Foundation, *UK Poverty 2017: A Comprehensive Analysis of Poverty Trends and Figures*. York: Joseph Rowntree Foundation, 2017.
353. Child Poverty Action Group, 'Child poverty facts and figures', 2014. Retrieved from http://www.cpag.org.uk/child-poverty-facts-and-figures.
354. Rank, M. R. and Hirschl, T. A., 'The likelihood of experiencing relative poverty over the life course', *PLoS One* 2015; 10 (7): e0133513.
355. US Census Bureau, *Current Population Survey Annual Social and Economic Supplement*. Washington, DC: US Census Bureau, 2016.
356. Siddiqi, A., Kawachi, I., Berkman, L., Hertzman, C. and Subramanian, S. V., 'Education determines a nation's health, but what determines educational outcomes? A cross-national comparative analysis', *Journal of Public Health Policy* 2012; 33 (1): 1–15.
357. Benn, M. and Millar, F., *A Comprehensive Future: Quality and Equality For All Our Children*. London: Compass, 2006.
358. OECD, *Improving Schools in Sweden: An OECD Perspective*. Paris: OECD, 2015, http://www.oecd.org/edu/school/improving-schools-in-sweden-an-oecd-perspective.htm.
359. Elias, N. and Jephcott, E., *The Civilizing Process*. Oxford: Blackwell, 1982.
360. Erickson, C., *To the Scaffold: The Life of Marie Antoinette*. London: Macmillan, 2004.
361. Ashenburg, K., *The Dirt on Clean: An Unsanitized History*. Toronto: Vintage Canada, 2010.
362. Szreter, S., 'Rapid economic growth and "the four Ds" of disruption, deprivation, disease and death: public health lessons from nineteenth-century Britain for twenty-first-century China?' *Tropical Medicine & International Health* 1999; 4 (2): 146–52.
363. Hanley, L., *Respectable: Crossing the Class Divide*. London: Allen Lane, 2016.
364. Hanson, W., *The Bluffer's Guide to Etiquette*. London: Bluffer's, 2014.
365. Crompton, R., 'Consumption and class analysis', *The Sociological Review* 1997; 44 (1 suppl): 113–32.
366. Deutsch, N. L. and Theodorou, E., 'Aspiring, consuming, becoming: youth identity in a culture of consumption', *Youth & Society* 2010; 42 (2): 229–54.
367. Institute for Public Policy Research, 'Modern women marrying men of the same or lower social class', IPPR, 5 April 2012.

368. Merrill, D. M., *Mothers-in-law and Daughters-in-law: Understanding the Relationship and What Makes Them Friends or Foe*. Westport, Conn.: Greenwood Publishing Group, 2007.
369. Neumann, J., *Poor Kids*, BBC1, 7 June 2011.
370. Tippett, N. and Wolke, D., Socioeconomic status and bullying: a meta-analysis', *American Journal of Public Health* 2014; 104 (6): e48–e59.
371. Odgers, C. L., Donley, S., Caspi, A., Bates, C. J. and Moffitt, T. E., 'Living alongside more affluent neighbors predicts greater involvement in antisocial behavior among low-income boys', *Journal of Child Psychology & Psychiatry* 2015; 56 (10): 1055–64.
372. Goldstein, R., Almenberg, J., Dreber, A., et al., 'Do more expensive wines taste better? Evidence from a large sample of blind tastings', *Journal of Wine Economics* 2008; 3 (1): 1–9.
373. Atkinson, W., 'The context and genesis of musical tastes: omnivorousness debunked, Bourdieu buttressed', *Poetics* 2011; 39 (3): 169–86.
374. Savage, M., *Social Class in the 21st Century*. London: Penguin, 2015.
375. Hobsbawm, E., *Fractured Times: Culture and Society in the Twentieth Century*. London: Little, Brown, 2013.
376. Toronyi-Lalic, I., 'Sceptic's Sistema', *Classical Music* June 2012.
377. Szlendak, T. and Karwacki, A., 'Do the Swedes really aspire to sense and the Portuguese to status? Cultural activity and income gap in the member states of the European Union', *International Sociology* 2012; 27 (6): 807–26.
378. Brown, R., *Prejudice: Its Social Psychology*. Chichester: John Wiley & Sons, 2011.
379. Prandy, K., 'The revised Cambridge scale of occupations', *Sociology* 1990; 24 (4): 629–55.
380. Sayer, A., *The Moral Significance of Class*. Cambridge: Cambridge University Press, 2005.
381. de Tocqueville, A., *Democracy in America*. London: Penguin, 2003.
382. Child Rights International Network, *Minimum Ages of Criminal Responsibility Around the World*, 2017, https://www.crin.org/en/home/ages.
383. Rifkin, J., *The Empathic Civilization: The Race to Global Consciousness in a World in Crisis*. New York: Penguin, 2009.
384. Major, J., *Today*, 24 November 1990.

385. Ross, L., 'The intuitive psychologist and his shortcomings: distortions in the attribution process', *Advances in Experimental Social Psychology* 1977; 10: 173–220.
386. Jones, O., *Chavs: The Demonization of the Working Class*. London: Verso Books, 2012.
387. Jayaratne, T. E., Gelman, S. A., Feldbaum, M., et al., 'The perennial debate: nature, nurture, or choice? Black and white Americans' explanations for individual differences', *Review of General Psychology* 2009; 13 (1): 24–33.
388. Christensen, K. D., Jayaratne, T., Roberts, J., Kardia, S. and Petty, E., 'Understandings of basic genetics in the United States: results from a national survey of black and white men and women', *Public Health Genomics* 2010; 13 (7–8): 467–76.
389. Jorde, L. B. and Wooding, S. P., 'Genetic variation, classification and "race"', *Nature Genetics* 2004; 36: S28–S33.
390. Olalde, I., Allentoft, M. E., Sanchez-Quinto, F., et al., 'Derived immune and ancestral pigmentation alleles in a 7,000-year-old Mesolithic European', *Nature* 2014; 507 (7491): 225–8.
391. Montagu, A., *Man's Most Dangerous Myth: The Fallacy of Race*. Lanham, Md: AltaMira Press, 2001.
392. Kubiszewski, I., Costanza, R., Franco, C., et al., 'Beyond GDP: measuring and achieving global genuine progress', *Ecological Economics* 2013; 93: 57–68.
393. Cutler, D., Deaton, A. and Lleras-Muney, A., 'The determinants of mortality', *Journal of Economic Perspectives* 2006; 20 (3): 97–120.
394. Jackson, T., *Prosperity Without Growth. Economics for a Finite Planet*. Abingdon: Earthscan, 2009.
395. Hansen, J., Sato, M., Kharecha, P., et al., 'Target atmospheric CO2: where should humanity aim?' *Open Atmospheric Science Journal* 2008; 2: 217–31.
396. World Health Organization. *Quantitative Risk Assessment of the Effects of Climate Change on Selected Causes of Death, 2030s and 2050s*. Geneva: World Health Organization, 2014.
397. Rahmstorf, S., 'Modeling sea level rise', *Nature Education Knowledge* 2012; 3 (10): 4.
398. Parry, M., Palutikof, J., Hanson, C. and Lowe, J., 'Squaring up to reality', *Nature Reports Climate Change* 2008; 2: 68–70.
399. Osterreichisches Institut fur Wirtschaftsforschung, *Economics, Reality and the Myths of Growth*. Vienna, 2013.

400. Jolly, A., *Lucy's Legacy: Sex and Intelligence in Human Evolution*. Cambridge, Mass.: Harvard University Press, 2001.
401. Bird-David, N., Abramson, A., Altman, J., et al., 'Beyond "The Original Affluent Society": a culturalist reformulation [and Comments and Reply]', *Current Anthropology* 1992; 33 (1): 25–47.
402. Sahlins, M., 'The original affluent society', in J. Gowdy (ed.), *Limited Wants, Unlimited Means: A Hunter-Gatherer Reader on Economics and the Environment*. Washington, DC: Island Press, 1998, pp. 5–41.
403. Wilkinson, R. G., *Poverty and Progress: An Ecological Model of Economic Development*. London: Methuen, 1973.
404. Lee, R. B. and DeVore, I., *Man the Hunter*: Piscataway, NJ: Transaction Publishers, 1968.
405. Larsen, C. S., 'The agricultural revolution as environmental catastrophe: implications for health and lifestyle in the Holocene', *Quaternary International* 2006; 150 (1): 12–20.
406. Mummert, A., Esche, E., Robinson, J. and Armelagos, G. J., 'Stature and robusticity during the agricultural transition: evidence from the bioarchaeological record', *Economics & Human Biology* 2011; 9 (3): 284–301.
407. Dittmar, H., Bond, R., Hurst, M. and Kasser, T., 'The relationship between materialism and personal well-being: a meta-analysis', *Journal of Personality and Social Psychology* 2014; 107 (5): 879–924.
408. Meltzer, H., Bebbington, P., Brugha, T., Farrell, M. and Jenkins, R., 'The relationship between personal debt and specific common mental disorders', *European Journal of Public Health* 2013; 23 (1): 108–13.
409. Kwon, R. and Cabrera, J. F., 'Socioeconomic factors and mass shootings in the United States', *Critical Public Health* 2017: 1–8.
410. Rufrancos, H., Power, M., Pickett, K. E. and Wilkinson, R., 'Income inequality and crime: a review and explanation of the time-series evidence', *Sociology and Criminology* 2013; 1: 103.
411. Jayadev, A. and Bowles, S., 'Guard labor', *Journal of Development Economics* 2006; 79 (2): 328–48.
412. Bowles, S. and Jayadev, A., 'Garrison America', *Economists' Voice* 2007; 4 (2): 1–7.
413. World Economic Forum, *The Global Competitiveness Report, 2000–2001*. New York: Oxford University Press, 2002.
414. Wilkinson, R. G., Pickett, K. E. and De Vogli, R., 'Equality, sustainability, and quality of life', *British Medical Journal* 2010; 341: c5816.

415. Motesharrei, S., Rivas, J. and Kalnay, E., 'Human and nature dynamics (HANDY): modeling inequality and use of resources in the collapse or sustainability of societies', *Ecological Economics* 2014; 101: 90–102.
416. Wilkinson, R. G. and Pickett, K. E., 'Income inequality and socioeconomic gradients in mortality', *American Journal of Public Health* 2008; 98 (4): 699–704.
417. Jutz, R., 'The role of income inequality and social policies on income-related health inequalities in Europe', *International Journal for Equity in Health* 2015; 14: 117.
418. Lobmayer, P. and Wilkinson, R. G., 'Inequality, residential segregation by income, and mortality in US cities', *Journal of Epidemiology & Community Health* 2002; 56 (3): 183–7.
419. Andersen, R. and Curtis, J., 'The polarizing effect of economic inequality on class identification: evidence from 44 countries', *Research in Social Stratification and Mobility* 2012; 30 (1): 129–41.
420. Jaikumar, S. and Sarin, A., 'Conspicuous consumption and income inequality in an emerging economy: evidence from India', *Marketing Letters* 2015; 26 (3): 279–92.
421. Walasek, L. and Brown, G. D., 'Income inequality, income, and internet searches for status goods: a cross-national study of the association between inequality and well-being', *Social Indicators Research* 2015; doi:10.1007/s11205-015-1158-4.
422. Walasek, L. and Brown, G. D., 'Income inequality and status seeking, searching for positional goods in unequal US states', *Psychological Science* 2015; 26 (4): 527–33.
423. Neville, L., 'Do economic equality and generalized trust inhibit academic dishonesty? Evidence from state-level search-engine queries', *Psychological Science* 2012; 23 (4): 339–45.
424. Gustafsson, B. and Johansson, M., 'In search of smoking guns: what makes income inequality vary over time in different countries?' *American Sociological Review* 1999: 585–605.
425. Eisenbrey, R. G. and Gordon, C., 'As unions decline, inequality rises'. *Economic Policy Institute* 2012, http://www.epi.org/publication/unions-decline-inequality-rises/.
426. Piketty, T., Saez, E. and Stantcheva, S., 'Optimal taxation of top labor incomes: a tale of three elasticities', National Bureau of Economic Research, 2011.

427. World Bank, *The East Asian Miracle*. Oxford: Oxford University Press, 1993.
428. Krugman, P., *The Conscience of a Liberal*. New York: W. W. Norton & Co., 2009.
429. Obama, B., State of the Union address, 2014, http://www.whitehouse.gov/the-press-office/2014/01/28/president-barack-obamas-state-union-address.
430. Pope Francis, *Evangelii Gaudium*. Vatican City: Vatican Press, 2013.
431. Lagarde, C., Speech at World Economic Forum, Davos, 2013, https://www.imf.org/external/np/speeches/2013/012313.htm.
432. Ban K.-m., Remarks at Informal General Assembly Thematic Debate on Inequality, United Nations, 2013, http://www.un.org/apps/news/story.asp?NewsID=45361#.WdNCPFu3zcs.
433. Norton, M. I. and Ariely, D., 'Building a better America – one wealth quintile at a time', *Perspectives on Psychological Science* 2011; 6 (1): 9–12.
434. Living Wage Commission, *Work That Pays*. London, 2014.
435. Bunyan, P. and Diamond, J., *Approaches to Reducing Poverty and Inequality in the UK. A Study of Civil Society Initiatives and Fairness Commissions*. Edge Hill University/Webb Memorial Trust, 2014.
436. Houlder, V., 'Switzerland pledges to lift veil on tax secrecy', *Financial Times* 6 May 2014.
437. Gibbons, K., 'Extra home help gives Britain that Downton feeling', *The Times* 31 January 2014.
438. Mount, H., 'Are you being served?' *Daily Telegraph* 28 April 2013.
439. Mishel, L. and Sabadish, N., 'Pay and the top 1%: how executive compensation and financial-sector pay have fuelled income inequality', *Issue Brief*, Economic Policy Institute, 2012.
440. Tosi, H. L., Werner, S., Katz, J. P. and Gomez-Mejia, L. R., 'How much does performance matter? A meta-analysis of CEO pay studies', *Journal of Management* 2000; 26 (2): 301–39.
441. Marshall, L., 'Are CEOs paid for performance?' MSCI Inc., 2016.
442. Breza, E., Kaur, S. and Shamdasani, Y., 'The morale effects of pay inequality', National Bureau of Economic Research, 2016.
443. Chang, H.-J., *23 Things They Don't Tell You About Capitalism*. New York: Bloomsbury Publishing, 2012.

444. Conchon, A. K., Kluge, N. and Stollt, M., 'Worker board-level participation in the 31 European Economic Area countries', European Trade Union Institute, 2013, http://www.worker-participation.eu/National-Industrial-Relations/Across-Europe/Board-level-Representation2/TABLE-Worker-board-level-participation-in-the-31-European-Economic-Area-countries:
445. Schulten, T. and Zagelmeyer, S., 'Board-level employee representation in Europe', *EIRObserver* 1998; 5: 1–4, https://www.eurofound.europa.eu/sites/default/files/ef_files/eiro/pdf/e098-5.pdf.
446. Survation, Employment Survey II, 6 February 2013, http://survation.com/wp-content/uploads/2014/04/Employment-II-Full-Tables.pdf.
447. Freeman, R. B. and Rogers, J., *What Workers Want*. Ithaca, NY: Cornell University Press, 2006.
448. Vitols, S., 'Board level employee representation, executive remuneration and firm performance in large European companies', European Corporate Governance Institute and European Trade Union Institute, 2010.
449. Fauver, L. and Fuerst, M. E., 'Does good corporate governance include employee representation? Evidence from German corporate boards', *Journal of Financial Economics* 2006; 82 (3): 673–710.
450. Piketty, T., trans. A. Goldhammer, *Capital in the Twenty-first Century*. Cambridge, Mass.: Harvard University Press, 2014.
451. Oakeshott, R., *Jobs and Fairness: The Logic and Experience of Employee Ownership*. Norwich: Michael Russell, 2000.
452. Azevedo, A. and Gitahy, L., 'The cooperative movement, self-management, and competitiveness: the case of Mondragon Corporacion Cooperativa', *Working USA* 2010; 13 (1): 5–29.
453. Zeuli, K. and Radel, J., 'Cooperatives as a community development strategy: linking theory and practice', *Journal of Regional Analysis and Policy* 2005; 35 (1): 43–54.
454. Blasi, J., Kruse, D., Sesil, J. and Kroumova, M., 'Broad-based stock options and company performance: what the research tells us', *Journal of Employee Ownership, Law, and Finance* 2000; 12 (3): 69–102.
455. Kardas, P. A., Scharf, A. L., Keogh, J. and Rodrick, S. S., *Wealth and Income Consequences of Employee Ownership: A Comparative Study for Washington State*. Oakland, Calif.: National Center for Employee Ownership, 1998.
456. Lampel, J., Bhalla, A. and Jha, P., *Model Growth: Do Employee-owned Businesses Deliver Sustainable Performance?* London: Cass Business School, City University, 2010.

457. NCEO, *Employee Ownership and Corporate Performance: A Comprehensive Review of the Evidence*. Oakland, Calif.: National Center for Employee Ownership, 2004.
458. Kruse, D., 'Does employee ownership improve performance?' *IZA World of Labor* 2016; 311.
459. Blasi, J., Kruse, D. and Bernstein, A., *In the Company of Owners*. New York: Basic Books, 2003.
460. Nuttall, G., 'Sharing success: the Nuttall review of employee ownership', Department of Business, Innovation and Skills, BIS/12/933, 4 July 2012.
461. Matrix Knowledge Group, *The Employee Ownership Effect: A Review of the Evidence*. London: Matrix Evidence, a division of Matrix Knowledge Group, 2010.
462. Martins, P. S., 'Dispersion in wage premiums and firm performance', *Economics Letters* 2008; 101 (1): 63–5.
463. Bookchin, M., *Remaking Society: Pathways to a Green Future*. Cambridge, Mass.: South End Press, 1990.
464. Kelly, M., 'The next step for CSR: building economic democracy', *Business Ethics* 2002; 16: 2–7.
465. Verdorfer, A. P., Weber, W. G., Unterrainer, C. and Seyr, S., 'The relationship between organizational democracy and socio-moral climate: exploring effects of the ethical context in organizations', *Economic and Industrial Democracy* 2012: 0143831X12450054.
466. Weber, W. G., Unterrainer, C. and Schmid, B. E., 'The influence of organizational democracy on employees' socio-moral climate and prosocial behavioral orientations', *Journal of Organizational Behavior* 2009; 30 (8): 1127–49.
467. Ruiz, J. I., Nuhu, K., McDaniel, J. T., et al., 'Inequality as a powerful predictor of infant and maternal mortality around the world', *PLoS One* 2015; 10 (10): e0140796.
468. Bosma, H., Marmot, M. G., Hemingway, H., et al., 'Low job control and risk of coronary heart disease in Whitehall II (prospective cohort) study', *British Medical Journal* 1997; 314 (7080): 558–65.
469. Theorell, T., 'Democracy at work and its relationship to health', *Research in Occupational Stress and Well-being* 2003; 3: 323–57.
470. De Vogli, R., Brunner, E. and Marmot, M. G., 'Unfairness and the social gradient of metabolic syndrome in the Whitehall II study', *Journal of Psychosomatic Research* 2007; 63 (4): 413–19.
471. De Vogli, R., Ferrie, J. E., Chandola, T., Kivimaki, M. and Marmot, M. G., 'Unfairness and health: evidence from the Whitehall II

study', *Journal of Epidemiology & Community Health* 2007; 61 (6): 513–18.

472. Elovainio, M., Singh-Manoux, A., Ferrie, J. E., et al., 'Organisational justice and cognitive function in middle-aged employees: the Whitehall II study', *Journal of Epidemiology & Community Health* 2012; 66 (6): 552–6.
473. Williamson, J. and the TUC, *Workers on Board: The Case For Workers' Voice in Corporate Governance*. London: Trades Union Congress, 2013.
474. Freudenberg, N., *Lethal But Legal: Corporations, Consumption, and Protecting Public Health*. New York: Oxford University Press, 2014.
475. The Equality Trust, *The Cost of Inequality*. London: The Equality Trust, 2014.
476. Bregman R., *Utopia for Realists: The Case for a Universal Basic Income, Open Borders, and a 15-hour Workweek*. Originally published in Dutch online on *De Correspondent*, 2016; English edition published 2017 by Bloomsbury.
477. Dye, R. F. and England, R. W., 'Assessing the theory and practice of land value taxation', Lincoln Institute of Land Policy, 2010.
478. Gilroy, B. M., Heimann, A. and Schopf, M., 'Basic income and labour supply: the German case', *Basic Income Studies* 2012; 8 (1): 43–70.
479. Widerquist, K. and Sheahen, A., 'The United States: the basic income guarantee – past experience, current proposals', *Basic Income Worldwide: Horizons of Reform* 2012: 11.
480. Dickens, R., Gregg, P., Machin, S., Manning, A. and Wadsworth, J., 'Wages councils: was there a case for abolition?' *British Journal of Industrial Relations* 1993; 31 (4): 515–29.
481. Burkitt, B. and Whyman, P., 'Employee investment funds in Sweden: their past, present and future', *European Business Review* 1994; 94 (4): 22–9.
482. Coote, A., Franklin, J., Simms, A. and Murphy, M., *21 Hours: Why a Shorter Working Week Can Help Us All to Flourish in the 21st Century*. London: New Economics Foundation, 2010.
483. Frey, C. B. and Osborne, M., *The Future of Employment: How Susceptible Are Jobs to Computerisation?* Oxford Martin School, University of Oxford, 2013.
484. Babones, S. J., 'Income inequality and population health: correlation and causality', *Social Science & Medicine* 2008; 66 (7): 1614–26.

485. Clarkwest, A., 'Neo-materialist theory and the temporal relationship between income inequality and longevity change', *Social Science & Medicine* 2008; 66 (9): 1871–81.
486. Zheng, H., 'Do people die from income inequality of a decade ago?' *Social Science & Medicine* 2012; 75 (1): 36–45.
487. Kim, D. and Saada, A., 'The social determinants of infant mortality and birth outcomes in western developed nations: a cross-country systematic review', *International Journal of Environmental Research & Public Health* 2013; 10 (6): 2296.
488. Ram, R., 'Further examination of the cross-country association between income inequality and population health', *Social Science & Medicine* 2006; 62 (3): 779–91.
489. Torre, R. and Myrskyla, M., 'Income inequality and population health: an analysis of panel data for 21 developed countries, 1975–2006', *Population Studies* 2014; 68 (1): 1–13.
490. Ram, R., 'Income inequality, poverty, and population health: evidence from recent data for the United States', *Social Science & Medicine* 2005; 61 (12): 2568–76.
491. Pickett, K. E. and Wilkinson, R. G., 'Income inequality and psychosocial pathways to obesity', in A. Offer, R. Pechey and S. Ulijaszek (eds.), *Insecurity, Inequality, and Obesity in Affluent Societies*. Oxford: British Academy, 2012.
492. Drain, P. K., Smith, J. S., Hughes, J. P., Halperin, D. T. and Holmes, K. K., 'Correlates of national HIV seroprevalence: an ecologic analysis of 122 developing countries', *Journal of Acquired Immune Deficiency Syndrome* 2004; 35 (4): 407–20.
493. Buot, M.-L. G., Docena, J. P., Ratemo, B. K., et al., 'Beyond race and place: distal sociological determinants of HIV disparities', *PLoS One* 2014; 9 (4): e91711.
494. Wilkinson, R. G. and Pickett, K. E., 'Income inequality and social dysfunction', *Annual Review of Sociology* 2009; 35: 493–512.
495. Gray, N., 'Income inequality, alcoholism and high blood pressure prevalence in the U.S.', posted at the 6th Biennial Conference of the American Society of Health Economists, University of Pennsylvania, June 2016.
496. Wilkinson, R. G. and Pickett, K. E., 'The problems of relative deprivation: why some societies do better than others', *Social Science & Medicine* 2007; 65 (9): 1965–78.
497. Freitag, M. and Bühlmann, M., 'Crafting trust: the role of political institutions in a comparative perspective', *Comparative Political Studies* 2009; 42 (12): 1537–66.

498. Kawachi, I. and Kennedy, B. P., 'The relationship of income inequality to mortality: does the choice of indicator matter?' *Social Science & Medicine* 1997; 45 (7): 1121–7.
499. Cheung, F. and Lucas, R. E., 'Income inequality is associated with stronger social comparison effects: the effect of relative income on life satisfaction', *Journal of Personality & Social Psychology* 2016; 110 (2): 332–41.
500. Ouimet, M., 'A world of homicides: the effect of economic development, income inequality, and excess infant mortality on the homicide rate for 165 countries in 2010', *Homicide Studies* 2012; 16 (3): 238–58.
501. Glaeser, E. L., Resseger, M. G. and Tobio, K., 'Urban inequality', National Bureau of Economic Research, 2008.
502. Kawachi, I. and Kennedy, B. P., 'Income inequality and health: pathways and mechanisms', *Health Services Research* 1999; 34 (1 Pt 2): 215–27.
503. Chetty, R., Hendren, N., Kline, P. and Saez, E., 'Where is the land of opportunity? The geography of intergenerational mobility in the United States', National Bureau of Economic Research, 2014.
504. Kearney, M. S. and Levine, P. B., 'Why is the teen birth rate in the United States so high and why does it matter?' *Journal of Economic Perspectives* 2012; 26 (2): 141–66.
505. Boyce, J. K., 'Inequality as a cause of environmental degradation', *Ecological Economics* 1994; 11 (3): 169–78.
506. Cushing, L., Morello-Frosch, R., Wander, M. and Pastor, M., 'The haves, the have-nots, and the health of everyone: the relationship between social inequality and environmental quality', *Annual Review of Public Health* 2015; 36 (1): 193–209.
507. Holland, T. G., Peterson, G. D. and Gonzalez, A., 'A cross-national analysis of how economic inequality predicts biodiversity loss', *Conservation Biology* 2009; 23 (5): 1304–13.
508. Mikkelson, G. M., Gonzalez, A. and Peterson, G. D., 'Economic inequality predicts biodiversity loss', *PLoS One* 2007; 2 (5): e444.
509. Stotesbury, N. and Dorling, D., 'Understanding income inequality and its implications: why better statistics are needed', *Statistics Views* 2015; 21.
510. Drabo, A., 'Impact of income inequality on health: does environment quality matter?' *Environment and Planning - Part A* 2011; 43 (1): 146.

511. Jorgenson, A., Schor, J., Huang, X. and Fitzgerald, J., 'Income inequality and residential carbon emissions in the United States: a preliminary analysis', *Human Ecology Review* 2015; 22 (1): 93–105.
512. Patel, V., Burns, J. K., Dhingra, M., et al., 'Income inequality and depression: a systematic review and meta-analysis of the association and a scoping review of mechanisms', *World Psychiatry* 2018; 17: 76–89.

付録

参考情報

イクオリティ・トラスト（THE EQUALITY TRUST）

社会を改善したいと望むなら、まず行動を起こすことだ。2009年にビル・ケリーとともに、私たちは「イクオリティ・トラスト」を創設した。現在は、イングランドとウェールズで公認慈善団体として登録され、経済格差をなくすことで英国の生活の質を高める活動を展開している。「イクオリティ・トラスト」は、社会改革の運動を盛り上げるために、他の組織や機関と協力しながら、各種の分析や最新の研究成果の普及活動、事実の実証分析に基づく議論の奨励、あるいは地域活動団体の活発な交流などを支援している。興味のある読者は、是非、私たちのウェブサイト（www.equalitytrust.org.uk）をご覧いただきたい。ニュースレターの受信手続きや、各種の情報、参考資料、イベントへの参加方法、関連ニュースなどを取得することができる。また、フェイスブック（https://www.facebook.com/equalitytrust）やツイッター（@equalitytrust）でも、私たちの活動に関する情報を得ることができる。

ウェルビーイング・エコノミー・アライアンス（THE WELLBEING ECONOMY ALLIANCE：WE-ALL）

「WE-ALL」はグローバルな新しい経済運動を推進する国際活動組織である。GDP（国内総生産）の最大化ではなく、国民福利の持続的な発展を推進するために設立された。経済改革の必要性については広く認識されているが、そのスピードは決して満足のいくものではない。世界中で多くの素晴らしい改革が展開されているが、相互の連携が取れておらず孤立したままであることが多い。そうした改革運動を統合するために、「WE-ALL」は7つのハイレベルな運動団体による連絡会議を開催しようとしている。それらの団体は、企業、宗教、大学、シンクタンク、民間団体、政府機関、地域など依拠する組織や場所は異なるが、いずれも新しい経済政策や制度改革を実践している。「WE-ALL」に参加する共同団体は年々増加の傾向にある。スコットランド政府やOECDの指導によって、

コスタリカ、ニュージーランド、スロベニア、スコットランドなどと連携し、新しい経済政策を実践するパイオニア的存在になっている。「WE-ALL」は、世界の市民運動と連絡を取り合いながら、新しい未来図を描き世の中に広めることで、グローバルな運動を創造しようとしている。「WE-ALL」と同じ志を持つ組織の影響力が高まることで、新経済システムへの移行が早まり、私たちの福利が持続的に発展していくことを期待している（wellbeingeconomy.org）。

その他の参考になるウェブサイト

格差に関する分析調査や改善運動に関心のある読者向けに、ウェブサイトやオンラインの参考情報が数多く存在する。その中で最も優れたものをいくつか列挙しよう。

・Inequality.org　米国ワシントンDCに拠点を置くシンクタンク、政策研究所のプロジェクト。
・http://toomuchonline.org/　政策研究所のプログラムとして、米国および世界中の過剰と不平等を毎月調査。
・http://www.resolutionfoundation.org/　低所得から中所得の人々の生活水準の向上に取り組む英国のシンクタンク。
・http://highpaycentre.org/　所得規模の最上位の報酬に注目する英国のシンクタンク。超富裕層とそれ以外の大衆との所得格差を減らす運動を行う。
・http://policy-practice.oxfam.org.uk/our-work/inequality　貧困に立ち向かう国際的組織オックスファム。現在、極端な不平等を削減するキャンペーンを行っている。

格差、気候変動、それらに関連する経済対策については、以下のウェブサイトを参照して欲しい。

・The New Economics Foundation　https://www.neweconomics.org
・The Alliance for Sustainability and Prosperity　http://www.asap4all.com

所得格差に関連する健康および社会問題のリスト

この表は、研究者たちが査読付きジャーナルで所得格差と強い関連性があると認定した健康および社会問題の一部である。紹介されているのはその具体例であり、その事例を取り扱った論文が数百件に及ぶものもあれば、わずか一件のものもある。この表は問題や研究に関する包括的リストではなく、学術的研究に関心のある読者のためにまとめたものである。問題ごとに関連研究を引用するのに役立つはずだ。

健康／社会に関する問題	国際比較	米国各州比較	長期時系列分析
身体的な健康（たとえば健康格差に関する手頃な文献レビューは、Pickett and Wilkinson 2015 [3]）			
平均寿命	Wilkinson and Pickett 2006 [2], Babones 2008 [484]	Clarkwest 2008 [485]	Zheng 2012 [486], Pickett and Wilkinson 2015 [3]
幼児死亡	Ram 2005 [490], Ram 2006 [488], Kim and Saada 2013 [487]	Kim and Saada 2013 [487]	Torre and Myrskyla 2014 [489]
死亡（成人）	Wilkinson and Pickett 2006 [2]	Ram 2005 [490]	Zheng 2012 [486], Torre and Myrskyla 2014 [489]
肥満	Pickett, Kelly et al. 2005 [171]	Pickett and Wilkinson 2012 [491]	
HIV感染	Drain, Smith et al. 2004 [492]	Buot, Docena et al. 2014 [493]	
心の健康と幸福			
心の病（全体）	Pickett and Wilkinson 2010 [59], Ribeiro, Bauer et al. 2017 [60]	Ribeiro, Bauer et al. 2017 [60]	
うつ病／うつ病的症状	Steptoe, Tsuda et al. 2007 [94], Patel, Burns et al. 2018 [512]	Messias, Eaton et al. 2011 [96], Patel, Burns et al. 2018 [512]	

健康／社会に関する問題	国際比較	米国各州比較	長期時系列分析
統合失調症	Burns, Tomita et al. 2014 [101]		
精神病の症状	Johnson, Wibbels et al. 2015 [102]		
地位不安	Layte and Whelan 2014 [57]		
自己誇示	Loughnan, Kuppens et al. 2011 [112]		
ナルシシズム			Wilkinson and Pickett 2017 [123]
薬物使用と関連死	Wilkinson and Pickett 2009 [494], Cutright and Fernquist 2011 [168]	Wilkinson and Pickett 2007 [496], Gray 2016 [495]	
ギャンブル依存症	Wilkinson and Pickett 2017 [123]		
社会的な結束			
信頼／社会資本	Freitag and Bühlmann 2009 [497], Elgar and Aitken 2011 [73]	Kawachi and Kennedy 1997 [498]	Uslaner and Brown 2005 [40]
連帯意識	Paskov and Dewilde 2012 [39]		
社交性		de Vries, Gosling et al. 2011 [105]	
市民参加	Lancee and Van de Werfhorst 2012 [37]		
文化参加	Szlendak and Karwacki 2012 [377]		
曖昧なステレオタイプ	Durante, Fiske et al. 2013 [154]		
社会的比較		Cheung and Lucas 2016 [499]	

健康／社会に関する問題	国際比較	米国各州比較	長期時系列分析
殺人	Ouimet 2012 [500], Daly 2016* [38]	Glaeser, Resseger et al. 2008 [501], Daly 2016* [38]	Rufrancos, Power et al. 2013, [410] Daly 2016* [38]
収監	Wilkinson and Pickett 2007 [496]	Wilkinson and Pickett 2007 [496]	
女性の地位	Wilkinson and Pickett 2009 [494]	Kawachi and Kennedy 1999 [502]	
子供の人生の可能性			
子供の幸福	Pickett and Wilkinson 2007 [189]	Pickett and Wilkinson 2007 [189]	Pickett and Wilkinson 2015 [190]
いじめ	Elgar, Craig et al. 2009 [233]		
子供の虐待		Eckenrode, Smith et al. 2014 [247]	
学校の成績	Wilkinson and Pickett 2007 [496]	Wilkinson and Pickett 2007 [496]	
学校中退		Wilkinson and Pickett 2007 [496]	
社会的流動性	Corak 2016 [341]	Chetty, Hendren et al. 2014 [503]	
10代の妊娠	Pickett, Mookherjee et al. 2005 [335]	Kearney and Levine 2012 [504]	
環境問題（包括的な分析や評価については、Boyce 1994 [505], Cushing, Morello-Frosch et al. 2015 [506] を参照）			
生物の多様性	Mikkelson, Gonzalez et al. 2007 [508], Holland, Peterson et al. 2009 [507]		
水／肉／石油の消費	Stotesbury and Dorling 2015 [509]		

健康／社会に関する問題	国際比較	米国各州比較	長期時系列分析
CO_2排出／大気汚染	Drabo 2011 [510], Cushing, Morello-Frosch et al. 2015 [506]	Jorgenson, Schor et al. 2015 [511]	
ステイタス消費	Walasek and Brown 2015 [421]	Walasek and Brown 2015 [422]	
国際環境協定の遵守	Wilkinson, Pickett et al. 2010 [414]		

＊マーティン・デイリーは著書『Killing the Competition』の中で、過去35年以上に及ぶ自分自身や他者の研究についてその要約や参考文献を掲載している。